D1700472

[AN]DREAS BRAUN

[B]AUREIHE 64 PORTRAIT EINER DEUTSCHEN DAMPFLOKOMOTIVE

ECM-Buch
BAYERISCHES EISENBAHNMUSEUM e. V.
Oderstraße 4 · 8000 München 80

INHALT

TITELFOTO: Museumslok 64 419 im BAYERISCHEN EISENBAHNMUSUEM in Nördlingen, aufgenommen am 4.7.86 Aufnahme: Andreas Braun

RÜCKSEITE: 64 049 (Bw Tübingen) mit Personenzug bei Ebingen, November 1967 Aufnahme: Otto Blaschke

Foto Seite 7: Ruhepause im Bw Rottweil: 64 491 (Bw Crailsheim) am 10.2.74 Aufnahme: Andreas Braun

Fotos S. 11, 13, 15, 17, 49: Werkfotos Henschel, Jung, Esslingen

Braun, Andreas
Baureihe 64- Portrait einer deutschen Dampflokomotive
1. Auflage, München 1986
Andreas Braun Verlag, Bayerisches Eisenbahnmuseum e. V.
ISBN 3-92512004-1

Lithos: scan 2000, München 70
Satz: Boneberger, München 40
Druck: Passavia, Passau

VORWORT

Die bevorstehende Aufarbeitung der Dampflokomotive 64 419, die zum Bestand des BAYERISCHEN EISENBAHNMUSEUMS in Nördlingen zählt, gab den Anlaß, aus der Reihe „Deutsche Elektrolokomotiven" auszuscheren und die Geschichte dieser interessanten Dampflokbaureihe „unter die Lupe" zu nehmen. Mit dem Erwerb dieses Buches haben auch Sie dazu beigetragen, daß die 64 419 der Fertigstellung ein wenig näher gerückt ist.

Die Baureihe 64 war seit 1928 in 520 Exemplaren gebaut worden und in ganz Deutschland eingesetzt. Dies bereitete im Gegensatz zur Aufbereitung der Geschichte einer Ellok um so mehr Probleme, als einfach die Vielzahl der Daten und Unterlagen einen erheblich größeren Raum einnahmen als ursprünglich geplant. Dennoch habe ich mich bemüht, so viel Erkenntnisse wie möglich wiederzugeben. Doch leider waren vielfach so große Lücken in amtlichen wie privaten Unterlagen, teilweise stimmten die Daten auch nicht überein, so daß einiges wohl nicht mehr endgültig geklärt werden wird. Bei der Vielzahl des zu verarbeitenden Materials können sich leider immer wieder kleine Fehler einschleichen; sollten Sie in diesem Buch Ungereimtheiten finden, teilen Sie mir dies für eine ggf. zweite Auflage zur Verbesserung sowie zur Ergänzung mit.

Ohne die tatkräftige Mithilfe zahlreicher Eisenbahnfreunde hätte dieses Buch nur schwerlich erscheinen können. Ihnen allen gilt mein herzlicher Dank. Besonders unterstützten mich das Verkehrsmuseum Nürnberg, die BD Nürnberg, die Bücherei der BD München sowie Wolfram Altenender, Stephan Beständig, Bertold Brandt, Ute Grempel und Franz Müller.

München, im November 1986 — Andreas Braun

A. PLANUNG UND ENTWURF – Der Weg zur Einheitslokomotive

Bevor die eigentliche technische Beschreibung der Baureihe 64 erfolgt, erscheint es erforderlich, zunächst auf die Standardisierungsbestrebungen der gerade gegründeten Deutschen Reichsbahn Gesellschaft kurz einzugehen und so den Entwicklungsweg zur Einheitsdampflok aufzuzeigen.

Während des 1. Weltkriegs in der Zeit von 1914 bis 1918 hatte sich gezeigt, daß die Vielzahl der verschiedenen Baureihen mit ihren weitgehend ungenormten Einzelteilen für den harten Einsatz unter Frontbedingungen kaum oder überhaupt nicht geeignet waren. Lediglich die Königlich Preußische Eisenbahnverwaltung (KPEV) bzw. die spätere Preußisch-Hessische Staatsbahn verfügte über bis zu einem gewissen Grad standardisierte Dampflokomotiven, hatte sie doch bereits 1876 die Vorteile einer „Vereinheitlichung" erkannt und die sogenannten „Preußischen Normalien" für den Dampflokomotivbau entwickelt. Die in großen Stückzahlen beschafften Baureihen G 7, G 8.1, G 10 sowie die P 8 waren schließlich die Stütze des kriegsmäßigen Eisenbahnbetriebs, hatten doch die anderen Ländereisenbahnen weder stückzahlmäßig, noch hinsichtlich Robustheit und Zuverlässigkeit auch nur annähernd gleichwertiges zu bieten.

Waren alle Verhandlungen über einen Zusammenschluß der deutschen Ländereisenbahnen während des 1. Weltkriegs an den Sonderinteressen der einzelnen Bahnen gescheitert, so erzwang die katastrophale Lage nach Kriegsende eine „Verreichlichung" geradezu, da die einzelnen Länder auf diese Weise hofften, die Folgelasten des verlorenen Krieges auf das Reich abschieben zu können. In der Weimarer Verfassung vom 11.08.1919 wurden schließlich die rechtlichen Voraussetzungen geschaffen, die den Übergang der Ländereisenbahnen auf das Deutsche Reich zum 1. April 1920 ermöglichten.

Die Deutsche-Reichsbahn-Gesellschaft [1)] hatte ein wahrhaft trauriges Erbe übernommen; der Fahrzeugpark war stark heruntergekommen und die besten Maschinen, die noch verblieben waren, mußten als Reparationsleistung an die Siegermächte abgeliefert werden. 8200 Lokomotiven der modernsten Bauarten, 13 000 Reisezug- und 280 000 Güterwagen bedeuteten einen ungeheuren Aderlaß für das deutsche Eisenbahnwesen. Dennoch verblieben der DRG noch über 30 000 Dampflokomotiven mit rund 300 Baureihen. Allein die Ersatzteilhaltung für diese Vielzahl von verschiedenen Maschinen war nicht nur eine hoffnungslose, sondern auch eine sehr kostspielige Angelegenheit. Die neue Führungsspitze der DRG hatte daher schnell erkannt, daß aus dieser Misere nur eine durchgreifende Erneuerung des Fuhrparks und ein Ersatz der teilweise auch schon betagten Lokomotiven durch leistungsfähige Nach- oder Neubauten führen konnte.

1) Obwohl die Bezeichnung als „DRG" verschiedentlich in Frage gestellt wurde, soll im vorliegenden Buch „DRG" als Abkürzung für die Reichsbahn von 1920 - 1945 verwendet werden. Für die Reichsbahn der späteren DDR wird ab 1945 das Kürzel „DR" benutzt.

Das Lokomotiv-Dezernat des Eisenbahn-Zentralamts in Berlin, hervorgegangen aus dem Königlich-Preußischen Eisenbahn-Zentralamt, wurde 1921 zusammen mit dem für spezielle technische Lokprobleme zuständigen „Engeren Lokomotivausschuß" für die Bewältigung der anstehenden Fragen ins Leben gerufen. Dem Gremium gehörten die erfahrensten Lokfachleute der ehemaligen Ländereisenbahnen an. Nach den ersten Beratungen war man sich einig, daß nur zwei Wege zum Erfolg führen konnten: Man konnte die besten und damit bewährtesten Maschinen der Länderbahnen aussuchen, nachbauen und würde somit schnell über nicht mit Kinderkrankheiten behaftete Fahrzeuge verfügen. Nachteilig würde sich jedoch hier der Vereinheitlichungsgedanke auswirken, da alle Länderbahnen weitgehend unterschiedliche Konstruktionsgrundsätze angewandt hatten und damit vielfältige Umkonstruktionen erforderlich geworden wären, wollte man freie Tauschbarkeit der unterschiedlichen Bauteile erreichen. Die andere Möglichkeit führte zur Entwicklung völlig neuer Lokomotiven, wobei lediglich die besten Bauteile der verschiedenen Länderbahnmaschinen in die Neukonstruktion übernommen werden, dabei jedoch neu durchgenormt und weitgehend tauschbar gemacht werden sollten.

Zunächst beschloß man, um genügend Zeit zur Neuentwicklung der „Einheitslokomotiven" zu haben, den notwendigsten Bedarf durch Nachbauten der bewährten Ländermaschinen zu decken, und ging somit den ersten Weg. Vor allem Maschinen der preußischen Bauarten P8, G8.1 bzw. G8.2, G10, T14.1 und T16.1, aber auch kleinere Serien der sächsischen XII H 2, der bayerischen P 3/5 H, der bay. Pt 3/6, der R 3/3, der R4/4, der S3/6 und der Gt 2x4/4 wurden bis 1924 beschafft.

Bereits bei der ersten Sitzung des Engeren Lokomotivausschusses am 18. Mai 1921 in Oldenburg legte der Bauartdezernent des Zentralamts in Berlin, Lübken, eine vom Chefkonstrukteur der Lokomotivfabrik A. Borsig, Berlin-Tegel, August Meister, entwickelte erste Typenreihe vor, die im wesentlichen eine Weiterentwicklung der jüngsten preußischen Lokomotiven war. In dieser Aufstellung fehlte bislang noch eine 1'C 1'-Lok wie die spätere BR 64.

In der 2. Sitzung im September 1921 einigte man sich auf die Fahrzeugumgrenzungsmaße, Achsdruck, Kesseldruck, Verwendung ausschließlich des Barrenrahmens, Anordnung von Laufachsen, Raddurchmesser und Bremsanordnungen. Da die DRG kein eigenes Konstruktionsbüro zur Durchbildung der neuen Maschinen besaß, wurden hierzu die Fabriken Borsig (mit August Meister) und Henschel (mit Georg Heise) beauftragt, die Beschlüsse der 2. Sitzung auszuführen. Die Entwürfe waren bis zur 3. Sitzung vom 10. bis 12. Mai 1922 in Hildesheim vorzulegen, wobei auch der Erlaß des Ministeriums zu berücksichtigen war, als höchste Achslast nun 20 statt 17 Tonnen vorzusehen.

Bei der Vorstellung der neuen Typenreihe im Mai 1922 tauchte erstmals auch eine 1'C1'-Personenzugtenderlok auf, die als Zweizylindermaschine mit 1600 mm Treibraddurchmesser durchgebildet war und die Baureihennummer 60 erhalten sollte. Zur fallenweisen Beförderung von Schnellzügen und um auch Einsätze auf Hauptbahnen zu ermöglichen, sollte die Lok eine Höchstgeschwindigkeit von 90 km/h erreichen. Unschlüssig war man sich noch, ob für die Laufachsen Krauss-Helmholtz-Gestelle oder Bisselgestelle verwendet werden sollten. Bei Bisselachsen war eine ungenügende Laufruhe bei Fahrgeschwindigkeiten über 80 km/h zu erwarten, wohingegen Krauss-Helmholtz-Gestelle nicht den Erfordernissen nach einem festen Achsstand entsprochen hätten. Prof. Baumann von der Eisenbahngeneraldirektion Karlsruhe schlug daher für den Hauptbahndienst zusätzlich noch eine 1'C 2'-Maschine vor, so daß für die vorgesehene 1'C 1'-Lok auf die Forderung nach Fahrgeschwindigkeiten über 80 km/h hätte verzichtet werden können.

Als folgenschwer besonders für die weitere Entwicklung der Schlepptenderlokomotiven erwies sich die Tatsache, daß eine weitere Entwurfsreihe, die Oberregierungsbaurat Hörmann vom Maschinen-Konstruktionsamt des Reichsverkehrsministeriums, Zweigstelle Bayern in München bei Maffei hatte anfertigen lassen, noch nicht fertiggestellt war. Bei Maffei hatten unter Anleitung von Anton Hammel die Ingenieure Heinrich Leppla und Ludwig ihr ganzes Können aufgeboten, um mit den norddeutschen Produkten konkurrieren zu können. Erst auf der 4. Sitzung des Ausschusses vom 27. - 29. September 1922 in Chemnitz lagen die Maffei-Pläne vor; die Grundsatzentscheidungen waren aber schon in der 3. Sitzung gefallen. Man konnte zwar die Maffei-Entwürfe nicht einfach in der Schublade verschwinden lassen, doch ganz von vorne beginnen wollte man auch nicht mehr. In der Maffei-Entwurfsreihe fehlten auch noch die schon in der 2. Sitzung für notwendig gehaltenen Typenergänzungen — so auch eine entsprechende 1'C 1'-Maschine wie in der zweiten Borsig-Serie. Auf die teilweise sehr heftig geführten Kontroversen um die verschiedenen Entwürfe der Firma Maffei einerseits und der Firmen Borsig/Henschel andererseits soll hier nicht weiter eingegangen werden, da sie für die Entstehung der Baureihe 64 nicht von Bedeutung waren. Der Leser sei hier auf die einschlägige Fachliteratur verwiesen [2)]. Über die Notwendigkeit einer 1'C1'-Type überhaupt verhandelte man auf der 4. Sitzung noch einmal länger, da sie wegen der anstehenden Elektrifizierung der Berliner Stadtbahn überflüssig sei und zudem durch Freiwerden zahlreicher T12-Lokomotiven ausreichend viele Maschinen vorhanden seien, die anderswo im Leistungsbereich der geplanten 1'C 1'-Lok eingesetzt werden könnten.

Im inzwischen ins Leben gerufenen Vereinheitlichungsbüro der DRG, das seine „Heimat" in einem Gebäude der Firma Borsig in Berlin-Tegel hatte, wanderten die Pläne für die spätere Reihe 64 zunächst einmal in die Schublade. Man hatte einstweilen das Hauptaugenmerk, nun unter der neuen Leitung von Richard Paul Wagner

2) Düring, Schnellzuglokomotiven, Stuttgart 1979, Gottwaldt, Einheitslokomotiven, Stuttgart 1978

als Bauartdezernent im Zentralamt, auf die konstruktive Durchbildung der Baureihen 01, 02, 43 und 44 gelenkt. Erst nachdem die Aufträge zum Bau von je 10 Maschinen der oben genannten Reihe an die Firmen Borsig, AEG, Henschel, Maffei, Schwartzkopff und Esslingen vergeben worden waren, ordnete die Hauptverwaltung der DRG an, nun auch die Nebenbahntypen durchzubilden, um der eben aufkommenden Konkurrenz durch das Automobil entgegenzuwirken. In der Zeitschrift „Die Reichsbahn" erschien in der Dezemberausgabe 1935 ein Bericht von Friedrich Fuchs, der zeitweise Vorsitzender des Engeren Lokomotivausschusses war, über die Gründe, die zum Bau der Nebenbahnlokomotiven geführt hatten:
„Ein besonders fühlbarer Mangel hatte sich an leistungsfähigen Nebenbahnlokomotiven mit geringem Achsdruck ergeben, weil auf Nebenbahnen meist die älteren Tenderlokomotiven verwendet wurden, die nun ausmusterungsreif waren. Als zulässiger Achsdruck wurde für die Nebenbahnlokomotiven 15 t festgelegt. (. . .) Für die Nebenbahnen wurden zwei Grundtypen geschaffen, eine 1C1-Personenzugtenderlokomotive Reihe 64, und eine 1D1-Güterzugtenderlokomotive, Reihe 86. Aus der Tenderlokomotive der Reihe 64 wurde noch eine mit ihr fast völlig übereinstimmende 1C-Schlepptenderlokomotive der Baureihe 24 entworfen. Diese drei Gattungen bilden eine besondere Typenreihe. Reihe 64 ist sehr leistungsfähig und eine der wirtschaftlichsten Lokomotiven der Reichsbahn."
Bereits 1925 hatte das Vereinheitlichungsbüro die Entwürfe für die Reihen 24, 64 und 86 festgestellt und dem Engeren Lokomotivausschuß vorgelegt, die ohne Änderungen angenommen wurden. Im Februar 1928 begann die Auslieferung der ersten Maschinen an das Bw Aschaffenburg und an das Lokomotiv-Versuchsamt Grunewald (64 019). Die Beschaffung erstreckte sich über 12 Jahre bis 1940, als mit der 64 520 die letzte Maschine an das Bahnbetriebswerk Dillingen/Saar ausgeliefert wurde. Die Bestellung der zur Auslieferung in den Jahren 1941 bis 1943 noch vorgesehenen 280 Maschinen wurde 1940 zugunsten der Baureihe 86, die als Übergangs-Kriegslok weitergebaut wurde, storniert. Die nachfolgende Tabelle gibt Aufschluß über die Umstellung der Lieferungen von der BR 64 zur BR 86:

Baureihe	Im Beschaffungsplan vorgesehen	1940			1941			1942			1943		
		v	b	g	v	b	g	v	b	g	v	b	g
24	80	20	20	6	20	–	–	20	–	–	20	–	–
64	400	100	100	59	100	–	–	100	–	–	100	–	–
86	790	200	–	–	200	110	77	200	512	263	–	–	57*

Zeichenerklärung:
v = vorgesehen
b = bestellt
g = geliefert
* = Überhanglieferung aus Vorjahr

64 020
64 020
HENSCHEL 2690

B. TECHNIK

I. Allgemeines

Die 1'C1'-h2-Lokomotive wurde im Vereinheitlichungsbüro des Deutschen Lokomotiv-Verbandes in Berlin-Tegel in engster Zusammenarbeit mit dem Lokomotiv-Dezernat des Reichsbahn-Zentralamtes entworfen. Sie ist für Strecken mit niedrigem Achsdruck, also vorzugsweise für die Verwendung auf Nebenbahnen bestimmt; gleichzeitig soll sie aber auch zur Beförderung von leichten Zügen auf den Hauptstrecken, z. B. zur Bedienung des Nahverkehrs, soweit wie möglich herangezogen werden.
Die Lokomotive wurde zuerst im Jahre 1926 bei den Lokomotiv-Bauanstalten HANOMAG, Hannover, HENSCHEL & SOHN, Kassel, KRUPP, Essen, BORSIG, Berlin-Tegel und der AEG, Berlin-Hennigsdorf in einer Gesamtlieferung von 40 Stück bestellt.

Dem Bau der Lokomotive wurde der auf den Nebenbahnen noch zulässige Achsdruck von 15 Tonnen zugrunde gelegt.

Die Lokomotive soll auf den Nebenbahnstrecken vorzugsweise die Personenzüge, im Flachland aber auch gemischte Züge fahren. Die Achsanordnung 1'C' und die Ausbildung als Tenderlokomotive entsprechen dabei dem besonderen Verwendungszweck auf kurzen Nebenbahnstrecken ohne Drehscheiben oder ohne Drehmöglichkeit bei dichtem Pendelverkehr. Sie ist deshalb mit gleichmäßig guten Fahreigenschaften für beide Fahrtrichtungen durch Anordnung zweier einachsiger Deichselgestelle ausgestattet worden.

Der Kessel hat 104,4 m^2 Verdampfungsheizfläche und gibt eine Höchstleistung am Zughaken von etwa 770 PSe ab, die bei guter Auslastung zur Beförderung eines Personenzuges von 270 t Gewicht auf 10 $^{o}/_{oo}$ Steigung mit 50 km/h oder 25 $^{o}/_{oo}$ mit 20 km/h genügen. Bei mittlerer Anstrengung können unter gleichen Umständen 220 t dauernd gefördert werden. Die Bemessung der Überhitzerheizfläche mit 36,1 m^2 läßt in beiden Fällen eine Heißdampftemperatur von 380 ^{o}C und mehr erwarten.

Der Raddurchmesser von 1500 mm genügt einmal den Anforderungen des Personenzugdienstes gut und läßt eine Höchstgeschwindigkeit von 90 km/h zu, die für die Beförderung von Personenzügen auf Hauptbahnen erwünscht ist, andererseits erlaubt er aber auch auf Nebenbahnstrecken noch eine schnelle Beschleunigung, die zur Erzielung brauchbarer Reisegeschwindigkeiten erforderlich ist. Die Laufradsätze haben 850 mm Raddurchmesser und einen beiderseitigen Ausschlag von 110

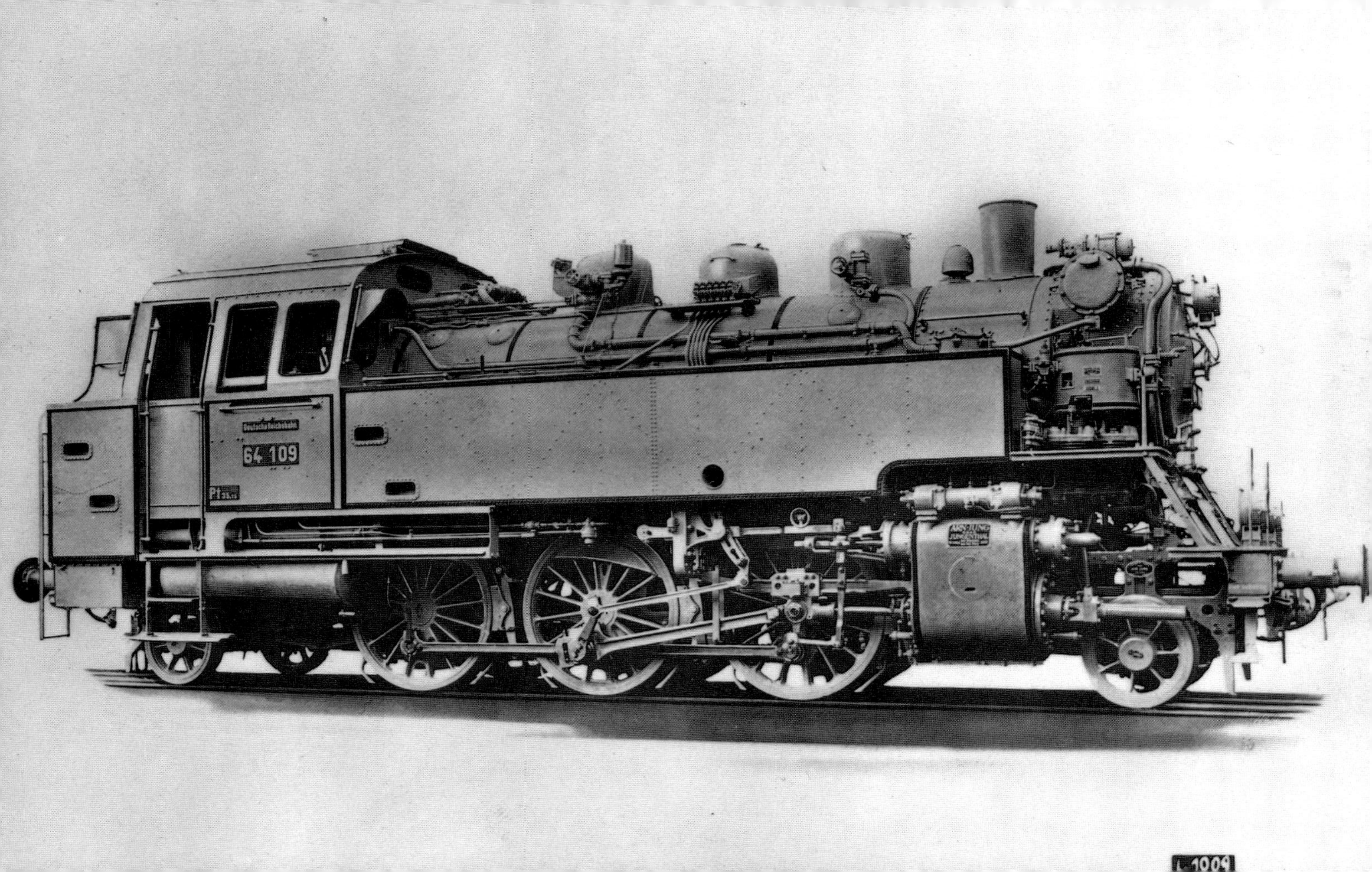
Deutsche Reichsbahn
64 109
L 1009

mm. Der feste Achsstand ist 3600 mm; er umfaßt die drei gekuppelten Radsätze. Der Treibradsatz hat um 15 mm geschwächte Spurkränze. Die Lokomotive kann mit dieser Achsanordnung Bögen bis 140 m Halbmesser herab und die preußische Weiche 1 : 7 durchfahren.

Der Federausgleich im Laufwerk gestattet das anstandslose Befahren von Ablaufbergen bis 150 m Scheitelhalbmesser herab.

Da die Abbremsung der radial verschiebbaren Laufradsätze große Schwierigkeiten verursacht hätte, hat man sich mit der Abbremsung der gekuppelten Radsätze begnügt, und zwar werden sie bei 8 kg/cm^2 Zylinderdruck mit 114 % ihres Schienendruckes und somit das Gesamtgewicht der Lokomotive mit vollen Vorräten mit 61,1 % abgebremst. Die Bremsklötze wurden wie üblich vorn auf Achsmitte angeordnet, um beim Bremsen die gebremsten Radsätze so wenig wie möglich zu entlasten. Durch die Bremsklötze werden die Achslager gegen die Achslagerstellkeile gedrückt.

Neben vielen anderen Einzelteilen, die die 1'C1'-Lokomotive mit den Einheitslokomotiven für 20 t Achsdruck gemeinsam hat, ist sie in weitestem Umfange mit den anderen Gattungen der 15 t- und der 17 t-Reihe übereinstimmend gestaltet, also mit der 1'C- und der 1'D1' -Nebenbahnlokomotive, den Verschiebemaschinen der Achsanordnung C und D und der E-gekuppelten Hafenbahnmaschine mit zahnradgekuppelten Endradsätzen. Am weitesten geht die Übereinstimmung mit der als Parallelgattung für lange Nebenbahnstrecken gedachten 1'C-Lokomotive, mit der sie grundsätzlich in allen Teilen, abgesehen vom Rahmen und den Rahmenverbindungen, übereinstimmt. Der Kessel, die Zylinder, die Triebwerke, die Radsätze, die Deichselstelle und die meisten anderen Teile sind also austauschbar.

II. Der Kessel

Der Langkessel hat 1500 mm lichten Durchmesser im vorderen Schuß. Die Wandstärke ist für 14 kg/cm^2 mit 14,5 mm bemessen; somit ergibt sich im vorderen der beiden den Langkessel bildenden Schüsse der Außendurchmesser vom 1529 mm und im hinteren Schuß von 1500 mm.

Die Kesselmitte liegt 2700 mm über Schienenoberkante. Damit konnten die Kesselaufbauten wie Schornstein, Dom und Sandkasten reichlich durchgebildet werden. Auf jedem Schuß ist ein Dom gleicher Abmessungen untergebracht, dessen Unterteil je den verschiedenen Schußdurchmessern entsprechend angerichtet ist. Der Domausschnitt ist durch einen untergenieteten Blechring versteift. In den oben zylindrisch auslaufenden Domteil ist ein Stahlgußring eingenietet, der die Dichtfläche für den durch einen starken Druckring gehaltenen Deckel trägt. Durch die

Befestigung des Deckels mittels Druckring ist es möglich, trotz der Stiftschrauben die metallisch abdichtenden Deckel leicht auf- und maschinell nachzuschleifen. Der Druckring selbst ist winkelförmig ausgebildet und überträgt die Schließkraft möglichst nahe den Dichtflächen, so daß kein Verwinden des Deckelrandes und des Ringes eintreten kann.

Unterhalb des vorderen Domes ist ein geräumiger aus Blech gepreßter Schlammsammler angenietet, der unten durch einen den Ablaßschieber tragenden Deckel abgeschlossen wird. Die an dieser Stelle sich absetzenden Schlammengen können leicht durch diese große Öffnung und die seitlich am Schlammsammler vorgesehenen kleinen Auswaschluken entfernt werden. Der vordere Schuß trägt weiterhin einen am Boden angeordneten Steg zum Anschluß des Federtragbleches.

Nach hinten schließt sich an den Langkessel der im Mantelteil aus einem Stück bestehende Stehkessel mit der Feuerbüchse an. Er ist im Scheitel zylindrisch dem Langkessel angepaßt und zeigt in den Seitenwänden schwache Neigung nach innen. Die Blechstärke ist im Mantel 14 mm, die der Stehkesselvorderwand 15 mm und die der Rückwand 14 mm. Die Rückwand ist zur Vorverlegung des Schwerpunktes schräg nach vorn geneigt und im oberen Teil senkrecht gehalten; hierdurch wurde eine einfache Anordnung der beiden die Versteifung übernehmenden waagrechten Blechanker sowie eine gute Anordnung der Kesselausrüstung auf dem Führerstand möglich.

Oberhalb der Feuerbüchse ist der Stehkessel durch eine Reihe 32 mm dicker Queranker aus Rundeisen gegen seitliches Aufbiegen durch das Deckenankerbündel versteift. Die 6 Anker sind in kräftige, aufgenietete Untersätze eingeschraubt.

Die Feuerbüchse wird von unten eingebracht. Ihre Seitenwände verlaufen nahezu senkrecht, so daß sich der seitliche Wasserraum etwas nach oben erweitert, einmal um ein ungehindertes Abströmen der Dampfblasen zu gewährleisten und andererseits den oberen Stehbolzenreihen größere Lebensdauer zu sichern, da sie bei ihrer größeren Länge ohne Überanstrengung dem Wachsen der Feuerbüchse folgen können. Die Feuerbüchse ist auch in den seitlichen Ecken stark abgerundet, so daß sich eine stetige Erweiterung nach dem Dampfraum ergibt. Die kupfernen Wandungen haben durchweg 14 mm Stärke. Die Versteifung gegen den Stehkessel übernimmt am Fuß der den Normen angepaßte Bodenring mit 90 mm Höhe und 70 mm Breite. Er trägt vorn und hinten angeschmiedete Ansätze, mit denen der Kessel sich auf dem Rahmen abstützt, und zwar je einen auf Kessellängsmitte zur Anbringung der mit Keilnachstellung versehenen Schlingerstücke und je zwei seitlich zur Verklammerung mit dem Rahmen.

Der Bodenring wird zur Erzielung eines spannungsfreien Sitzes erst eingenietet, nachdem alle Decken- und Seitenstehbolzen fest eingezogen sind. Die Seitenwände der Feuerbüchse sind durch 21 mm dicke Stehbolzen aus Hohlkupfer bei einer mittleren Feldteilung von 85 mm mit den Stehkesselseitenwänden verbunden. Die Decke wird durch eiserne Stehbolzen von 22 mm Durchmesser getragen, die unterhalb der Decke im Feuerraum wie üblich Schutzmuttern tragen. Sie sind senkrecht zu der im Verhältnis 1 : 37,8 nach hinten geneigten Decke angeordnet. Diese Neigung gewährleistet, daß bei Talfahrt auf steileren Strecken und Einhaltung des niedrigsten Wasserstandes die Benetzung durch das Kesselwasser erhalten bleibt.

Der Stahlkesselmantel ist in dem gegen die Feuerbüchse stärker geneigten Teil durch innen untergenietete Blechstreifen so verstärkt, daß die äußeren Reihen der Dekkenanker noch mit zur Abdichtung genügender Anzahl voller Gänge eingeschraubt sind. Das Vorderende der Feuerbüchsdecke wird durch 10 Bügelanker getragen, die bei Wachsen der kupfernen Rohrwand sich ungehindert einstellen können. Die Bügel stützen sich vorn auf dem Umbug der Rohrwand und sind hinten drehbar auf der dritten Deckenstehbolzenreihe gelagert. Die Aussteifung der Rückwand übernimmt neben den Stehbolzen der einreihig eingenietete Feuerlochring von 400 mm x 360 mm lichtem Durchgang.

Unterhalb des Rohrbündels ist die 26 mm starke Rohrwand auf 14 mm eingezogen. Sie wird duch 14 starke, mittig beanspruchte Bodenanker gegen den Langkessel versteift. Der runde Schaft der Anker und ihre große freie Länge von nahezu 500 mm gewährleistet gleichmäßige Beanspruchung bei Abbiegung in jeder Ebene. Sie sind am Boden des Langkessels angenietet und mit der Feuerbüchsenrohrwand durch Nietschrauben verbunden. Zwei Anker nahe der Kesselmitte haben einen breiten Fuß mit zwei Nietschrauben zum Ausgleich der an dieser Stelle wegen der Rauchkammerwaschluken fortfallenden Aussteifung durch Heizrohre.

Die Rohrteilung ist weitgehend durch die Größe der Überhitzerfläche und die Abstimmung der Reibungswiderstände in Abhängigkeit von den Gasgeschwindigkeiten im gesamten Rohrsystem bestimmt. Es sind zwischen den 3800 mm auseinanderliegenden Rohrwänden 32 genormte Rauchrohre 110/118 für 36,1 m^2 Überhitzerfläche in vier übereinanderliegenden Reihen angeordnet, daneben und darunter 114 genormte Heizrohre von 39,5/44,5 mm Durchmesser. Die gesamte Heizfläche beträgt 104,4 m^2. Die seitlichen freien Räume der Feuerbüchsrohrwand sind durch Unterbringung von Heizrohren ausgenutzt. Dadurch ist die gesamte Rohrwandfläche gut gegen den inneren Kesseldruck verankert, das steife Rauchrohrbündel andererseits aber möglichst weit von den seitlichen Umbügen entfernt und das notwendige Atmen der Wandfläche nicht behindert. Alle Rohre sind vor der Kupferwand stark eingezogen, so daß breite Rohrwandstege für die Nacharbeit und für das Einziehen von Gewindebuchsen bei starkem Verschleiß gegeben sind.

Der Rost hat 1072 mm größte Breite und 1900 mm Tiefe, mithin 2,04 m^2 Fläche und ist gegen die Waagerechte nach vorn unter 1 : 6,27 geneigt.

Es sind drei Rostfelder vorhanden mit genormten Rohrstäben der Längen 600 und 450 mm; die Stegstärke der Stäbe beträgt 16 mm, die Spaltbreite 14 mm. Die freie Rostfläche ergibt sich hierbei zu etwa 43 %. Im zweiten Rostfeld von vorn, also 600 mm von der Rohrwand entfernt, liegt ein nach unten abklappbares Kipprostfeld von 450 mm Länge und 0,28 m^2 Fläche. Die doppelstetigen Kipproststäbe werden mit den üblichen versplinteten Bolzen gegen Abrutschen in der Kipplage gehalten. Das ganze Rostfeld stützt sich auf die Arme einer unterhalb des Bodenrings gelagerten Querwelle. Es wird des letzten Kuppelradsatzes wegen über eine Zwischenwelle hinweg mit Spindelantrieb vom Heizerstand aus bedient. Beim Öffnen schlägt der Kipprost nach vorwärts herunter, so daß durch das Feuerloch die Rückstände leicht nach vorn durch den Kipprostspalt in den Aschkasten gestoßen werden können.

Der Aschkasten liegt über dem letzten Kuppelradsatz und überbrückt ihn mit einem Sattelstück. Die Bodenfläche besteht fast gänzlich aus 2 nahe dem Schwerpunkt aufgehängten Klappen. Jede dieser Klappen wird durch einen besonderen Zug vom Heizerstand aus betätigt. Dabei ist die Anordnung so getroffen, daß die Klappen in der Verschlußstellung durch besondere Riegel gesichert werden. Der Riegel für die hintere Klappe wird seitlich unter der Rahmenunterkante beiderseits der Lokomotive von ebener Erde aus mittels selbstsperrender Hebel betätigt, während derjenige für die vordere Klappe über eine Zugstange und ebenfalls einen selbstsperrenden Hebel angezogen wird. Dieser ist in Höhe der Rahmenoberkante zwischen den beiden Kuppelradsätzen gelagert. Durch die Bedienung der Riegel von ebener Erde aus wird der Heizer veranlaßt, beim Verriegeln sich selbst durch Augenschein zu überzeugen, ob die Riegel tatsächlich einschnappen.

Der Aschkasten hat außerdem vorn und hinten vom Führerstand aus bedienbare Luftklappen, von denen die vordere nahe dem Schwerpunkt aufgehängt ist und mit dem oberen Teil in den Aschkasten hineinschlägt. Zur Vermeidung des Herausfallens glühender Ascheteile auf die Strecke ist gemäß diesem Ausschlag ein schräges Schutzblech im Kasten vorgesehen. Der untere Teil dieser Klappe ist mit einem Schutzsieb ausgestattet. Für das Nässen der Schlacke ist an beiden Langseiten je ein Spritzrohr vorgesehen, das mittels zahlreicher Löcher den ganzen Raum bestreicht und bei seiner Anordnung durch etwa herunterfallende Roststäbe nicht beschädigt werden kann. Genügender Raum zur Aufnahme der Rückstände ist duch Herabziehen des Aschkastens zwischen den Rahmen erzielt.

Über den vorderen Teil des Rostes ist in die Feuerbüchse ein Feuerschirm eingebaut, dessen Steine so bemessen sind, daß sie durch das Feuerloch leicht eingebracht werden können. Der Feuerschirm stützt sich beiderseits an den Feuerbüchswänden auf Flacheisenschienen ab, die je mittels 3 durch hohlgebohrte Stehbolzen durchgeführte und von außen zugängliche Schraubenbolzen gehalten werden.

Nach vorn ist an den Langkessel mittels eines Zwischenringes von 40,5 mal 60 mm die 1988 mm lange Rauchkammer mit 1630 mm äußeren Durchmesser angeschlossen. Ihre Wandstärke ist durchgehend 10 mm. Zur Entwässerung der Kammer ist an tiefster Stelle ein Abflußrohr vorgesehen. Den Abschluß der Kammer gegen den Langkessel bildet die 22 mm starke Rohrwand, die über dem Rohrbündel durch einen starken waagrechten Winkelblechanker, der seitlich an den Langkessel angeschlossen ist, versteift wird. Das über dem Rohrbündel verbleibende Stück der Rohrwand wird durch seitlich schräg nach oben laufende Winkel und Bleche kräftig versteift.

Vor dem Schornstein ist im Scheitel der Rauchkammer eine waagerechte Quernische zur Aufnahme des Abdampfvorwärmers angeordnet, an die sich in der gleichen Querebene rechts eine senkrechte Nische für die Luftpumpe und links für die Kolbenspeisepumpe anschließen. Der dadurch enstehende nahezu rechteckige Durchgang in der Kammer ist so groß, daß die Rohre bequem zugänglich bleiben und die Rauchkammerrückstände leicht entfernt werden können. Die Anordnung von Pumpe und Vorwärmer weit vorn trägt zur Vorverlegung des Gesamtschwerpunktes bei, gestattet eine unauffällige Hochlegung des Vorwärmers, die der Rückleitung des Kondensats zum Wasserkasten dienlich ist, und läßt das Gesichtsfeld nach vorn frei.

Die Rauchkammertür legt sich gegen einen besonderen Ring mit Dichtfläche; die Tür wird durch einen Mittelverschluß und 6 Vorreiber luftdicht gehalten. Der waagrechte Verschlußbalken ist auf beiden Seiten mit dem Rauchkammermantel verschraubt und verhütet eine Verdrückung der als Tragorgan des Langkessels dienenden Rauchkammer.

III. Die Kesselausrüstung

Die Kipptür Bauart MARCOTTY besitzt Luftkanäle, die dauernd einen schwachen Luftstrom durch das Geschränk und hinter dem Feuerlochschoner hindurchtreten lassen, so daß er ebenso wie der Feuerlochring selbst gegen Strahlwärme geschützt und wirksam gekühlt wird.

Der Schornstein ist in die Rauchkammer 500 mm tief eingelassen zur Erzielung einer guten Führungshöhe für den Gemischkegel aus Dampf und Rauchgas. Zur Verringerung der Gemischgeschwindigkeit ist der Schornstein mit weiter Öffnung ausgebildet, und das ebenfalls weite Blasrohr liegt tief in der Rauchkammer. Dadurch wird der Gegendruck in den Zylindern wirksam herabgesetzt.

Dicht unterhalb des Kopfes zweigt man vorn das Abdampfrohr für die Beheizung des Vorwärmers ab. Die ganze Saugzuganlage ist so durchgebildet, daß die Anwendung einer brennstoffsparenden, niedrigen Feuerschicht ohne jede Änderung möglich ist.

Der Funkenfänger ist in seinem oberen Teil zylindrisch, unten in dem das Blasrohr und den Bläser umfassenden Teil kegelförmig durchgebildet. Er ist zweiteilig nach den Seiten aufklappbar und leicht pendelnd am Schornstein aufgehängt. Durch das Pendeln während der Fahrt soll der Funkenfänger sich von Flugasche reinigen.

Zum Nässen der Flugasche ist im vorderen Teil der Rauchkammer ein Einspritzrohr quer angeordnet.

Im hinteren Dom des Langkessels ist ein Dampfregler der neuen Bauart Schmidt & Wagner untergebracht. Mittels großer Auftriebsflächen und feiner Drosselung durch einen Bund auf der Ventilstange ist erreicht, daß trotz des sehr geringen Druckabfalles in der 150 mm lichten Dampfleitung zum Überhitzer der Regler einwandfrei arbeitet und leicht bedienbar ist. Das Reglerrohr endigt in dem Naßdampfkasten in der Rauchkammer; von ihm aus strömt der Naßdampf in die einzelnen Überhitzereinheiten ab und sammelt sich wieder in dem getrennt angeordneten Heißdampfkasten. Wechselweise greifen fingerförmig die Anschlußkanäle beider Kästen zwischeneinander mit nach unten gerichteten Öffnungen für die Überhitzereinheiten. Die Füsse, zwischen denen die Befestigungsschrauben der Köpfe der Überhitzereinheiten sitzen, sind hinten fest, vorn gleitend miteinander verschraubt,. so daß sie sich frei dehnen können. Die beiden Kästen zweigen gießtechnisch einfache Formen und haben den besonderen Vorteil, daß eine Rückkühlung des überhitzten Dampfes von der Trennwand der Naßdampfkammer aus nicht mehr stattfindet. Der Überhitzer selbst besteht aus 32 Einheiten von 23/29 mm Durchmesser und insgesamt 36,1 m^2 Heizfläche.

Die vier eine Einheit bildenden Rohre sind zu zwei Schlangen zusammengefaßt, von denen die erste aus der Naßdampfkammer kommende Schlange bis auf 500 mm, die andere bis auf 350 mm an die Feuerbüchsrohrwand herangeführt ist. Das Umkehrende an der Rauchkammerrohrwand ist um 400 mm zurückgelegt, um in genügend Wärmefälle bietender Rauchgaszone zu bleiben und an Gewicht zu sparen. Von dem Heißdampfkasten führen in je 350 mm Abstand von Kesselmitte nahe dem Scheitel beiderseits Dampfeinströmrohre von 120 mm Durchmesser nach den Zylindern.

Zur Speisung des Kessels dient eine Kolbenpumpe von 250 l/min Fördermenge der Bauart Nielbock-Knorr in Verbindung mit einem Abdampfvorwärmer von 13 m^2 Heizfläche der Regelbauart. Die Pumpendruckleitung führt auf kürzestem Wege nach dem Umschalthahn des Vorwärmers. Von dem auf gleicher Lokomotivseite liegenden Austrittsstutzen führt eine Druckleitung nach dem Kesselspeiseventil am vorderen Dom auf der linken Lokomotivseite. Die Abdampfleitung zum Vorwärmer verläuft innerhalb der Rauchkammer, vom Blasrohr aus sich der linken Rauchkammerseite anschmiegend. Der Abdampf der Speisepumpe und der Luftpumpe wird durch eine gemeinsame Leitung einem besonderen Stutzen auf der linken Vorwärmerseite zugeführt. Das Kondensat fließt im Gefälle durch einen Ölabscheider mit Filtertucheinlage dem rechten Wasserkasten zu. Bei Reglerverschluß wird dem Vorwärmer selbsttätig durch eine abschaltbare Leitung soviel Frischdampf zugeführt, daß beim Weiterpumpen das in den Kessel gelangende Speisewasser immerhin auf 70 bis 80°C erwärmt wird, so daß einerseits ein Kaltspeisen vermieden, andererseits die zum Ausscheiden der Kesselsteinbildner notwendige Temperatur nahezu erreicht wird. Der den Dampfzutritt regelnde Ventilkegel wird durch eine Spindel mit Drosselnuten geführt und kann sich unter dem Frischdampfdruck öffnen, sofern nicht der die Spindel in einem anschließenden Gehäuse unter Schiebekastendruck belastende Kolben den Abschluß des Ventils herbeiführt. Damit keine unzulässige Drucksteigerung im Vorwärmer eintritt, ist gleich hinter das Ventil eine Drossellinse eingeschaltet. Das im Ventilgehäuse sich bildende Kondenswasser wird über ein Entwässerungsventil abgeführt.

Durch die Kondensatverwertung wird einerseits ein Teil der dem Kondensat innewohnenden Wärme nutzbar gemacht und andererseits der Wasservorrat der Maschine und damit der Fahrbetrieb um etwa ein Sechstel vergrößert. Als zweite Speisevorrichtung ist eine saugende Strahlpumpe von gleicher Leistung wie die Kolbenpumpe vorgesehen. Sie ist vom Führerhaus aus gut bedienbar und frostfrei so gelegt, daß die Streckensicht nicht behindert wird.

Um die Verluste in den Pumpenleitungen möglichst herabzusetzen, sind die Saug- und Druckleitungen 50 mm weit ausgeführt.

Die Druckleitungen führen zu dem auf dem vorderen Kesselschuß angeordneten Speisedom mit Schlammabscheider. Die Leitung der Kolbenpumpe mündet wie üblich in eine im Dom liegende Ringleitung mit zahlreichen Löchern, aus denen das Speisewasser schräg abwärts in den aus rostartig angeordneten Winkeleisen gebildeten Kesselsteinabscheider gespritzt wird. Die seltener gebrauchte Strahlpumpe ergießt ihr Wasser durch ein breites Froschmaulstück in den Schlammabscheider. Die Winkeleisen sind nach oben offen eingebaut; hierdurch kann das Wasser länger im Dampfraum des Kessels verbleiben und erwärmt sich dadurch schneller über die

Ausfalltemperatur der Kesselsteinbildner hinaus. Trotz der geringen Abscheidungsflächen die bei den beschränkten Raumverhältnissen untergebracht werden können, wurde so der Schlammabscheider möglichst wirksam gestaltet. Vom Winkelrost fließt das Wasser in seitlichen Blechtaschen dem Kesselbauch zu, wo sich der Schlamm im eigentlichen Schlammabscheider absetzt, ohne durch Berührung mit den Heiz- oder Rauchrohren Gelegenheit zum Festsetzen zu finden. Am Boden des geräumigen Behälters ist ein von außerhalb des Rahmens zu betätigender Abschlammschieber mit hydraulisch wirkender Kugelfüllung der Bauart Strube angeordnet. Ein gleicher Schieber ist an der Stehkesselvorderwand an tiefster Stelle des Kessels dicht über dem Bodenring vorhanden. Mit beiden Vorrichtungen wird der lose Schlamm aus Lang- und Stehkessel abgelassen. Der Schlammsammler hat auf beiden Seiten kleine Waschluken, der Langkessel seitlich je eine große Luke zum Reinigen der Blechtaschen.

Für die mit Dampf betriebenen Hilfseinrichtungen der Lokomotive ist vor dem Führerhaus ein Dampfentnahmestutzen am Kessel vorgesehen, der den Dampf durch eine innerhalb des Kessels verlegte Rohrleitung aus dem Dampfdom entnimmt. Der Stutzen ist auf dem Kesselscheitel mit dem Durchführungsstutzen und Absperrventil angeordnet. Das Verteilstück trägt die Anschlüsse für Strahlpumpe, Lichtmaschine, Dampfheizung und Heizung des Vorwärmers mit Frischdampf. Die Dampfentnahme zum Betrieb von Luft- und Speisepumpe erfolgt zu beiden Seiten des Reglerdomes.

Sämtliche Dampfleitungen sind möglichst kurz angeordnet und ebenso wie alle übrigen Heißwasserleitungen der Maschine mit Glasgespinst isoliert, das nach außen durch Blechüberzug gegen Beschädigung geschützt ist.

Auf der linken Lokomotivseite liegen in handlicher Höhe für den Heizer das neuartige Druckminderventil und darunter das den schlechtgangbaren Dreiwegehahn ersetzende Verteilventil für die Zugheizung. Die Dampfpfeife ist auf der rechten Seite des Reglerdomes angeordnet. Sie besitzt große Tonstärke und ist so weit nach vorn geschoben, daß die Schalldämpfung nach hinten durch das Führerhaus möglichst verhindert wird. Für Bahnhofssignale ist durch ein Hilfsventil dem vollen Ton ein Halbton vorgeschaltet. Außerdem ist hinter dem Schornstein ein Druckluftläutewerk der Bauart Knorr angeordnet.

Die Beobachtung des Wasserstandes im Kessel ermöglichen zwei Wasserstandsanzeiger, deren lange Gläser, die ganze Dampfraumhöhe des Kessels sichtbar machen und deren obere Gehäuse zur Vermeidung trügerischer Anzeige nicht an die Kesselrückwand, sondern mit Bügelrohren an die Kessel angeschlossen sind.

Die beiden Sicherheitsventile der Bauart Ackermann sind auf der Rückseite des hinteren Domes angeordnet. Die Ventile gestatten bei geringer Durchgangsweite und niedriger Bauhöhe eine feine Druckeinstellung und lassen dadurch Druckverluste vermeiden; sie sichern aber trotzdem die Einhaltung des Kesselhöchstdruckes bei voller Kesselanstrengung. Die Belastungsfeder liegt in einer Kammer, in der sich teilweise entspannter Dampf sammelt, der durch ein im Ruhestand offenes Ventil abströmt. Ist beim Abblasen der Druck bis auf den vorgeschriebenen Kesseldruck gesunken, so kann man das durch dynamischen Dampfdruck behinderte sofortige Schließen des Ventils durch Anstauen eines Gegendruckes in der vorgenannten Kammer unter Schließen des kleinen Entlastungsventils erreichen. Außer dem Rüttelhebel zur Einleitung einer Bewegung des Ventils ist deshalb zusätzlich noch ein Betätigungszug für das Stauventil vorhanden.

Zur Reinigung des Kessels sind insgesamt 18 Waschluken vorgesehen, und zwar:

1 kleine Luke in der Rauchkammerrohrwand
2 kleine Luken am Schlammsammler
1 kleine Luke über dem Feuerloch in der Stehkesselrückwand
4 kleine Luken im Umbug der Stehkesselrückwand
4 kleine Luken im Umbug der Stehkesselvorderwand
4 große Luken (Untersatz mit Deckel) im oberen Teil des Stehkesselmantels
2 große Luken seitlich am vorderen Kesselschluß unterhalb des Speisedoms am Schlammsammler.

Ein Vierwegehahn der Bauart Dilling mit 13 mm Durchgang gestattet die wahlweise Betätigung der Rauchkammerspritze, der Aschkastenspritze und der Kohlenspritze. Der Hahn ist unter Zwischenschaltung eines Doppelrückschlagventils sowohl an die Druckleitung der Strahlpumpe, als auch an die Kolbenpumpe angeschlossen.

Der Hilfsbläser besteht aus dem Ringrohr mit kleinen Löchern, das um die Blasrohrmündung herumgelegt ist, und dem Dampfabsperrventil. Um das Anheizen des kalten Kessels beschleunigt durchführen zu können, ist eine abschließbare Verbindung zwischen Bläserleitung und Dampfheizleitung vorgesehen, durch die von einer unter Druck stehenden Lokomotive Dampf entnommen wird.

IV. Der Rahmen

Der Mittenabstand der Barrenrahmenplatte ist 1000 mm wie bei allen kleineren Einheitslokomotiven; diese Rahmenentfernung ermöglicht eine kräftige und verschleißfeste Ausbildung der Achslager unter Berücksichtigung der Seitenverschieblichkeit der Achsen. Damit ist auch die Gleichheit der Pufferträger, der Zugkastengußstücke und Rahmenquerverbindungen mit den anderen Gattungen gewährleistet. Die 70 mm starken Rahmenplatten gehen in der oberen Begrenzung gradlinig von Pufferträger zu Pufferträger in einem Stück durch und sind bei weiten Ausschnitten und dadurch kleinem Gewicht möglichst steif gehalten. Durch die einfache Höhengliederung ist die Ausnutzung der Walzplatte ohne großen Verschnitt gesichert. Die Ausbildung des Rahmens als Barrenrahmen gibt als festgefügtes Ganzes die Gewähr für eine sichere Einhaltung der Urmaße selbst bei hohen Beanspruchungen und bei örtlichem Verschleiß. Daneben ist aber gerade durch die niedrige Bauhöhe von durchschnittlich 590 mm zwischen Außenkante von Ober- und Untergurt eine gute Übersichtlichkeit und Zugänglichkeit der Maschine gewahrt. Während die Elastizität des Rahmenbaues in senkrechter Richtung die örtlichen Überbeanspruchungen vermeiden läßt, ist trotzdem die Festigkeit gerade in waagerechter Ebene besonders hoch.

Der Rahmengurt liegt nahezu mittig in den Achsen, so daß er die Durchleitung der Kräfte von den Zylindern her gut übernimmt. Als Grundlage für den Austausch aller mit dem Rahmen verbundenen Teile ist er allseitig auf Maß und Toleranz bearbeitet. Mit Ausnahme der Achsgabelstege werden alle Teile ohne besondere Paßarbeit angebracht.

Als äußere Querverbindung versteifen die Pufferträger aus Preßblech die Rahmenplatten. Jeder Träger ist so befestigt, daß er als Ganzes ausgewechselt werden kann. Der Zughaken ist durch eine auf der Zugstange angeordnete Wickelfeder abgefedert. Der Zughaken mit Abfederung ist an der Kopfschwelle schneidenförmig gelagert, so daß er seitlich ausschlagen kann. Die Schraubenkupplung ist für eine Höchstzugkraft von 21 t bemessen. Die Hülsenpuffer der Einheitsbauart haben eine Gesamteindrückung von 75 mm.

Der vordere Rahmenteil wird außerdem gegen den Kessel noch durch zwei vom Rauchkammermantel schräg nach vorn laufende Winkelstreben versteift, die in Ausfräsungen des Rahmens greifen. In der Zylinderquerebene ist der Rahmen durch ein weitgehend ausgespartes Stahlgußstück versteift, das seitlich die Lagerböcke zu den Längenausgleichshebeln zwischen Lauf- und erstem Kuppelradsatz trägt. Nach oben ist das Gußstück gleichzeitig als Rauchkammerträger und festes Auflager des Kessels ausgebildet.

In der Höhe der Pufferträger ist der Rahmen bis zur Zylinderverbindung durch zwei waagerechte Bleche zwischen den Barrenplatten zu einem Kastenträger ausgebildet; in ihm liegt der Zugapparat. Dieser Kasten läßt beiderseits zunächst den Rahmenplatten Raum für die Unterbringung der Federn des Laufradsatzes.

Jeweils zwischen den Kuppelrädern schließen sich nach hinten weitere Querverbindungen an; die mittlere von ihnen trägt nach oben Kesselpendelbleche. Zwei Querverbindungen greifen nach den Seiten über den Rahmen hinaus und tragen seitlich die Wasserkästen. Die mittlere Stütze besteht aus 25 mm starkem Blech und trägt in den Ebenen der Steuerung die Lagerböcke von Steuerwelle und Schwinge und die hintere Befestigung der Gleitbahn.

Das Pendelblech ist so angeordnet, daß es bei warmem Kessel gerade steht, bei kaltem nach vorn um ein geringes geneigt ist. Eine waagerechte Querverbindung, die von den Zylindern bis kurz vor die Stehkesselvorderwand reicht, steift den Rahmen gegen seitliches Verwinden aus. Unter der Stehkesselvorderwand und seiner Rückwand wird der Rahmen durch die gleichzeitig als Stehkesselträger ausgebildeten Stahlgußbrücken versteift. Diese stützen sich mit Winkelfußleisten auf die Oberkante des Rahmens. Sie tragen auf Rahmenmitte die Lager für die Schlingerstücke und außen die Klammern, die den Kessel gegen Abheben von seinen Auflagern schützen. Am Rahmenuntergurt sind jeweils in den Ebenen der Querverbindungen flußeiserne Querstäbe rechteckigen Querschnittes vorhanden, die ein seitliches Ausbiegen des Rahmens durch die Kessellast verhindern. Als abschließende Querverbindung dient wieder der Pufferträger der gleichen Form wie vorn. Die Zapfen der Deichselgestelle sitzen an besonders waagerechten Rahmenverbindungen aus Preßblech.

Der Wasservorrat von 9 m^3 ist in zwei langen Behältern zu beiden Seiten des Kessels untergebracht und zum Teil unter dem 3 t fassenden Kohlenbehälter, der die Rückwand des Führerhauses bildet.

V. Das Laufwerk

Die Lokomotive ist in vier Punkten abgestützt. Auf jeder Maschinenseite sind die Lasten des vorderen Kuppelradsatzes und des Laufradsatzes durch Längsausgleichshebel untereinander ausgeglichen, ebenso diejenigen des hinteren Kuppelradsatzes, des Triebradsatzes und des Laufradsatzes unter sich. Die Lagerböcke umfassen die Rahmenplatten und ebenso die Ausgleichshebel. Die Hebel zwischen den gekuppelten Radsätzen liegen in der Rahmenebene, da die Tragfedern der gekuppelten Radsätze durchweg unten angeordnet sind. Der kleine Raddurchmesser des Laufradsatzes aber führte zur Hochlegung der Federn, die hier innerhalb des Rahmens liegen und eine schräge Anordnung der zugehörigen Ausgleichshebel erfordern. Die Tragfedern sind aus Stahl von mindestens 85 kg/mm^2 Festigkeit gefertigt; sie enthalten 6 Blätter der Regelabmessung für Federstahl 120 x 16 mm und einer Länge von 1000 mm. Die Blätter werden in den Bunden durch Mittelwarze, Beilage und Keil gehalten. Die Beanspruchung liegt bei ruhender Last zwischen 42,7 und 53 kg/mm^2, die Höchstbeanspruchung beim Aufsetzen des Rahmens auf das Achs-

Triebwerk der BR 64

Blick auf Schieberkolbenstange, Schieberschubstange und Voreilhebel.

Beide Aufnahmen: Herbert Stemmler

lager zwischen 105 und 113 kg/mm^2, um Erschlaffen der Federn zu vermeiden. Die Federspannschrauben übertragen die Last mittels Spannmuttern, Sattelscheiben und Federdruckplatten auf die Federn. Das Gewinde der Spannschrauben wird geschützt durch eine über den unteren glatten Teil derselben gezogene Buchse, die das Gewinde im Federausschnitt nicht zur Anlage gelangen läßt. Die Federbunde übertragen durch Bolzen und Achslagergehänge die Last auf die Radsätze. Das Gehänge ist so durchgebildet, daß sich Achslager und Feder gegeneinander in der Rahmenlängs- und -querrichtung frei einstellen können.

Die Höhe der Achslagerausschnitte im Rahmen und die Anordnung der Ausgleichshebel gestatten das Befahren von Ablaufbergen mit 150 m Scheitelhalbmesser; dabei schlägt das vordere Teil des letzten Ausgleichshebels am Rahmen an. Den größten Lastzuwachs erfährt der letzte Kuppelradsatz mit + 2715 kg, während die größte Entlastung bei dem hinteren Laufradsatz mit - 2706 kg vorliegt. Sämtliche Kuppelachslager haben bei 200 mm Durchmesser in der Lauffläche eine Schenkellänge von 260 mm.

Mit Rücksicht auf die großen waagrechten Kräfte, die die Treibachslager aufzunehmen haben, sind sie als Obergethmannlager mit unter der Achsmitte liegenden Hilfsbacken ausgeführt. Zwischen diesen Backen und der Hauptlagerschale sind Beilagen eingeführt, die in verschiedenen Stärken von 4 - 2 mm vorhanden sind und eine Nachstellung des Lagers ermöglichen. Der Unterkasten wird von unten in das Gehäuse eingebracht; er umfaßt es mit Führungsleisten, trägt die Hilfsbacken und wird selbst durch zwei im geteilt ausgeführten Unterkasten durch stegangeordnete Druckschrauben mit breitem Kopf gehalten. Die Teilung des Steges gestattet ein Herausnehmen des Unterkastens aus dem Gehäuse ohne Ausbau der Tragfeder und damit ein einfaches Nachstellen des Lagers durch Auswechseln der Beilagen sowie eine leichte Prüfung des Schmierpolsters. Um ein ebenso leichtes Herausnehmen des Unterkastens der Kuppelachslager zu gewährleisten, sind hier an Stelle der seitlichen Führungsleisten Führungsbolzen mit flachem Kopf vorgesehen. Die Köpfe dieser Bolzen, wie auch diejenigen der Druckschrauben greifen in Aussparungen des Lagerunterkastens ein. Nach Lösen des Steges wird der Kasten soweit gesenkt, daß er seitlich aus dem Gehäuse herausgezogen werden kann. Die Schmierpolster können also ohne Herausnehmen der Radsätze geprüft und erneuert werden.

Die Achslagergehäuse werden wahlweise gepreßt oder aus Stahlguß hergestellt; die Unterkästen bestehen ebenfalls aus Stahlguß; die Achslager werden in den mit Gleitbacken aus Flußstahl versehenen Lagerausschnitten des Rahmens geführt. Die Schubkräfte werden auf den Rahmen durch beiderseits eingelassene Paßstücke übertragen. Die Führungsflächen an den Lagergehäusen tragen Rotgußgleitplatten, an denen die Abnutzung aufgenommen wird.

Die Lagerstellkeile bestehen aus naturhartem Stahl von 86 - 92 kg/mm^2 Festigkeit, sie sind sämtlich hinten angeordnet, so daß sie bei Vorwärtsfahrt entlastet sind, beim Bremsen aber die volle Belastung durch den Klotzdruck der vorn angeordneten Bremsklötze erfahren. Die Stellkeilschraube geht durch einen Ansatz des außenliegenden Achsgabelsteges hindurch. In diesem wird mit einem Hals die zum Nachstellen vorhandene Schlitzmutter geführt. Klammern, die an dem inneren Achsgabelsteg verschraubt sind, verhindern das Lösen der Mutter. Sie greifen in die eigentliche Mutter und deren Sicherungsmutter auf dem Hals unterhalb des Steges ein. Die von außen und innen gegen die Rahmenplatte geschraubten beiden Stege eines Lagerausschnittes umfassen die Rahmensätze mit starken Klammern beiderseits. Der unbedingt notwendige festschließende Sitz zur Übertragung der den Rahmen beanspruchenden Kräfte wird durch genaues Anpassen erreicht; alle Übergänge an den Stegen sind stark ausgerundet. Die doppelte Anordnung der Stege gestattet ferner eine kurze Verbindung zwischen Federbund und Achslagergehäuse. Der Federträger liegt zwischen den Stegen; die beiden Stützpunkte im Lagergehäuse sind mit besonderen Rotgußlagern ausgelegt, die den Verschleiß aufnehmen. Die gesamte Lagerausbildung gestattet bei den gekuppelten Radsätzen nach oben ein Spiel von 43 mm, nach unten von 35 mm.

Sämtliche Achswellen sind auf die ganze Länge mit 70 mm Durchmesser durchbohrt; und zwar einmal zur Gewichtsersparnis und daneben zur einwandfreien Prüfung des Baustoffes auf Lunkerstellen. Zum genauen Vermessen des Achsstandes der Lokomotive sind die Bohrungen an den Nabenseiten nach einem schlanken Kegel ausgedreht, in den der Meßbolzen bzw. bei Bearbeitung der Reitsteckbolzen der Drehbank eingesetzt wird. Buchsen, die durch einen Steg gehalten werden, schützen die Bohrung im Betrieb.

Die Radkörper der gekuppelten Radsätze bestehen aus Stahlguß; sie sind auf die Achswellen aufgepreßt und werden durch Keile gegen Verdrehen gesichert. Die Speichen sind an den Kurbelarmen und am Überhang in den Unterreifen durch Rippen in Form von Schwimmhäuten verstärkt, um bei kleinsten Abmessungen die Kräfte aus der Kurbel auf den Radkranz zuverlässig überzuleiten. Die Radreifen sind in üblicher Weise auf die Radkörper aufgezogen.

Der Raddurchmesser ist im Laufkreis 1500 mm. Die Zapfen sind hydraulisch eingepreßt. Der Treibzapfen ist ebenso wie die Achswellen hohlgebohrt und durch einen Keil gegen Verdrehen gesichert, da er die Gegenkurbel für die Steuerung trägt. Er hat folgende Abmessungen:

in der Nabe . . . . .180 mm Ø x 161 mm.
in der Kuppelstanenebene . . . . .180 mm Ø x 120 mm.
in der Treibstangenebene . . . . .140 mm Ø x 140 mm.

Zwischen Treib- und Kuppelstangenkopf ist ein Abstandsring mit Gleitsitz auf den Zapfen geschoben.

Die Zapfen tragen keine festen Bunde; die mit Buchsenlagern ausgestatteten Kuppelstangen werden durch Scheibe und Mutter gehalten. Bei dem geringen zur Verfügung stehenden seitlichen Raum mußte eine besondere Befestigungsart gewählt werden. Die Zapfenbohrung ist mit Gewinde versehen, in das eine Stiftschraube eingezogen ist. Die Bundschraube ist so tief in den ausgesparten Bolzen eingelassen, daß die Befestigungsmutter auf der Stiftschraube vollständig versenkt ist.

Der Laufradsatz vor und hinter den gekuppelten Radsätzen ist schwenkbar gelagert; er hat 850 mm Laufkreisdurchmesser. Das einseitige Anlaufen des Laufradsatzes im geraden Gleis wird auf eine einfache Weise dadurch verhindert, daß das Achslagergehäuse mit einer Wickelfeder beiderseits gegen den Hauptrahmen abgestützt ist.

Die Deichsel wird aus einem waagrecht liegenden Blech mit seitlichen Flacheisenstegen gebildet. Durch Zugstangen vorn an der Deichsel ist dafür gesorgt, daß das Lenkgestell in jeder Fahrtrichtung gezogen wird. Vorn ist das Gehäuse der Rückstellfeder mit diesem verschraubt und damit wiederum das Achslagergehäuse. Die im Zylinder liegende eingängige Wickelfeder hat runden Stahlquerschnitt von 23 mm Durchmesser; sie führt den Laufradsatz bei 460 kg Vorspannung und 995 kg Endspannung entsprechend 110 mm Seitenausschlag in die Mittellage zurück. Sie wird von beiden Seiten durch Druckstangen am Rahmen belastet. Die Federteller gleiten mit reichlichen Führungsflächen in dem zylindrischen Führungsgehäuse. Sie werden von einem besonderen Schmiergefäß auf der Deichsel mit Öl versorgt.

Die Druckstangen werden von außen durch Bohrungen in den Konsolen an den Rahmenplatten eingebracht und die kugeligen Lagerpfannen ebenfalls von außen davorgeschraubt. Die Begrenzung des Ausschlages wird von den Druckstangen und zugehörigen Federteilen übernommen. Die Lagerschale und der Unterkasten des Laufradsatzes werden von unten in das Gehäuse eingebracht; der Gehäuseausschnitt wird durch einen flachen, von unten vorgelegten Steg überbrückt. Die Lagerstelle hat 160 mm Durchmesser bei 260 mm Schenkellänge.

Der Tragfederbund liegt in einem zwischen Rahmen und mittleren Rahmenlängsversteifung senkrecht geführten Käfig. Dieser trägt einen angeschmiedeten Stützzapfen. Der Bund selbst ist an seiner Stützfläche stark abgerundet, so daß sich die Feder den Ausschlägen der Längsausgleichshebel gemäß schrägstellen kann. Zur Sicherung der Federlage gegenüber dem Käfig ist in die Stützfläche beiderseits ein Mitnehmerbolzen eingelassen, während eine im Käfigkopf sitzende Kopfschraube das Abheben des Federbundes verhindert.

Die Federn stützen sich auf das Lagergehäuse unter Vermittlung von Gleitplatten, die innerhalb der Schmiergefäße den Bewegungen der Achse entsprechend gleiten. Die Schmiergefäßdeckel sind, da sie die Stützen umfassen und den Bewegungen Raum geben müssen, mehrteilig gleitend ausgebildet.

Das den Deichselzapfen umfassende Lager ist als Kugellager ausgebildet, um der Schrägstellung der Deichsel in beliebiger Ebene Rechnung zu tragen. Es gleitet in Parallelführungen der Deichsel und zwar mit soviel Spiel in der Längsrichtung, daß der Laufwiderstand des Radsatzes nur von den kurzen, mit Kardangelenken das Gehäuse haltenden Lenkern übernommen wird und die Deichsel nur als Führung dient.

Der erste und letzte Kuppelradsatz sind im Rahmen fest gelagert; der feste Achsstand der Lokomotive ist 3600 mm. Der Treibradsatz hat um 15 mm geschwächte Spurkränze. Der Laufradsatz schlägt 110 mm nach jeder Seite aus. Das Laufwerk gestattet das Durchfahren der preußischen Weiche 1 : 7 mit anschließenden Bogen von 140 mm Halbmesser.

Sämtliche Achslager werden oben doppelt geschmiert, einmal durch einen Docht aus dem oberen Teil des Achslagergehäuses und weiterhin durch einen Anschluß an die besondere Achslagerschmierpumpe, die auf dem Führerstand angeordnet ist. Die Unterkästen mit den Schmierpolstern haben seitlich angegossene Einfülltrichter mit Klappdeckelverschluß und Entwässerungsschraube an tiefster Stelle.
Die umlaufenden Gewichte sind an jedem Rade vollständig ausgeglichen, von den hin- und hergehenden Gewichten 23,7 % entsprechend15 % freier Fliehkraft, das sind je Kuppelradsatz 24,7 kg. Die hin- und hergehenden Gewichte betragen 312,3 kg. Der erste und letzte Kuppelradsatz sind unter sich völlig gleich.

VI. Die Zylinder

Das Triebwerk der Lokomotive arbeitet mit einfacher Dampfdehnung. Die beiden außen liegenden Zylinder treiben den zweiten gekuppelten Radsatz an.

Jeder Zylinder stellt mit dem zugehörigen Schieberkasten einen Block für sich dar.
Die Zylinder sind gegen den Rahmen geschraubt; sie legen sich mit einer Winkelleiste in einen Ausschnitt auf der Oberkante der Rahmenplatten. Die Befestigungsschrauben sind durch Ansätze am Gußstück entlastet; diese stützen den Zylinder mittels Paßstücken gegen den Rahmenausschnitt ab.

Der Durchmesser der Zylinder ist 500 mm. Die Zylinder sind in ihrer Quermitte völlig symmetrisch gehalten, so daß für beide Maschinenseiten nur ein Zylindermodell benötigt wird.

Um die Dampfwirtschaft der Lokomotive im Zylinderteil gut zu gestalten, sind die schädlichen Räume so klein wie baulich möglich bemessen, und zwar hinten 8,89 % und vorn 9,29 %. Der Abstand der Kolben von den Deckeln beträgt in den Totalen hinten 11 mm und vorn 9 mm.

Entsprechend dem geringen Abstand zwischen Kolben und Deckel werden die Deckel maßhaltig gegossen und mittels Schablone nachgeprüft. Die Schieberkästen liegen mit den Zylindern gleichnasig.

Der Frischdampf strömt den Mitten der Schieberkästen zu. Die Zylinder haben vorgeschraubte Ausströmkästen, die den Abdampf in seitlichen Umführungskanälen dem auf der Quermitte des Gußstückes sitzenden Anschlußflansch zuführen. Die Trennung des Ausströmkastens von dem eigentlichen Zylindergußstück gestattet einen leichten Ersatz, da erfahrungsgemäß diese Stücke bei ihrer vorgebauten Stellung leicht Beschädigungen im Betrieb ausgesetzt sind.

Dicht neben dem Flansch für den Anschluß der Frischdampfleitung im Schieberkasten sitzt am rechten Zylinder der Anschluß für den Heißdampftemperaturmesser und am linken derjenige zum Frischdampfventil, zum Vorwärmer und zum Schieberkastendruckmesser.

Die Druckausgleicher sind auf den Schieberkästen gut zugänglich angeordnet. Den Schiebern wird das Schmieröl unmittelbar an den Laufflächen durch schräge Stutzen neben den Druckausgleicherflanschen zugeführt.

Die Schieber laufen in eingesetzten losen Buchsen, die gegen die Einströmkammer mit je einer ebenen metallischen, leicht aufzuschleifenden Fläche und gegen die Ausströmung in üblicher Weise durch elastische Kupferasbestringe abdichten. Der aufgeschraubte Ausströmkasten preßt den Dichtring gegen die äußere metallische Dichtfläche. Der hintere Schieberkasten trägt die Führung für den Schieberstangenkreuzkopf; vorn werden die Stangen in geschlossenen Buchsen mit Deckel getragen. Die Schieber haben den für die kleineren Zylinder mit einfacher Dampfdehnung festgelegten Einheitsdurchmesser von 220 mm. Sie vermeiden Eintrittsdrosselung aufgrund der großen Kanalquerschnitte und gewährleisten eine gute Ausnutzung des Zylindervolumens.

Die eigentlichen Zylinderwände der Gußstücke sind mit Rücksicht auf möglichst lange Lebensdauer starkwandig gehalten, um öfteres Nacharbeiten zu gestatten; die Nebenwände dagegen sind ihrem Zweck entsprechend so dünn wie möglich gehalten. Die Dampfkolben sind aus Stahl gepreßt, auf die Kolbenstange warm aufgezogen und durch vernietete Muttern gesichert. Die drei gußeisernen Normkolbenringe haben 20 x 14 mm Querschnitt, sind an den Stoßstellen überlappt und auf der Lauffläche mit ausgefrästen Schmiernuten versehen. Die Stangen sind zur Verringerung des Verschleißes von Zylindern, Kolbenringen und vorderen Tragbuchsen nach vorn in der gleichen Dicke von 80 mm wie hinten durchgeführt, im vorderen Teil aber durch Ausbohren leicht gehalten. Genügend Auflagerfläche der tragenden Stangen ist durch den großen Durchmesser und durch möglichst große Länge der Tragbuchse erreicht: außerdem wird dem Durchgang der Kolbenstange durch drehbare Lagerung der Tragbuchse Rechnung getragen. Mäßiger Verschleiß der mit Weißmetall ausgegossenen Lagerung kann durch Umlegen loser im Anfangszustand über der Buchse eingefügter Blechplättchen unter sie ausgeglichen werden. Die Stopfbuchsen sind hinten und vorn völlig gleich ausgeführt. Verwendet werden gußeiserne Kammerstopfbuchsen in Halbschalenform. Die Halbschalen werden mit 4 Schrauben zusammengehalten und durch Paßstifte in ihrer gegenseitigen Lage gehalten, so daß sie metallisch dicht auf dem Zylinderdeckel aufgeschliffen werden können. Jede Halbschale enthält drei Kammern einheitlicher Abmessungen und Toleranzen, in die die genormten Dichtringe eingelegt werden können.

Die Zylinderräume werden an allen Stellen durch Rohre entwässert; diese Rohre führen zu Ventilen unter den Zylindern und haben ihren Abfluß in einem gemeinsamen als Schalldämpfer wirkenden Sammelkasten. Die Zylinderdeckel sind unterhalb der Kolbenstangendurchführung mit Sicherheitsventilen versehen, die auf Kesseldruck eingestellt sind. Oberhalb der Stopfbuchsen befinden sich Indikatorstutzen.

Die Druckausgleicher entsprechen der neuen Regelbauart für die kleinen Zylinder; sie haben zwei luftgesteuerte Eckventile und geben beim Ausgleich einen kurzen Weg von der einen zur anderen Zylinderseite frei. Beide Ventile bieten mit 80 mm Durchmesser freiem Durchgang dem vom Kolben hin- und hergeschobenen Zylinderinhalt einen weiten Umlaufkanal, so daß keine wesentlichen Druck- und Temperatursteigerungen beim Leerlauf auftreten. Die Abschlußventile werden vom Arbeitsdruck im Zylinder geschlossen gehalten; beim Fehlen des Schieberkastendruckes drückt eine außenliegende Feder sie leicht auf ihren Sitz und verhütet das Abheben. Die Ausgleicher liegen unter dem Umlauf und sind als Ganzes leicht auszubauen, ebenso die einzelnen Ventile. Bei diesem Ausgleich wird keine Frischluft mehr angesaugt, die früher zu starken Verkrustungen von Schiebern und Zylindern geführt hat.

Zehn Stellen werden mit Heißdampföl geschmiert und zwar jeder Schieberkörper, jeder Zylinder und jede der gußeisernen Kolbenstopfbuchsen.

VII. Das Triebwerk

Der eigentliche Kreuzkopfkörper ist nach oben offen, wird von unten auf die Gleitbahn aufgebracht und dann oben durch ein Zwischenstück mit 6 Paßschrauben geschlossen. Die Kreuzkopfgleitplatten sind aus Rotguß mit Weißmetallausgüssen hergestellt; sie fassen zur Entlastung der Halteschrauben vorn und hinten mit Vorsprüngen um den Kreuzkopf herum und werden durch ein im Oberteil angeordnetes Schmiergefäß mit Regelung der Ölabgabe durch Nadel mit Öl versorgt. Der Mitnehmerbolzen wird mittels Querkeil in einer Bohrung des Kreuzkopfes gehalten.

Der Kreuzkopfbolzen trägt einen Gewindeansatz und ist mittels eines kegelförmigen, durch eine Mutter angepreßten Spaltringes üblicher Art befestigt. Er ist so durchgebildet, daß die Kegelflächen an Kopf und Fuß ohne Umspannen durchgeschliffen werden können. Die Sicherung gegen Lösen übernimmt ein Splint an der Mutter; Drehen wird durch eine Paßfeder im Bolzenkopf und Kreuzkopfauge verhindert. Das Bolzenlager erhält sein Schmieröl von einem außen vor den Kreuzkopf geschraubten Schmiergefäß, das mit einem Entlastungsansatz in eine Bohrung der Seitenwand faßt. Der Ölkanal wird durch ein im Schmiergefäß eingelötetes Kupferrohr gebildet, das in einer Bohrung des Kreuzkopfes liegt und bis an die senkrechte Bohrung des Ölstutzens reicht, der, von unten in den Kreuzkopf eingeschraubt, unten durch den Deckel des Stangenschmiergefäßes hindurchtritt und so das Öl in das hin- und herschwingende Stangenauge überleitet. Eine Verschlußschraube ermöglicht das Durchstossen der waagrechten Bohrung.

Die Stangenlagerabmessung des Kreuzkopfbolzens betragen 90 mm Durchmesser und 90 mm Länge. Das Rotgußlager der Treibstange ist durch einen seitlich anzuziehenden Stellkeil mit Halter und Sicherung nachzustellen.

Sämtliche Kuppelstangenköpfe sind geschlossen; nachstellbar sind nur die Treibstangenlager ausgeführt. Die Lagerschalen werden hier von außen eingebracht und durch Druckplatte und Schraubenstellkeil gehalten. Der Stellkeil wird mit Doppelmuttern und Scheibe angezogen. Als Sicherung dient eine seitlich in den Stangenkopf eingepaßte Platte mit zwei Schrauben, die in einen Schlitz der Platte eingreifen. Sämtliche Lagerschalen sind bei der Lieferung mit Regelweißmetall (WM 80) ausgegossen, aber für Bleimetall (WM 10) durchgebildet. Oben und unten sind an den Trennfugen 4 mm starke Messingbeilagen eingefügt, die beim Nachstellen durch schwächere von 1/2 zu 1/2 mm abgestufte ersetzt werden. Der ganze Satz Beilagen ist in besonderem Behälter der Lokomotive beigegeben.

Alle Stangenlager werden mittels Nadelschmierung geschmiert. Die Ölgefäße tragen für das Einfüllen einen Pilzverschluß, dessen Stift in einer unteren Führung gleitet.

Dem Stift ist 1 mm Spiel gegeben, so daß selbst bei mäßigem Verbiegen der dichte Abschluß des Pilzes nicht behindert wird. Zur Schmierstelle gelangt das Öl über eine besondere, oben schalenförmige Tülle von 2 mm Bohrung, in der eine 1,8 mm dicke oder nach Bedarf schwächer gehaltene Nadel sitzt. Die Nadel kann durch eine Verschraubung im Deckel leicht ausgewechselt werden. Durch die Trennung von Tülle und Schmierstelle ist eine Beschädigung von außen her ausgeschlossen. Das während der Stangenbewegung im Gefäß herumgeschleuderte Öl gelangt in die schalenartige Ausfräsung und fließt von da an der Nadel entlang zur Schmierstelle.

Zur möglichst hohen Ausnutzung des Reibungsgewichtes wird jeder gekuppelte Radsatz in beiden Fahrtrichtungen besonders gesandet. Zu diesem Zweck sind auf beiden Seiten des auf dem Kesselrücken liegenden Sandkastens sechs Sandstreuer der Bauart Borsig-Reichsbahn angeordnet, bei denen je eine Preßluftdüse den Sand aufwirbelt und eine zweite ihn durch weite Rohre abbefördert. Die Vorrichtung sichert gleichmäßig sparsame Besandung der Schienen und mäßigen Luftverbrauch.

VIII. Die Steuerung

Die Steuerung ist als Heusinger-Steuerung für Inneinströmung durchgebildet. Entsprechend der inneren Dampfeinströmung eilen die Gegenkurbeln nach, um in der Hauptfahrtrichtung den Schwingenstein im unteren Teil der Schwinge zu haben und die Schwingenlager zu entlasten. Die Schieberschubstangen greifen am Voreilhebel oberhalb der Schieberstange an.

Die Schwingen konnten für die erforderlichen Füllungen von 80 % für Vor- und Rückwärtsfahrten durchgebildet werden.

Die Steuerung wird im Führerstand sinnfällig betätigt; bei Vorwärtsfahrt läuft also die Steuermutter nach vorn. Der Steuerschraube, Steuermutter und Handrad tragende Steuerbock ist am Stehkessel befestigt. Die Füllungsgrade sind auf einer Rotgußteilung mit erhabenen Ziffern abzulesen. Durch Anordnung der Kuhn'schen Schleife wird gleiche Dampfverteilung für beide Fahrtrichtungen erreicht. Die mit Schlitz versehene Schieberschubstange wird hinter der Schwinge durch einen Stein am Aufwerfhebel geführt.

Die sehr steife Lagerung der Steuerwelle und Schwinge dicht über der Rahmenoberkante sichert die genaue Lage dieser Steuerteile zu den steuernden Kanten und leitet die freien Kräfte so einfach wie möglich ab. Das Gewicht des Aufwerfhebels und der Schieberschubstange ist durch eine Rückziehfeder ausgeglichen. Die Schwingen werden von den Gegenkurbeln aus angetrieben; die Schwingenstangen haben Buchsenlager nach Art der Kuppelstangen. Die Gegenkurbeln sind in einer querliegenden Ausfräsung in die Stirn des Treibzapfens eingebettet und gegen Verdrehen gesichert. Gehalten werden sie durch zwei Stiftschrauben.

Die Schieberschubstange trägt in einer Gabelung hinten den Schwingenstein; er enthält zur sicheren Schmierung der Schwingengleitflächen und des Bolzens ein ausgefrästes Schmiergefäß mit beiderseitigem Ablauf. Der Steinbolzen wird durch Kegelstifte gegen Verdrehen in den Stangenaugen festgehalten. Die mit Doppel-T-Träger-Querschnitt ausgeführte Stange ist vorn gabelförmig gespreizt und umfaßt den Gegenlenker an der Lagerstelle. Dieser ist in seinem oberen Teil zweiteilig ausgebildet. Beide Teile umfassen die Schieberstange; sie werden auf die Schieberkreuzkopfzapfen aufgeschoben und unten verschraubt. Nut und Feder in der Längsrichtung der Trennstelle gewährleisten einen einwandfreien Sitz der Zapfen und Bolzen und entlasten zudem die durchgezogenen Paßschrauben. Dem Schieberkreuzkopfbolzen fließt von den Führungen des Kreuzkopfes aus das Öl zu.

Die Schieberkreuzköpfe bestehen aus dem Kreuzkopfkörper aus Stahl mit angeschmiedeten Antriebszapfen und den oben und unten aufgeschraubten Gleitschuhen aus Rotguß; diese greifen mit zylindrischem Ansatz in den eigentlichen Kreuzkopfkörper ein. Dazu kommen vorn und hinten je eine Stellmutter mit zylindrischem Ansatz, die zur Einstellung und zum Festhalten des Kopfes auf der Schieberstange dienen. Diese Stellmuttern tragen außen eine Verzahnung, in die der auf den Kreuzkopfzapfen geschraubte Sicherungsbügel eingreift. Zwischen beide Gewindestücke ist eine geteilte Buchse eingefügt, auf die der ganze Kreuzkopf aufgeschoben wird.

Die Schieberstangen sind am hinteren Ende mit seitlichen flachen Führungen versehen. Dadurch wird der Einbau der Schieber mit Schieberringfuge nach unten sichergestellt, wenn der Körner für die Schiebermittenstellung nach außen fällt. Durch Stellschrauben an der Prismenführung können die einzelnen Schieber beim Lahmlegen des zugehörigen Triebwerkes in der Mittelstellung festgelegt werden. Durch Entnahme einer Unterlegscheibe unter dem Kopf der Stellschraube kann diese bis zum Anpressen der Spitze in eine Körnermarke der Schieberstange durchgeschraubt werden.

Die Kolbenschieber bestehen aus je zwei Körpern; ihre Rippen gehen zur Vermeidung von Spannung spiralig von der Nabe aus. Sie sind auf der Stange mit Muttern gegen Bunde befestigt und durch Federkeile gegen Drehen gesichert. Je zwei schmale federnde Ringe dichten die Einström- und Ausströmkästen gegen den Kanal ab.

Jeder Lokomotive ist ein Stichmaß für die Einstellung der Schieber beigegeben; mit dieser Hilfe kann die genaue Lage des Schieberkreuzkopfes gegenüber einem

Körner auf der Stange jederzeit wieder eingestellt werden. Die Schieberstangen sind zur Gewichtsverminderung von vorn bis zum hinteren Schiebekörper um 40 mm ausgebohrt. Die nicht nachstellbaren Lager der Stangen haben eingepreßte Buchsen aus Gußbronze Gbz 14. Die Bolzen werden sämtlich im Einsatz gehärtet und nachgeschliffen.

Die Schieber sind auf lineares Voröffnen von 5 mm eingestellt. Die Überdeckungen betragen 38 mm für den Einlaß und plus 2 mm für den Auslaß.

Alle Steuerungsbolzen und gleitende Flächen werden von besonderen Schmiergefäßen aus mit Öl versorgt, deren Bohrungen stets so geführt sind, daß das Öl dem Scheitel des Lagers zufließt. Die Ölgefäße der festen Lager haben Dochtschmierung, die der bewegten, soweit wie durchführbar, Nadelschmierung.

Die Fahrgeschwindigkeit zeigt der nach dem Wirbelstromverfahren arbeitende Geschwindigkeitsmesser Bauart Deuta-Werke an, der rechts vorn an der Führerseite angeordnet ist. Er wird durch eine Gliederkette von dem letzten Kuppelradsatz aus angetrieben. Die Teilstricke der geraden Zehnerziffern (10, 20 usw.) auf dem Ziffernblatt, ferner der verbreiterte Zeiger und der 0-Strich, diese fast bis zur Messermitte, sind mit Leuchtmasse belegt und dadurch selbstleuchtend eingerichtet.

IX. Die Bremse

Die Lokomotive ist mit der selbsttätig wirkenden Einkammerdruckluftbremse Bauart Knorr und mit einer Wurfhebelbremse für Handbedienung ausgerüstet.

Die Knorrbremse wirkt auf die Vorderseite der gekuppelten Räder. Die Bremsklötze sind in der Höhe der Achsmitte vorn angeordnet, drücken also gegen die Stellkeile. Mit dem Führerhausbremsventil lassen sich 80 % des Achsdruckes der gekuppelten Radsätze abbremsen und bei höherer Geschwindigkeit zum Ausgleich des fallenden Reibungswertes durch das Zusatzbremsventil weitere 34 %. Die Bremse wird durch zwei hinter dem letzten Kuppelradsatz senkrecht am Rahmen beiderseits angeordnete Bremszylinder von 14'' Durchmesser (ca. 36 mm) betätigt; diese wirken auf ein in sich am vordersten Bremsbalken durch Winkelhebel und Querzugstange derart ausgeglichenes Gestänge, daß auch beim Brechen eines Bremsklotzes beide Gestängeseiten gleichmäßig weitertragen und nicht eine die doppelte Kraft aufgedrückt erhält. Dieser Ausgleich ist erforderlich zur Begrenzung der bei der Abbremsung auftretenden, aus Gewichtsgründen zugelassenen Beanspruchung der Bremsteile bis zu 1700 kg/cm^2. Die meisten Bremsteile sind der hohen Beanspruchung wegen aus Stahl 50.11 angefertigt. Sämtliche Gestängeaugen sind mit eingepreßten Stahlbuchsen aus Stahl 60.11 versehen. Die Bolzen bestehen ebenfalls aus Stahl 60.11; sie sind so stark bemessen, daß sie mehrfaches Nachschleifen bei Abnutzung gestatten.

Die Bremswelle liegt hinter dem letzten Kuppelradsatz in einem Ausschnitt des Rahmens; die Lager sind in den Rahmenausschnitt eingepaßt und die Befestigungsschrauben der Lager hierdurch entlastet. Die Bremse wird mit Spannschlössern in den der Welle zunächst liegenden Hauptzugstangen nachgestellt. Gleichmäßiges Abheben der Bremsgehänge beim Lösen wird durch nachstellbare Anschläge in der Lösestellung gesichert.

Eine Kreuzverbundluftpumpe der Bauart Nielebock-Knorr fördert die Druckluft in zwei Hauptluftbehältern mit zusammen 800 l Inhalt. Die Behälter sind längs zur Fahrtrichtung unterhalb des Führerstandes aufgehängt und im Leitungswege hintereinander geschaltet.

X. Die Dampfheizung

Der Dampf für die Zugheizung wird am Dampfentnahmestutzen dem Kessel mit einer Leitung von 50 mm Durchmesser entnommen und nach Entspannung auf 5 kg/cm^2 Heizdruck durch 70 mm weite Rohrleitungen den Anschlußstellen an den Stirnseiten der Lokomotive zugeführt. Dem großen Leitungsdurchmesser zufolge beträgt der höchste Druckabfall vom Druckminderventil bis zum Absperrhahn nicht mehr als ungefähr 0,1 kg/cm^2 bei Entnahme genügender Dampfmenge zur Heizung langer Züge.

Der Heizdampf wird mittels eines neuartigen Membrandruckminderventils mit geschlossenem Dampfweg gedrosselt und sein Druck geregelt. Es kann auf jeden beliebigen Heizdruck bis 5 kg/cm^2 eingestellt werden. Sein Vorteil ist, daß beim Überschreiten des Heizdruckes in der Leitung der zuviel zugeführte Dampf nicht mehr verloren geht. In die Leitung ist ein Ventil eingeschaltet, das vom Kesseldruck auf seinen Sitz gepreßt und in dieser Lage im gleichen Sinne noch von einer Feder belastet wird. Andererseits wird das Ventil zum Durchlassen gedrosselten Dampfes durch einen Kolben größeren Durchmessers angehoben. Dieser Kolben wird unten durch einen Umführungskanal mit eingeschaltetem Steuerventil vom Kesseldampf beaufschlagt. Das Steuerventil drosselt den Steuerdampf zu dem gewollten Heizdruck herab durch den Einfluß einer Membran; diese Membran unterliegt auf der Außenseite dem von Hand regelbaren Federdruck, auf der anderen Seite dem Druck der Heizleitung. Durch Verändern des Federdruckes wird ein bestimmter Druck in der Heizleitung eingestellt, der sich dann selbsttätig regelt. Ein Druckmesser in der Heizleitung zeigt den jeweiligen Druck an.

Hinter dem Druckminderventil, das auf der linken Lokomotivseite angeordnet ist, ist in die Leitung anstelle des bisher üblichen, schwer gangbaren Zweiwegehahnes ein Zweiwegeventil bayerischer Bauart eingeschaltet, das wahlweise die Heizleitung zum hinteren oder vorderen Pufferträger schalten gestattet und Zwischenstellungen zum Durchlassen kleiner Dampfmengen als Schutz gegen Einfrieren des abgesperrten Leitungsweges zuläßt. Nach vorn verläuft die Leitung zunächst auf der linken Lokomotivseite zwischen Wasserkasten und Stehkessel entlang und biegt dann vor dem 2. Kuppelradsatz nach unten, von dort zwischen den Zylindergußstücken hindurch verlaufend. Die Leitung mündet unterhalb des Pufferträgers in die beiden Absperrhähne. Von vorn gesehen ist der enge Absperrhahn, der im internationalen Verkehr benutzt wird („Hagenuk-Halm") links, der für den deutschen Innenverkehr bestimmte Pintsch-Hahn rechts angeordnet.

Sämtliche Rohre der Speise und Heizeinrichtungen sind, soweit sie Dampf oder Warmwasser führen, mit Wärmeschutzmasse umkleidet und außerdem zum Schutz gegen Beschädigung mit einer Blechbekleidung versehen. Alle Ventile werden vom Führerhaus bedient und sind durch Aufschriften an den Handrädern bezeichnet.

XI. Die Schmierung

Den unter Dampf gehenden Teilen wird das Schmieröl durch eine Hochdruckpumpe der Bauart Bosch-Reichsbahn mit 10 Anschlüssen zugeführt; je eine Leitung versorgt die Schieberkörperbuchse, einen Zylinder und eine Kolbenstopfbuchse. Eine zweite gleichartige Bosch-Pumpe versorgt sämtliche 10 Achslager und die vier im Ausströmraum liegenden Schiebertopfbuchsen mit Maschinenöl. Die Unterbringung der Pumpen auf dem Führerstand gestattet eine gute Überwachung. Der Behälterinhalt wird genügend vom Kessel beheizt; ebenso sind die Druckleitungen am warmen Kessel entlang verlegt, um auch im Winter eine sichere Ölförderung zu gewährleisten.

Die Pumpe enthält eine senkrechte im Ölbehälter stehende Welle, um die gleichachsig im Kreis Pumpenkolben angeordnet sind; diese werden durch eine Taumelscheibe auf der Welle während einer Umdrehung zweimal auf und ab bewegt. Eine zweite kleinere Taumelscheibe verteilt mittels senkrechter Verteilkolben das durch die Kolben geförderte Öl auf zwei Anschlüsse am Ausgang jedes Elementes, so daß bei jedem Kolben-Hin- und -Hergang zwei Anschlüsse gespeist werden. Durch eine Verstellschraube mit Knebel und Skala auf dem Behälterdeckel läßt sich der Ansaughub jedes Kolbens begrenzen und damit die Fördermenge beeinflussen. Die Anschlußstellen für die abgehenden Leitungen sind im Kreis um die Einfüllöffnungen auf dem Deckel angeordnet. Der Ölbehälter ist mit einem Ölstandsglas und einer Skala zur Beobachtung des Behälterinhaltes versehen, ein Dreiwegehahn

gestattet bei Glasbruch einen Abschluß und in einer anderen Stellung eine vollständige Entleerung des Behälters. In die Druckleitungen sind auf dem Führerstand Tropfenanzeiger eingebaut. Jede Schmierleitung zu den unter Dampf gehenden Teilen führt durch ein Bronzegehäuse mit zwei Schaugläsern hindurch. Das Gehäuse ist mit völlig gesättigtem Salzwasser gefüllt; an der unteren Stelle tritt das geförderte Öl ein; der sich bildende Tropfen steigt infolge des Unterschiedes des spezifischen Gewichtes in die obere Entnahmestelle und wird durch Rückschlagventile der Schmierleitung zugeführt. Der Sochtöler gestattet eine einwandfreie Beobachtung der Wirksamkeit der Schmieranlage, weil alles das Schauglas durchlaufende Öl tatsächlich in die Schmierleitung eintritt.
Vor jede einzelne Schmierstelle der unter Dampf gehenden Teile ist in die Druckleitung eine Ölsperre eingeschaltet, die ein Leerlaufen der Leitung verhindert. Diesen Teilen wird das Öl unmittelbar zugeführt, für die Kolbenstangenschmierung sind an den Filzringhaltern Stutzen vorgesehen, an welche die Leitungen mit Verschraubungen angeschlossen sind.

Die Lager des Laufradsatzes erhalten das Öl von einem am Rahmen sitzenden Stutzen durch einen biegsamen Metallschlauch. Dem Spiel der Lager im Rahmen entsprechend wird den Lagern der gekuppelten Radsätze das Öl durch ein am Rahmen befestigtes Tropfrohr vermittelt, das in ein auf dem Lagergehäuse sitzendes Standrohr eintaucht. Stand- und Tropfrohr werden von einer gleichfalls mit dem Rahmen verschraubten Glocke gegen das Eindringen von Wasser und Staub geschützt. Bei der Schmierung des Triebwerkes und der Steuerung ist die Dochtschmierung nur für die fest am Rahmen sitzenden und die wenig bewegten Schmiergefäße vorgesehen, für alle übrigen Gefäße Nadelschmierung.

Die Luft- und Kolbenwasserpumpe sind mit kleinen selbstätigen Hochdruckschmierpumpen Type DK der Firma De Limon Fluhme & Co. zur Sicherstellung einer sparsamen Ölzufuhr versehen.

Die bei diesen Pumpen in einer Reihe nebeneinander liegenden Kolben werden von einer waagrechten hin- und herschwingenden Welle durch Vermittlung von Kugelzapfen gleichzeitig betätigt. Die Antriebswelle wird von der Hauptkolbenstange der zu schmierenden Pumpe über ein Schaltwerk mit Kugelsperrung ruckweise gedreht. Am einen Ende der sich drehenden Welle sitzt eine Scheibe mit exzentrischer Bohrung; in diese greift ein Kugelzapfen an einem Hebelarm der Kolbenantriebswelle an und versetzt sie in eine hin- und herschwingende Bewegung. Der Saughub der einzelnen Förderkolben wird durch Stellschrauben mit Hubbegrenzung von außen beeinflußt und damit die Ölmenge bemessen. Die Schmiereinrichtung für die Verbundluftpumpe enthält 5 Anschlüsse, von denen einer Zylinderöl zu dem Hauptsteuerschieber liefert und dort unter Beimengung zu dem Arbeitsdampf den gleitenden Flächen zuführt, während die anderen Luftpumpenöl in den Hoch- und Niederdruckzylinder und an die Stopfbüchsen fördert.

XII. Die elektrische Beleuchtung

Die Lokomotive ist mit einer elektrischen Beleuchtungsanlage ausgestattet, und zwar Turbinenbeleuchtung. Bei der ersten Lieferung wurden versuchsweise drei verschiedene Bauarten von Turbodynamos verwendet, und zwar von den Firmen AEG, Henschel & Sohn und Melms & Pfenniger (Pöge). Spätere Vereinheitlichung ist geplant.

Alle drei Arten von Aggregaten sind austauschbar und so durchgebildet, daß sie die für Reichsbahnfahrzeuge festgelegte Normalspannung von 24 Volt innerhalb einer Betriebsdruckspanne von 6 bis 16 kg/cm^2 ohne Nachregelung von Hand abgeben. Jeder Dynamo hat eine Leistung von 0,5 kW (= 500 Watt), wovon für die Beleuchtung etwa 300 W benötigt werden, so daß für eine gegebenenfalls später einzubauende induktive Zugbeeinflußungseinrichtung noch die hierfür ausreichende Leistung von 200 W verfügbar bleibt.

Der von den drei genannten Firmen gewährleistete Dampfverbrauch der Turbinen beträgt etwa 55 kg/h.

Blick auf Zylinder, Laufradsatz und Luftpumpe einer 64er. Aufn: D.Kempf

Der Turbogenerator ist auf einer gußeisernen Brücke über der Vorwärmernische auf dem Scheitel der Rauchkammer angeordnet. Zur Erzielung einer spannungsfreien Befestigung ist er dreifüßig ausgebildet.

Der Frischdampf für die Turbine wird dem vor dem Führerhaus sitzenden Dampfentnahmestutzen entnommen. Die Dampfleitung ist auf der linken Kesselseite verlegt und kann über einen Hahn entwässert werden. Der Abdampf der Turbine wird durch eine kurze Leitung dem Vorwärmer zugeführt.

Das An- und Abstellen der Turbine geschieht mittels eines Zuges durch Handrad vom Führerstand aus.

Zu der elektrischen Anlage auf der Lokomotive ist folgendes zu bemerken:

Es sind drei Stromkreise vorgesehen und zwar:

1. Stromkreis für die beiden vorderen Pufferlaternen,
für die vordere Signallaterne,
für die zwei Lokomotivsteckdosen.

2. Stromkreis für die Führerhausdeckenlampe,
für einen Steckeranschluß zur Wasserstandslampe,
für einen Steckeranschluß auf dem Führerstand.

3. Stromkreis für die beiden hinteren Pufferlaternen,
für die hintere Signallaterne.

Die Leitungen werden in allen Stromkreisen grundsätzlich zweipolig und mit Ausnahme der beweglichen Laternenanschlüsse fest in Stahlpanzerrohr verlegt.

Als Glühlampen werden bei allen Laternen durchweg 25 W-Lampen mit Swan-Sockel S 5 (Mit zwei Stiften) verwendet.

Das Ein- und Ausschalten der einzelnen Stromkreise erfolgt vom Führerhaus aus. Hier ist ein Schaltkreis angebracht, der für die beiden von der Dynamomaschine ankommenden Hauptleitungen je eine 25 A-Sicherung und ferner für jeden der drei oben bezeichneten Stromkreise einen Wechselschalter enthält. Damit der Führer jederzeit von seinem Platze aus die Stellung der Schalter beobachten kann, ist der Schaltkasten gut sichtbar angebracht ausgeführt.

Die Strecken- und Signallaternen haben den normalen Scheibendurchmesser von 266 mm. Jede Laterne erhält eine 25 W-Lampe; der Haltering ist gleichzeitig als Dunkelfeindhalter ausgebildet.

TECHNISCHE DATEN

Gattungsbezeichnung		Pt 35.15
Bauartbezeichnung		1'C1' h2t
Höchstgeschwindigkeit	km/h	90
Zylinderdurchmesser	mm	500
Kolbenhub	mm	660
Treib-/Kuppelraddurchm.	mm	1500
Laufraddurchmesser	mm	850
Kesseldruck	bar	14
Wasserinhalt Kessel	cbm	5
Dampfraum Kessel	cbm	1,55
Verdampfungswasserfläche	qm	6,5
Masse Kessel mit/ohne Ausrüstung	t	12,5/15,8
Rostfläche	qm	2,04
Anzahl Heizrohre	-	114
Heizrohrdurchmesser	mm	44,5x2,5
Anzahl Rauchrohre	-	32
Rauchrohrdurchmesser	mm	118x4
Länge zw. Rohrwänden	mm	3800
Durchmesser Überhitzerrohre	mm	30x3
Strahlungsheizfläche	qm	8,7
Heizrohrheizfläche	qm	53,7
Rauchrohrheizfläche	qm	42,0
Verdampfungsheizfläche	qm	104,4
Überhitzerheizfläche	qm	37,18
Bauart Vorwärmer	-	Oberflächen/Knorr
Radsatzabstand gesamt	mm	9000
Radsatzabstand fest	mm	3600
Länge über Puffer	mm	12400, ab 64 368: 12500
Masse Lok leer	t	58,0
Dienstmasse	t	74,9
Reibungsmasse	t	45,5
mittlere Achsfahrmasse	t	15,2
mittlere Metermasse	t/m	5,99
Wasservorrat	cbm	9
Kohlevorrat	t	3

Die Führerhausdeckenlampe und die Wasserstandslampe sollen nach Feststellung ihrer zweckmäßigsten Bauart später vereinheitlicht werden.

Die Handlampen zeigen handelsübliche Ausführung mit Schutzkorb, jedoch ohne Glasglocke.

XIII. Das Führerhaus

Das Führerhaus ist geräumig gehalten. Die hinteren Seitenfenster des Führerhauses sind zum Schieben eingerichtet; zwischen ihnen und den davorliegenden festen Fenstern einerseits und der Hinterkante der Führerhausseitenwand andererseits sind außerhalb des Führerhauses Windschutzfenster angebracht. Die Fenster in der vorderen Stirnwand sind um ihre Längsachse drehbar angeordnet. Das Führerhausdach enthält auf jeder Seite vier Lüftungshauben mit kräftiger Saugwirkung. Zur Bequemlichkeit der Lokomoitvmannschaft sind auf dem Stehkessel zwei Wärmeaufsätze für Speisen und Öl und an den beiden Führerhauslängswänden je ein gefederter Klappsitz vorgesehen. Fußtritte, Laufbleche und Handstangen erleichtern an den wichtigsten Stellen die Bedienung der Maschine und ihre Überwachung und Unterhaltung.

XIV. Das Anheben der Lokomotive mittels Kran

Das Leergewicht der Lokomotive beträgt 58000 kg. Die senkrechte Schwerachse liegt 277 mm vor der Mitte der Treibachse. Beim Anheben ist der Raum nach Entfernen der Bahnräumer, falls die Laufradsätze mit angehoben werden, vorn und hinten dicht hinter dem Pufferträger zu fassen. Sollen die Laufradsätze nicht mitgehoben werden, so kann im Rahmenausschnitt vorn angefaßt werden.

C. BAUARTÄNDERUNGEN

Über eine Zeitspanne von 15 Jahren, eingerechnet die Jahre der Konstruktion, wurden insgesamt 520 Lokomotiven der Baureihe 64 gebaut. Über einen derart langen Zeitraum blieben natürlich Änderungen an der Bauart nicht aus. Zu unterscheiden ist hierbei jedoch zwischen schon werksseitig abgeänderten Maschinen und solchen Änderungen, die später in den Betriebswerken oder Ausbesserungswerken vorgenommen werden mußten.

Hauptabmessungen:

Triebwerk	500/600/1500 mm	Heizfl. der Wasserkammer	1,3 m²
Achsstand	9000 mm	" der Rohre	95,7 "
Rostfläche	2,0 m²	" des Überhitzers	36,1 "
Heizfläche der Feuerbüchse	8,6 m²	Gesamtheizfläche	141,7 "
		Dienstgewicht	74,3 t

Mit 7845 Feuerbüchswasserkammern sind ausgerüstet bis 8. August 1928
3797 Lokomotiven bei 121 Bahnen

I. Werksseitige Bauartänderungen

Wurden die 64 001 bis 338 noch mit einfachen Kuppelradbremsen und ohne Laufradbremsen ausgeliefert, kamen in den 64 384 bis 421 Kuppelrad-Scherenbremsen und Laufrasbremsen zum Einbau, da nur so eine bessere Abbremsung der eigenen Lokfahrmasse erreicht werden konnte. Ab 64 422 wurde statt der Kuppelrad-Scherenbremse wieder eine einfache Kuppelradbremse eingebaut.
Schon auf den Sitzungen des Engeren Lokausschusses hatten die Lenkgestelle für die Nebenbahnlokomotiven zu Diskussionen Anlaß gegeben. Aus Kostengründen hatte man sich damals zu Lenkgestellen Bauart Bissel entschieden. Im Merkbuch der DRG für Dampflokomotiven war schließlich ab 64 460 die Verwendung von Krauß-Helmholtz-Lenkgestellen vorgesehen. Tatsächlich kamen diese Gestelle aber nur bei den letzten 10 Maschinen zum Einbau.

Die Lokomotiven 64 233 und 234 (Hanomag), 243-257 (Henschel) und 273 - 282 (Orenstein&Koppel bzw. Jung) waren ab Werk nicht mit dem Oberflächenvorwärmer ausgerüstet, sondern besaßen zusätzlich zum üblichen Injektor einen Abdampfinjektor der Bauart Metcalfe-Friedmann. Bei dieser Bauart kann man auch im Stillstand (mit Frischdampf) dem Kessel Wasser zuführen, während bei der Fahrt der Abdampf noch nutzbringend zur Vorwärmung des Speisewassers herangezogen werden kann. Im Gegensatz dazu steht bei den übrigen Maschinen im Stillstand eigentlich nur eine vollwertige Speiseeinrichtung zur Verfügung, nämlich der Regel-Injektor, da mit der Kolbenspeisepumpe nicht gearbeitet werden soll („Kaltspeisen"). Trotzdem verloren die Loks diese Einrichtung schon sehr bald wieder; fest steht, daß nach Kriegsende bei der DB keine 64 mehr mit Metcalfe-Injektor in Betrieb war. Im Austausch erhielten die Maschinen die Regelausführung mit Knorr-Oberflächenvorwärmer und Speisepumpe. Bemerkenswert ist zu dieser Tatsache, daß die Bahnen in Polen, in der Türkei, in Rumänien, Jugoslawien und der CSSR fast ausnahmslos mit Metclafe-Injektoren ausgerüstet wurden.

Die 64 016 - 018 war bei Hanomag versuchsweise ab Werk mit einer Nicholsonschen Wasserkammer in der Feuerbüchse ausgestattet. Der taschenartig ausgeführte Wasserkasten sollte weniger der Vergrößerung der Strahlungsheizfläche als einer Belebung der Wasserzirkulation in den Feuerbüchswänden dienen. Maßgebend war die zweifelhafte Vorstellung, durch Belebung des Wasserumlaufs könnte die Ablagerung von Kesselstein verhindert und damit die Verdampfungswilligkeit des Kessels über längere Zeit erhalten werden. Nachdem sich die Einrichtung als wirkungslos erwiesen hatte, erhielten die Lok im Herstellerwerk eine neue Feuerbüchse der Regelbauart.
Als letzte Maschine mit besonderer Einrichtung ist noch die in Esslingen gebaute 64 293 zu nennen, an der versuchsweise ab Werk eine Ventilsteuerung eingebaut

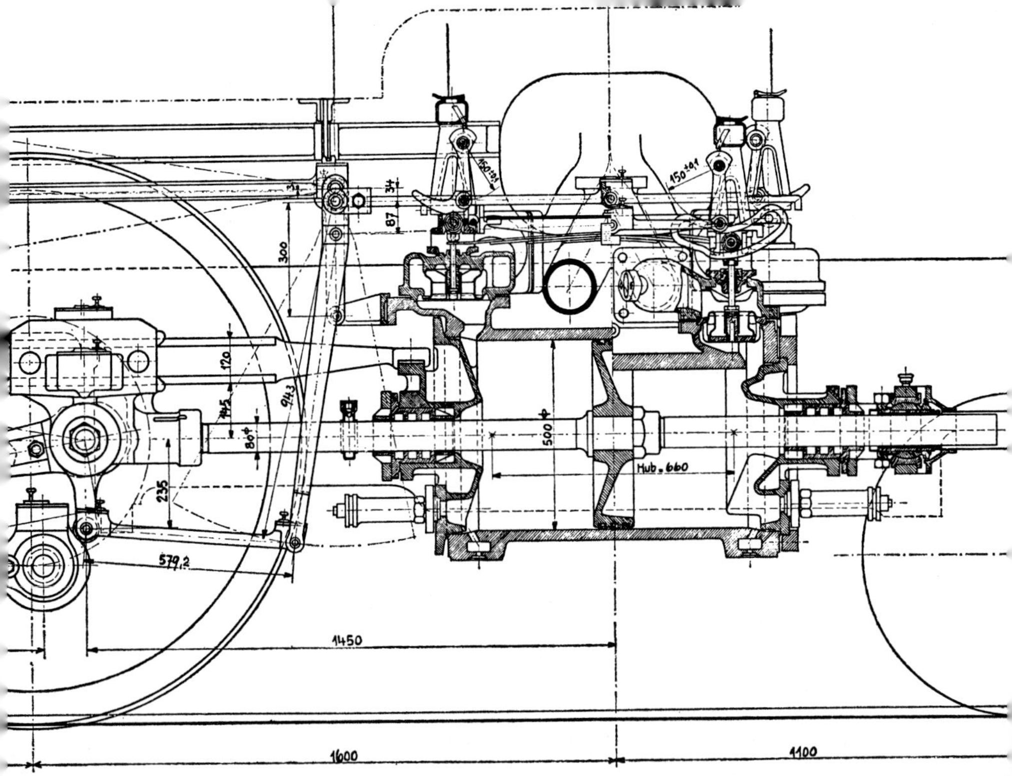

Die Ventilsteuerung der Maschinenfabrik Esslingen (Werkfoto)

worden ist. Nachdem verschiedene Vergleichsfahrten (siehe auch Kapitel D.) keinen entscheidenden Vorteil der Ventilsteuerung deutlich machten, wurde die Maschine wieder „normalisiert".

II. Bauartänderungen im Betrieb

1) Kessel

Bereits ab 1932 wurden an den süddeutschen und im RAW Ingolstadt unterhaltenen 64ern erste Änderungen vorgenommen. So erhielten die Feuertüren eine verbesserte Luftkühlung, die Feuerlochschonerbefestigung wurde abgeändert sowie die Feuerschirmaufhängung verbessert (Sonderarbeiten N2. 225, 268 und 265). Schwierigkeiten im Winterbetrieb führten zum Anbau einer Entwässerungseinrichtung am Dampfpfeifenkrümmer (Sonderarbeit 237). Mitte der 30er Jahre wurden Verkleidungen für die Kipprostantriebsspindel angebaut (SA 127) und Abdeckrohre an den Wasserstandsanzeigern (SA 460) angebracht. Um 1940 wurden bei den meisten Maschinen die Kesselsicherheitsventile abgeändert (SA 629).
Nach dem Krieg setzte eine stufenweise Teilmodernisierung der Kessel ein, die jedoch nur einer schnelleren Werkstattunterhaltung dienten, am Leistungsverhalten des Kessels selsbt aber nichts änderten. So wurden neue Waschlukenfutter gewindelos eingeschweißt (SA 21, Verfügung 61W6 Fklk vom 5.2.48), neue Schutzvorrichtungen für die Rauchkammerböden eingebaut (SA 74, Verfg. 61W6 Fkld v. 19.5.50), die Feuerlochringe eingeschweißt (SA 29, Verfg. 61W6 Fkld v. 1.12.48), Überhitzer mit losem Flansch verwendet (SA 43, Verfg. 61W6 Fkld v. 19.4.50) und die Pralltöpfe der Gestra-Abschlammventile umgebaut (Verfg. 61W6 Fklkef vom 21.3.52). Als Sonderarbeit 222 wurde die Ergänzung der Wasserstandsanzeiger mit schwarz-weißen Schrägstreifen von der HVB genehmigt (Verfg. HVB 21.213 Fldk/K 99 vom 12.1.57).

2) Laufwerk und Zurüstteile

Bereits ab 1929 begann die DRG, die großen Doppelverbundluftpumpen gegen die wesentlich kleineren, aber nicht minder wirksamen zweistufigen Luftpumpen auszutauschen. Bemerkenswerteste Änderungen am Fahrwerk war eine Verstärkung der Deichseln mit Veränderung des Drehgestellausschlags, wodurch die Laufruhe im oberen Geschwindigkeitsbereich verbessert werden sollte. Der Injektor wurde auf die Heizerseite verlegt und die bei einem Teil der Maschinen vorhandene Achslager-Zentralschmierung entfernt.
Die DRG benutzte zunöchst bei allen Lokbaureihen Eckventil-Druckausgleicher, um die Leerlaufeigenschaften zu verbessern. Diese Ausgleicher saßen oben auf den Zylindern. Mittels Druckluft konnte der Lokführer die Schieber auf „frei" stellen.

Deutsche Reichsbahn
64 293
5551

64335 ✓

Besonders aufgeführte Arbeitsaufträge an Lok. Reihe 24 u. 64 Nr.............

Lfd Nr	Gegenstand	Nr der Abänderungs-verfügung	Gültig für Lok d.Reihe	ausgeführt von:
1	Luftkühlung der Feuertüre	225	24 u.64	Bereits ausgeführt
2	Feuerlochschonerbefestigung	268	24 u.64	Bereits ausgeführ
3	Feststellschrauben am Ventil=reglergestänge	232	24 u.64	Bereits ausgeführt
4	Ventilreglergestänge	205	24 u.64	Bereits ausgeführt
5	Entwässerung des Dampfpfeifen=krümmers	237	24 u. 64	Bereits ausgeführt
6	Kapselmutter und Dichtung an Dampfpfeife	ZMA v.26 11.29 a-11 Fuld	24 u.64	Bereits ausgeführt
7	Halter am Kesselspeiseventil	19	24 u.64	Bereits ausgeführt
8	Bohrungen des Rauchkammer=spritzrores	41	24 u.64	Bereits ausgeführt
9	Verriegelungswelle der Aschenkastenbodenklappen	155	24 u.64	Bereits ausgeführt
10	Verbreiterung der Aschkasten=funkensiebe	72	24 u.64	Bereits ausgeführt
11	Blechabdeckung für Ölöffnungen	102	24 u.64	Bereits ausgeführt
12	Verstärkerung des hinteren Gleitbahnträgerwinkels	75	24 u.64	Bereits ausgeführt
13	Tragfederverstärkung	176	24 u.64	Bereits ausgeführt
14	Abschrägung der Achslager=gleitbacken	311	24 u.64	Bereits ausgeführt
15	Abrundungen in den Achslager=unterkästen	54	24 u.64	Bereits ausgeführt
16	Träger für Achslagerunter=kästen	259	24 u.64	Bereits ausgeführt
17	Ausbau der Zentralen Achs=lagerschmierung	341	24 u.64	Bereits ausgeführt
18	Sicherungsblech Achslager=gehänge	297	24 u.64	Bereits ausgeführt
19	Schmierpolsterbefestigung	346	24 u.64 u.3 T 16	Bereits ausgeführt
20	Deichselverstärkung	162	24 u.64	Kommt nicht in Frage
21	Deichselneueinbau	339	24 u.64	Bereits ausgeführt
22	Gewindeansatz am Drehzapfen	299	22 u.64	Bereits ausgeführt
23	Bolzen für Kreuzköpfe und Kuppelstangengelenke	196	24 u.64	Bereits ausgeführt
24	Phosphorbronze für Aufwerf=steine	235	24 u.64	~~Bereits ausgeführt~~
25	Büchsen an Schwingenschild=zapfen	98	24 u.64	

Lfd. Nr	Gegenstand	Nr der Abände=rungs=verfügung	Gültig für Lok der Reihe	ausgeführt von:
26	Schwingensteine aus Phosphor=bronze	236	24 u.64	
27	Verlegen des Bremsausgleich=behälters	Br 6	84	
28	Abdampfrohr zum Vorwärmer	260	24 u.64	Bereits ausgeführt
29	Ausbau der Kondenwasser=rückgewinnung	266	24 u.64	Bereits ausgeführt
30	Anschlußmutter an Pintsch=absperrhahn	280	24 u.64 u.3 T 16	Bereits ausgeführt
31	Tragfederverstärkung	176	3 T 16	Kommt nicht in Frage
32	Fangbügel für Tragfedern	186	3 T 16	Kommt nicht in Frage
33	Schweizer Schenkel	174	3 T 16	Kommt nicht in Frage
34	Ausbau der Ölabscheide=Einrichtung	266	3T 16	Kommt nicht in Frage
35	Stellringe an Strube-Abschlamm=schieber-Steckschlüsseln	ZMA v. 23.6.30 a-25Ful3	24 u.64	Bereits ausgeführt
36	Kupferröhrchen am Staubring=halter der hinteren Kolben=stangenstopfbuchse.	425	24 u.64	Bereits ausgeführt
37	Spindelbock für Kipprost	202	24 u.64	Bereits ausgeführt
38	Dampfsammelkasten	125	24 u.64	~~Ausgeführt~~ RAW 13.6.41
39	Radkästen für Laufräder	347	24 u.64	Bereits ausgeführt
40	Bekleidung f.Kipprostantrieb	127	24 u.64	Bereits ausgeführt
41	Druckausgleicher 4.Ausg.	370	24 u.64	~~Bereits ausgeführt~~
42	Änderung der Schmiergefäß=deckel	254	24 u.64	Bereits ausgeführt
43	Sicherungsschrauben der Buchsenlager	251	24 u.64	Bereits ausgeführt
44	Halter für Luftleitung	Br 11	64	Bereits ausgeführt
45	Gußeiserne Kolben- und Schieberstangenstopfbüchsen	234	24 u.64	Bereits ausgeführt
46	Unterlegscheiben der Stangen=lagerstellkeile	424	24 u.64	Bereits ausgeführt
47	Elektrische Beleuchtung	445	24 u.64	Bereits ausgeführt
48	Zweistufige Luftpumpen	367	24 u.64	Bereits ausgeführt
49	Abdeckrohre am Wasserstand=anzeiger	460	24 u.64	Bereits ausgeführt
50	Ablenkblech-Anbau und Wind=leitblech-Änderung	474	24	Kommt nicht in Frage
51	Kreuzköpfe u.Gleitbahnen	52	24 u.64	Bereits ausgeführt
52	Zylinder-Entwässerungs=leitung	405	24 u.64	Bereits ausgeführt
53	Filzeinlagen in Stangenlager	458	64	Bereits ausgeführt

Lfd Nr	Gegenstand	Nr der Abänderungs= verfüg.	Gültig für Lok der Reihe:	ausgeführt von:
54	Schneeräumer	481	64	Kommt nicht in Frage
55	Speisewasserpumpen-Anschluß= flanschen	428	24 u.64	Bereits ausgeführt
56	Feuerschirme	265	24 u.64	Bereits ausgeführt
57	Notbremseinrichtung	ZMA v. 16.7.32 a-17Fkbd	24 u.64	Bereits ausgeführt
58	Verstärkung des hinteren Gleitbahn-Befest.-Winkel	75	24 u.64	Bereits ausgeführt
59	Deichselzapfen mit Trapez= gewinde	534	24 u.64	Bereits ausgeführt
	Schneepflug Bauart Klima	ZMA v.30 8.33 b-3 Fkwdh	64	Kommt nicht in Frage
61	Kohlen- und Wasserkasten	ZMA v.16. 10.33 a-11 Fklde	64	Bereits ausgeführt
62	Änderungen am Bremsgestänge	RBD Mü v. 16.12.33 65 W 6 Fkb	24 u.64	Bereits ausgeführt
63	Luftstoßdämpfer für Verbund= speisepumpen Nielebock-Knorr	RBD Mü v. 9.6.34 65 W 6 Fkld	24 u.64	Bereits ausgeführt
64	Schlabberanzeigevorrichtung	RBD Mü v. 15.9.34 65 W 6 Fkld	24 u.64	
65	Verbesserte Leitungsverlegung für die elektr.Beleuchtung	RBD Mü v. 5.12.33 65 W 8 Fuld	24 u.64	Bereits ausgeführt
66	Nicolei-Druckausgleich-Kolbenschieber	RZM Berlin 2305 Fkld v.2.12.33	64	Bereits ausgeführt
67	Federbund u.Laufachsführung	RBD Mü v. 18.9.36 61 W 6 Fkld	24 u.64	RAW Jülich 25. 7. 39
68	Schmiergefäße für d. Kupplungsbolzen der Einheitstender	RBD Mü 27.1.37 61 W 6 Fkldt	24	Kommt nicht in Frage
69	Aufbewahrung von Knallkapseln	RBD Mü v. 22.8.37 65 W 6 Fkld	24 u.64	Bereits ausgeführt

Lfd Nr	Gegenstand	Nr der Abänderungs= verfüg.	Gültig für Lok der Reihe:	ausgeführt von:
70	Bahnräumerverbindungsstange	RBD Mü v 29.8.37 65 W 6 Fkldt	22	Kommt nicht in Frage
71	Verlegung von Dampfstrahl= pumpen	RBD Mü v 19.8.37 63 W 6 Fkld	64	Bereits ausgeführt
72	Verkleidung der Tender= Zughaken-Schmiergefäße	RBD Mü v. 19.8.37 61 W 6 Fkldt	24	Kommt nicht in Frage
73	Änderung der Bremsklotz= hängeeisen	RBD Mü v. 15.9.37 61 W 6 Fkbld	64	Kommt nicht in Frage
74	Probierventil für Dejektor	RBD Mü v. 27.12.37 61 W 6 Fkld	64	
75	Vorwärmeranlagen anstelle von Abdampfstrahlpumpen	RBD Mü v. 25.2.38 61 W 6 Fkld	64	Bereits ausgeführt
76	Änderung der Führersitze	RBD Mü v. 10.3.38 63 W 6 Fnld	24 u.64	
77	Fortfall des Vorwärmer= Umschalthahnes	RBD Mü v. 6.7.38 61 W 6 Fkld	24 u.64	RAW Ingolstadt 13.6.41
78	Vorwärmer mit größerer Heizfläche	RBD Mü v. 31.8.38 63 W 6 Fkld	24 u.64	Bereits ausgeführt
79	Friedmann-Achslagergleit= plattenschmierung	RZA Berlin 2301/35 Fkld vom 3.1.1939	64	
80	Lenkgestell Ausbau der Schmierung der Druckstangen	RBD Mü v. 19.1.39 63 W 6 Fkld	24 u.64	
81	Änderungen am Ackermann-Kesselsicherheitsventil	RBD Mü v. 10.11.38 u.1.2.39 61 W6 Fkld/6	24 u.64	RAW Jülich 25. 7. 39

Lfd Nr	Gegenstand	Nr der Abände= rungs ver= fügung	Gültig für Lok der Reihe	ausgeführt von:
82	Hoheitszeichen ~~und Neubeschilderung~~ 24 u.64	RBD Mü 63·W6 Fen (Fkld,Fklö) v.8.12.36 61 W 7 Fkwpa,Fkl v.22.1.38 61 W 6 Fkld v.31.8.38, 13.10.38 21.10.38 u.1.11.38		RAW Ingolstadt 13.6.41 (Abziehbilder)
83	Steuerbockleuchte-Fahrplanbuchleuchte	RBD Mü v. 20.6.39 61 W 6 Fkldelb	64	RAW Ingolstadt 13.6.41
84	Aufgeschweißte Stangenlager Schmiergefäßdeckel	RBD Mü v. 6.10.39 61 W6 Fkld	24 u.64	
85	Nachstellbare Schieber= stangenführung	RBD Mü v. 21.11.39 61 W6Fkld	64	Bereits ausgeführt
86	Verstärkte Rückstellfedern	RBD Mü v. 15.11.39 u. 16.1.40 61 W6 Fkld	64	RAW Ingolstadt 13.6.41
87	Blendschirme	RBD Mü v. 12.2.40 61 W6Fkld	24 u.64	RAW Ingolstadt 13.6.41
88	Schilder an Dampflok Anschriften in weißer Farbe	RBD Mü v. 22.4.40 61 W6 Fkld	24 u.64	RAW Ingolstadt 13.6.41
89	Wetter- u.Lichtschutz= vorhänge	RBD Mü v. 6.2.40 61 W6Fkld	24 u.64	
90	Filzstreifen in Achslager-gleitplatten	RZA Berlin 2335 Fkldbi27/7 v.10.5.40	24 u.64	
91	**Aufhängevorrichtung für zweiteilige Heizkupplungen**	**RBD Mü v.18.9.40 61 W 6 Fkld**		
92	**Zylinderfüllungsschilder**	**RBD Mü v.15.4.41 61 W 6 Fkld**		

Lfd. Nr.	Gegenstand	Verfügung	ausgeführt von :
93	Drehzapfen mit Keilbuchse	RBD Mü v. 31.5.41 61 W 6 Fkld	
94	Kreuzkopfbolzen-Fettschmierung	RBD Mü v. 8.7.41 61 W 6 Fkld	
95	Schmierung der Zug-vorrichtung	RBD Mü v. 22.7.41 61 W 6 Fkld	
96	Buntmetall ausgebaut.	62 W 21 Kwb Mü. v. 30.9.42	RAW Weiden 11.12.44
97	Umstellung auf Dünnguß	61 W 6 Fkld v. 6.10.39	RAW Weiden 11.12.44
98	Einbau einer Schmierung an der Zughakenführung.	61 W 6 Fkld v. 22.5.41	RAW Weiden 11.12.44
99	Panzerschutz angebaut.	61 W 6 g Fkldr 8 v. 25.7.44	RAW Weiden 18.12.44
100	Abbau der Lokpanzerung	61 W 6 Fkldpz v. 28.8.45	RAW Weiden 15.2.4[illegible]

Ab Anfang der 30er Jahre machte man Versuche mit Druckausgleich-Kolbenschiebern, z. B. der Bauarten Trofimoff und Nicolai. Diese beiden Bauarten haben jeweils zwei feste und zwei lose Schiebekörper. Die losen werden mittels Dampfgabe in ihren Sitz gedrückt. Bei Leerlauf öffnen sie. Da Nicolai Jude war, hießen die Schieber dann „Karl-Schultz-Schieber". Sie wurden beginnend mit der BR 50 Allgemeingut. Die DB erfand nach 1945 eine einfachere Bauert, die ohne die empfindlichen Federn auskam (Müller-Schieber) und baute neben der BR 64 auch fast alle Loks auf Müllerschieber um.
Der zweite Weltkrieg brachte eine Umstellung auf sogenannte Heimstoffe, verbunden mit dem weitestgehenden Ausbau von Buntmetallen. Die Achslagerschalen wurden auf Dünngußlager umgestellt, die sich im Betrieb als robuster erwiesen hatten. Als Lagermetall wurde WM 10 verwendet. Als Sonderarbeit 634 zierten neue Hoheitszeichen ab 1939 die Maschinen, wobei nahezu gleichzeitig auch die meisten Lokschilder abgebaut und durch Anschriften ersetzt wurden. Ab 1940 begannen erste Maßnahmen zum Schutz der Lokomotiven gegen etwaige Kriegseinwirkungen; die Loklaternen erhielten Schutzkappen zum Abdunkeln und die Führerhäuser neue, lichtdichte Vorhänge (Verfg. 63W3 Fkldl vom 30.9.39). Ferner wurden die Tragfedern verstärkt und teilweise Radreifennäßvorrichtungen angebracht. Als Sonderarbeit 723 wurden ab 1940 nachstellbare Schieberkreuzkopfführungen angebaut.
Nach dem Krieg erhielten einige der ersten aufgearbeiteten Lokomotiven flache Behelfs-Rauchkammertüren, die jedoch bis Ende der 50er Jahre gegen Türen der Regelbauart erneut ausgetauscht wurden. Neben dem Einbau von Pyrometern zur Messung der Heißdampftemperatur (die Meßfühler wurden an den Einströmrohren knapp über dem Zylinderblock angebracht) sind der Anbau eines Fangbügels für je ein Laufgestell, Änderungen am Steuerbock und die De Limon-Spurkranzschmierung erwähnenswert. Zunehmende Anrisse im Rahmenbereich bedingtein eine Verstärkung des vorderen Wasserkastenträgers und des Rahmengurtes über dem hinteren Laufgestell. Die Einführung der Speisewasser-Innenaufbereitung brachte einen besonderen Spülstutzen vom Führerhaus in den Wasserkasten, der den Lokmannschaften das Einbringen der Chemikalien am normalen Wassereinfüllstutzen ersparte.
Ab 1949 begann die Umstellung von Stangen- und Achslagern von WM 10 auf das hochwertigere WM 80. Die Luftpumpen mit Schleppschiebersteuerung wurden nach und nach gegen solche mit Tolkiensteuerung getauscht. Ein Umbau einiger Maschinen auf Wendezugsteuerung, insbesondere norddeutscher Betriebswerke konnte nicht belegt werden.
Nach den letzten Hauptuntersuchungen L3 fielen in den 60er Jahren zwei Maschinen durch ein besonders „rasantes" Aussehen auf. Die 64 017 und 079 erhielten unterhalb der Rauchkammer neue Arbeitsbühnen ähnlich denen der Neubaukesselloks, wobei man sich aber offensichtlich nicht über die Anbringung der Loklampen einig war: Während sie bei der 64 017 unter dem Umlaufblech hängen, wurden sie bei der 64 079 auf dem Umlauf liegend angebracht.

Ab Mitte der 60er Jahre begann schrittweise, je nach Einsatzgebiet, der Einbau der induktiven Zugbeeinflussung, die umfangreiche Änderungen der Luftleitungen mit sich brachte. Eine besondere Regler-Schließvorrichtung stellte bei einer Zwangsbremsung das Einstellen des Dampfgebens sicher.

D) VERSUCHSFAHRTEN UND SONDEREINRICHTUNGEN

Bereits in der Zeit vom 16.09.27 bis einschließlich 25.05.28 stand dem RAW Grunewald, Abteilung Versuchsamt für Lokomotiven, die soeben angelieferte 64 019 zur Verfügung. Neben ersten „Gehversuchen" auf den Simulationsständen kam die Lok auch auf die Versuchsstrecke Potsdam/Werder — Burg. Bei allen Fahrten wurde festgestellt, daß die ursprünglich in die Maschine gesetzten Erwartungen voll erfüllt wurden.

Zur Verhütung von Anrostungen im Langkessel der Lokomotiven hatte der Fachausschuß Lokomotiven auf seiner 12. Sitzung dem versuchsweisen Einbau eines Schutzbelags aus Blech zugestimmt, wie er zu jener Zeit bei österreichischen Dampflokomotiven mit gutem Erfolg bereits eingeführt war. Mit Rücksicht auf die baulichen Schwierigkeiten hatte die HVR mit Verfügung 31-Fklk 11 vom 10.10.29 angeordnet, die gerade bei Hanomag zur Fertigstellung anstehenden Lokomotiven 64 233 und 234 mit dem entsprechenden Schutzbelag zu versehen.
Im Juni 1933 konnte der Kessel der 64 233 im RAW Stargrad (Pom) anläßlich der fälligen Untersuchung eingehend untersucht werden. Unter den Schutzblechen hatte sich nur ein Hauch von Kesselstein angesetzt, der ohne Mühe abgebürstet werden konnte. Die Kesselbleche wiesen keinerlei Abzehrungen auf. Die Schutzbleche, die ebenfalls in gutem Zustand waren, wurden daraufhin wieder in den Kessel eingebaut.
Da bei der Rbd Stettin allgemein sehr gutes Kesselspeisewasser zur Verfügung stand, stimmte die HVR dem Vorschlag zu, die Lok über einen längeren Zeitruam in einem Bw zu verwenden, das über relativ schlechtes Lokwasser verfügt. Mit Verfügung Rbd Regensburg 21 Bla Fkl vom 01.03.34 wurde daraufhin im Austausch die Landhuter 64 225 an das Bw Templin abgegeben.
Bei der nächsten fälligen Kesseluntersuchung wurden trotz des schlechteren Speisewassers keine wesentlichen Mängel am Langkessel festgestellt. Lediglich die Schutzbleche wiesen vereinzelt 1 mm tiefe Anrostungen auf, wurden aber wieder eingebaut. Am Stehkessel selbst waren in Höhe des Bodenringes Anfressungen bis zu 3 mm Tiefe vorhanden. Sämtliche Nieten der Feuerbüchsenrückwand mußten wegen starker Abzehrungen auf der Wasserseite gewechselt werden. Es wurde festgestellt, daß die Wirkung der Schutzbleche daher unter Berücksichtigung der Laufleistung von 607 068 km seit der Anlieferung sehr gut ist.

Trotzdem unterblieb eine generelle Umrüstung aller Maschinen. Die Problematik der Abzehrungen im Langkessel in Zusammenhang mit starker Kesselsteinbildung wurde erst nach dem Krieg weiterverfolgt und mit Einführung der Kesselspeisewasser-Innenaufbereitung zu einem befriedigenden Ergebnis gebracht.

Um die Ablagerungen von Kesselschlamm zu verhindern und auch um die Feuerbüchsenheizfläche zu vergrößern, gab die DRG versuchsweise drei Maschinen der Baureihe 64 (64 016, 017 und 018) bei Hanomag in Auftrag, die mit einer Wasserkammer Bauart Nicholson ausgerüstet wurden. Diese Wasserkammer zog sich taschenförmig längs der Feuerbüchsdecke bis fast hinunter zur Stiefelknechtplatte an der Stehkesselrohrwand. Mit der Heizfläche der Wasserkammer (1,3 m^2) kamen die drei umgebauten Maschinen immerhin auf 9,9 m^2 Gesamtheizfläche der Feuerbüchse. Leider sind keine Erfahrungsberichte mit den Kesseln erhalten geblieben. Bei der nächsten fälligen Kesseluntersuchung um 1932/33 erhielten die Loks Tauschkessel in Normalausführung.

Um die in den zwanziger Jahren vermehrt zum Einsatz gekommenen Ventilsteuerungen auch für die Baureihe 64 zu erproben, war die DRG einverstanden, bei der Maschinenfabrik Esslingen eine 64 mit Ventilsteuerung Bauart Esslingen auszurüsten, die nach Auslieferung sogleich in Grunewald untersucht wurde. Zunächst war die Lok bei der ME am 27., 31.05. und 12. und 22.06.34 erprobt worden. Am 19., 20., 23. und 24.09.35 fanden Versuchsfahrten auf der 142 km langen Strecke Grunewald – Magdeburg statt, die die Betriebssicherheit und Rentabilität der Ventilsteuerung im Vergleich zur Kolbenschiebersteuerung zeigen sollte. Als Vergleichslok wurde die 64 294 herangezogen, die vergleichbarere Ergebnisse liefern sollte, da zunächst in Erwägung gezogen worden war, die alten Daten aus der Meßreihe mit der 64 019 zu verwenden. Dabei ergab sich im Ergebnis kein Vorteil der Ventilsteuerung, so daß auch die 64 293 zum Rückbau in die Normalausführung dem Herstellerwerk zurückgegeben wurde. Über die einzelnen Versuchsergebnisse gibt nebenstehendes Dokument Aufschluß.

Nach dem 2. Weltkrieg rückte die BR 64 noch zweimal in den Mittelpunkt versuchstechnischer Überlegungen, und beidesmal ging es im weitesten Sinne um die Projektierung der Neubaulokomotiven bzw. den Ersatz altgedienter Damplokbaureihen. Auf der 7. Sitzung des Fachausschusses Lokomotiven vom 17. bis 19.07. 1951 in Marburg hatte das EZA Minden um Klärung gebeten, ob der anstehende Ersatz der bayerischen Lokalbahnbaureihen der BR 98 durch die BR 64 abgedeckt oder eine 1'C1'-Neubaudampflok mit 15 t Radsatzlast entwickelt werden muß. In diesem Zusammenhang wurde auch eine Neubekesselung der bayerischen Nebenbahnloks in Erwähnung gezogen.
Mit dem gerade anlaufenden Umbauprogramm (Oberbauverstärkung) kam es dazu aber nicht mehr. Für die Zugförderung auf den umgebauten Strecken reichten die

Abschrift.

Deutsche Reichsbahn-Gesellschaft
Reichsbahn-Zentralamt
für Maschinenbau
Fkld 233o

Berlin, den 15.12.193o

An

die Reichsbahndirektionen
Wuppertal und Stettin.

<u>Betrifft:</u> Anrostungen im Langkessel der Lok und ihre Verhütung.

Zwecks Verhütung von Anrostungen in Lokomotivkesseln ist unter Punkt 4 der 12. Niederschrift des Lokomotivausschusses angeregt worden, zunächst versuchsweise einen Schutzbelag aus Blech einzubauen, wie er nach dem Vorschlage von Feldbacher bei österreichischen Lokomotiven bereits allgemein verwendet wird. Die HV hat mit Verfügung - 31 Fklk 11 - vom 1o.1o.1929 einem derartigen Versuch zugestimmt; mit Rücksicht auf die Schwierigkeit, die der nachträgliche Einbau der Schutzbleche in vorhandene Kessel verursachen würde, ist jedoch angeordnet worden, einige neu zu beschaffende Lok. der Baureihe 64 mit den Schutzblechen zu versehen.

Dementsprechend haben die beiden von der Hanomag jetzt zu liefernden 1 C 1 - Pt - Lok 64 233 Stettin und 64 234 Wuppertal einen Schutzbelag im unteren Teil des Langkessels erhalten, der nach der beigefügten Zeichnung Sk 936 ausgeführt ist. Wir bitten Sie, die zuständigen Bw und RAW auf die Neuerung aufmerksam zu machen und eine Beobachtung der beiden Kessel zu veranlassen. Da der Nutzen des Schutzbleches sich erst nach längerer Betriebszeit

bemerkbar machen kann, bitten wir zunächst etwa nach Jahresfrist gelegentlich einer Zuführung der Lok zur Werkstatt feststellen zu lassen, ob Anrostungen der Kesselschüsse durch den Blechbelag wirksam verhütet werden und sehen dann einer gefl. Mitteilung über den Befund entgegen.

Deutsche Reichsbahn-Gesellschaft
Reichsbahnzentralamt für Maschinenbau
gez. Wagner.

Deutsche Reichsbahn-Gesellschaft
Reichsbahndirektion Stettin
21 Tf 4 Fkl/K

Stettin, den 18.12.3o

An

das RAW Stargard/Pom d.d. RBD Berlin

Abschrift mit Zeichnung zur Beachtung.

gez. Flume.

Deutsche Reichsbahn-Gesellschaft
Reichsbahndirektion Berlin
65 W 21 Fulk/W 24.3o.

Berlin, den 31.12.193o

An das RAW Stargard/Pom (2 x)

Vorstehendes Schreiben des RZA übersenden wir mit der Zeichnung Sk 936 zur Beachtung. Wir ersuchen, gelegentlich der Zuführung der Lok 64 233 der Reichsbahndirektion Stettin festzustellen, ob Anrostungen der Kesselschüsse durch den Blechbelag verhütet worden sind. Über den Befund des Kessels der fraglichen Lok ist uns von Fall zu Fall zu berichten.

gez. Tromski

Beglaubigt:

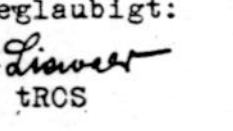

tRCS

Esslingen 26.9.35

L Kluge

Versuchsfahrten mit Ventillok. 64293

D.R.B. Versuchsamt in Grunewald

Baurat Weber und Baumeister Brüggemann

18. - 24. Sept. 35 Berlin-Grunewald.

Die mit der Lokomotive am 19., 20., 23. und 24. Sept. 35 durchgeführten Versuchsfahrten dürften einwandfrei die Betriebssicherheit unserer Ventilsteuerung ergeben haben. Abgesehen von der 1. Fahrt am 19. Sept., bei der ein Bolzenbruch am Mitnehmer des linken Kreuzkopfes vorkam, verliefen die Fahrten mit 80 und 60 km/st Geschwindigkeit anstandslos. Die Ergebnisse dieser Versuchsfahrten, die sämtlich auf der Strecke Grunewald-Magdeburg (142 km) und zurück durchgeführt wurden, sind in beiliegender Tabelle zusammengefasst; die Verbrauchszahlen der Fahrten 1 - 5 dürften zu günstig sein, da der Wassermesser nicht einwandfrei gearbeitet hat und vor der Fahrt 6 ausgewechselt wurde. Die Fahrten mit 80 km/st werden wiederholt.

Aller Voraussic-ht nach dürften sich nach Abschluss der ganzen Versuchsreihe im Wesentlichen dieselben Resultate ergeben wie sie uns mit Schreiben vom 7.2.35 der früheren Fahrten mitgeteilt wurden.

M.E. sind die Lässigkeitsverluste der Ventile zu gross, wodurch ein Teil der besseren Dampfausnützung, namentlich bei hohen Geschwindigkeiten, wieder aufgezehrt wird. Die hohen Abdampftemperaturen deuten darauf hin.

Der schlechtere Wirkungsgrad der Ventillok. bei hohen Geschwindigkeiten wird auf zu kleinen schädlichen Raum zurückgeführt.

Drosselverluste im Einströmventil ergeben sich aus den Diagrammhöhen.

Um die Dampfersparnis unserer Ventilsteuerung auch im hohen Geschwindigkeitsbereich in denselben Massen zu erzielen als bei niederen Geschwindigkeiten, sollten bei zukünftigen Ausführungen

1) die Ventilquerschnitte noch reichlicher bemessen,

2) durch entsprechende Ausgestaltung der Doppelsitzventile und Einschleifen derselben unter Betriebstemperatur eine noch bessere Abdichtung angestrebt und

3) die schädlichen Räume (entgegen der Theorie) reichlicher bemessen werden.

Abteilung L.

Ventilsteuerung für Lokomotiven

Bauart "Maschinenfabrik Esslingen"

nach Zeichnung 21,01 A und 21,04, sowie den

Betriebsergebnissen Blatt 1,2 u.3.

Die in den letzten Jahren vielfach angewendeten Ventilsteuerungen haben im Vergleich zu den meist gebräuchlichen Kolbenschiebersteuerungen eine wesentliche Verminderung der Unterhaltungs- und Verbrauchskosten ergeben, die aus dem Wegfall der Schieber mit ihren starkem Verschleiss ausgesetzten Ringen, Laufbüchsen, Steuergestängen und besonderer Druckausgleichvorrichtungen, sowie deren Schmierung hervorgeht.

Zu dieser Ueberlegenheit der Ventilsteuerung, die gegenüber der Schiebersteuerung auch eine grössere Oeffnung des Ein- und Auslasses bietet, kommen bei der Steuerung der Maschinenfabrik Esslingen die Vorteile des bedeutend geringeren Dampfverbrauches hinzu.

Die Ein- und Auslassventile werden getrennt voneinander in Abhängigkeit von der Füllung gesteuert in der Weise, dass das Voreilen des Ventils für den Auslass kleiner als für den Einlass wird und demnach der Beginn der Ausströmung und ebenso der Beginn der Verdichtung später erfolgt als bei der gebräuchlichen Schieber- oder Ventilsteuerung.

Wie aus der Zeichnung der Ventilsteuerung Nr. 21.01 A hervorgeht, werden die getrennten Bewegungen der Ventile am Gegenlenker abgenommen, und zwar für das Einlassventil (links) in grösserem Abstande vom Angriff der Kulissenstange, also mit einer grösseren Voreilung als für das Auslassventil.

Die doppelsitzigen Ventile werden unmittelbar im Ventilkorb und die Ventilspindel unabhängig davon, für höchste Dampftemperatur geeignet, in einer Stopfbüchse oder Ventilkorbverlängerung geführt. Die Ventile werden vom Dampfdruck auf ihren Sitz gepresst. Während das Einströmventil durch einen Nockenhebel zwangsläufig gesteuert wird, wird das Ausströmventil durch einen Nockenhebel geöffnet und ausser vom Dampfdruck durch eine Feder geschlossen, sodass es bei jeder Stellung des Lokomotivkolbens durch ein Hebelwerk geöffnet werden und Ausgleich des Druckes im Zylinder für Leerfahrt herstellen kann.

Die Ventilspindeln sind nachstellbar und die Nockenhebel haben excentrische Bolzen zur Einregulierung der Steuerung.

Wie aus der Zeichnung Nr. 21.01 A ersichtlich, haben die an der senkrechten Bewegung der Ventile teilnehmenden Massen keinen Rollenhebel, wie die Steuerungen nach Lentz oder Caprotti und sind folglich bei der senkrechten Anordnung der Ventile leichter als diese. Die an der Bewegung des Nockenhebels teilnehmenden, im wesentlichen waagrecht bewegten Massen bis zum Angriff am Gegenlenker wiegen für den Einlass nur 16 % und für den Auslass nur 22 % von denen eines normalen leichten Schiebers von 220 mm Durchmesser. Da Ein- und Auslass mit verschiedener Voreilung gesteuert

-:-

werden, die Aenderung ihrer Bewegungsrichtung also zeitlich verschieden voneinander erfolgt, betragen die grössten am Voreilhebel auftretenden Drücke nur annähernd 22 % von denen eines normalen Kolbenschiebers.

Durch den Wegfall der Kolbenschieber und besonderer Druckausgleichsvorrichtungen ergibt sich eine Gewichtsersparnis bei der 1 C 1 Lokomotive nach der Zeichnung Nr. 21.01 A von annähernd 700 kg und durch die senkrechte Anordnung der Ventile an den Zylinderenden ein schädlicher Raum von nur etwa 5 %. Die Trennung der Ventilkästen für Ein- und Auslass verringern den Wärmeübergang vom Frischdampf zum Abdampf.

Die Bauart der Maschinenfabrik Esslingen vermeidet demnach in der Ventil-Anordnung die Nachteile der Steuerungen nach Lentz und Caprotti, die waagrecht nebeneinanderliegende Ein- und Auslassventile mit grossen schädlichen Flächen und Räumen bedingen; vermeidet in der Steuerung die Nachteile der Schiebersteuerung, die mit dem kurzen Dehnungs- und langen Verdichtungshub auch bei der Lentz-Steuerung vorhanden sind, und vermeidet aber auch die Nachteile der Caprotti-Steuerung, die die Ein- und Ausströmung getrennt, aber mit konstantem Vorausströmen und konstanter Verdichtung steuert, was das Arbeitsvermögen des ausströmenden Dampfes für die Feueranfachung bei kleinen Füllungen bezw. die Anpassung der Lokomotive beeinträchtigt.

Die Steuerbewegungen des Gelenkpunktes für das Auslassventil am Gegenlenker zur jeweiligen Kolbenstellung auf dem Kolbenweg angetragen bilden für die verschiedenen Füllungen Ellipsen, deren gemeinsame Achse, wie in Zeichnung Nr. 21.04, Abbildung 2 und 3 dargestellt, mit der Achse des Kolbens einen kleineren Winkel einschliesst als die Ellipsenachse für die Steuerbewegungen des Einströmventils. Die das Oeffnen und Schliessen der Ausströmung kennzeichnenden Schnittpunkte der Ellipse mit der Kolbenachse werden für die in Abbildung 3 gezeichneten Füllungen von 5 und 20 % auf 55 bezw. 68 % des Kolbenhubes an den Einlassellipsen und auf 65 bezw. 88 % an den Auslassellipsen ausgewiesen, sodass das Auslassventil, bei dem angenommenen Verhältnis der Voreilung von Ein- und Auslassventil, um 10-20% später für die Ausströmung öffnet und später für die Verdichtung schliesst als bei der Schiebersteuerung bezw. Ventilsteuerung von Lentz.

Die mit dem späteren Oeffnen und Schliessen des Ausströmventils erreichte grössere Dehnung und kleinere Verdichtung zusammen mit dem geringen Flächen-Raumschaden bei den Ventilen bringen, wie aus den Berechnungen des Dampfverbrauches, Zeichnung Nr. 21.04 hervorgeht, bei einem Kesseldruck von 16 atü und bei 20 % Füllung eine Ersparnis an Dampf von 5 % gegenüber der Schiebersteuerung und gegenüber Lentz Ventilsteuerung.

Infolge der Trennung des Ein- und Auslasses und Vermeidung einer gemeinsamen Wand zwischen Ein- und Ausströmung ist der Temperaturabfall am Ende der Einströmung unter dem angenommenen Betriebszustand der Lokomotive, Zeichnung Nr. 21.04, nicht mit 90° wie bei der Kolbenschieber-, der Lentz- oder Caprotti-Ventilsteuerung, sondern mit etwa 70° anzunehmen und erhöht sich die Dampfersparnis somit auf annähernd 11 %. Bei einem Kesseldruck von 33 atü würde sich die so erzielte Ersparnis, wie in der Berechnung nachgewiesen, auf annähernd 16,5 % erhöhen.

-:-

Die Betriebsergebnisse von Probefahrten mit zwei 1 C 1 Lokomotiven der Reichsbahn Baureihe 64 gleicher Bauart, von denen die eine mit Nicolai-Kolbenschieber, die andere mit ME-Ventilsteuerung ausgerüstet waren, sind auf Blatt 1, 2 und 3 zu ersehen und zeigen, dass die dabei erzielte Dampfersparnis noch wesentlich höher liegt, als auf Blatt 21.04 ermittelt wurde.

Die Dampfdiagramme der Ventilsteuerung auf Blatt 3 zeigen bei 6 bezw. 7 % schädlichem Raum kleine Kompressionsdrücke, die bei hohen Fahrgeschwindigkeiten noch kleinste Füllungen zulassen, und zeigen ferner eine Expansionslinie, die vom Ende der Einströmung an infolge des kleinen schädlichen Raumes und dichten Abschliessens des Einlassventils einen steilen Verlauf nimmt und die bis nah an die Endlage des Kolbens reicht.

Den Diagrammen von der Ventilsteuerung auf Blatt 3 sind unter annähernd gleichen Verhältnissen aufgenommene Diagramme der Kolbenschiebersteuerung gegenübergestellt. Besonders kennzeichnend für die Güte der Steuerung, wie auch der Steuerorgane ist die Höhe des Diagramms im Schnittpunkt der Expansionslinien, die bei der Kolbenschiebersteuerung grösser als bei der Ventilsteuerung ist.

Ueber Temperaturverhältnisse, bei denen die Diagramme aufgenommen werden, geben die Blätter 1 und 2 Aufschluss, die im Geschwindigkeitsdiagramm die Stellen der Diagrammaufnahmen zeigen.

Das Blatt 1 enthält die hauptsächlichen Ergebnisse von zwei Versuchsfahrten der Lokomotive mit Kolbenschieber. Die Höchstleistung der Lokomotive konnte an der Kesselgrenze mit 57kg/m²/h bei einem Dampfverbrauch von 6,6 kg/PSi,

$$L\ max = \frac{67\ kg/m^2/h\ .\ 104{,}4\ m^2}{6{,}6\ kg/PSi} = 900\ PSi/h$$

bei der Fahrt am 27.5.34 wegen besonders schlechter Kohle nur kurzzeitig und bei der Fahrt am 22.6.34 dauernd gehalten und zum Teil auf 1000 PSi/h gesteigert werden. Der Wasserverbrauch betrug 6300 kg bezw. 5480 kg insgesamt oder 10,9 bezw. 8,65 kg/PSi durchschnittlich, bezogen auf das plan imetrierte Leistungsdiagramm Blatt 1.

Die Höchstleistung der Schieberlokomotive wurde im allgemeinen mit einem Unterdruck in der Rauchkammer von 120 mm W-S. sicher erreicht. Die Lokomotive mit Ventilen hat eine bessere Feueranfachung durch rascheres Oeffnen und Schliessen des vollen Auslassquerschnittes sowie durch direktere und schlankere Auslasswege vom Zylinder zum Blasrohr, und es kann mit der gleichen Sicherheit auf eine Dampferzeugung von 67 kg/m²/h bei einem Unterdruck von 90 mm W-S. und einem Dampfverbrauch von 5,8 kg/PSi und folglich einer Höchstleistung von

$$L\ max = \frac{67\ kg/m^2/h\ .\ 104{,}4\ m^2}{5{,}8\ kg/PSi} = 1200\ PSi/h$$

gerechnet werden.

Die Durchschnittsleistung auf der für Volleistung der Lokomotive besonders günstigen Steigungsstrecke Göppingen - Geislingen (km 28,2 - 47,4) betrug bei der Schieberlokomotive nach Blatt 1 639 bezw. 940 PSi/h und bei der Ventillokomotive nach Blatt 2 829 bezw. 1073 PSi/h.

Die Leistung der Ventillokomotive von 1079 PSi/h, die bei gleichen Anfahre und Streckenverhältnissen erhalten wurde, wie die der Schieberlokomotive von 940 PS/h, beträgt 14,8 % mehr als diese.

Der Wasserverbrauch der Ventillokomotive betrug 4680 bezw. 4300 kg insgesamt oder 6,95 bezw. 6,63 kg/PSi durchschnittlich bezogen auf das plan imetrische Leistungsdiagramm Blatt 2.

Wird der Wasserverbrauch von den beiden unter gleichen Verhältnissen durchgeführten Fahrten in Vergleich gestellt, 6,63 kg/PSi der Ventillokomotive und 8,65 kg/PS i der Schieberlokomotive, so ergibt sich für die Ventillokomotive eine Ersparnis von 30 %.

Bei den Fahrten blies das Kessessicherheitsventil sehr häufig ab und ist, wie aus dem Temperaturverlauf nach dem Blatt 2 hervorgeht, längere Zeit ein Ueberreissen von Kesselwasser nach den Zylindern und den Kesselsicherheitsventilen eingetreten, sodass die Zahl von 6,95 bezw. 6,63 kg/PS i nicht den günstigsten Durchschnittsverbrauch von der Gesamtstrecke ohne Berücksichtigung des Verbrauches beim Anfahren oder Beschleunigen zeigt.

Maschinenfabrik Esslingen

Reichsbahn-Ausbesserungswerk
Versuchsabteilung für Lokomotiven
- Fklvp 554 / VL 1 -

Grunewald, den 15. April 1935

An das

Reichsbahn-Zentralamt
für Maschinenbau

B e r l i n

Betrifft: Versuche mit Lok 64 294 (Vergleich zur Esslinger Ventilsteuerung)
Verfg. R Z M 2231 Fklvsv 9^{34} vom 30.10.34.

In unserem Bericht über die Esslinger-Ventilsteuerung (Lok 64 293) Fklvst 516/VL 1 vom 1.10.34 konnten wir zum Vergleich zwischen der Ventil- und der Kolbenschiebersteuerung nur die Lok 64 019 heranziehen, die jedoch schon vor 6 Jahren untersucht worden ist und deren Versuchsergebnisse daher nur bedingt mit der jetzt erbauten Lok 64 293 mit Esslinger Ventilsteuerung verglichen werden konnten. Wir haben daher im Auftrag des RZM die Lok 64 294 untersucht, die zu gleicher Zeit wie die Ventilmaschine von der Maschinenfabrik Esslingen erbaut wurde und mit Nikolai-Druckausgleichschiebern ausgerüstet ist. Die Untersuchung gerade dieser Lok erhält noch dadurch eine besondere Bedeutung, als bei Werkversuchsfahrten die Maschinenfabrik Esslingen bei dieser Lok (Kolbenschiebersteuerung) einen um 30 % höheren Dampfverbrauch als bei der Ventillok bei 60 km/h Fahrgeschwindigkeit gemessen hatte. Wir hatten schon in unserem Bericht über die Esslinger -Ventilsteuerung darauf hingewiesen, daß offenbar Undichtigkeiten das Meßergebnis beeinflußt hatten, da solch großer Unterschied im Dampfverbrauch kaum glaubhaft erscheint und auch keine von den früher von uns untersuchten Lok dieser Baureihe so hohe Dampfverbrauchszahlen gezeigt hatte.

Bei den ersten Fahrten mit Lok 64 294 bestätigte sich unsere Vermutung. Die Nikolaischieber waren wegen zu langen Federn nicht dicht und der Dampfverbrauch infolgedessen höher als bei Lok 64 019. Wir haben darüber mit Schreiben VL 11 vom 14.12.34 berichtet.

Nach Beseitigung der Undichtigkeiten wurden Meßfahrten mit 40, 60 und 80 km/h Fahrgeschwindigkeit mit Meßwagen 1 auf der Strecke Potsdam - Burg durchgeführt. (20.12.34 bis 5.2.35).

Die Ergebnisse aller Meßfahrten sind in Anlage 1 zusammengestellt.

Die Verbrauchszahlen für 40 km/h sind in Anlage 2 über der Zughaken- und der Zylinderleistung dargestellt. Zu den Einzelmeßwerten der Lok 64 294 und der sich daraus ergebenden Verbrauchslinie sind in die Anlagen auch die Verbrauchslinien der früher untersuchten Lok 64 019 mit Regel-Schiebern und der Lok mit Esslinger-Ventilsteuerung (64 293) eingezeichnet. Damit ist dann ein richtiger Vergleich der Kolbenschieber- und der Ventilsteuerung möglich. Gleichzeitig kann man erkennen, worin die jetzt enthaltenen Verbrauchswerte der Kolbenschiebersteuerung von den früher ermittelten Werten abweichen.

Bei 40 km/h liegen beide Lok mit Kolbenschiebersteuerung unter Berücksichtigung der unvermeidlichen Streuung in den Meßwerten in allen Verbrauchszahlen sowie im mechanischen Wirkungsgrad annähernd gleich. Im Vergleich zur Ventilsteuerung ändert sich also an den im früheren Bericht angegebenen Zahlen nichts. Die Ersparnis gegen die Kolbenschiebersteuerung beträgt 7 - 8 %.

Aus Anlage 3 sind die Verbrauchswerte bei 60 km/h Fahrgeschwindigkeit zu erkennen. Im Dampfverbrauch über der Zylinderleistung liegen beide Kolbenschieber-Maschinen wieder annähernd gleich. Über der Zughakenleistung ist jedoch der Dampfverbrauch der Lok 64 294 um ~ 4% größer als der der Lok 64 019.

Entsprechende Unterschiede treten im Wärmeverbrauch im Dampf auf. Der mechanische Wirkungsgrad wird um 2 - 3 % schlechter. Ähnliche Streuung in den Dampfverbrauchszahlen über der Zughakenleistung und im mechanischen Wirkungsgrad sind schon bei der Untersuchung der Lok 64 019, 64 016 und 64 013 festgestellt worden (Bericht VL a 6 vom 2.6.30). Von diesen 3 Lok gleicher Bauart des Triebwerks lag die Lok 64 019 im mechanischen Wirkungsgrad am höchsten, die Lok 64 016 in der Mitte (etwa gleich mit der jetzt untersuchten Lok 64 294) und die Lok 64 013 am tiefsten. Daraus könnte man schließen, daß Lok 64 019 besonders günstige Dampfverbrauchszahlen und entsprechend guten mechanischen Wirkungsgrad hatte. Im Durchschnitt wird jedoch die Baureihe 64 eher die Verbrauchswerte der Lok 64 294 aufweisen. Dementsprechend wäre die Ventilsteuerung in ihren Meßwerten den Werten der Lok 64 294 gegenüberzustellen. Damit tritt dann bei 60 km/h eine Ersparnis im Dampfverbrauch und im Wärmeverbrauch über der Zughakenleistung und über der Zylinderleistung von 8 - 10 % in Erscheinung. Der mechanische Wirkungsgrad der Ventilsteuerung liegt mit dem der Kolbenschiebersteuerung gleich.

Bei 80 km/h Fahrgeschwindigkeit (Anlage 4) ist die Lok 64 294 im Dampfverbrauch über der Zughakenleistung ~ 5 %, im Wärmeverbrauch über der Zughakenleistung ~ 7 % ungünstiger als Lok 64 019. Dampfverbrauch und Wärmeverbrauch über der Zylinderleistung stimmen bei beiden Kolbenschiebermaschinen annähernd überein. Der mechanische Wirkungsgrad der Lok 64 294 ist etwa 3 - 4 % schlechter als bei Lok 64 019. Auch hier liegen wie bei 60 km/h Fahrgeschwindigkeit die Verbrauchszahlen der Lok 64 019 wahrscheinlich besonders günstig und die Lok 64 294 entspricht besser dem Durchschnitt der Baureihe 64. Der Vergleich der Ventilsteuerung mit der Kolbenschiebersteuerung wird dann für die Ventilsteuerung wieder etwas günstiger.

~~günstiger~~. Im effektiven Dampf-und Wärmeverbrauch erreicht die Ventillok dieselben Werte wie die Lok mit Kolbenschieber. Im indizierten Dampf- und Wärmeverbrauch spart die Ventilsteuerung 3 - 4 % gegen die Kolbenschiebersteuerung. Der mechanische Wirkungsgrad der Ventillok liegt 2 - 3 % unter dem der Kolbenschiebersteuerung.

Wir haben versucht, durch Änderung des Verdichtungsraumes der Lok 64 294 den Dampfverbrauch über der Zughakenleistung und damit den mechanischen Wirkungsgrad zu verbessern. Dazu wurde der Verdichtungsraum allmählich von 8,8 % (Anlieferungszustand) auf 14 % vergrößert. Die gemessenen Unterschiede im Dampfverbrauch blieben bei den Fahrten mit verschiedenen Verdichtungsräumen aber noch im üblichen Streubereich und damit so gering, daß sich sichere Abhängigkeiten nicht erkennen ließen. Es scheint so, als ob bei 11 % Verdichtungsraum die niedrigsten Dampfverbrauchszahlen erreicht werden. Die entsprechenden Meßpunkte mit verschiedenem Verdichtungsraum sind auf Anlage 2 - 4 gekennzeichnet.

Die Leistungscharakteristik bringt Anlage 5. Der Vergleich der Kolbenschiebersteuerung zur Ventilsteuerung erfährt lediglich in der Zughakenleistung und dementsprechend im effekt. spez.Dampfverbrauch eine Änderung. Die Zughakenleistung der 64 294 liegt außer bei 40 km/h an der Kesselgrenze tiefer als die der Lok 64 019. Die Ventilsteuerung ist jetzt bis etwa 80 km/h in Leistung und Dampfverbrauch der Kolbenschiebersteuerung überlegen.

Dampftemperaturen und Kohlenverbrauch sind in Anlage 6 aufgetragen. Die Einströmtemperaturen unterscheiden sich bei allen 3 verglichenen Lok nicht erheblich. Die Ausströmtemperatur der Nikolai-Druckausgleichkolbenschieber liegt höher als die des Regelschiebers.

Der Kohlenverbrauch aller 3 Lok liegt ebenfalls über der

Heizflächenbelastung gleich, wie bei gleicher Kesselbauart nicht anders zu erwarten ist. Wie bei allen Kohlenmessungen ist hier die Streuung der Versuchswerte größer als bei Dampfverbrauchsmessungen.

Anlage 7 zeigt den spez.Kohlenverbrauch der Ventillok, der Lok 64 019 und der Lok 64 294. Bei Lok 64 019 liegen Kohlenverbrauchsmessungen allerdings nur für 40 km/h Fahrgeschwindigkeit vor.

Die Heizflächenbelastung bei verschiedenen Zughakenleistungen und Geschwindigkeiten ist in Anlage 8 dargestellt.

Dampfdruckschaulinien der Kolbenschiebersteuerung (Lok 64 294) bei verschiedenen Fahrgeschwindigkeiten sind in Anlage 9 u.10 wiedergegeben.

Die Versuchsfahrten mit Lok 64 294 haben also grundsätzlich nichts am Vergleich zwischen Esslinger-Ventilsteuerung und Kolbenschiebersteuerung geändert. Lediglich im effektiven Dampfverbrauch bei 60 u. 80 km/h hat sich der Vergleich zwischen beiden Steuerungsarten insofern verschoben, als die Ventilsteuerung bis 80 km/h noch der Kolbenschiebersteuerung überlegen bleibt, während die Ventilsteuerung im Vergleich zur Lok 64 019 bei 80 km/h schon ungünstiger war als die Kolbenschiebersteuerung.

Nach Beseitigung der bei den ersten Versuchsfahrten mit der Ventillok Bauart Esslingen zu Tage getretenen Schäden war uns die Lok im Januar 1935 erneut zur Untersuchung zugeführt worden; die Steuerung wurde jedoch schon bei der ersten Versuchsfahrt wieder unbrauchbar, worüber wir mit Telegrammbrief Fklvst 516 / VL 1 vom 12.1.35 berichtet haben. Die bei dieser Versuchsfahrt gemessenen Verbrauchszahlen stimmten mit den früher gemessenen Werten genau überein. Sollte an der Steuerung nichts Grundsätzliches geändert werden, sondern sie lediglich wie bei der ersten Instandsetzung wieder so hergestellt werden, wie sie angeliefert wurde, so ist nicht zu erwarten, daß sich die bisher gemessenen Verbrauchszahlen ändern. Eine Nachuntersuchung würde dann nichts Neues bringen.

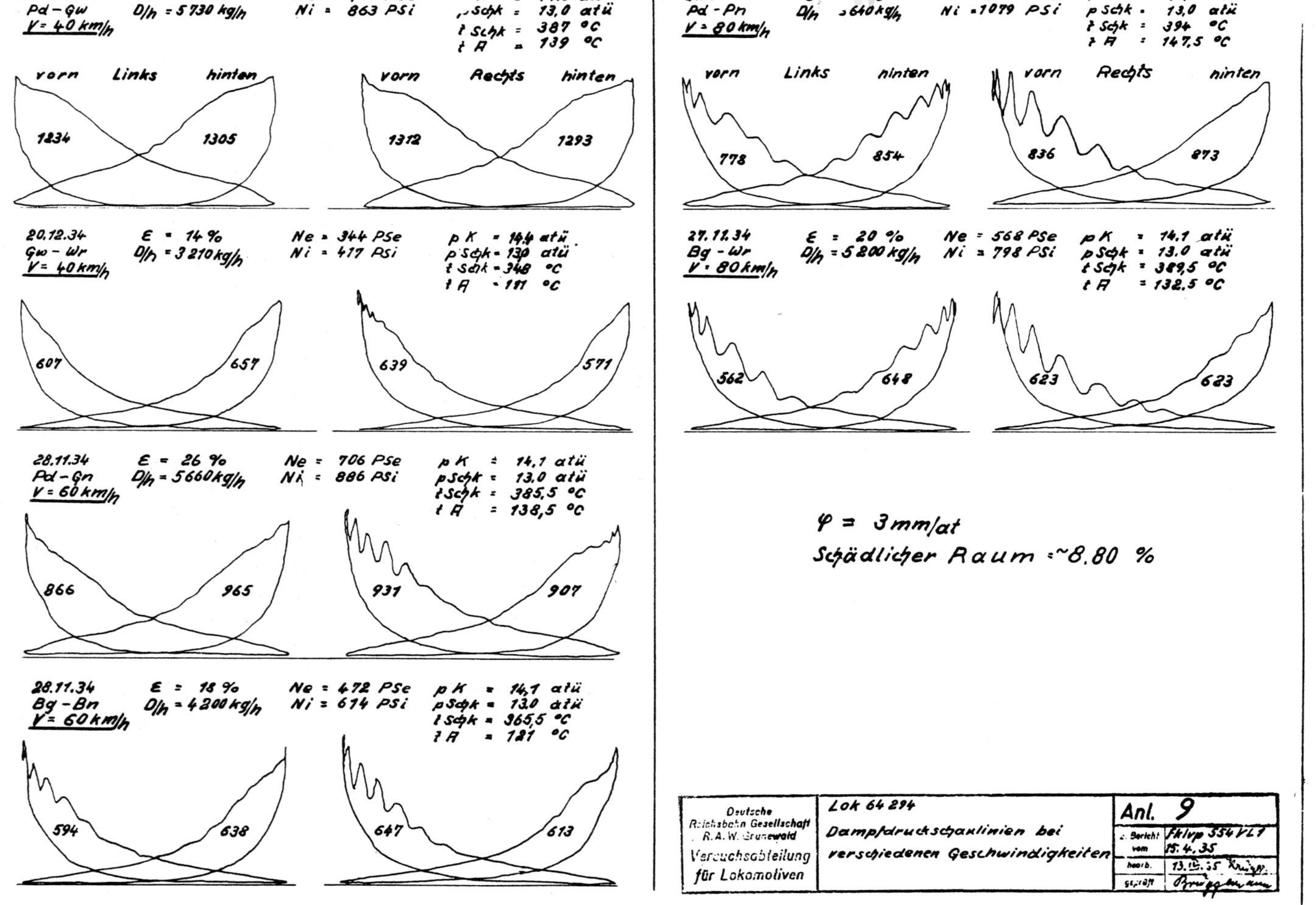
Pd - Gw
V = 40 km/h
D/h = 5730 kg/h
Ni = 863 PSi
pSchk = 13,0 atü
tSchk = 387 °C
tA = 139 °C
vorn
Links
hinten
1234
1305
vorn
Rechts
hinten
1312
1293
20.12.34
Gw - Wr
V = 40 km/h
E = 14 %
D/h = 3210 kg/h
Ne = 344 PSe
Ni = 417 PSi
pK = 14,4 atü
pSchk = 13,0 atü
tSchk = 348 °C
tA = 111 °C
607
657
639
571
28.11.34
Pd - Gn
V = 60 km/h
E = 26 %
D/h = 5660 kg/h
Ne = 706 PSe
Ni = 886 PSi
pK = 14,1 atü
pSchk = 13,0 atü
tSchk = 385,5 °C
tA = 138,5 °C
866
965
931
907
28.11.34
Bg - Bn
V = 60 km/h
E = 18 %
D/h = 4200 kg/h
Ne = 472 PSe
Ni = 614 PSi
pK = 14,1 atü
pSchk = 13,0 atü
tSchk = 365,5 °C
tA = 121 °C
594
638
647
613
Pd - Pn
V = 80 km/h
D/h 5640 kg/h
Ni = 1079 PSi
pSchk = 13,0 atü
tSchk = 394 °C
tA = 147,5 °C
vorn
Links
hinten
778
854
vorn
Rechts
hinten
836
873
27.12.34
Bg - Wr
V = 80 km/h
E = 20 %
D/h = 5200 kg/h
Ne = 568 PSe
Ni = 798 PSi
pK = 14,1 atü
pSchk = 13,0 atü
tSchk = 389,5 °C
tA = 132,5 °C
562
648
623
623
φ = 3 mm/at
Schädlicher Raum = ~8,80 %
Deutsche Reichsbahn Gesellschaft R.A.W. Grunewald
Versuchsabteilung für Lokomotiven
Lok 64 294
Dampfdruckschaulinien bei verschiedenen Geschwindigkeiten
Anl. 9
z. Bericht Fklvp 354 VL 1
vom 15.4.35
bearb. 13.12.35

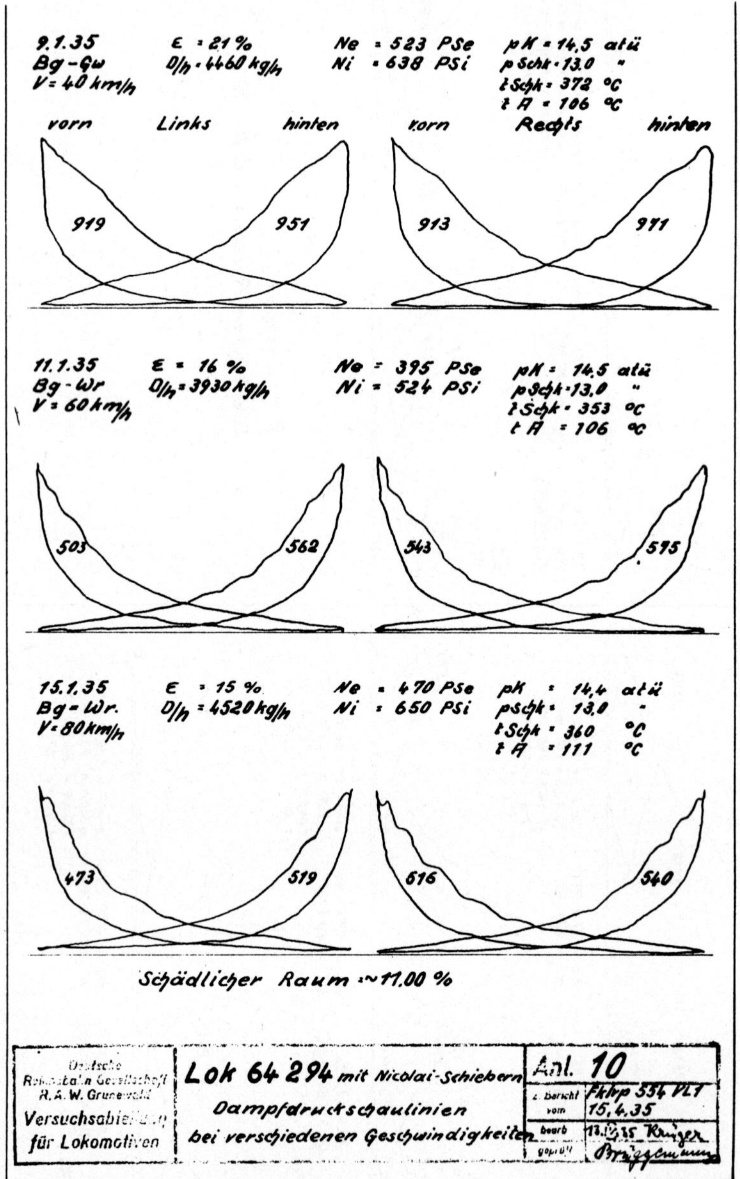
9.1.35
Bg-Gw
V = 40 km/h
ε = 21 %
D/h = 4460 kg/h
Ne = 523 PSe
Ni = 638 PSi
pK = 14,5 atü
pSchk = 13,0 "
tSchk = 372 °C
tA = 106 °C
vorn
Links
hinten
vorn
Rechts
hinten
919
951
913
971
11.1.35
Bg-Wr
V = 60 km/h
ε = 16 %
D/h = 3930 kg/h
Ne = 395 PSe
Ni = 524 PSi
pK = 14,5 atü
pSchk = 13,0 "
tSchk = 353 °C
tA = 106 °C
503
562
543
595
15.1.35
Bg-Wr.
V = 80 km/h
ε = 15 %
D/h = 4520 kg/h
Ne = 470 PSe
Ni = 650 PSi
pK = 14,4 atü
pSchk = 13,0 "
tSchk = 360 °C
tA = 111 °C
473
519
616
540
Schädlicher Raum = ~11,00 %
Versuchsabteilung
für Lokomotiven
Lok 64 294 mit Nicolai-Schiebern
Dampfdruckschaulinien
bei verschiedenen Geschwindigkeiten
Anl. 10
z. Bericht vom
Fklrp 554 VL1
15,4.35
bearb
Krüger
geprüft

vorhandenen Loks der Baureihen 64 und 86 aus, während die auf den umgebauten Strecken freigesetzten Lokalbahnloks auf die Strecken mit schwächerem oder schlechtem Oberbau verteilt wurden. Etwa auftretende Triebfahrzeugengpässe sollten mit den ehemaligen Wehrmachtsdieselloks der 360 PS-Klasse (V36) behoben werden.
Auch ein Nachbau der BR 64 mit neuem Kessel und Verbrennungskammer sowie erheblich vergrößerten Vorräten (die Nebenbahnen sollten nur noch von Hauptbahn-Bw's aus betrieben werden – die Lokbahnhöfe sollten aufgelöst werden) wurde diskutiert, schließlich jedoch im Hinblick auf die Entwicklung einer neuen 800 PS-Motorlokomotive (die spätere V80) nicht mehr weiter verfolgt.

Um ausreichende Grundlagen für die Entwicklung der Neubaulokomotiven zu haben, wurden nach 1953 reihenweise fast alle Reichsbahnkonstruktionen auf ihre Verdampfungswilligkeit hin untersucht. Die Loks waren allesamt zu schlaff in der Feueranfachung ausgelegt. Der Aschkasten besaß zu wenig Luftklappen, Blasrohr und Schornstein waren weit gehalten, was zwar einen geringen Gegendruck in den Zylindern verursachte, die Einheitslok aber allesamt zu trägen Dampfmachern stempelte. Bei den Lok der 17,5 - und 15 t-Reihe war das allerdings nicht so ausgeprägt, da diese den kleineren Maschinenleistungen gemäß ohnehin eine kleiner dimensionierte Blasrohranlage besaßen. Baureihen wie die 50 oder 03 wurden erst durch die Umbauten der DB zu vollwertigen Maschinen; vorher hatten Dampfmangelfälle zur Tagesordnung gehört. Deshalb erscheinen heute auch die Schwärmereien von Personalen über die guten alten Einheitsloks fehl am Platze. Untersuchungsberichte, Niederschriften, Schadbestände usw. sprechen eine deutliche Sprache. Erst durch die Verengung von Blasrohr und Schornstein sowie die zusätzlichen Luftklappen wurde z. B. die 03 in der Tat recht brauchbar, sieht man vom recht trägen Langrohrkessel Wagnerscher Prägung ab.

Das BZA Minden vergab unter der Auftragsnummer 11/56 den Umbau der 64 289, um Möglichkeiten zur Verbesserung der Verdampfungswilligkeit zu untersuchen. Über die Meßreihen erstellte das BZA einen Versuchsbericht, den wir hier im Original wiedergeben:

Deutsche Bundesbahn
Der Vorstand
des Bundesbahn-Versuchsamts
für Lokomotiven
Minden (Westf)

VL V/51 - Fldk/V 11/56

Minden, den 28.3.56
Basa: 1375

Versuchsbericht

Betr: Verdampfungswilligkeit der Lok BR 64;
Versuchsauftrag Nr. 11/56
6 Anlagen

1) **Aufgabe des Versuchs:**

Im Gegensatz zu den bisherigen Untersuchungen zur Verbesserung der Verdampfungswilligkeit sollte eine Lok der BR 64 mit bereits eingebauten seitlichen Aschkasten-Luftklappen untersucht werden. Dabei war festzustellen, ob:

1) die Verbrennung im Urzustand der Saugzuganlage mit den seitlichen Luftklappen ausreichend ist und
2) welche Änderungen ggf für eine einwandfreie Verbrennung noch erforderlich sind.

2) **Gegenstand, Ort und Zeit des Versuchs:**

Die Versuche wurden mit der Lok 64 289 des Bw Düsseldorf-Abstellbf in der Zeit vom 12. bis 16.3.56 auf der Strecke Minden-Rheine durchgeführt.

3) **Gesamtergebnis:**

Die Untersuchung der Lok 64 289, die in der bisher üblichen Weise durchgeführt wurde, zeigte, daß

1) die durch die Luftklappen erzielte Vergrößerung der Luftöffnungen nicht ausreicht, um eine ausreichende Verbesserung der Luftzuführung zum Rost und damit eine einwandfreie Verbrennung zu erreichen,
2) der Blasrohrdurchmesser d_b von 120 auf mindestens 105 mm Ø und der Schornstein entsprechend von d_{Su} = 370 auf 345 mm verengt werden mußte, um eine bessere Feueranfachung und einigermaßen sichere Dampfentwicklung zu erzielen.

4) <u>Versuchsdurchführung und Auswertung:</u>

Die Lok 64 289 wurde nach einer L4-Untersuchung, bei der die seitlichen Luftklappen in den Aschkasten nach Zeichnung Fld 7.130 SK 13 (Ausg. vom 9.11.55) eingebaut worden waren, in der bisher üblichen Weise für die Messung von Kessel-, Schieberkasten- und Blasrohrdruck, sowie der Unterdrücke in Rauchkammer, Feuerbüchse, Aschkasten und im Schornstein oben und unten meßtechnisch ausgerüstet. Darüber hinaus wurden die Heißdampftemperatur und die Temperatur der Rauchgase in der Rauchkammer gemessen; die Rauchgase wurden im elektrischen Rauchgasprüfgerät laufend auf ihre Zusammensetzung nach CO_2, $CO + H_2$ und O_2 analysiert. Die Messungen wurden bei Beharrungsgeschwindigkeiten von V = 40 und 60 km/h durchgeführt, wobei bei jeder Geschwindigkeit der gesamte Leistungsbereich in kurzen Beharrungsabschnitten abgetastet wurde. Die Leistungen lagen zwischen N_{ze} = ∼100 und 1 000 PS und entsprechen einer Gesamtdampferzeugung D bis zu ∼7,3 t/h (D_N = 5,5 t/h bei b_H = 57).

1.1 Den Einfluß der seitlichen Aschkastenluftklappen und das Verhalten der Saugzuganlage im vorgefundenen Zustand zeigt Anlage 1. Da die seitlichen Aschkastenöffnungen schon vor Beginn der Untersuchung eingebaut waren, konnte deren Einfluß auf die Verbrennung gegenüber dem vorherigen Zustand nur durch Fahren mit abwechselnd geöffneten und geschlossenen Klappen festgestellt werden. Der Gewinn zeigte sich, wie aus Anl. 1 hervorgeht, z.B. bei Kesselnennlast D_N in einer Vergrößerung der Druckdifferenz Δp_{Rk-Fb} von 47 auf 60 mmWS = (∼13 %) bei gleichzeitiger Verminderung des Aschkastenunterdruckes (von p_A = 4 auf 1 ÷ 2 mmWS). Die geringe Verbesserung des Luftzutritts ergab jedoch keine befriedigende Verbrennung und Dampferzeugung. Diese Ergebnisse waren gekennzeichnet durch einen verhältnismäßig hohen Gehalt der Rauchgase an CO (im ganzen Leistungsbereich zwischen 3 und 5 %), Qualmbildung unmittelbar über dem Brennstoffbett und die Schwierigkeit, trotz der Kleinheit der Lok mit einem guten Heizer den Dampfdruck bis zum Fahrtende einigermaßen zu halten (Länge der Versuchsstrecke nur 86 km); Anstrengungen über Kesselnennlast konnten nicht gefahren werden. Bei Verwendung normaler Stückkohle trat Verschlackung und Zulaufen des Rostes schon nach etwa 50 km Fahrweg, bei Verwendung amerikanischer Kohle sehr starke Qualmbildung auf.

Deshalb war die Veränderung der Abmessungen der Saugzuganlage zur Verschärfung der Feueranfachung unvermeidlich. Nacheinander wurden die verschiedenen Bauzustände nach Anlage 2 durchgefahren und die beste Anordnung versuchsmäßig ermittelt.

1.2

1.3 Anlage 3 enthält die Maße der Saugzuganlage, wie sie nach durchgeführter Untersuchung vorläufig festgelegt wurden (Bauzustand VI, d_b = 105 mm Ø).

1.4 In der Anlage 4 sind die Meßwerte des Rauchkammer-, Feuerbuchs- und Aschkastenunterdruckes, sowie der Blasrohrdruck über der Gesamtdampfmenge für die Bauzustände I und VI aufgetragen. Es ergibt sich durch den Umbau der Anlage bei Kesselnennlast D_N eine Vergrößerung der Druckdifferenz Δp_{Rk-Fb} von 60 auf 100 mmWS (um ca 180 %) bei einer Steigerung des Blasrohrdruckes p_{Bl} von 0,09 auf 0,18 atü. Der Unterdruck im Aschkasten p_A stieg infolge der größeren Luftmenge trotz geöffneter seitlichen Luftklappen von 1 ÷ 2 auf 4 mmWS wieder an.

In der <u>Anlage 5</u> sind dieselben <u>Meßergebnisse für den Bauzustand V</u> (Blasrohr-Ø d_b = 100 mm mit Schornsteineinsatz d_{Su} = 345 mm Ø) und wieder über der Gesamtdampfmenge aufgetragen. Hier ergibt sich für D_N entsprechend einer Blasrohrdrucksteigerung von p_{Bl} auf 0,24 atü eine Erhöhung der Druckdifferenz Δp_{Rk-Fb} von 60 auf 125 mmWS (∿ 208 %) bei Aschkastenunterdrücken von p_A ∿ 5 mmWS.

Die ausgeführten <u>Maße der seitlichen Aschkastenluftklappen</u> zeigt die <u>Anlage 6</u>. Der nach Verbesserung des Saugzuges noch vorhandene Aschkastenunterdruck ist auf die zu geringen Luftquerschnittsflächen im Aschkasten ($\frac{F_1 + F_2}{R} = \frac{1}{8,2}$) zurückzuführen. Außerdem ergibt sich aus den baulichen Verhältnissen bei der BR 64 und der dadurch bedingten Bemessung der seitlichen Luftklappen eine offensichtliche Beeinflussung der Luftverteilung unter dem Rost durch den Fahrtwind. Dies wird bestätigt durch den zu schnellen Abbrand der Feuerschicht an einigen und Luftmangel (Schlackenbildung) an anderen Stellen der Rostfläche (Anwesenheit von 2 ÷ 3 % CO bei gleichzeitig zu niedrigem CO_2-Gehalt bei mittlerer und höherer Kesselanstrengung) trotz sorgfältigster Feuerführung und dabei Auftreten der bekannten Luftschwingungen (Brummen), wie sie sonst nur bei Löcherbildung im Feuerbett festzustellen sind.

Da Änderungen am Aschkasten von uns nicht durchgeführt werden sollten, konnten wir diesen Mangel, der einer einwandfreien Verbrennung noch im Wege stand, nicht beseitigen. Wir haben daher die Lok nicht im Bauzustand VI der Saugzuganlage nach Anlage 2 (100 mm Blasrohr-Ø mit Schornsteineinsatz), sondern im Bauzustand V (105 mm Blasrohr-Ø mit Schornsteineinsatz), also mit etwas schwächerer Feueranfachung dem Betrieb zurückgegeben, da schon bei dieser Versuchsanordnung ein verhältnismäßig großer O_2-Gehalt (∿ 9 ÷ 10 % entsprechend λ = 1,75) bei gleichzeitiger Anwesenheit von CO in der Rauchgasanalyse in Erscheinung trat, um so die ungleichmäßige Verbrennung auf dem Rost in erträglichen Grenzen zu halten.

Der gegenwärtige Umbauzustand der Lok kann somit u.E. noch nicht als endgültig angesehen werden. Die Dampfentwicklung der Lok 64 289 ist im Bauzustand V bzw VI der Saugzuganlage für die normalen betrieblichen Bedürfnisse zwar genügend sicher geworden; die Verbrennungsverhältnisse sind aber, wie gezeigt, noch nicht einwandfrei.

Wir schlagen deshalb vor, die seitlichen Lufteintrittsöffnungen, soweit dies konstruktiv möglich ist, noch etwas zu vergrößern und zusätzliche Öffnungen im unteren Teil der Aschkastenseitenwände, wie in Anlage 6 angedeutet, anzubringen, um auf ein günstigeres Verhältnis

$\frac{F_1 + F_2}{R} = \frac{1}{5} \div \frac{1}{6}$ zu kommen. (Der an der Lok 64 289 tatsächlich vorhandene freie Querschnitt der seitlichen Luftklappen blieb ohnehin mit 0,096 m^2 gegenüber den nach der Zeichnung vorgesehenen von 0,12 m^2 zurück). Um den Einfluß des Fahrtwindes auf die Luftströmung unter dem Rost zu beseitigen, sollten außerdem die seitlichen Luftzutrittsöffnungen durch Ablenkbleche abgeschirmt werden. Bei einer Überprüfung der mit diesen Änderungen erzielbaren Ergebnisse könnten dann die endgültigen Abmessungen der Saugzuganlage festgelegt werden.

Düring   [illegible]

Abmessungen der Saugzuganlage
(Versuchsanordnungen)

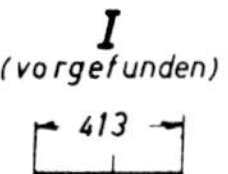

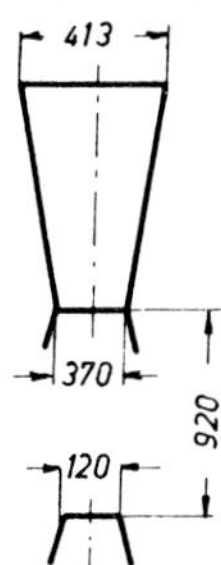

II
(nach DV 946/2 Anl. 1)

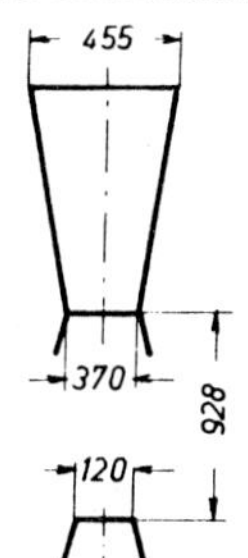

III

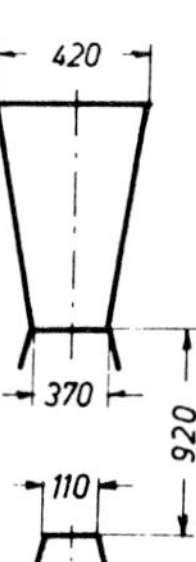

IV

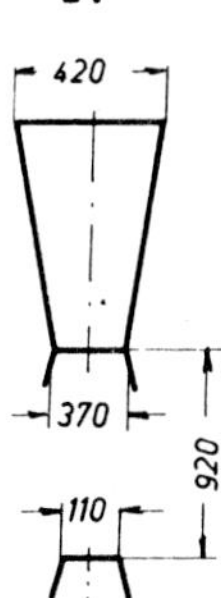

V

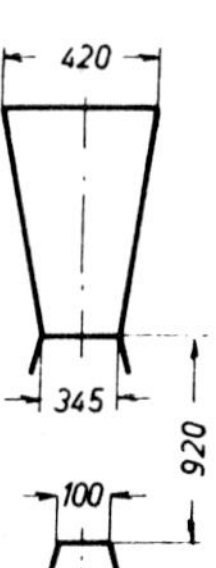

VI

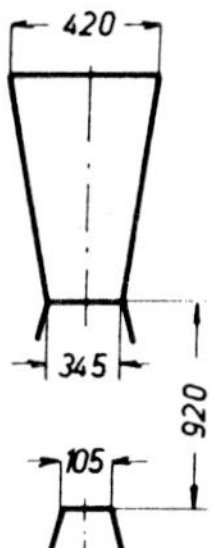

Bei allen Versuchsanordnungen mit Ausnahme von Bauzustand II waren im Aschkasten seitliche Luftklappen nach Anl. 6 angebracht

Flv. 50.263

Deutsche Bundesbahn Versuchsamt für Lok Minden (Westf.)	Lok 64 289 Untersuchung der Saugzuganlage Reihenfolge der Versuchsanordnungen.	Anl. 2 zu Bericht VLV / 51-Fldk/V-11/56	
		bearbeitet	28.3.56
		gezeichnet	29.3.56
		geprüft	29.3.56

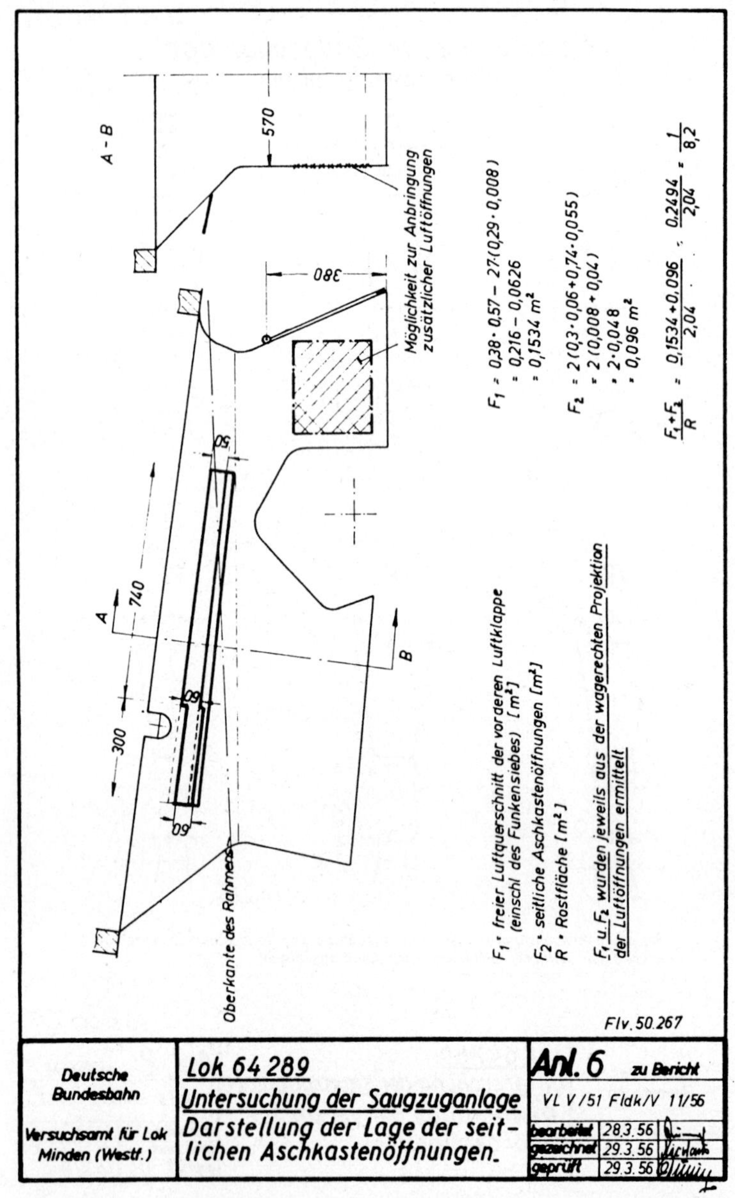
A - B
570
380
Möglichkeit zur Anbringung
zusätzlicher Luftöffnungen
740
300
50
60
60
A
B
Oberkante des Rahmens
F1 = 0,38 · 0,57 – 27·(0,29 · 0,008)
= 0,216 – 0,0626
= 0,1534 m²
F2 = 2(0,3·0,06+0,74·0,055)
= 2(0,008+0,04)
= 2·0,048
= 0,096 m²
(F1+F2)/R = (0,1534+0,096)/2,04 = 0,2494/2,04 = 1/8,2
F1 = freier Luftquerschnitt der vorderen Luftklappe
(einschl. des Funkensiebes) [m²]
F2 = seitliche Aschkastenöffnungen [m²]
R = Rostfläche [m²]
F1 u. F2 wurden jeweils aus der wagerechten Projektion
der Luftöffnungen ermittelt
Flv. 50.267
Deutsche Bundesbahn
Versuchsamt für Lok Minden (Westf.)
Lok 64 289
Untersuchung der Saugzuganlage
Darstellung der Lage der seitlichen Aschkastenöffnungen.
Anl. 6 zu Bericht
VL V/51 Fldk/V 11/56
bearbeitet 28.3.56
gezeichnet 29.3.56
geprüft 29.3.56

E. EINSATZGESCHICHTE

I. Rbd Altona (ED/BD Hamburg)

Die Baureihe 64 spielte in der Stadt Hamburg beziehungsweise in Schleswig-Holstein nie eine dominierende Rolle, da hier der Bestand 10 - 15 Maschinen nie überschritt.

1) Buchholz

In diesem kleinen Betriebswerk südlich Hamburgs waren überhaupt nur drei Maschinen der BR 64 beheimatet. Vom Bw Hamburg-Berliner Bahnhof kamen am 19.03.42 die 64 028 und 304 zum Bw Buchholz. Ihr Einsatz erfolgte vermutlich zwischen Hamburg-Harburg und Soltau. Im Herbst 1942 (6.10.42) wurden die Maschinen wieder zum Bw Hamburg Berl. Bf. zurückgegeben. Im Frühjahr 1959 veschlug es nochmals eine Maschine, die 64 410 für kurze Zeit nach Buchholz. Im März 1959 kam sie vom Bw Lübeck und wurde im Juli an das Bw Hamburg Eidelstedt weitergegeben.

2) Bw Flensburg

Das Bw erhielt aus Neulieferungen im Mai 1928 mit den 64 027 - 032 sechs Maschinen, die sogleich auf den Strecken Flensburg-Niebüll, Flensburg-Kiel und Flensburg-Lübeck-Schleswig eingesetzt wurden. Am 11.06.34 stießen noch die 64 303 und am 11.06.36 die 304 aus Neumünster zum Bestand; dafür gingen die 64 027 an das Bw Kiel und die 64 032 an das Bw Lübeck. Ab Januar 1940 wurden weitere Maschinen, nun an das Bw Hamburg Berl. Bf., abgegeben:

64 303 am 16.01.40
64 304 am 16.01.40
64 031 am 17.01.40
64 028 am 28.01.40
und 64 030 am 28.09.40

Damit ging beim Bw Flensburg nach nur 12 Jahren die Bubikopfzeit zu Ende.

3) Bw Hagenow-Land

Aus Neulieferungen erhielt das Bw am 1.03.34 die 64 299 und 300, die auf der Strecke nach Hollenbeck-Ratzeburg zum Einsatz kamen. Am 8.07.39 ging 64 299 zum Bw Rendsburg; vermutlich im gleichen Monat kam 64 300 zur Rbd Dresden, Bw Aussig. Nach 1945 gehörte das Bw zur Rbd Schwerin, weiter siehe dort.

4) Bw Hamburg-Altona

In Hamburg-Altona begann die 64er-Zeit erst nach dem Kriege und dürfte auch keine besondere Blüte erlebt haben, waren doch spätestens 1949 alle Maschinen wieder an andere Bw abgegeben:

64 031	von Bw Hmb.-Berl. Bf.	05.03.46-07.05.46	an Bw Lübeck
64 134	von Bw Braunschweig	03.03.46-24.08.46	an Bw Lübeck
64 304	von Bw Hmb.-Berl. Bf.	02.49-01.10.49	an Bw Finnentrop x)
64 446	von Bw Hmb.-Berl. Bf.	02.03.46-24.04.46	an Bw Lübeck
und	von Lübeck	17.02.49-19.09.49	an Bw Husurn x)

x) Lok war vor Umbeheimatung bis 24.01.50 zur L4-Hauptuntersuchung im PAW Henschel.

5) Bw Hamburg-Berliner Bf. (ab 1.05.51 Hamburg-Hbf.)

Im Januar 1940 erhielt das Bw seine ersten 64er:

64 028	von Bw Flensburg	04.02.40-18.03.42	ab Bw Buchholz
und	von Bw Buchholz	07.10.42-19.11.42	an Bw Rendsburg
64 029	von Bw Flensburg	34- 45	an Bw Heiligenhafen
64 030	von Bw Flensburg	29.09.40-13.02.47	an Bw Rendsburg
64 031	von Bw Flensburg	18.01.40-04.03.46	an Bw Hmb. Altona
und	von Bw Lübeck	18.12.55-31.01.56	an Bw Lübeck
64 158	von Bw Simbach	14.01.40-17.05.46	an Bw Lübeck
64 268	von Bw Rendsburg	08.40- 12.40	an Bw Rendsburg
64 299	von Bw Rendsburg	30.01.41-08.04.42	an Bw Rendsburg
64 303	von Bw Flensburg	01.40- 03.42	an Bw Buchholz
und	von Bw Buchholz	10.42- 01.46	an Bw Hmb. Rothenb.
und	von Bw Hmb. Rothenb.	03.46- 02.49	an Bw Hmb. Altona
64 304	von Bw Hmb. Berliner Bf.	03.46- 02.49	an Bw Hmb. Altona
64 359	von Bw Kaiserslautern	16.01.40-23.01.46	an Bw Hmb. Rothenb.
64 446	von Bw Radolfzell	19.01.40-08.04.42	an Bw Rendsburg
und	von Bw Rendsburg	20.11.42-01.03.46	an Bw Hmb. Altona
und	von Bw Lübeck	18.12.55-31.01.56	an Bw Lübeck

Der Einsatz erfolgte vor Personenzügen auf den Strecken nach Lübeck und Büchen.

6) Bw Hamburg-Eidelstedt

Erst Mitte der fünfziger Jahre stießen hier 64er zum Lokbestand. Am 9.11.56 kamen als erste die 64 031 und 084 vom Bw Lübeck, gefolgt von der 64 158 aus Rothenburgsort. Aus Itzehoe kam im Februar 1958 die 64 350, am 8. Juli 1958

gefolgt von den beiden letzten Husumer 64 100 und 160. Am 1.06.59 ergänzte die letzte Itzehoer 64 134 den Bestand. Am 28.01.60 bzw. 13.06.60 kamen schließlich auch noch die 64 446 und 131 aus Neumünster zum Bw Eidelstedt. Damit waren hier alle 64er der BD Hamburg zusammengefaßt.
Der Einsatz der Maschinen erfolgte nur in untergeordneten Diensten. Für einige Jahre ersetzten 64er Maschinen die BR 92 im schweren Abstoßbetrieb im Betriebsbahnhof Hamburg-Langenfelde. Dabei waren die Bubiköpfe bei den Personalen äußerst unbeliebt, waren sie doch auch für derartige Dienste nicht konzipiert. Die Lokführer bekamen die ständig zum Schleudern neigenden Maschinen nur schwer in Griff. Einen weiteren Fehlgriff im Einsatz der 64er waren die bedarfsweisen Leistungen vor Güterzügen in andere Stadtteile, ausgehend vom Verschiebebahnhof Eidelstedt. Unter diesen Bedingungen war es nicht verwunderlich, daß schon bald die ersten Maschinen abgestellt werden mußten. Eine Besonderheit war die Stellung einer 64 als AW-Verschublok im AW Glückstadt. Unter anderen wurde hier bevorzugt die 64 158 eingesetzt. Bemerkenswert ist auch die Tatsache, daß oft 64er an Privat- oder Anschlußbahnen ersatzweise ausgeliehen wurden. Bekannt sind Einsätze auf der AKN und bei den Alsen-Breitenburger Zementwerken in Itzehoe-Lägerdorf.

Am 12.09.60 gingen als erste die 63 134, 158 und 160 an das Bw Ulm. Am 21.02. 61 folgte ihnen die 64 350, während am 24.05.61 die 64 084 und am 24.07.61 die 64 031 nach Stuttgart abgegeben werden mußten. 64 410 wurde am 12.11.62 in Eidelstedt ausgemustert. Bis 1965 verblieben als letzte Hamburger 64er noch die 64 100, 131 und 446. Während die beiden erstgenannten im März 1965 noch als Z-Lok zum Bw Hamburg Harburg umbeheimatet wurden, aber in Buchholz abgestellt wurden, ging 64 446 noch zum Bw Rothenburgsort.

7) Bw Hamburg-Harburg

Das Bw beheimatete lediglich die beiden Z-Lok 64 100 und 131 vom März 1965 bis zu deren Ausmusterung am 3.06.65. Beide Maschinen waren in Buchholz hinterstellt.

8) Bw Hamburg-Rothenburgsort

Im Januar 1946 machte das Bw erstmals Bekanntschaft mit der BR 64. Vom Bw Hmb. Berliner Bf. kamen die 64 304 und 359, letztere als z-Lok. Bereits im März 1846 ging 64 304 zurück an das Bw Berliner Bf., während die 64 359 am 24.9.46 zur Abstellung an das Bw Lübeck ging.
Erst am 11. und 16.1.57 kamen mit den 64 158 bzw. 131 wieder 64er nach Rothenburgsort. Doch auch diese Gastspiele währten nur kurz. Am 11.2.57 entschwand 64 158 nach Eidelstedt; 64 131 wurde am 26.4.57 nach Lübeck abgegeben.

Für ein Jahr erhielt das Bw schließlich am 30.5.65 noch die letzte 64er der BD Hamburg, die 64 446. Am 30.4.66 endete mit der Abgabe der Lok zum Bw Plattling nicht nur die 64er-Zeit der BD Hamburg, sondern in Norddeutschland überhaupt.

9) Bw Hamburg-Wilhelmsburg

Auch hier gaben nur zwei 64er ein kurzes Intermezzo. Am 21.12.56 erhielt das Bw aus Lübeck die 64 131 und 158, die beide bereits am 15.bzw. 10.1.57 nach Rothenburgsort abgegeben wurden.

10) Bw Heide (Holstein)

Im April 1945 kam hier als Rückfahrlok aus Stralsund die 64 276 an, die fortan zusammen mit den ebenfalls in Heide beheimateten 24 025, 026, 029 und 044 auf der Strecke nach Neumünster eingesetzt worden sein soll. Im Sommerfahrplan 1946 wurde sie durch die 64 269 aus Rendsburg unterstützt, die vom 13.3.46 bis 2.8.46 hier beheimatet war und schließlich nach Lübeck abgegeben wurde. Die 64 276 ging am 9.9.49 zur L4-Hauptuntersuchung zum PAW Henschel und wurde danach zum Bw Finnentrop umbeheimatet.

11) Bw Heiligenhafen

Für den Verschub in den Fährbahnhöfen Großenbrode-Fähre und Großenbrode-Kai sowie die Beförderung kurzer Schnellzüge nach Lübeck erhielt das Bw im September 1943 erstmals Loks der BR 64. Am 5. und 18.9.43 kamen aus Schwerin als erste die 64 006 und 046, gefolgt am 3. und 14.10.43 von den 64 001 und 004. Am 28.7. und 18.9.44 kamen schließlich auch noch die 64 049 und 053 aus Schwerin. Im Mai fand man die Hamburger 64 029 ebenfalls in Heiligenhafen vor und behielt sie gleich im Bestand. Dafür konnte die 64 046 wegen schlechten Allgemeinzustands abgestellt werden.(Z am 2.5.45). Sie ging als Z-Lok zur Abstellung nach Lübeck.

Am 24.6.46 wurde als erste Maschine die 64 006 nach Lübeck abgegeben, dafür kam am 8.11.46 noch einmal mit der 64 446 eine neue Maschine an die Ostsee. Ab 1947 wurden alle Maschinen sukzessive abgegeben. Am 19.2.47 verließ 64 446 das Bw Richtung Hamburg-Berliner Bf., während alle anderen Maschinen zum Bw Lübeck gingen:

64 049	am 29.04.47
64 001, 004 und 053	am 25.02.48
64 029	am 15.07.49

64 158 als AW-Verschublok im AW Glückstadt, etwa 1959 aufgenommen.

Blick in das Bw Itzehoe mit 64 134, um 1956. Beide Fotos: Sammlung Gerd Neumann

Kurzfristig stationierte man nochmals eine 64 in Heiligenhafen. Vom 9.12.52 bis 25.10.53 weilte die 64 134 hier, ging dann aber wieder an das Bw Lübeck zurück.

21) Bw Husum

Was den Einsatzradius anbelangt, nahm das Bw Husum die Spitzenstellung aller 64er-Bws der BD Hamburg ein, waren doch für untergordnete Dienste genügend Maschinen der Baureihen 56 (56 201, 257, 391, 518) und 91 (91 1117, 1194, 1200, 1324, 1383, 1731) vorhanden. Die Maschinen wurden im Autoreisezugverkehr zwischen Niebüll und Westerland ebenso eingesetzt wie mit Leig-Einheiten auf den Strecken von Husum nach Heide/Büsum, Schleswig und Bad St. Peter-Ording. Am 24.1.50 erhielt das Bw mit den 64 446 und 491 die ersten Maschinen, denen im November 1951 aus Rendsburg die 64 350 und im Oktober 1953 die Hamburger 64 410 folgte. Am 9.8.54 gab man die 64 446 nach Lübeck ab, ihr folgte im Mai 1955 die 64 410. Ersatz kam aus Lübeck am 16.11.56 mit den 64 100 und 160. Die 64 350 ging im November 56 dafür nach Itzehoe. Als nächste Lok mußte die 64 491 ihren Dienst in Husum quittieren; sie fuhr am 12.5.57 an den Rhein zum Bw Neuß. Am 7.7.58 schließlich war auch in Husum Schluß: Die 64 100 und 160 gingen an das Bw Hamburg-Eidelstedt.

13) Bw Itzehoe

Hier waren nur zwei 64er stationiert: Im November 1956 kam als erste aus Husum die 64 350, der am 9.12.56 aus Lübeck die 64 134 folgte. Das Bw Itzehoe setzte seine Maschinen täglich mit P 2736/2737 zwischen Itzehoe und Elmshorn ein. Ebenso wurde die Strecke Itzehoe-Wrist mit 64ern bedient. Planmäßig wurde nur eine Maschine benötigt. Am 31.5.59 wurde die 64 134 nach Eidelstedt abgegeben, nachdem schon im Februar 58 die 64 350 dorthin umbeheimatet worden war.

14) Bw Kiel

Auch hier gaben die 64er nur nach dem Krieg ein kurzes Gastspiel, wobei ihr Einsatz auf die Strecke Kiel-Rendsburg beschränkt war. Am 17.5.52 kam hier mit 64 269 aus Rendburg die ersten 64er in Fahrt, gefolgt von der 64 301. Als Z-Lok hatte vom Mai 1945 bis 9.9.49 die 64 268 ihren Aufenthalt in Kiel, bis sie zur Generalreparatur zum PAW Henschel abgegeben wurde. 1953 tauchte hier auch noch aus Flensburg die 64 027 auf. Alle drei Maschinen gingen am 28. bzw. 31.8.53 an das Bw Wuppertal-Vohwinkel.

15) Bw Lübeck

Das Bw Lübeck war nach dem Krieg stets eine Hochburg der BR 64. Haupteinsatzgebiet waren die Strecken Lübeck-Travemünde/Niendorf nach Heiligenhafen/Großenbrode, wo die Maschinen wenigstens ihre Höchstgeschwindigkeit von 90 km/h voll ausfahren konnten. Bemerkenswert waren die Einsätze vor P3722/3725 auf der Strecke nach Büchen, sonst eine Domäne Flensburger und Lübecker P8.

Im einzelnen waren hier stationiert:

64 001	von Heiligenhafen	26.02.48-10.07.49	an PAW Henschel
64 004	von Heiligenhafen	26.02.48-09.09.49	an PAW Henschel
64 006	von Heiligenhafen	25.06.46-15.09.49	an PAW Henschel
64 029	von Heiligenhafen	16.07.49-19.07.49	an Bw Krefeld
64 031	von Hmb. Altona	08.05.46-12.08.55	an Bw Altenhundem
und	von Altenhundem	08.12.55-31.01.56	an Bw Hamburg Hbf
und	von Hamburg Hbf	02.02.56-08.11.56	an Bw Hmb. Eidelstedt
64 032	von Flensburg	46- 10.49	an ED Köln
64 046	von Königsberg/Pr.	26.12.41-18.12.42	an Bw Heiligenhafen
und	von Heiligenhafen	03.05.45-03.08.49	an PAW Henschel
64 049	von Heiligenhafen	30.04.47-30.08.49	an PAW Henschel
64 053	von Heiligenhafen	26.02.48-05.09.49	an PAW Henschel
64 063	von Naugard (Rf)	03.05.45-01.10.49	an PAW Henschel
64 084	von BD Hamburg	53-08.11.56	an Bw Hbm. Eidelstedt
64 100	von Bw Bestwig	18.10.56-15.11.56	an Bw Husum
64 131	von Braunschweig H	17.05.46-20.12.56	an Bw Hmb. Wilhelmsb.
und	von Rothenburgsort	27.04.57-30.01.58	an Bw Neumünster
64 134	von Hmb. Altona	25.08.46-08.12.52	an Bw Heiligenhafen
und	von Heiligenhafen	26.10.53-08.12.56	an Bw Itzehoe
64 158	von Hmb. Berliner Bf.	18.05.46-20.12.56	an Bw Hmb. Wilhelmsb.
64 160	von Wpt. Vohwinkel	18.10.46-16.11.56	an Bw Husum
64 269	von Heide	03.08.46-15.12.50	an AW Glückstadt
64 350	von Seesen	02.46- 09.49	an Bw Rendsburg
64 410	von Husum	05.55-14.08.55	an BD Wuppertal
und	von BD Wuppertal	08.12.55- 03.59	an Bw Buchholz
64 446	von Hmb. Altona	25.04.46-07.11.46	an Bw Heiligenhafen
und	von Husum	24.01.50-09.08.54	an Bw Altenhundem
und	von Altenhundem	08.12.55-17.12.55	an Bw Hamburg Hbf
und	von Hamburg Hbf	01.02.56-24.02.58	an Bw Neumünster

Einige Quellen lassen vermuten, daß alle Maschinen, die 1949 zur L4-Generalrepartur ins PAW Henschel überstellt wurden, buchmäßig auf „W" standen und daher nicht im Einsatz gewesen sein können.

16) Bw Neumünster

Aus Neulieferungen hatte das Bw im März 1934 die 64 303 - 304 erhalten und setzte die Maschinen auf den Strecken nach Heide und Bad Oldesloe ein. Am 10.6.34 wurde bereits die 64 303 an das Bw Flensburg abgegeben, gefolgt von der 64 304 im Juni 1936. 1941 verließ 64 302 als vorläufig letzte 64 das Bw und kam zum Bw Aussig in der Rbd Dresden.
Erst am 31.01.58 tauchte hier wieder mit der 64 131 eine Lok dieser BR auf, die vom 25.02.58 an durch die 64 446 unterstützt wurde. Beide Maschinen gingen am 28. bzw. 27.01.60 an das Bw Hmb. Eidelstedt.

17) Bw Rendsburg

Haupteinsatzstrecke der Rendsburger 64 war die Verbindungsbahn Husum-Erfede-Rendsburg-Kiel, wobei stets drei Maschinen täglich planmäßig benötigt wurden. Im einzelnen waren hier beheimatet:

64 028	von Hmb. Berliner Bf.	30.12.42-15.09.49	an ED Köln
64 030	von Hmb. Berliner Bf.	14.02.47-15,07.49	an ED Köln
64 160	von Rbd Augsburg	29-19.08.49	an ED Wuppertal
64 233z	von RAW Glückstadt	12.02.46-05.08.49	an PAW Henschel L4
64 268	Neulieferung	29.09.33- 08.40	an Bw Hmb. Berliner Bf.
und	von Hmb. Berliner Bf.	12.40- 05.45	an Bw Kiel
64 269	Neulieferung	12.10.33-12.03.46	an Bw Heide
und	von AW Glückstadt	25.01.51-16.05.52	an Bw Kiel
64 270	Neulieferung	19.10.33-31.08.49	an PAW Henschel
64 271	Neulieferung	26.10.33-31.08.49	an PAW Henschel
64 299	von Hagenow-Land	09.07.39-29.01.41	an Bw Hmb. Berliner Bf.
und	von Hmb. Berliner Bf.	09.04.42-12.09.49	an PAW Henschel
64 301	Neulieferung	03.34- 45	an Bw Kiel
64 303	von Hmb. Berliner Bf.	12.12.42-12.09.49	an Bw Siegen
64 350	von Lübeck	09.49- 10.51	an Bw Husum
64 446	von Hmb. Berliner Bf.	09.04.42-19.11.42	an Bw Hmb. Berliner Bf.

Auch hier dürften die an das PAW Henschel abgegebenen Maschinen nach dem Mai 1945 nicht in Betrieb gewesen sein.

II. Rbd / ED / BD Augsburg

1) Bw Augsburg

Schon aus den ersten Lieferungen erhielt das Bw Augsburg eine ganze Reihe Maschinen zugeteilt und konnte damit auf den meisten Nebenbahnen die Lokalbahnloks bayerischer Bauart im Reisezugverkehr ersetzen. Das Bw Augsburg hatte die Maschi-

Eine unbekannte Kemptener 64 mit Personenzug bei Immenstadt.
Aufnahme: Rbd Augsburg,Slg. Asmus

64 304 (Bw Augsburg) mit P2206 bei der Ausfahrt aus Krumbach, 28.8.60
Aufnahme: Rudolf Birzer

nen für die Strecken Dinkelscherben-Thannhausen, Gessertshausen-Markt Wald, Augsburg-Bobingen-Kaufering-Landsberg-Schongau, Augsburg-Mering-Geltendorf-Weilheim/Obb. und Augsburg-Aichach-Ingolstadt zu stellen. So verwundert es nicht, daß hier bis 1967 zahlreiche 64er beheimatet waren, die sich ab Mitte der 50er Jahre den Dienst vielfach aber mit Nördlinger V100 oder Kemptner bzw. Augsburger Schienenbussen teilen mußten:

64 074	von RAW Weiden	11.08.46-14.05.55	an Bw Neu Ulm
64 089	von PAW MAN	23.10.48-26.05.55	an Bw Neu Ulm
64 094	von PAW Henschel	14.01.50-18.05.55	an Bw Neu Ulm
64 143	von Bingerbrück	10.05.51-05.10.52	an Bw Nördlingen
und	von Nördlingen	17.05.53-13.06.60	an Bw Neu Ulm
64 151	Neulieferung	08.29- 10.33	an Bw Ingolstadt
64 152	Neulieferung	18.07.28- 33	an Bw Rosenheim
64 153	Neulieferung	30.09.28-16.05.35	an Bw Nördlingen
und	von Schongau	01.02.42-21.10.43	an Bw Bregenz
64 154	Neulieferung	06.08.28- 05.35	an Bw Nördlingen
64 155	Neulieferung	17.08.28- 05.35	an Bw Nördlingen
und	von Bregenz	06.43-13.06.60	an Bw Neu Ulm
64 156	Neulieferung	28- 05.35	an Bw Nördlingen
und	von Nördlingen	11.47-05.07.67	ausgemustert
64 157	Neulieferung	11.09.28-06.02.34	an Bw Nördlingen
und	von Schongau	30.01.42-01.7.64	ausgemustert
64 158	Neulieferung	12.09.28-08.03.32	an Bw Nördlingen
64 159	Neulieferung	25.10.48-10.02.32	an Bw Nördlingen
und	von Nördlingen	15.01.40-11.01.41	an Bw Bregenz
und	von Bregenz	11.06.43-18.01.50	an Bw Kempten
und	von Schongau	09.10.52-11.03.55	an Bw München Ost
64 160	Neulieferung	01.29- 40	an Rbd Hamburg
64 161	Neulieferung	13.01.29-03.11.48	an Bw Kempten
und	von Schongau	05.10.52-27.09.66	ausgemustert
64 204	Neulieferung	05.06.29-30.11.64	ausgemustert
64 205	Neulieferung	15.11.28-23.08.47	an Bw Kempten
und	von Neu Ulm	21.10.53-30.11.64	ausgemustert
64 206	Neulieferung	24.02.29-29.09.49	an Bw Kempten
und	von Neu Ulm	06.10.53-14.11.67	an Bw Weiden
64 217	von Landau/Pfalz	24.08.54-30.11.64	ausgemustert
64 218	von Nördlingen	18.05.53-30.11.64	ausgemustert
64 248	von Landau/Pfalz	06.02.53-14.11.67	an Bw Weiden
64 251	von Landau/Pfalz	30.08.54-30.11.64	ausgemustert
64 269	von Bestwig	09.05.56-17.08.57	an Bw Kempten
und	von Kempten	05.09.57-14.11.67	ausgemustert
64 346	von Nördlingen	09.66-24.02.67	ausgemustert
64 348	von Nördlingen	09.66-22.05.67	ausgemustert
64 360	von Kempten	27.02.54-01.06.56	an Bw Kempten
64 383	von Kempten	02.10.64-05.07.67	ausgemustert
64 386	Neulieferung	08.01.37-28.09..49	an Bw Kempten
64 387	Neulieferung	24.03.37- 04.08.49	an Bw Kempten

64 388	Neulieferung	24.03.37-04.08.49	an Bw Kempten
64 390	von Kempten	03.54- 06.56	an Bw Kempten
und	von Kempten	01.12.61-05.07.67	ausgemustert
64 432	von Kempten	05.62-14.11.67	ausgemustert
64 435	Neulieferung	24.03.38-10.05.50	an Bw Oberstdorf
und	von Kempten	10.09.64-05.05.67	ausgemustert
64 436	Neulieferung	11.03.38-04.11.45	an Bw Nördlingen
und	von Kempten	07.62-30.11.64	ausgemustert
64 452	von Kempten	27.02.54-04.10.55	an Bw Nördlingen
64 453	von Kempten	01.12.61-13.01.67	an Bw Plattling

2) Bw Bregenz

Während des zweiten Weltkrieges gehörte das Bw Bregenz zur Rbd Augsburg und erhielt aus Beständen der Rbd auch 64er. Als erste verschlug es die Augburger 64 159 hierher, wurde aber bereits am 10.6.43 zusammen mit der seit Januar 1942 ebenfalls in Bregenz stationierten Nördlinger 64 155 wieder an das Bw Augsburg zurückgegeben. Am 22.10.43 kam mit der 64 153 nochmals eine Lok dieser BR nach Bregenz, ging aber bereits wieder am 8.6.44 zum Bw Passau. Einsatzberichte liegen leider nicht vor; die Maschinen dürften im Überstellverkehr zwischen Bregenz und Lindau bzw. St. Margarethen eingesetzt worden sein.

3) Bw Kempten

Hier hielt der Bubikopf erst 1947 Einzug. Doch erst Ende der fünfziger Jahre kamen hier mehrere Maschinen zum Einsatz und ersetzten bayerische Lokalbahnloks. Das Einsatzgebiet erstreckte sich auf die Nebenbahnen Kempten–Reutte/Tirol, Memmingen-Legau und Türkheim-Markt Wald sowie auf die Hauptbahn Kempten-Memmingen-Buchloe. Um 1950 sollen 64er auch auf der Isnyer Strecke im Einsatz gewesen sein, wurden jedoch schon bald von Schienenbussen verdrängt. Im einzelnen waren in Kempten beheimatet:

64 159	von Augsburg	24.02.50-12.05.51	an Bw Schongau
und	von Schongau	24.06.51-12.08.51	an Bw Schongau
64 161	von Augsburg	04.11.48-21.05.51	an Bw Schongau
64 205	von Augsburg	24.08.47-06.09.51	an Bw Schongau
64 206	von Augsburg	30.09.49-16.05.51	an Bw Schongau
64 269	von Augsburg	18.09.57-04.09.57	an Bw Augsburg
64 304	von Schwerte	05.57-23.05.60	an Bw Neu Ulm
64 360	von Nördlingen	20.05.50-26.02.54	an Bw Augsburg
und	von Augsburg	02.06.56-25.05.60	an Bw Neu Ulm
64 382	von Neustadt/Wstr.	12.05.51-23.05.62	an Bw Aalen
64 383	von PAW Henschel	14.01.50-01.10.64	an Bw Augsburg
64 386	von Augsburg	29.09.49-24.01.62	an Bw Lindau
und	von Lindau	24.05.62-17.09.62	an Bw Friedrichshafen

64 387	von Augsburg	09.49-21.08.62	an Bw Aalen
64 388	von Augsburg	05.08.49-22.05.62	an Bw Aalen
64 390	von Nördlingen	05.50- 03.54	an Bw Augsburg
und	von Augsburg	06.56-30.11.61	an Bw Augsburg
64 392	von Friedrichshafen	11.05.51-31.05.62	an Bw Aalen
64 420	von Nördlingen	27.02.54-07.01.62	an Bw Heilbronn
64 432	von München Hbf.	22.06.60- 05.61	an Bw Augsburg
64 435	von Oberstdorf	01.04.51-09.09.64	an Bw Augsburg
64 436	von Oberstdorf	01.04.51- 03.62	an Bw Augsburg
64 452	von Ingolstadt	03.10.53-26.02.54	an Bw Augsburg
64 453	von München Hbf.	22.06.60-30.11.61	an Bw Augsburg
64 500	von München Hbf.	22.06.60-31.05. 62	an Bw Aalen

4) Bw Lindau

Vom 25.01.62 bis 23.05.62 weilte die 64 386 hier. Über den Grund der Stationierung können nur Mutmaßungen angestellt werden. Ein echter Bedarf für 64er hatte in Lindau auch nie bestanden. Der Verkehr Lindau-Friedrichshafen unterstand der BD Stuttgart; eingesetzt waren hier bis zu deren Ausmusterung Mitte 1962 Friedrichshafener T5, die dann durch die 64er ersetzt wurden. Auf der Gebirgsstrecke nach Oberstaufen-Kempten reichten ihre Vorräte nur knapp, außerdem standen hier ausreichend P8 und 50er zur Verfügung. Und selbst mit Überstellfahrten nach Lindau Hbf-Lindau Reutin konnte die 64 386 wohl keinen Stich machen, waren doch hier bereits neu gelieferte V60 im Einsatz.

5) Bw Neu Ulm

Dem „gerade noch" bayerischen Bw unterstand die Traktion auf den Nebenbahnen Senden-Weißenhorn und Günzburg-Krumbach-Mindelheim. Auf der Nebenbahn Kellmünz-Babenhausen standen bis zur Einstellung des Dampfbetriebs „Glaskästen" der Baureihe 98.3 im Dienst. Im einzelnen waren hier:

64 001	von Bestwig	09.05.56-31.12.60	an Bw Ulm
64 074	von Augsburg	15.05.55-31.12.60	an Bw Ulm
64 089	von Augsburg	27.05.55-31.12.60	an Bw Ulm
64 094	von Augsburg	19.05.55-31.12.60	an Bw Ulm
64 143	von Augsburg	13.06.60-31.12.60	an Bw Ulm
64 155	von Augsburg	14.06.60-31.12.60	an Bw Ulm
64 205	von Schongau	21.10.52-20.10.53	an Bw Augsburg
64 206	von Schongau	08.10.52-05.10.53	an Bw Augsburg
64 304	von Kempten	24.05.60-31.12.60	an Bw Ulm
64 360	von Kempten	26.05.60-31.12.60	an Bw Ulm
64 363	von München Hbf.	22.06.60-31.12.60	an Bw Ulm

6) Bw Nördlingen

Bereits 1932 tauchten beim Bw Nördlingen die ersten 64er auf und sollten dort bis zum Ende des Dampfbetriebs mehr oder weniger das Bild der Nördlinger Eisenbahn bestimmen. Neben den aus Augsburg übernommenen 64 153 bis 159 trafen fabrikneu 1935 noch die 64 346 bis 349 und bereits während des Krieges die 64 508 bis 510 in Nördlingen ein.
Die Maschinen fanden auf den von Nördlingen ausgehenden Strecken ein reichhaltiges Betätigungsfeld. Von den täglichen Leistungen im Personenzugverkehr auf den Strecken nach Donauwörth, Dombühl und Pleinfeld, ab 1955 auf auch nach Wemding sowie auf der Donautalbahn von Neuoffingen/Ulm bis Ingolstadt (Einsatz durch Bw-Außenstelle Donauwörth) reichten ihre Leistungen. Bemerkenswert ist der Einsatz vor dem saisonweise verkehrenden Touropa-Expreß zwischen Donauwörth und Ulm (mit Ulmer Lok weiter zum Bodensee). Nach Aufgabe des Personenverkehrs zwischen Monheim und Fünfstetten mit „Glaskästen" kamen bis zur Gesamteinstellung durch die DB die 64 auch mit dem täglichen Güterzug bis Monheim. Auch zwischen Mertingen und Wertingen oblag der BR 64 der Güterzugverkehr; der Reisezugverkehr wurde bereits zu Anfang der 50er Jahre auf Schienenbusse umgestellt. Herausragende Leistung war der sogenannte „Reichsstädt-Zug" zwischen Rothenburg/Tauber und Donauwörth, den die 64er von der Vorserien-VT95 übernehmen mußten, da diese weder in Kapazität noch im Komfort hinreichend befriedigten. Fallweise waren auch Schiebedienste von Nördlingen Richtung Aalen bis zum Bildwasentunnel bei Röttingen zu leisten, wenn hier aus Lastgründen die BR 50 nicht mehr ausreichte.
Von 1949 bis 1952 hatte das Bw Nördlingen 19 Lokomotiven der preußischen G8.1 (56.2-8) erhalten und mußte diese, während einige 64er zur Generalreparatur in den EAW/PAW weilten, in 64er-Plänen einsetzen. Interessanterweise kamen auf der Dombühler Strecke nun vermehrt G8.1 zum Einsatz, was den Lokmannschaften wegen der langen Rückwärtsfahrt im Winter viel Kummer bereitete; doch auch die verbliebenen 64er fuhren mit ihrer HG von 90 km/h auf der 60 km/h Strecke nach Dombühl, während auf der Gunzenhauser Strecke (HG 100 km/h) die klapprigen 56.2 sich mit 70 km/h abmühten und ständig zu Verspätung führten. Doch im Laufe des Jahres 1952 waren wieder genügend 64er überholt zurück, und die angestammten Leistungen konnten wieder angemessen gefahren werden. Bemerkenswert ist schließlich noch die Tatsache, daß drei 64 ihr Heimat-Bw Nördlingen nie verlassen haben: 64 349, 507 und 510 schieden 1964 bzw. 1966 (Ende des Dampfbetriebs) aus.
Erst im Oktober 1985 kam mit der 64 419 des Bayerischen Eisenbahnmuseums e.V. wieder eine Lok dieser Baureihe nach Nördlingen und wird nach Aufarbeitung bald wieder für Sondereinsätze zur Verfügung stehen.

Verzeichnis aller in Nördlingen beheimateten 64er:

64 089	von Plochingen (x)	20.09.47-01.03.48	an Bw PAW MAN
64 143	von Augsburg	06.10.52-16.05.53	an Bw Augsburg
64 153	von Augsburg	17.05.35-17.12.40	an Bw Schongau
64 154	von Augsburg	05.35- 45	an Bw Passau
64 155	von Augsburg	05.35- 01.42	an Bw Bregenz
64 156	von Augsburg	05.35- 47	an Bw Augsburg
64 157	von Augsburg	30.06.35-15.12.40	an Bw Schongau
64 158	von Augsburg	09.03.32-30.03.33	an Bw Rosenheim
64 159	von Augsburg	11.02.32-23.05.38	an Bw Augsburg
64 218	von Schongau	26.02.53-17.05.53	an Bw Augsburg
64 303	von Schwerte/R.	29.05.57-17.05.53	an Bw München Ost
64 346	Neulieferung	01.02.35- 09.66	an Bw Augsburg
64 347	Neulieferung	35- 45	an Bw Komotau
64 348	Neulieferung	01.02.35-30.11.64	an Bw Augsburg
64 349	Neulieferung	21.02.35-30.11.64	ausgemustert
64 360	von Hohenbudberg	08.11.47-19.05.50	an Bw Kempten
64 390	von Rbd Augsburg	03.48- 05.50	an Bw Kempten
64 420	von Mühldorf	06.11.53-26.02.54	an Bw Kempten
64 428	von Ingolstadt	02.10.53-11.01.62	ausgemustert
64 436	von Augsburg	05.11.45- 48	an Bw Oberstdorf
64 452	von Augsburg	05.10.55-30.11.64	ausgemustert
64 507	von Augsburg	06.06.43-27.09.66	ausgemustert
64 508	Neulieferung	15.12.40-07.04.45	an Bw Augsburg
und	von Augsburg	11.12.45-30.11.64	ausgemustert
64 509	Neulieferung	02.12.40- 09.66	an Bw Augsburg
64 510	Neulieferung	07.12.40-27.09.66	ausgemustert

(x) Lok dort nur abgestellt

7) Bw Oberstdorf

Am 11.5.50 erhielt das Bw mit der Augsburger 64 435 seine erste Maschine, gefolgt von der Nördlinger 64 436 im Oktober 1950. Zum 31.3.51 wurde das Bw aufgelöst und nur noch als Lokbahnhof des Bw Kempten weiter betrieben; beide Maschinen gingen daher in den Bestand des Bw Kempten über.
Der Einsatz der Maschinen erfolgte in dieser Zeit ausschließlich auf der Strecke Immenstadt-Oberstdorf.

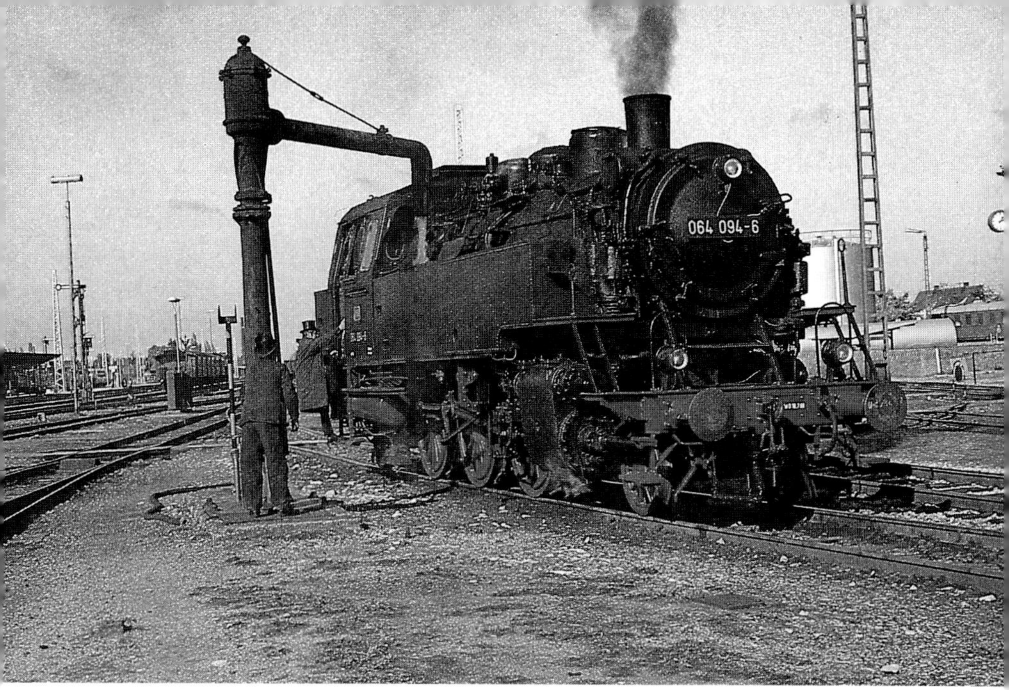

Mit der Tübinger 64 094 kam am 16.10.71 nochmals ein Bubikopf ins Bw Nördlingen, hier beim Wasserfassen aufgenommen von Walter Schier.

64 510 mit einem Güterzug auf dem Weg nach Wemding. Foto: Sammlung S.Lüdecke

8) Bw Schongau

Von 1940 bis 1942 und von 1951 bis 1953 waren hier 64er beheimatet, die auf den Strecken nach Kaufering, Kaufbeuren und Weilheim/Obb. im Personenverkehr zum Einsatz kamen.

64 153	von Nördlingen	18.12.40-31.01.42	an Bw Augburg
64 157	von Nördlingen	19.12.40-29.01.42	an Bw Augsburg
64 159	von Kempten	13.05.51-23.06.51	an Bw Kempten
und	von Kempten	13.08.51-30.08.52	an Bw Augsburg
64 161	von Kempten	22.05.51-04.10.52	an Bw Augsburg
64 205	von Kempten	07.09.51-20.10.52	an Bw Neu Ulm
64 206	von Kempten	17.05.51-07.10.52	an Bw Neu Ulm
64 218	von AW Weiden	23.09.51-25.02.53	an Bw Nördlingen

III. Rbd Berlin

1) Bw Basdorf

Mit Verstaatlichung der Niederbarnimer Eisenbahn und Übernahme deren Anlagen zum 1.1.1950 ging auch die Betriebswerkstadt Basdorf an die DR über, die hier zunächst mit den vorhandenen Maschinen der 1'C-Bauart in gewohnter Weise den Betrieb abwickelte. Im Laufe der 50er Jahre wurden die Privatbahnmaschinen in der ganzen DDR verstreut; Ersatz kam in Form der BR 64. Als erste traf in Basdorf die 64 354 aus Pasewalk ein. Ihr folgte im August 1954 die Pankower 64 490. Im Dezember 1957 schließlich gelangten noch aus Schöneweide die 64 330 und 477 nach Basdorf. Schon 1958 gelangte die 64 477 zum Bw Pankow. 64 354 wurde 1960 nach Oschersleben, die 64 490 1963 nach Brandenburg und die 64 330 nach Pankow abgegeben. 1964 wurde die Dienststelle aufgelöst und aus Einsatzstelle dem Bw Pankow unterstellt. Am Einsatzgebiet änderte sich jedoch bis etwa 1970 nichts.

2) Bw Berlin-Anhalter Bahnhof (Ahb)

Auch hier spielte die BR 64 keine große Rolle. Glücklicherweise haben einige Unterlagen aus dem Bw Ahb überlebt, so daß hier ein recht genaues Bild wiedergegeben werden kann.
Anfang 1945 kam mit der Breslauer 64 121 die erste Maschine zum Anhalter Bahnhof. Aus Zittau gesellten sich im Januar 45 noch die 64 166 und 403 dazu. Im Dezember 1945 schließlich wurde der Bestand nochmals aufgestockt: Aus Halberstadt kam die 64 137, die 64 185 aus Leipzig Hbf-Süd und aus Jüterbog die 64 475.

Über Streckenleistungen konnte nichts in Erfahrung gebracht werden; aus dem Wirtschaftsbericht der Rbd Berlin für den Monat Februar 1951 (42 M3 Büw vom 20.3.51) geht nur hervor, daß unter anderem der Kohleverbrauch bei der BR 64 erheblich über den Durchschnittswerten lag (dafür wurde das Bw Ahb auch entsprechend gescholten: „. . . dies ist ein Zeichen dafür, daß die von der Rbd angeordneten Maßnahmen noch nicht restlos durchgeführt wurden. . .“). Daraus läßt sich insgesamt schließen, daß die Loks wohl keine sehr grooßen Tageskilometerleistungen erbrachten und überwiegend „rund um den Kirchturm“ eingesetzt wurden. Mit Auflösung des Bw Ahb Ende 1952 kamen bis auf 64 121 (nach Brandenburg), 64 137 (Neuruppin) und 180 (Jerichow) alle anderen Loks zum Bw Schöneweide.

3) Bw Berlin-Grunewald (Gru)

1951 tauchte hier erstmals mit der 64 165 aus Leipzig eine Lok dieser BR auf, der im Januar 1953 die 64 483 des Bw Gesundbrunnen folgte. Während die 64 483 bereits zum Sommerfahrplan 1953 zum Bw Erkner umgesetzt wurde, blieb die 64 165 noch bis Juni 1957 in Grunewald. Über Einsätze ist auch hier nichts bekannt; eine Quelle spricht von einem Heizlokdasein im RAW Grunewald.

4) Bw Berlin-Gesundbrunnen (Gsd)

Erst aus den letzten Baulosen erhielt auch die Rbd Berlin Loks der BR 64, sieht man einmal von den kurzzeitigen Stationierungen beim LVA Grunewald ab. 1940 erhielt das Bw fabrikneu die 64 480 bis 484, die bis zur Auflösung der Dienststelle im Jahre 1952 hier blieben. Ab 1945 tauchten hier weitere 64er auf:

64 071	Februar	1945	Rückführlok aus Landsberg/Warthe
64 076	Februar	1945	Rückführlok aus Landsberg/Warthe
64 274	Juli	1945	aus Stralsund
64 319, 321, 322		1948	aus Leipzig-Bayerischer Bf.
64 330	Februar	1945	Rückführlok aus Schweidnitz
64 372	Februar	1945	Rückführlok aus Gleiwitz
64 462, 464	Oktober	1945	aus Zittau
64 514		12.07.1945	aus Zittau

Ihr Einsatzgebiet fanden die Maschinen im leichten Personenzugdienst auf der Strecke Berlin-Stettiner Bf. (Nordbahnhof) – Eberswalde sowie im Güterverkehr auf der nördlichen Ringbahn (Jungfernheide-Frankfurter Allee). Mit Aufgabe der Lokunterhaltung in den Westberliner Betriebswerken um 1952 (ausgenommen Grunewals und Tempelhof) zog man auch in Gesundbrunnen die 64er ab: Die 64 071, 188, 225, 274, 319, 321, und 322 gingen an das Bw Schöneweide, die

64 076, 480, 482 kamen zum Bw Erkner, 64 483 gab man nach Grunewald ab. Die 64 514 ging schon am 14.2.51 zum Bw Schwerin.
Rätsel gibt der Verbleib der 64 481 und 484 auf; am wahrscheinlichsten dürfte die Version sein, daß beide Maschinen bei den letzten Luftangriffen auf Berlin zerstört und ausgemustert wurden.

5) Bw Berlin-Lehrter Bf. (Leb)

Für den Betrieb der S-Bahnstrecken entlang der Fernbahn Lehrter Bf-Spandau-Staaken-Wustermark und Nauen erhielt das Bw Leb mit den 64 411, 443 und 477 drei Maschinen zugeteilt, die hier bis zur Aufgabe des Bw Leb zum Winterfahrplan 1951/52 eingesetzt waren. Gleichzeitig wurde auch der Lehrter Bahnhof stillgelegt. Die S-Bahn-Strecken Jungfernheide-Spandau Hbf und Spandau West-Staaken/Albrechtshof-Falkensee waren rechtzeitig am 28.8., 3.8. bzw. 30.7.51 auf elektrischen Betrieb umgestellt worden. Alle drei Maschinen wurden im September 1951 an die Bw Erkner, Neuruppin und Basdorf abgegeben.

6) Bw Berlin-Pankow

Erst Ende der fünfziger Jahre hielt die BR 64 in Pankow Einzug. Neben der Einsatzstelle Basdorf, bei der täglich 2 Maschinen benötigt wurden, hatte Pankow nur einige wenige leichte Expreßzüge innerhalb Berlins zu fahren, wofür die BR 64 gut geeignet schien. Zum 1.1.60 sah der Bestand wie folgt aus:
64 015, 119, 126, 165, 330, 331, 372, 406, 462, 477, 511.

Fünf Jahre später sah der Einsatzbestand so aus:
64 015, 164, 165, 171, 179, 185, 256, 317, 322, 330, 331, 369, 372, 412, 462, 477, 482, 511.

Zum 1.1.70 hatten sich die Reihen schon merklich gelichtet:

64 164z, 165z, 171, 179, 185, 256, 317, 323, 330, 353z, 373, 412z, 477z, 482z.

Damit standen dem Bw Pankow nur noch 8 Betriebslok zur Verfügung, die inzwischen nur noch durch die Einsatzstelle Basdorf verwendet wurden. Doch auch hier kam bald Ersatz in Form von Schienenbussen bzw. der V100. Am 1.1.74 waren nur noch die 64 317, 323, 330 und 373 einsatzfähig. Mit der 64 317 schied 1975 die letzte Maschine aus dem Betriebsdienst, nachdem die übrigen Ende September 74 bzw. Ende Mai 74 durch Vollverdieselung der Basdorfer Strecken überflüssig geworden waren.

7) Bw Berlin-Schöneweide (Sw)

Obwohl das Bw Schöneweide im wesentlichen nur eine Strecke mit 64er versorgen mußte, waren hier über längere Zeit größere Stückzahlen dieser Baureihe stationiert. Der Einsatz erfolgte im Prinzip nur durch die Einsatzstelle Königswusterhausen auf den Strecken nach Beeskow-Grunow und Mittenwalde-Töpchin/Zossen, wofür vier Planlokomotiven ausreichten. Eine weitere Lok stand im Bw Schöneweide als Dispatcher-Reserve und war vielfach auf dem Berliner Innenring nach Pankow im Einsatz. Im einzelnen waren in Schöneweide:

64 015	von CSD	45-	58	an Bw Pankow
64 071	von Gesundbrunnen	01.53-	73	augemustert
64 119	von Breslau (Rf)	01.45-	58	an Bw Pankow
64 123	von Breslau (Rf)	01.45-	54	an Bw Wittenberge
64 166	von Anhalter Bf.	01.53-	60	an Bw Frankfurt/O
und	von Frankfurt/O	07.68-	10.69	an Bw Wustermark
und	von Wustermark	03.72-	07.73	ausgemustert
64 169	von Jüterbog	06.60-	07.73	ausgemustert
64 183	von Leipzig Hbf Süd	01.53-	64	an Bw Neuruppin
64 186	von K.-M.-Stadt Hbf	12.55-	61	an Bw Rostock
64 187	von Erkner	12.55-	61	an Bw Kamenz
64 188	von Gesundbrunnen	01.53-	07.73	ausgemustert
64 193	von Leipzig By. Bf.	04.53-	04.57	an Bw Jüterbog
64 225	von Gesundbrunnen	01.53-	61	an Bw Wittstock
und	von Wittstock	03.64-	10.69	an Bw Halberstadt
64 257	von Niederhohne	05.45-	61	an Bw Dresden
64 274	von Gesundbrunnen	01.53-	03.72	ausgemustert
64 275	von Stralsund	12.44-	58	an Bw Jüterbog
und	von Jüterbog	02.69-	10.69	ausgemustert
64 278	von Frankfurt/O	07.61-	03.72	ausgemustert
64 308	von Ratibor (Rf)	01.45-	61	an Bw Halberstadt
64 313	von Pockau-Lengefeld	01.61-	07.61	an Bw Güsten
64 317	von Leizig By. Bf.	09.56-	10.61	an Bw Pankow
und	von Pankow	01.66-	07.70	an Bw Pankow
64 319	von Gesundbrunnen	01.53-	09.74	ausgemustert
64 321	von Gesundbrunnen	01.53-	07.73	ausgemustert
64 322	von Gesundbrunnen	01.53-	10.61	an Bw Pankow
64 323	von Leipzig By. Bf.	07.54-	63	an Bw Pankow
64 330	von Gesundbrunnen	01.53-	12.57	an Bw Basdorf
64 331	von Breslau Hbf (Rf)	02.45-	64	an Bw Pankow
64 333z	von Breslau Hbf (Rf)	01.45-	49	ausgemustert
64 353	von Stralsund	01.53-	64	an Bw Pankow
64 369	von PKP	12.45-	64	an Bw Pankow
64 373	von Potsdam	10.61-	69	an Bw Pankow
und	von Pankow	03.72-	03.73	an Bw Pankow
64 380	von K.-M.-Stadt Hbf	01.53-	04.53	an Bw Kamenz
64 403	von Anhalter Bf.	01.53-	08.70	an Bw Salzwedel
64 405	von Erkner	04.55-	74	ausgemustert

64 454	von Stettin G	01.45-	01.53	an Bw Brandenburg
64 455	von Zwickau	05.45-	01.53	an Bw Brandenburg
64 456	von Gleiwitz (Rf)	01.45-	07.70	ausgemustert
64 464	von Jüterbog	10.61-	05.66	an Bw Jüterbog
und	von Jüterbog	07.68-	10.69	an Bw Neuruppin
64 475	von Anhalter Bf.	01.53-	12.55	an Bw Kamenz
64 476	von Brandenburg	04.53-	08.61	an Bw Jerichow
64 477	von Lehrter Bf.	09.51-	12.57	an Bw Basdorf
64 483	von Frankfurt/O	05.70-	09.74	ausgemustert
64 485	von Löbau	12.45-	07.66	an Bw Neuruppin

8) Bw Brandenburg

Für den Betrieb auf der ehemaligen Städtebahn erhielt das Bw Brandenburg als Ersatz für ausgemusterte Privatbahndampfloks und Triebwagen folgende Lokomotiven zugeteilt:

64 034	von Jerichow	01.10.69-	05.71	an Bw Salzwedel
64 121	von Bln. Ahb	01.53-	04.56	an Bw Oschersleben
64 182	von Dessau	09.62-	67	an Bw Halberstadt
64 313	von Güsten	05.70-	05.71	an Bw Jerichow
64 430	von Dessau	09.62-	04.64	an Bw Dessau
64 454	von Schöneweide	01.53-	61	an Bw Rostock
und	von Jerichow	05.70-	09.70	an Bw Jerichow
64 476	von Altenburg	01.53-	05.69	an Bw Halberstadt
64 490	von Basdorf	08.59-	05.69	an Bw Halberstadt
64 514	von Dessau	28.11.62-	04.03.64	an Bw Jerichow
64 6576	von BFtB	01.01.50-	10.58	an Bw Pankow[x)]

6) Bw Erkner

Für den Betrieb des S-Bahn-Anschlußverkehrs Richtung Frankfurt/Oder erhielt das Bw Erkner im Januar 1953 aus zahlreichen Bw 64er zugeteilt, denen sich im September 1953 noch die Grunewalder 64 483 anschloß. Seit September 1951 war hier als einzige 64er die 64 411 beheimatet. Zum 1.1.54 sah der Bestand wie folgt aus:

64 076, 126, 164, 179, 187, 210, 256, 263, 273, 278, 280, 405, 411, 430, 480, 482, 483.

1954 gab man die 64 278 an das Bw Frankfurt/Oder ab. Im April 1955 folgten dann weitere Abgaben: 64 164 (Hoyersweda), 405 (Schöneweide), 430 (Wittenberge), und 480 (Kamenz). Im Mai 1955 verabschiedeten sich 64 256 nach Pankow und 64 263 nach Neuruppin, gefolgt im Dezember von 64 187 (Schöneweide), 210 (Kamenz) und 280 (Frankfurt/Oder).
Zum 1.1.60 sah der Bestand wie folgt aus: 64 076, 179, 273. 411, 482, 483.

Zum Winterfahrplan 1961/62 gab man den 64er-Einsatz in Erkner auf; die 64 179 und 482 kamen zum Bw Pankow, die übrigen nach Frankfurt/Oder.

7) Bw Jerichow

Das Bw gehörte bis 1945 zur Rbd Berlin, beheimatete bis dahin aber keine Loks der BR 64; siehe daher unter Rbd Magdeburg.

8) Bw Potsdam

Für den Betrieb auf den nicht elektrifizierten S-Bahnanschlußstrecken erhielt das Bw Potsdam 1950 zwei Maschinen (64 373 aus Chemnitz Hbf und 64 405 aus Löbau). Im Januar 1953 wurde 64 405 gegen die 64 478 aus Altenburg getauscht; 64 405 kam zum Bw Erkner. Nach Unterbrechung der Bahnlinien durch den Mauerbau im August 1961 entfiel auch die Notwendigkeit des Anschlußverkehrs, so daß beide Maschinen im Oktober 61 nach Schöneweide bzw. Wittstock/Dosse abgegeben werden konnten.

9) Bw Wustermark

Die Beheimatungen für dieses Bw können nur relativ ungenau nachgewiesen werden. Im Januar 1953 waren hier die 64 315 und 404 beheimatet und wohl auf den Strecken nach Staaken und Nauen eingesetzt. Um 1955 wurde die 64 404 gegen die Kamenzer 64 475 getauscht, Im Oktober 1961 endete auch hier wegen der Umstrukturierung der Verkehrsströme infolge des Mauerbaus der 64er-Betrieb. Die 64 315 kam zum Bw Neuruppin, wohingegen die 64 475 nach Kamenz zurückkehrte.
Um 1970 soll die Schöneweider 64 166 hier beheimatet gewesen sein; vermutlich handelt es sich dabei aber nur um eine leihweise Abgabe. Betriebseinsätze sind nicht bekannt geworden.

---

x) Bei der 64 6576 handelt es sich um die ehemaalige 64 511; ab 1957 erhielt die Lok wieder ihre urprüngliche Nummer 64 511 zurück. Siehe auch unter Kapitel „Privatbahnen".

IV. Rbd Breslau

1) Bw Breslau Hbf.

Aus Neulieferungen erhielt das Bw 1928 die 64 119-123, 130 und 1934 die 64 327, 328, 331 bis 333. Der Einsatz erfolgte zusammen mit den Maschinen des Bw Schweidnitz auf der Strecke Breslau-Koberwitz-Schweidnitz-Bad Charlottenbrunn und auf der Zweigstrecke Rößlingen-Gnadenfrei, sowie auf der in Heinersdorf abzweigenden Kursbuchstrecke 125 g über Strehlen nach Grottkau. Die 64 130 ging bereits am 28.11.28 an das Bw Glatz, kam am 21.2.30 aus Oels zurück nach Breslau und wurde schließlich zum 17.11.31 erneut, diesmal nach Nordhausen abgegeben. Die übrigen Maschinen blieben bis Ende 1944 in Breslau und wurden dann Stück für Stück Richtung Westen rückgeführt. Während die 64 119, 121, 123, 331 und 333 in Berlin-Schöneweide Anfang 1945 auftauchten, blieben die 64 120, 122, 327 vermutlich im Raum Rumburg als Rückführlok hängen und kamen so zur CSD. Die 64 332 fand sich bei Kriegsende auf polnischem Boden wieder und gelangte so zur PKP.

2) Bw Glatz

Nur kurze Zeit war hier mit der 64 130 ein Bubikopf beheimatet. Am 29.11.28 kam die Lok aus Breslau und wurde bereits am 29.5.29 nach Oels abgegeben. Einsätze könnten auf den Strecken Glatz-Bad Kudowa bzw. Rengersdorf-Seitenberg erfolgt sein.

3) Bw Oels

Am 30.5.29 wurde die 64 130 hier beheimatet und blieb bis zur Rückkehr nach Breslau am 20.2.30. Auch hier kann über Einsätze nur gemutmaßt werden; möglich scheinen Planleistungen auf der Strecke nach Groß Wartenberg.

4) Bw Schweidnitz

Aus Neulieferungen erhielt das Bw 1934 die 64 324-326 und 329, 330. 1943 kam noch die Breslauer 64 328 hinzu. Wiederum aus Neulieferung erhöhte sich der Bestand 1941 um die 64 516 und 517. Von den Schweidnitzer Loks gelangte nur eine Maschine, die 64 330 gen Westen und tauchte im Februar 1945 beim Bw Berlin-Gesundbrunnen auf. 64 324, 516 und 517 kamen zur PKP; die 64 325, 326 und 328 blieben auf dem Weg nach Westen als Rückführlok in der Tschechei hängen und gingen an die CSD.
Zusammen mit den Breslauer 64ern kamen die Schweidnitzer Maschinen ebenfalls nach Bad Charlottenbrunn. Darüber hinaus war stets eine Lok auf der Strecke Reichenbach (Eulengebirge)-Langenbielau im Einsatz.

5) Bw Görlitz

Mit der 64 485 erhielt das Bw Görlitz eine neue Maschine, die auf der Strecke nach Seidenbach im Einsatz gewesen sein könnte. Bei Kriegsende wurde die Maschine in Löbau aufgefunden und ab Mai 1945 dort auch als Betriebslok geführt. Bei Neuordnung der Direktionsbezirke in der sowjetischen Besatzungszone wurde das Bw Görlitz der Rbd Cottbus zugeschlagen; weiter siehe daher dort.

V. Rbd Cottbus

Die Rbd Cottbus entstand 1945 neu aus Teilen der Rbd Osten, Halle und Dresden.

1) Bw Görlitz

Nach der Neuzuteilung der 64 485 und deren Abgabe 1945 nach Löbau waren hier bis 1972 keine Maschinen der BR 64 beheimatet. Im März 1972 kam aus Glauchau die 64 315, die hier bis zu ihrer Ausmusterung im gleichen Jahr noch als Heizlok eingesetzt wurde.

2) Bw Hoyerswerda

Im April 1955 erhielt das Bw aus Erkner die 64 164 und setzte sie zusammen mit der BR 38.2 des Bw Bautzen auf der Strecke nach Bautzen ein. Nach anderer Quelle soll sie vorwiegend Werkspersonenzüge auf der Anschlußbahn zum Kombinat „Schwarze Pumpe" gefahren haben. 1964 wurde die Lok wieder nach Berlin zum Bw Pankow umgesetzt.

VI. Rbd

VI. Rbd Dresden

1) Bw Annaberg-Buchholz

Nur kurze Zeit währten die Einsätze von dieser Dienststelle aus: Am 1.8.41 kam mit der 64 194 aus Chemnitz die erste Maschine, wurde aber bereits am 20.02.42 an das Bw Rochlitz weitergegeben. Am 2.1.43 kam die Lok aus Aue zurück nach Annaberg und blieb hier bis 29.10.43. Danach verlieren sich ihre Spuren; die Lok tauchte im März 1945 im Z-Bestand des Bw Holzwickede auf. Eine zweite Lok kam 1943 mit der 64 197, vermutlich die Ablösung für die 64 194. Mitte 1945 wurde auch diese Lok ersetzt; für sie kam die 64 404 vom Bw Chemnitz Hbf. 1953 endete der 64er-Einsatz in Annaberg; die 64 404 ging an das Bw Wustermark. Einsätze dürften auf der Strecke Schlettau-Crottendorf erfolgt sein.

2) Bw Aue

Hier hielt mit der 64 194 aus Rochlitz am 20.12.42 die erste und gleichzeitig letzte 64 Einzug. Am 1.1.43 wurde sie bereits nach Annaberg abgegeben.

3) Bw Bad Schandau

Für die Bespannung der Personenzüge auf der Strecke nach Sebnitz erhielt das Bw aus Zittau am 17.11.28 die 64 194, die bis zu ihrer Rückkehr nach Zittau am 22.10.34 hier blieb.

4) Bw Bautzen

Erst zum Sommerfahrplan 1957 kamen 64er nach Bautzen. Aus Kamenz war dies die 64 197, aus Altenburg kam die 64 479. Die Maschinen befuhren die Strecke nach Wilthen. 1959 ging die 64 197 nach Oschersleben; ihr folgte ein Jahr später auch die 64 479, die nach Kamenz umgesetzt wurde. 1962 kam mit der 64 515 aus Wittenberge nochmals eine 64er, die aber schon im Dezember 1962 nach Nordhausen abgegeben wurde.

5) Bw Bodenbach

Das auf tschechischem Gebiet liegende Bw wurde für die Bespannung der Züge Richtung Reichsgebiet unterhalten. 1936 kamen mit den 64 166-168 und 195 vier Maschinen zur Dienststelle. Während die 64 167 und 195 in der Tschechei verblieben und zur CSD kamen, war die 64 166 noch 1944 nach Zittau umbeheimatet worden. Die 64 168 stand im Mai 1945 in Pockau-Lengefeld.

6) Bw Chemnitz (ab 1950 Karl-Marx-Stadt)

Chemnitz hatte mit der 64 169 1928 eine erste 64er aus Neulieferung erhalten. 1936 kamen mit den 64 380, 381, 403-409 sowie 1937 mit den 64 443 und 444 weitere Neubauloks hinzu. Einsatzgebiet waren die Strecken über Wechselburg nach Rochlitz sowie Niederwiesa-Roßwein. Anfang 1945 wurde der Lokbestand in alle Winde verstreut; 64 169 fand sich in Pockau-Lengefeld, 64 403 in Zittau, 64 404 in Annaberg, 64 405 in Löbau, 64 406 in Falkenberg und die 409, 443 und 444 in Zwickau. Ersatz kam im Juli 1945 mit anderen Maschinen der Rbd Dresden: 64 186, 188, 263, 278, 373. Die Chemnitzer 64 281, 381 und 407 wurden in die

UdSSR verschleppt, die 64 408 kam zur CSD. Erwähnenswert ist noch der kurze Aufenthalt der 64 194 vom 23.4.39 bis 31.07.41. 1953 gab man die 64 263 und 278 nach Erkner sowie die 64 380 nach Schöneweide ab, der schließlich als letzte auch noch die 64 186 1955 folgte.

7) Bw Glauchau

Im Juli bzw. September 1933 erhielt das Bw mit den 64 278-280 erstmals 64er, die aber bis spätestens 1945 an andere Dienststellen abgegeben worden waren. Erst zum Winterfahrplan 1970 wurde mit den 64 119 und 476 (aus Halberstadt), 64 398 und 444 (aus Haldensleben) sowie der Salzwedeler 64 401 ein neuer Bestand aufgebaut. Während die 64 119, 398 und 476 hier im Oktober 1971 ihr Leben aushauchten, kamen die 64 401 und 444 nochmals zurück zum Bw Salzwedel.

8) Bw Komotau

Für den Betrieb auf den Strecken nach Reitzenhain und Weipert bekam das Bw Komotau in den letzten Kriegsjahren auch Loks der BR 64, nachdem kurzzeitig schon einmal die Regensburger 64 238 vom 8.10.38 bis 10.12.38 hier weilte. 1943 kam mit der Braunschweiger 64 140 die erste Lok, gefolgt von der Nürnberger 64 094, die jedoch schon am 10.10.44 nach Nürnberg Hbf zurückgegeben wurde. Im März 1945 tauchten hier entgegen der allgemeinen Rückführbewegung nach Westen die Nürnberger 64 285 und die Nördlinger 64 347 auf. 64 140, 285 und 347 verblieben bei Kriegsende der CSD.

9) Bw Löbau

1945 kamen mit den 64 405 und 485 erstmals 64 zum Einsatz. Schon im Dezember 1945 wurde die 64 485 nach Schöneweide abgegeben, während die 405 1950 beim Bw Potsdam auftaucht. Im August 1958 war hier mit der 64 399 aus Hagenow-Land nochmals für drei Jahre eine 64er eingesetzt, die 1960 schließlich an das Bw Kamenz abgegeben wurde.

10) Bw Pirna

Als Rückführlok blieb hier im März 1945 die Breslauer 64 125 hängen. Im Mai 45 wurde sie von russischen Truppen „beschlagnahmt" und in die Sowjetunion verschleppt. Die seit 1934 aus Neulieferung vorhandene 64 313 war Stammlok auf der Strecke Pirna-Gottleuba. 1945 wurde sie an das Bw Pockau-Lengefeld abgegeben.

11) Bw Pockau-Lengefeld

Bei Kriegsende waren im Mai 1945 beim Bw Pockau-Lengefeld folgende Maschinen vorhanden, die alle erst in den letzten Kriegstagen hierher gekommen waren: 64 085 (aus Rbd Hannover), 168, 169, 170, 171, 280, 313. 64 085 und 170 verschwanden noch im selben Jahr in die UdSSR. Die übrigen Maschinen wurden auf den Nebenbahnen nach Marienberg-Reitzhain, Olbernhau-Neuhausen und Flöha eingesetzt. Im Januar 1953 wurden die 64 169 nach Jüterbog und die 64 280 nach Glauchau abgegeben. Im Januar 1961 ging die 64 313 nach Schöneweide, gefolgt von 64 171 im März 1962 nach Pankow und 64 168 1963 nach Jerichow.

12) Bw Reichenbach (Vogtl)

Fabrikneu traf hier 1928 die 64 165 ein, wurde aber bereits 1930 nach Leipzig Hbf Süd weitergegeben. Im Mai 1945 fand man hier die Münsteraner 64 201 auf, die jedoch zunächst nicht betriebsfähig war. Um 1949 erhielt die Lok eine Hauptuntersuchung und wurde bis zur Umbeheimatung nach Wittstock/Dosse im Januar 1953 vom Lokbahnhof Neumark auf der Strecke nach Greiz eingesetzt.

13) Bw Rochlitz

Hier war für kurze Zeit vom 21.2.42 bis 19.12.42 die 64 194 beheimatet, bevor sie nach Aue abgegeben wurde. Angeblich befuhr die Lok von der Einsatzstelle Wechselburg aus die Nebenbahn nach Chemnitz.

14) Bw Rumburg

Im Dezember 1942 erhielt das Bw von der Rbd Münster die 64 003 und 198 und setzte sie auf der Strecke über Ebersdorf nach Görlitz ein. 1943 kam aus Chemnitz die 64 408 dazu, die aber im Januar 1944 bereits zum Bw Zwickau gehörte. Die beiden erstgenannten Loks wurden von der CSD im Mai 1945 in Rumburg übernommen.

15) Bw Tetschen

Das Bw, das nach der Besetzung der Tschechoslowakei durch die DRG übernommen wurde, erhielt im Oktober 1938 aus Stettin die 64 222. Der Einsatz dürfte gemeinsam mit den Bodenbacher Maschinen Richtung Bad Schandau erfolgt sein. Im März 1945 blieb die Maschine auf dem Weg Richtung Westen bei Komotau hängen, kam zur CSD und wurde wenig später an die Sowjetunion abgegeben.

16) Bw Werdau

Aus Neulieferungen erhielt das Bw 1928 die 64 163 und 164. Während sich die Spuren der 64 163 in der Tschechei verlieren, wurde die 64 164 erst im Januar 1953 an das Bw Erkner abgegeben. Die 1935 von Leipzig Hbf Süd zugeteilte 64 189 blieb bis zur Umbeheimatung nach Kamenz im Jahre 1955 in Werdau. Einsätze könnten auf der Strecke nach Wünschendorf-Weida erfolgt sein.

17) Bw Zittau

Folgende Maschinen waren in Zittau beheimatet und vorwiegend auf der Strecke über Varnsdorf nach Eibau im Einsatz:

64 166	von Bodenbach	05.45-	12.45	an Bw Anhalter Bf.
64 188	Neulieferung	28-	31	an Bw Chemnitz
64 192	Neulieferung	28-	05.45	an CSD
64 193	Neulieferung	28-	43	an Bw Leipzig By. Bf.
64 194	Neulieferung	23.08.28-	10.11.28	an Bw Bad Schandau
und	von Bad Schandau	23.10.34-	22.04.39	an Bw Chemnitz H
64 364	von Rbd Regensburg	07.45-	55	an Bw Wittenberge
64 403	von Chemnitz Hbf	05.45-	02.53	an Bw Schöneweide
64 430	von Kirchenlaibach	05.45-	01.53	an Bw Erkner
64 462	Neulieferung	40-	05.45	an Bw Gesundbrunnen
64 463	Neulieferung	40-	05.45	an CSD
64 464	Neulieferung	40-	05.45	an Bw Gesundbrunnen
64 514	Neulieferung	04.11.40-	10.07.47	an Bw Gesundbrunnen
64 515	Neulieferung	40-	05.45	an Bw Wittenberge

18) Bw Zwickau

In Zwickau erstreckte sich der Einsatz der 64er über einen Zeitraum von 1933 bis 1970:

64 173	Neulieferung	33-	36	an Bw Leipzig Hbf Süd
64 211	von Stralsund	15.08.69-	18.02.70	an Bw Nordhausen
64 279	von Glauchau	36-	05.45	anUdSSR
64 281	Neulieferung	33-	36	an Bw Chemnitz Hbf
64 282	Neulieferung	12.33-	05.45	an Bw Jerichow
64 379	Neulieferung	08.36-	05.45	an CSD
64 404	von Neuruppin	12.69-	71	ausgemustert
64 408	von Rumburg	43-	05.45	an CSD
64 409	von Chemnitz Hbf	05.45-	55	an Bw Wittenberge
64 443	von Chemnitz Hbf	40-	05.45	an Bw Lehrter Bf.
64 444	von Chemnitz Hbf	05.45-	61	an Bw Rostock
64 455	Neulieferung	37-	05.45	an Bw Schöneweide
64 514	von Halberstadt	20.08.69-	30.07.70	an Bw Nordhausen

VII. Rbd Erfurt

1) Bw Nordhausen (bis 1945 siehe Rbd Kassel)

Nach Kriegsende konnte das Bw Nordhausen auf Maschinen der BR verzichten. Im Januar 1963 kam mit der Bautzener 64 515 erstmals wieder eine 64er nach Nordhausen. Erst 1969, zu einer Zeit also, zu der auch in der DDR die große Zeit der 64 schon längst vorüber war, bekam Nordhausen mit den 64 111 (aus Waren/Müritz), 126 (aus Jerichow), 146 (aus Kamenz), 173 (aus Rostock), 406 (aus Pankow), 473 und 479 (aus Kamenz) im Juli 1969, 64 369 (Pankow) und 399 (Kamenz) im Oktober 1969 sowie 64 208, 211 und 514 (aus Zwickau) im Januar 1970 nochmals eine größere Zahl dieser Maschinen zugeteilt. Im März 1972 kam aus Jerichow noch die 64 175, die wie die meisten anderen genannten Loks ihre Laufbahn in Nordhausen beendeten. Lediglich den 64 146, 173 und 211 war noch kurze Zeit ein längeres Leben beschieden. Die beiden erstgenannten gingen im Oktober 1970 zum Bw Salzwedel, während die 211 zum Bw Magdeburg Hbf umbeheimatet wurde. 1973 wurde als letzte Nordhausener Lok die 64 369 ausgemustert.

VIII. Rbd Essen

1) Bw Holzwickede

Die BR 64 spielte bei der Rbd Essen nur vor dem Krieg eine, wenn auch nur untergeordnete Rolle. Aus Erstlieferungen erhielt das Bw Holzwickede die 64 096 bis 100, 234, 382 und 383. Bemerkenswert war hier besonders die mit Metcalfe-Friedmann-Abdampfinjektor ausgerüstete 64 234.
Als erste Lok wurde die 64 100 am 14.07.28 nach Schwerte abgegeben, kam aber bereits am 3.9.28 zurück, um schließlich am 16.12.32 nach Ottbergen umzuziehen. Die übrigen Maschinen mit Ausnahme der 64 096 und 194, die im Mai 1945 aus Annaberg-Buchholz (Sachsen) hier aufgetaucht war, wurden geschlossen zum Sommer 1943 (15.5.43) an das Bw Alzey überstellt.
64 096 und 194 waren beschädigt und standen bis zur Generalreparatur (am 2.9.49 zum PAW Henschel) abgestellt.
Der Einsatz dürfte mit großer Wahrscheinlichkeit ausschließlich auf der Kursbuchstrecke 216 a/202 Dortmund-Holzwickede-Unna erfolgt sein.

IX. Rbd/ED/BD Frankfurt

1) Bw Altenkirchen

Nach Kriegsende war die ehemalige Limburger 64 448 vom 12.9.45 bis zum 15.12.45 den Bw Altenkirchen zugeteilt.

2) Bw Bebra

Aus Neulieferungen erhielt das Bw 1934 die 64 291 bis 296 und 1940/41 die 64 494 bis 496. Am 1.12.36 wurde der Bestand um die 64 367 aus Frankfurt/M 1 ergänzt. Hervorzuheben ist hier besonders die 64 293, die mit Ventilsteuerung Bauart Esslingen ausgerüstet war und deshalb häufig zu Meßfahrten unterwegs war. Gleiches gilt für die 64 294, die vergleichshalber mit der 64 293 untersucht worden war. Für die Zeit vom 5.8.34 bis 18.09.34 ist die Abgabe der 64 293 nach Grunewald LVA nachgewiesen.
Planeinsätze erfolgten auf der Strecke (Bebra-)-Hersfeld-Niederaula-Treysa/Alsfeld/ Bad Salzschlirf.
Am 30.11.36 wurde die 64 293 an das Bw Frankfurt/M 1 abgegeben; ihr folgten am 14.8.40 die 64 295 und 296 nach Frankfurt-3 sowie die 64 367 am 24.8.40 nach Frankfurt-1.
Zum Sommerfahrplan 1947 wurde der Bestand aufgelöst; 64 494 und 496 kamen am 8.5. bzw. 29.4.47 nach Marburg, die 64 291, 292 und 495 wurden wegen schlechten Allgemeinzustands bzw. wegen Fristablaufs zunächst abgestellt und schließlich dem RAW Weiden zur HU zugeführt.

3) Bw Frankfurt/M-1

Mit der neuen 64 367 hatte das Bw am 4.10.35 erstmals eine 64 erhalten, die es jedoch bereits am 30.11.36 an das Bw Bebra weitergab. Als Ersatz kam dafür aus Bebra die 64 293, die erst am 5.8.44 an das Frankfurter Bw 3 weitergegeben wurde. Aus Limburg erschien schließlich am 28.6.38 die 64 402 und kam erst am 14.8.40 zum Bw Gießen.

4) Bw Frankfurt/M-3

Hier fanden sich mit den Bebraner 64 295 und 296 am 15.8.40 erstmals 64er ein. Der Bestand wurde am 6.8.44 noch um die 64 293 des Bw 1 ergänzt. Mit der 64 438 aus Wetzlar erhöhte sich der Bestand am 23.9.46 auf zunächst 4 Maschinen, bis am 24.5.47 auch noch die 64 367 des Bw Frankfurt 1 zum Bw 3 kam. Noch im gleichen Jahr begannen die Umstationierungen an andere Bw:

64 367	10.06.47	an Bw Aschaffenburg
64 438	14.08.47	an Bw Würzburg
64 296	10.47	an Bw Rosenheim
64 293	16.03.48	an Bw München-Ost
64 295	16.03.48	an Bw Weiden

5) Bw Gießen

Für den Einsatz vom Lokbahnhof Lollar aus auf der Strecke Richtung Grünberg (Hess) erhielt das Bw Gießen fabrikneu im Juli 1935 die 64 365, die in der Zeit vom 6.9.40 - 30.7.42 von der Frankfurter 64 402 unterstützt wurde. Zum Sommerfahrplan 1947 gab man die 64 365 schließlich an die Rbd Nürnberg, Bw Würzburg ab.

6) Bw Limburg/Lahn

Das Bw erhielt neu die 64 402, 438 - 442, 447 und 448 in den Jahren 1936 bis 1938. Angaben über Einsätze liegen nur spärlich vor; hauptsächlich dürften die Maschinen zwischen Limburg und Gießen bzw. Altenkirchen unterwegs gewesen sein.
Am 27.6.38 kam die 64 402 zum Bw Frankfurt 1, um vom 31.7.42 bis zum 26.5.46 (Abgabe nach Wiesbaden) schließlich nochmals in Limburg zu weilen. 64 441 taucht im Mai 1945 beim Bw Wetzlar auf, während am 3.9.45 die 64 448 nach Altenkirchen abgegeben wurde. Zum 23.3.46 ging die 64 438 nach Wetzlar, gefolgt von der 402 am 26.5.46 nach Wiesbaden. Im Februar (3.) bzw. März 1947 verließen schließlich auch die 64 440 und 442 das Bw Richtung Ingolstadt. Unklar ist der Verbleib der 64 439, die erst zum Winterfahrplan 55/56 bei der BD Regensburg, Bw Plattling nachgewiesen ist.

7) Bw Wetzlar

Nur in den ersten Nachkriegsjahren waren hier 64er beheimatet. Als erste wurde die 64 441 nicht betriebsfähig als Z-Lok in Wetzlar stationiert, bis sie in der Zeit vom 15.1.46 bis 13.02.46 im Privatausbesserungswerk Hessische Industriewerke Wetzlar hauptuntersucht und ausgebessert worden war. Schon am 19.3.46 wurde die Lok an das Bw Weiden weitergegeben. Am 1.11.45 kam aus Alzey die 64 097, die schließlich ebenfalls am 3.9.47 an die Rbd Nürnberg (Bw Nürnberg Hbf) weiter gegeben werden mußte. Am 24.3.46 verstärkte die 64 438 aus Limburg den Bestand, wurde aber am 22.9.46 nach Frankfurt-3 umgesetzt. Als Ersatz für sie kam am 28.9. aus Aschaffenburg die 64 203. Am 5.10.47 verließ diese als letzte Wetzlarer 64 das Bw Richtung München-Ost.

X. Rbd Halle/Saale

1) Bw Altenburg

Im Jahre 1940 erhielt das Bw erstmals mit den fabrikneuen 64 473-479 sieben Maschinen dieser Baureihe zugeteilt, die in der Folge den gesamten Personenverkehr auf den Strecken nach Zeitz und Narsdorf abwickelten.
Im Dezember 1945 wurden die 64 475 an das Bw Berlin-Anhalter Bf. und die 64 447 an das Bw Berlin-Lehrter Bf abgegeben. Im Januar wurden 64 476 nach Brandenburg und die 64 478 nach Potsdam überstellt. Im Dezember 1956 folgte 64 473 nach Kamenz. Zum Sommerfahrplan 1957 endete die Beheimatung in Altenburg mit der Abgabe der 64 474 nach Wittstock und der 479 nach Bautzen.

2) Bw Dessau

Erst ab 1960 zählte das Bw zu den 64-Heimatorten. Zum 1.1.61 sah der Bestand wie folgt aus:
64 119, 182, 193, 257, 430, 454, 455, 476, 514.
Einsatzgebiet war die Nebenbahn nach Wörlitz sowie die Hauptbahnverbindungsstrecke nach Köthen.
Am 27.11.62 wurden die 64 430 und 514 nach Brandenburg abgegeben. 64 257, 454 und 455 gingen im selben Jahr an das Bw Jerichow. 1970 wurden die letzten vier Maschinen (119, 193, 430 (kam im Jahre 1964 aus Brandenburg zurück), 476) an das Bw Halberstadt abgegeben.

3) Bw Falkenberg

Am 25.12.40 wurde dem Bw die Nordhauser 64 016 zugeteilt. Zum 8.8.41 ging die Lok bereits zum Bw Eschwege West. Seit Juli 1944 stand dann mit der 64 406 aus Chemnitz wieder eine 64er zur Verfügung, die schließlich im Januar 1953 nach Berlin-Pankow abgegeben wurde.

4) Bw Leipzig-Bayer. Bf.

Der Bestand gliederte sich wie folgt:

64 166	aus Neulieferung	11.28-	33	an Rbd Dresden
64 193	von Rbd Dresden	33-	04.53	an Bw Schöneweide
64 314	aus Neulieferung	34-	05.45	an PKP
64 315	aus Neulieferung	34-	37	an Rbd Berlin
64 316	aus Neulieferung	34-	10.61	an Bw Wittstock
64 317	aus Neulieferung	34-	09.56	an Bw Schöneweide
64 318	aus Neulieferung	34-	05.55	an Bw Jüterbog

XI. Rbd/ED/BD Hannover

1) Bw Börßum

Für den Betrieb der Strecken Börßum-Salzgitter und Börßum-Helmstedt erhielt das Bw nach dem Krieg einige wenige 64er, die alle vom Bw Braunschweig Hbf kamen. Die ersten beiden Loks (64 079 und 219) kamen am 26.10.46, gefolgt von der 64 415 (30.7.48) und der 64 130 (18.4.50). 64 415 ging vom 16.8.48 bis 11.1.50 nochmals an das Bw Braunschweig Hbf zurück, bevor sie zum 28.1.50 endgültig nach Braunschweig zurückbeheimatet wurde. Letzte Maschine war die 64 130, die am 30.4.50 nach Braunschweig zurückgegeben wurde. Vorher war die 64 219 (28.2.49) nach Braunschweig und die 079 nach Wuppertal-Steinbeck (31.10.49) abgegangen.

2) Bw Braunschweig-Hbf/-Vbf.

Bereits mit neu angelieferten Maschinen nahm das Bw Braunschweig ab 1928 die Traktion mit der BR 64 auf. Im einzelnen waren hier beheimatet und auf den Strecken Richtung Salzgitter, Bad Harzburg, Celle, Gifhorn und Wolfsburg eingesetzt:

64 016	von Göttingen P	10.07.48-01.01.56	an Bw Uelzen
und	von Uelzen	06.04.56-07.04.56	an Bw Celle
und	von Uelzen	14.05.56-03.06.56	an Bw Celle
64 017	von Goslar	03.06.50-10.01.59	an Bw Celle
64 079	von Wesermünde-Lehe	14.01.40-25.10.46	an Bw Börßum
64 081	von Seesen	07.05.49-12.06.50	an Bww Goslar
und	von Goslar	25.09.52-10.02.53	an Bw Holzminden
64 086	von Wesermünde-Lehe	37-06.06.55	an Bw Uelzen
und	von Uelzen	09.08.55-05.03.59	an Bw Rottweil
64 087	von Soltau	50- 11.58	an Bw Celle
64 130	von Göttingen P.	05.01.50-17.04.50	an Bw Börßum
und	von Börßum	01.05.50-15.11.54	an Bw Celle
und	von Celle	11.01.59-23.10.59	an Bw Uelzen
64 131	von Goslar	29.01.44-16.03.45	an Bw Lübeck
64 132	von Celle	20.01.55- 04.55	an Bw Celle
und	von Hildesheim	06.59-23.10.59	an Bw Uelzen
64 133	von Goslar	39- 45	ausgemustert DR-Ost
64 134	von Goslar	29.02.40-28.01.41	an Bw Goslar
und	von Goslar	05.02.44-03.03.46	an Bw Hmb. Altona
64 135	von Goslar	37- 39	an Bw Goslar
64 136	von Goslar	17.12.43-05.02.59	an Bw Heilbronn
64 138	Neulieferung	28- 33	an Bw Goslar
64 139	Neulieferung	28.09.28-16.04.59	an Bw Heilbronn
64 140	Neulieferung	28- 37	an Bw Komotau
64 219	Neulieferung	07.04.29-25.10.46	an Bw Börßum
und	von Börßum	01.03.49-16.04.59	an Bw Heilbronn

64 319	aus Neulieferung	34-	48	an Bw Gesundbrunnen
64 320	aus Neulieferung	34-	50	ausgemustert
64 321	aus Neulieferung	34-	37	an Rbd Berlin
64 322	aus Neulieferung	34-	37	an Rbd Berlin
64 323	aus Neulieferung	34-	07.54	an Bw Schöneweide
64 410	aus Neulieferung	37-	40	an Rbd Altona
64 411	aus Neulieferung	37-	04.53	an Bw Lehrter Bf.
64 412	aus Neulieferung	37-	04.53	an Bw Frankfurt/O
64 413	aus Neulieferung	37-	05.55	an Bw Wittenberge

5) Bw Leipzig Hbf.-Süd

Auch dieses Bw erhielt eine Vielzahl 64er aus Neulieferungen:

64 162	aus Neulieferung	28-	30	an Rbd Dresden
64 165	von Reichenbach	40-	51	an Bw Grunewald
64 170	aus Neulieferung	28-	31	an Rbd Dresden
64 171	aus Neulieferung	28-	31	an Rbd Dresden
64 172	aus Neulieferung	28-	31	an Rbd Dresden
64 173	von Rbd Dresden	33-	50	an Rbd Berlin
64 174	aus Neulieferung	28-	31	an Rbd Dresden
64 175	aus Neulieferung	28-	31	an Rbd Berlin
64 176	aus Neulieferung	28-	31	an Rbd Dresden
64 178	aus Neulieferung	28-	31	an Rbd Dresden
64 179	aus Neulieferung	28-	31	an Rbd Dresden
und	von Rbd Dresden	28-	01.53	an Bw Erkner
64 180	aus Neulieferung	28-	31	an Rbd Dresden
und	von Rbd Dresden	43-	12.45	an Bw Anhalter Bf.
64 181	aus Neulieferung	28-	31	an Rbd Dresden
64 182	aus Neulieferung	28-	31	an Rbd Dresden
64 183	aus Neulieferung	28-	31	an Rbd Dresden
und	von Bw Ratibor	05.45-	01.53	an Bw Schöneweide
64 184	aus Neulieferung	28-	31	an Rbd Dresden
64 185	aus Neulieferung	28-	31	an Rbd Dresden
und	von Rbd Dresden	40-	06.58	an Bw Jüterbog
64 186	aus Neulieferung	28-	31	an Bw Chemnitz
64 187	aus Neulieferung	28-	31	an Rbd Dresden

Von den ehemaligen Leipziger Maschinen gelangten 64 162, 172, 174, 176, 177, 181, 182 zur CSD, weswegen eine Beheimatung bei den nach 1938 zur Rbd Dresden gehörenden Bw Rumburg, Bodenbach, Tetschen, oder Komotau in Frage kommen könnte.

64 220	Neulieferung	29-16.04.59	an Bw Heilbronn
64 221	Neulieferung	29- 37	an Rbd Dresden
64 259	von Hildesheim	06.59-21.10.59	an Bw Uelzen
64 384	von ED Hannover	12.54-05.03.59	an Bw Rottweil
64 415	von Nienburg	21.07.48-29.07.48	an Bw Börßum
und	von Börßum	17.09.48-10.01.50	an Bw Börßum
und	von Börßum	29.01.50-03.06.54	an Bw Altenhundem
64 416	Neulieferung	37- ?	
64 457	von Soltenau	30.10.50-09.01.57	an Bw Goslar
64 458	von Hidelsheim	02.06.59-21.10.59	an Bw Uelzen
64 459	von Soltau	09.05.50-05.03.59	an Bw Lauda
64 460	von Seesen	02.06.49-16.04.59	an Bw Rottweil
64 512	von Hildesheim	21.02.52-13.02.53	an Bw Seesen

Der gesamte Bestand ging zum 1.1.1957 an das Bw Braunschweig Vbf über und wird hier daher nicht nochmals gesondert aufgelistet.

3) Bw Bremen Hbf

Für nur knapp vier Wochen zählte das Bw zu den 64er-Einsatzstellen: Am 7.10.50 kam aus Bremerhaven-Lehe die 64 290 und wurde schon am 4.11.50 an das Bw Hildesheim weitergegeben.

4) Bw Bremerhaven Gbf (bis 1947 Wesermünde G)

Hier fanden kurzzeitig die 64 082 und 083 Verwendung. Beide Maschinen kamen am 1.2.86 vom Bw Lehe; am 26.7.46 ging die 64 082 zum Bw Seesen, die 083 am 23.7.47 nach Nienburg.

5) Bw Bremerhaven-Lehe (bis 1947 Wesermünde-Lehe)

Das Bw erhielt 1928 eine größere Zahl neuer Maschinen und setzte sie nach Cuxhaven und über Bremervörde nach Stade ein. Folgende Maschinen waren hier zu Hause:

64 079	Neulieferung	28.06.28-13.01.40	an Bw Braunschweig Hbf
64 080	Neulieferung	22.06.28-13.03.47	an Bw Northeim
64 081	Neulieferung	01.08.28-12.01.35	an Bw Magdeburg Hbf
und	von Magdeburg Hbf	28.02.35-31.07.47	an Bw Seesen
64 082	Neulieferung	12.08.28-31.01.46	an Bw Wesermünde G
und	von Seesen	27.05.49-16.11.50	an Bw Hildesheim
64 083	Neulieferung	27.08.28-31.01.46	an Bw Wesermünde G
64 084	Neulieferung	06.28- 40	an Rbd Hamburg
64 086	Neulieferung	10.28- 30	an Bw Braunschweig Hbf
64 087	Neulieferung	10.28- 30	an Bw Soltau
64 088	Neulieferung	28- 30	an Bw Bergheim/Erft
64 096	von PAW Henschel	21.10.49-30.03.51	an Bw Seesen

Altmeister Carl Bellingrodt nahm um 1935 die 64 134 (Bw Goslar) mit P 1976 auf der Strecke Goslar-Altenau bei Wildemann auf.

Bei Rotenburg/Han. beförderte die Braunschweiger 64 135 um 1952 den P1823.
Aufnahme: Sammlung Neumann

64 132	von Hildesheim	04.44- 10.46	an Bw Nienburg
und	von Kreiensen	09.49- 12.49	an Bw Soltau
64 289	von Seesen	03.06.49-11.04.51	an Bw Seesen
64 290	von Celle	22.10.49-06.10.50	an Bw Bremen Hbf
64 414	Neulieferung	01.03.37-06.04.51	an Bw Seesen
64 415	Neulieferung	24.03.37-05.12.45	an Bw Nienburg
64 461	von Soltau	01.01.50-03.04.51	an Bw Seesen
64 512	von Northeim	02.03.50-12.02.51	an Bw Ottbergen
64 513	von Kreiensen	15.11.49-07.02.50	an Bw Mühldorf

6) Bw Celle

Die hier beheimateten Maschinen kamen hauptsächlich auf der Strecke nach Soltau zum Einsatz, waren mit einzelnen Zügen aber auch auf der Strecke über Plockhorst nach Braunschweig im Einsatz. Ersatz kam gegen Ende der fünfziger Jahre durch zunehmenden Einsatz von Schienenbussen. Es waren in Celle stationiert:

64 016	von Braunschweig Hbf	08.04.56- 05.56	an Bw Uelzen
und	von Braunschweig Hbf	04.06.56-12.12.58	an Bw Lauda
64 017	von Braunschweig Hbf	11.01.59-05.12.49	an Bw Uelzen
64 087	von Braunschweig Hbf	11.58- 07.59	an Bw Goslar
64 130	von Braunschweig Hbf	16.11.54-10.01.59	an Bw Braunschweig Hbf
64 132	von Soltau	08.54-19.01.55	an Bw Braunschweig Hbf
und	von Braunschweig Hbf	04.55- 06.55	an Bw Hildesheim
64 135	von Goslar	06.57--5.02.59	an Bw Heilbronn
64 290	von Seesen	24.10.48-01.08.49	an Bw Bremerhaven-Lehe (x)
64 459	von Holzminden	30.10.48-28.11.48	an Bw Soltau

(x) 64 290 war vom 24.10.48-18.12.48 an die OHE, Bw Celle-Nord, verliehen.

7) Bw Goslar

Für den Betrieb auf den Harzstrecken nach Altenau, Bad Harzburg und der Flachlandstrecke über Salzgitter nach Hildesheim erhielt Goslar schon sehr früh Loks der BR 64:

64 017	von Kreiensen	04.12.49-02.06.50	an Bw Braunschweig Hbf
64 080	von Seesen	09.10.53-05.02.59	an Bw Heilbronn
64 081	von Braunschweig Hbf	13.06.50-24.09.52	an Bw Braunschweig Hbf
64 087	von Celle	59-13.12.59	an Bw Uelzen
64 096	von Seesen	25.08.54-16.12.58	an Bw Plattling
64 131	Neulieferung	09.01.29-17.11.43	an Bw Braunschweig Hbf
64 132	Neulieferung	01.07.28- 01.44	an Bw Hildesheim
64 133	Neulieferung	07.28- 37	an Bw Braunschweig Hbf
64 134	Neulieferung	28.07.28-28.02.40	an Bw Braunschweig Hbf
und	von Braunschweig Hbf	29.01.41-04.02.44	an Bw Braunschweig Hbf
64 135	Neulieferung	28- 37	an Bw Braunschweig Hbf
und	von Braunschweig Hbf	01.56- 07.56	an Bw Celle

64 136	Neulieferung	15.08.28-16.12.43	an Bw Braunschweig Hbf
64 137	Neulieferung	28- 08.36	an Rbd Berlin
64 138	von Braunschweig Hbf	33 38- 05.45	an CSD / CCCP
64 414	von Seesen	30.03.35-16.12.58	an Bw Plattling
64 457	von Braunschweig Hbf	10.01.57-07.12.58	an Bw Heilbronn
64 461	von Seesen	01.07.54-11.12.58	an Bw Lauda
64 512	von Seesen	12.12.53-15.12.58	an Bw Plattling

8) Bw Hildesheim

In Hildesheim wurden zum Einsatz auf den Linien nach Bodenburg-Bad Gandersheim sowie vom Lokbahnhof Bodenburg nach Elze einige 64er vorgehalten:

64 018	von Ottbergen	31.05.50-11.12.58	an Bw Lauda
64 080	von Ottbergen	09.07.50-22.09.51	an Bw Seesen
64 081	von Holzminden	25.06.53-05.03.59	an Bw Heilbronn
64 082	von Bremerhaven-Lehe	17.11.50-11.12.58	an Bw Lauda
64 083	von Nienburg	05.03.49-11.05.60	an Bw Ulm
64 132	von Goslar	01.44- 04.44	an Bw Bremerhaven-Lehe
und	von Celle	06.55- 05.59	an Bw Braunschweig Vbf
64 259	von Soltau	08.54- 06.59	an Bw Braunschweig Vbf
64 290	von Bremen Hbf	05.11.50-11.05.60	an Bw Ulm
64 307	von Seesen	11.56-05.03.59	an Bw Rottweil
64 458	von Murnau	07.10.50-01.06.59	an Bw Braunschweig Vbf
64 512	von Ottbergen	19.01.52-20.02.52	an Bw Braunschweig Hbf

9) Bw Holzminden

Mit den 64 081 und 459 kamen nach dem Krieg erstmals 64er in dieses Bw. Am 8.6.48 kam aus Northeim die 64 459 und ging am 29.10.48 an das Bw Celle. Zum 11.2.53 traf aus Braunschweig die 081 ein, bis sie am 24.6.53 bereits an das Bw Hildesheim weitergegeben wurde.

10) Bw Kreiensen

Für den Betrieb auf der Strecke Richtung Goslar besaß das Bw Kreiensen folgende Maschinen:

64 010	von Seesen	12.08.34-01.01.35	an Bw Göttingen P.
64 017	von Göttingen P.	22.06.49-03.12.49	an Bw Goslar
64 132	von Nienburg	04.48- 07.49	an Bw Bremerhaven-Lehe
64 289	von Seesen	22.01.40-01.03.40	an Bw Seesen
64 513	von Northeim	29.05.48-14.11.49	an Bw Bremerhaven-Lehe

11) Bw Magdeburg-Hbf

Das Bw beheimatete vor 1945 lediglich für die Dauer vom 13.1.35 bis zum 27.2.35 die 64 081 (aus Wesermünde-Lehe). Nach 1945 wurde, bedingt durch die Zonenaufteilung neu die Rbd Magdeburg im wesentlichen aus Gebietsteilen der Rbd Hannover gebildet; weiter siehe daher dort.

12) Bw Nienburg

Nach dem Krieg waren hier kurzfristig drei 64 beheimatet:

64 083	von Bremerhaven G	24.07.47-04.03.49	an Bw Hildesheim
64 132	von Bremerhaven Lehe	10.46- 04.48	an Bw Kreiensen
64 415	von Bremerhaven Lehe	06.12.45-05.03.48	an Bw Braunschweig Hbf

Einsätze dürften auf der Strecke über Leese-Stolzenau nach Minden erfolgt sein.

13) Bw Seelze

Zum Bw Seelze zählte als einzige 64 die 64 008; sie gehörte jedoch zum Z-Lok-Bestand und war hier nur vom 1.6.45 bis zur Überführung nach Kassel (PAW Henschel) am 11.7.49 abgestellt.

14) Bw Soltau

Auch hier wurde nach dem Krieg ein kleiner 64er-Bestand aufgebaut, bis ein Großteil der Leistungen durch neue Schienenbusse des Bw Buchholz übernommen wurde:

64 087	von Bremerhaven-Lehe	49- 50	an Bw Braunschweig Hbf
64 132	von Bremerhaven-Lehe	01.50- 08.54	an Bw Celle
64 259	von Northeim	10.48- 08.54	an Bw Hildesheim
64 457	von Northeim	27.10.48-03.10.50	an Bw Braunschweig Hbf
64 459	von Celle	29.11.48-08.05.50	an Bw Braunschweig Hbf
64 461	von Seesen	04.12.48-31.12.49	an Bw Bremerhaven-Lehe

15) Bw Stendal

Vor 1945 war hier die neu angelieferte 64 085 beheimatet, wurde aber bereits 1930 an die Rbd Dresden angegeben. Nach 1945 gehörte das Bw zur Rbd Magdeburg, weiter siehe dort.

16) Bw Uelzen

1955 erhielt das Bw mit der 64 086 seine erste Lok dieser Baureihe. Bis zum Februar 1960 wurde der Bestand auf sechs Loks aufgestockt, die dann geschlossen an das Bw Ulm abgegeben wurden:

64 016	von Braunschweig Hbf	02.01.56-05.04.56	an Bw Braunschweig Hbf
und	von Celle	05.56-13.05.56	an Bw Braunschweig Hbf
64 017	von Celle	06.07.59-11.05.60	an Bw Ulm
64 086	von Braunschweig Hbf	07.06.55-08.08.55	an Bw Braunschweig Hbf
64 087	von Goslar	14.12.59-15.02.60	an Bw Ulm
64 130	von Braunschweig Vbf	24.10.59-15.02.60	an Bw Ulm
64 132	von Brunaschweig Vbf	24.10.59-15.02.60	an Bw Ulm
64 259	von Braunschweig Vbf	22.10.59-11.05.60	an Bw Ulm
64 458	von Braunschweig Vbf	22.10.59-15.02.60	an Bw Ulm

XII. Rbd Karlsruhe

1) Bw Freiburg (Breisgau)

Für den Betrieb auf der Nebenbahn nach Breisach erhielt das Bw einige 64er zugeteilt:

64 418	von Radolfzell	11.11.45-03.11.46	an Bw Würzburg
64 419	von Karlsruhe P.	29.11.45-27.10.47	an Bw Landau/Pfalz
64 445	?	03.10.46	an Bw Würzburg
64 450	von Radolfzell	16.11.45-02.04.47	an Bw Landau/Pfalz
64 497	Neulieferung	23.08.40-29.11.43	an Bw Rottweil
64 498	Neulieferung	03.09.40- 09.45	an Bw Hof
64 499	Neulieferung	29.10.40- 05.45	an Bw Hof

2) Bw Heidelberg

Hier war kurzfristig die 64 360 beheimatet, die am 18.2.44 vom Bw Kaiserslautern kam. Zum 7.11.47 wurde sie an das Bw Nördlingen abgegeben.

3) Bw Karlsruhe Hbf.

In Karlsruhe hielt die BR 64 schon Mitte der 30er Jahre Einzug. Bis Kriegsende waren jedoch schon alle Maschinen wieder an andere Dienststellen abgegeben. Lediglich mit der 64 396 kam 1949/50 nochmals eine Lok in dieses Bw.

64 393	von Waldshut	31.05.41-03.03.43	an Bw Regensburg
64 394	von Waldshut	09.05.41-03.03.43	an Bw Regensburg
64 396	von Landau/Pfalz	24.05.49-10.02.50	an Bw Landau/Pfalz
64 419	von Waldshut	21.05.41-04.08.44	an Bw Freiburg/Brsg.
64 446	Neulieferung	11.05.38-21.08.39	an Bw Radolfzell
64 449	Neulieferung	12.06.38- 12.46	an Bw Regensburg
64 450	Neulieferung	27.06.38-21.08.39	an Bw Radolfzell
64 451	Neulieferung	10.07.38-21.08.39	an Bw Radolfzell
64 452	Neulieferung	16.07.38-27.04.40	an Bw Waldshut
und	von Waldshut	01.07.41-20.06.44	an Bw Trier
64 453	Neulieferung	07.08.38-23.11.38	an Bw Mühldorf

4) Bw Radolfzell

Das Bw war zuständig für einen Teil der Zugförderung auf den Strecken Singen-Radolfzell-Konstanz und Radolfzell-Meßkirch-Siegmaringen. Dafür waren hier folgende Loks beheimatet:

64 389	Neulieferung	10.04.37-06.10.46	an Bw Landau/Pfalz
64 390	Neulieferung	06.05.37- 08.46	an Rbd Stuttgart
64 391	Neulieferung	21.05.37-17.10.46	an Bw Trier
64 392	von Waldshut	43-30.06.45	an Bw Friedrichshafen
64 417	Neulieferung	27.03.37-03.11.46	an Bw Würzburg
64 418	Neulieferung	16.04.37-10.11.45	an Bw Freiburg
64 420	Neulieferung	07.04.37-03.04.47	an Bw Landau/Pfalz
64 421	Neulieferung	28.04.37-02.12.46	an Bw Hof
64 437	Neulieferung	20.03.68-03.11.46	an Bw Würzburg
64 446	von Karlsruhe P.	22.08.39-15.01.40	an Bw Hmb. Berliner Bf
64 450	von Karlsruhe P.	22.08.39-15.11.45	an Bw Freiburg
64 451	von Karlsruhe P.	22.08.39-02.12.46	an Bw Hof
64 497	von Rottweil	21.03.46-02.12.46	an Bw Hof

Bw Waldshut

Das Bw hatte 1936 einige Maschinen erhalten, die vorzugsweise auf der Sauschwänzlebahn im Einsatz waren. Schon 1941 gingen die meisten Loks an das Bw Karlsruhe P.

64 392	Neulieferung	36- 43	an Bw Radolfzell
64 393	Neulieferung	02.11.36-04.05.41	an Bw Karlsruhe P
64 394	Neulieferung	16.11.36-08.05.41	an Bw Karlsruhe P
64 395	Neulieferung	36- 45	an Bw Hof
64 396	Neulieferung	22.12.36- 05.45	?
64 419	Neulieferung	22.03.37-20.05.41	an Bw Karlsruhe P

XIII. Rbd/ED/BD Kassel

1) Bw Eschwege-West (bis 1936: Niederhohne)

Das Bw war bis 1945 für die Traktion auf den Strecken über Malsfeld nach Treysa, über Walburg (Hessen) nach Kassel und über Treffurt nach Wartha zuständig. Nach 1945 übernahm aufgrund der Zonengrenzziehung und der veränderten Einsatzstrecken das Bw Bebra die Zugförderungsaufgaben.

64 008	von Northeim	12.02.39-17.06.44	an Bw Nordhausen
64 010	von Göttingen P.	25.03.36-26.06.36	an Bw Göttingen P
und	von Seesen	15.03.45- 05.48	an Bw Schwandorf
64 016	von Falkenberg	09.08.41-14.12.43	an Bw Nordhausen
64 100	von Ottbergen	30.05.33-18.07.33	an Bw Ottbergen
64 257	Neulieferung	33- 45	an Bw Schöneweide
64 258	Neulieferung	18.07.33-19.09.44	an Bw Northeim
64 259	Neulieferung	23.07.33- 06.44	an Bw Nordhausen
64 260	Neulieferung	33- 36	an Bw Ratibor

2) Bw Frankenberg/Eder

Kurzfristig vom 11.11.40 bis zum 28.02.41 war hier die Nordhauser 64 017 beheimatet, bevor sie nach Northeim abgegeben wurde.

3) Bw Göttingen P

Für den Verkehr nach Bodenfelde und Hannoversch Münden erhielt Göttingen 1934 erstmals 64er zugeteilt:

64 008	von Seesen	15.05.34-23.06.34	an Bw Seesen
64 009	von Seesen	10.08.34-16.12.36	an Bw Paderborn
64 010	von Kreiensen	02.01.35-22.05.36	an Bw Niederhohne
und	von Niederhohne	16.07.36-02.11.38	an Bw Seesen
64 013	von Rbd Kassel	04.46- 04.52	an Bw Lethmate
64 016	von Nordhausen	01.04.45-05.06.48	an Bw Braunschweig Hbf
64 017	von Nordhausen	30.05.45-21.06.49	an Bw Kreiensen
64 018	von Nordhausen	01.06.45-19.01.50	an Bw Ottbergen
64 130	von Nordhausen	01.06.45-04.01.50	an Bw Braunschweig Hbf
64 289	Neulieferung	03.02.34-21.02.34	an Bw Seesen
64 290	Neulieferung	10.02.34-27.05.34	an Bw Seesen
64 307	Neulieferung	34- 38	an Bw Seesen

4) Bw Kreiensen

Vor Kriegsende beheimatete das Bw nur zwei 64er: Am 12.8.34 erhielt das Bw aus Seesen die 64 010, die am 1.1.35 zum Bw Göttingen P weiterging. Am 22.1.40 kam mit der 64 289 eine weitere Maschine, die am 1.3.40 schon wieder an ihr ursprüngliches Heimat-Bw Seesen zurückgegeben wurde. Nach Kriegsende gehörte das Bw zur Rbd/ED Hannover; weiter siehe dort.

5) Bw Marburg/Lahn

Im Mai 1947 erhielt das Bw drei 64er zugeteilt: Aus Bebra kamen am 9.5. bzw. 22.5.47 die 64 494 und 496 sowie im Mai die 64 142 aus Trier. Am 21.5.48 war der 64er-Einsatz bereits Geschichte: Alle drei Maschinen kamen zum Bw Schwandorf.

6) Bw Nordhausen (ab 1945 zur Rbd Erfurt)

Schon sehr früh erhielt das Bw 64er, die mit Pausen bis 1972 hier beheimatet blieben:

Weitere Beheimatungen siehe unter Rbd Erfurt!

64 008	von Eschwege West	21.07.44-31.05.44	an Bw Seelze (Z-Lok)
64 015	Neulieferung	28- 36	an Rbd Berlin
64 016	Neulieferung	14.06.28-28.11.40	an Bw Falkenberg (x)
und	von Eschwege West	15.12.43-05.03.45	an Bw Göttingen P
64 017	Neulieferung	20.06.28-10.11.40	an Bw Frankenberg-E.
und	von Northeim	04.08.43-29.05.45	an RAW Göttingen
64 018	Neulieferung	22.06.28-30.04.45	an Bw Göttingen P
64 130	von Breslau Hbf	18.11.31-31.05.45	an Bw Göttingen P
64 259	von Eschwege West	06.44- 01.45	an Bw Northeim

(x) Lok vom 3.09.29 bis 22.10.29 und 11.01.30 bis 29.01.30 leihweise bei der LVA Grunewald

7) Bw Northeim

1934 kam hier mit 64 008 die erste Lok dieser Baureihe zum Einsatz; befahren wurden die Strecken nach Kreiensen und Herzberg (Harz). Zeitweise soll auch eine Maschine Personenzüge zwischen Salzderhelden und Einbeck gefahren haben.

64 008	von Seesen	25.11.34-11.02.39	an Bw Eschwege West
64 017	Frankberg	01.03.41-31.07.43	an Bw Nordhausen
64 080	Bremerhaven-Lehe	14.03.47-08.02.50	an Bw Ottbergen
64 258	von Eschwege West	20.09.44-26.01.45	an RAW Nied
64 259	von Nordhausen	01.45- 10.48	an Bw Soltau
64 456	Neulieferung	12.37- 02.45	an Bw Gleiwitz
64 457	Neulieferung	11.02.38-26.10.48	an Bw Soltau
64 458	Neulieferung	05.03.38-10.02.50	an Bw Mühldorf
64 459	Neulieferung	09.04.38-07.06.48	an Bw Holzminden
64 512	von Nordhausen	02.06.45-02.03.50	an Bw Bremerhaven
64 513	von Nordhausen	02.12.44-28.05.48	an Bw Kreiensen

8) Bw Ottbergen

Auch in der 44er-Hochburg Ottbergen waren einige Maschinen der BR 64 beheimatet, die auf den Strecken Richtung Altenbeken und Holzminden zum Einsatz kamen.

64 009	von Paderborn	17.12.43-24.11.49	an Bw Warburg
64 018	von Göttingen P.	20.01.50-30.05.50	an Bw Hildesheim
64 080	von Northeim	09.02.50-08.07.50	an Bw Hildesheim
64 100	von Holzwickede	17.12.32-29.05.33	an Bw Niederhohne
und	von Niederhohne	19.07.33-13.12.49	an Bw Warburg
64 512	von Bremerhaven-Lehe	13.02.51-18.01.52	an Bw Hildesheim

9) Bw Paderborn

Vom 17.12.36 bis zum 16.12.43 war hier die 64 009 aus Göttingen beheimatet, bis sie schließlich an das Bw Ottbergen weitergegeben wurde.

10) Bw Seesen

Für den Einsatz vor Personenzügen Richtung Hildesheim, Herzberg und Kreiensen erhielt das Bw Seesen folgende Maschinen zugeteilt:

64 008	Neulieferung	13.06.28-14.05.34	an Bw Göttingen P.
und	von Göttingen P.	24.06.34-24.11.34	an Bw Northeim
64 009	Neulieferung	08.06.34-16.05.30	an Bw Treysa
und	von Treysa	10.07.30-10.08.34	an Bw Göttingen P.
64 010	Neulieferung	04.05.28-11.08.34	an Bw Kreiensen
und	von Göttiingen P.	03.11.38-23.09.43	an Bw Eschwege West
64 080	vpn Hildesheim	23.09.51-08.10.53	an Bw Goslar
64 081	von Bremerhaven Lehe	01.04.47-06.05.49	an Bw Braunschweig Hbf
64 082	von Bremerhaven G	16.06.47-25.05.49	an Bw Bremerhaven Lehe
64 096	von Bremerhaven Lehe	31.03.51-24.08.54	an Bw Goslar
64 289	von Göttingen P	22.02.34-21.01.40	an Bw Kreiensen
und	von Kreiensen	02.03.40-02.06.49	an Bw Bremerhaven Lehe
und	von Bremerhaven Lehe	12.04.51-08.05.54	an Bw Letmathe
64 290	von Göttingen P	29.06.34-23.10.48	an Bw Celle
64 307	von Göttingen P	38- 11.56	an Bw Hildesheim
64 350	Neulieferung	09.11.34- 02.46	an Bw Lübeck
64 414	von Bremerhaven Lehe	07.04.51-29.03.55	an Bw Goslar
64 460	Neulieferung	09.01.40-01.06.49	an Bw Braunschweig Hbf
64 461	Neulieferung	09.01.40-03.12.48	an Bw Soltau
und	von Bremerhaven Lehe	04.04.51-30.06.54	an Bw Goslar
64 512	von Braunschweig Hbf	14.02.53-11.12.53	an Bw Goslar

Ab 1949 gehörte das Bw zur ED Hannover; auf eine gesonderte Aufführung wurde aber verzichtet.

11) Bw Treysa

Kurzfristig war hier aus Seesen die 64 009 vom 16.5.30 bis 9.7.30 beheimatet.

XIV. Rbd/ED/BD Köln

1) Bw Bergheim/Erft

Dem Bw oblag die Zugförderung auf den Nebenbahnen Bedburg-Horrem-Kerpen-Liblar und Elsdorf-Rommerskirchen. Dafür waren folgende Maschinen vorhanden:

64 029	von Krefeld	09.55- 57	an Bw Stolberg
64 030	von Sotlberg	22.05.55-01.06.57	an Bw Stolberg
64 046	von Stolberg	22.05.55-01.06.57	an Bw Neuß
64 049	von Krefeld	01.06.55-01.06.57	an Bw Neuß
64 053	von Krefeld	22.05.55-01.06.57	an Bw Neuß
64 063	von Krefeld	01.06.55-01.06.57	an Bw Neuß
64 088	von Bremerhaven Lehe	38- 45	an Rbd Dresden

Fast neu war 64 o89, die C.Bellingrodt um 193o in Bergheim/Erft aufnahm.

Anfang der 50er Jahre war 64 194 beim Bw Krefeld beheimatet und befuhr wie hier mit P2003 die Strecke nach Kempen. Aufnahme: C.Bellingrodt

64 089	Neulieferung	13.03.28-01.06.35	an Bw Düren
64 090	Neulieferung	20.03.28- 35	an Bw Gemünden
64 091	Neulieferung	28-	?
64 092	Neulieferung	06.04.28-05.06.35	an Bw Euslirchen
und	von Düren	18.09.39-04.03.43	an Bw Gemünden
64 094	Neulieferung	04.05.28-04.03.43	an Bw Düren
und	von Düren	18.09.39-04.03.43	an Bw Gemünden
64 095	Neulieferung	17.05.28- 06.35	an Bw Geldern
64 194	Mönchengladbach	02.07.55-01.06.57	an Bw Neuß

2) Bw Düren

In der zweiten Hälfte der 30er Jahre waren hier vier 64er beheimatet:

64 089	von Bergheim Erft	02.06.35-21.04.37	an Bw Kempen
64 092	von Euskirchen	30.07.36-17.09.39	an Bw Bergheim Erft
64 093	von Euskirchen	16.05.36-17.09.36	an Bw Bergheim Erft
64 094	von Bergheim Erft	02.10.35-17.09.39	an Bw Bergheim Erft

Einsätze erfolgten wahrscheinlich auf der Nebenbahn nach Heimbach (Eifel).

3) Bw Euskirchen

Hier waren folgende 64 stationiert, die Richtung Köln und Münstereifel eingesetzt worden sind:

64 001	von Krefeld	22.08.53-30.08.53	an Bw W-Vohwinkel
64 004	von Krefeld	21.08.53-03.06.59	an Bw Stolberg
64 006	von Krefeld	22.10.53-07.06.59	an Bw Stolberg
64 030	von Krefeld	22.05.54-08.10.54	an Bw Stolberg
64 032	von Geldern	07.55- 06.59	an Bw Stolberg
64 092	von Bergheim/E	06.06.35-29.07.36	an Bw Düren
64 093	von Bergheim/E	28.06.35-15.05.36	an Bw Düren
64 415	Mönchen-Gladbach	20.10.56-24.06.59	an Bw Mönchen-Gladbach

4) Bw Geldern

Der Bestand des Bw gliederte sich so:

64 006	von PAW Henschel	23.12.49-10.04.52	an Bw Krefeld
64 032	von Kiel	05.50- 07.55	an Bw Euskirchen
64 089	von Kempen	22.05.37-21.07.37	an Bw Krefeld
und	von Krefeld	06.08.37-09.03.43	an Bw Gemünden
64 095	von Bergheim/E	06.35-09.03.43	an Bw Gemünden
64 287	Neulieferung	18.01.34-03.03.43	an Bw Würzburg

64 288	Neulieferung	29.01.34-03.03.43	an Bw Würzburg
64 305	Neulieferung	23.05.34-07.03.43	an Bw Würzburg
64 306	Neulieferung	28.05.34-07.03.43	an Bw Würzburg

Die Maschinen wurden auf der Strecke Kleve-Krefeld sowie durch das Bw Kemp en auf der Strecke nach Kaldenkirchen eingesetzt.

5) Bw Hohenbudberg

Kurzzeitig war die Krefelder 64 063 in Hohenbudberg stationiert, und zwar vom 5.12.50 bis zum 20.01.51.

6) Bw Kempen

Am 22.4.37 erhielt das Bw aus Düren die 64 089, gab sie aber am 21.5.37 schon an das Bw Geldern weiter.

7) Bw Kleve

Auch in Kleve war für kurze Zeit mit der 64 006 eine Lok der BR 64 beheimatet und wahrscheinlich zusammen mit den Gelderner Loks auf der Strecke nach Krefeld eingesetzt.

64 006	von Bw Krefeld	20.09.52-12.04.53	an Bw Krefeld

8) Bw Krefeld

Das Bw erhielt einen Großteil der Ende 1949 bei Henschel generalreparierten Maschinen zugeteilt. Einsatzstrecken waren die Linien nach Kleve, Mönchengladbach und Moers.

64 001	von PAW Henschel	10.49-21.08.53	an Bw Euskirchen
64 004	von PAW Henschel	23.12.49-20.08.53	an Bw Euskirchen
64 006	von Geldern	11.04.52-19.09.52	an Bw Kleve
und	von Kleve	13.04.53-21.10.53	an Bw Euskirchen
64 028	von ED Köln	22.11.52- 08.55	an Bw Mönchen-Gladbach
64 029	von Lübeck	20.07.49- 09.55	an Bw Bergheim/Erft
64 030	von ED Köln	04.11.49-21.05.54	an Bw Euskirchen
64 046	von PAW Henschel	12.11.49-19.10.54	an Bw Stolberg
64 049	von PAW Henschel	29.11.49-31.05.55	an Bw Bergheim
64 053	von PAW Henschel	18.03.50-21.05.55	an Bw Bergheim
64 063	von PAW Henschel	21.12.49-04.12.50	an Bw Hohenbudberg
und	von Hohenbudberg	21.01.51-31.05.55	an Bw Bergheim/Erft
64 089	von Geldern	22.07.37-05.08.37	an Bw Geldern
64 194	von PAW Henschel	29.11.49-22.06.55	an Bw Mönchen-Gladbach

9) Bw Kreuzberg/Ahr

1933 erhielt das Bw die neu gelieferten 64 261 und 262, die 1944 an die Rbd Schwerin abgegeben wurden. Einsatzgebiet war die Strecke Remagen-Dümpelfeld-Adenau.

10) Bw Mönchengladbach

1955 kamen hier für den Betrieb auf den Strecken nach Krefeld über Neersen und nach Neuß einige 64er zum Einsatz:

64 009	von Altenhundem	14.08.55-15.05.61	an Bw Stuttgart
64 028	von Krefeld	08.55- 10.55	an Bw Stolberg
64 046	von Neuß	06.06.61-14.10.63	an Bw Aschaffenburg
64 079	von Altenhundem	14.08.55-10.05.61	an Bw Stuttgart
64 194	von Krefeld	23.06.55-01.07.55	an Bw Bergheim
64 271	von Schwerte	17.09.55-07.11.61	an Bw Friedrichshafen
64 415	von Altenhundem	29.08.55-19.10.56	an Bw Euskirchen
und	von Euskirchen	25.06.59-28.02.62	an Bw Friedrichshafen

11) Bw Neuß

Das Bw übernahm zum 2.6.57 mit den 64 046, 049, 053, 063 und 194 die letzten 64er des Bw Bergheim/Erft. Am 13.5.57 ergänzte die aus Husum kommende 64 491 den Bestand, bis schließlich als letzte auch noch die Stolberger 64 032 nach Neuß kam.
Mit Ausnahme der 64 046 kamen alle anderen Maschinen bereits zu süddeutschen Betriebswerken und läuteten so bereits das Ende der BR 64 in Norddeutschland ein:

64 032	am 15.10.63	nach Kirchenlaibach
64 046	am 05.06.61	nach Mönchengladbach
64 049	am 27.05.61	nach Stuttgart Hbf
64 053	am 16.11.59	nach Tübingen
64 063	am 17.07.61	nach Stuttgart Hbf
64 194	am 16.10.59	nach Tübingen
64 491	am 07.09.61	nach Friedrichshafen

12) Bw Stolberg

Ende der 50er Jahre kamen auch nach Stolberg einige 64er und ergänzten den Einsatzbestand an Personenzugloks:

64 004	von Euskirchen	04.06.59-06.02.61	an Bw Stuttgart
64 006	von Euskirchen	08.06.59-20.02.61	an Bw Stuttgart
64 028	von Mönchen-Gladbach	10.58-16.07.61	an Bw Stuttgart
64 029	von Bergheim	04.57-18.06.62	ausgemustert
64 030	von Euskirchen	09.10.54-21.05.55	an Bw Bergheim
und	von Bergheim	22.06.57-21.01.62	an Bw Aalen
64 032	von Euskirchen	09.59- 07.63	an Bw Neuß
64 046	von Krefeld	20.10.54-21.05.55	an Bw Bergheim

XV. Rbd Königsberg

1) Bw Allenstein

In einer Bestandsübersicht Ende 1936 waren noch keine 64er in Allenstein nachgewiesen. Erst im Frühjahr 1938 kamen einige 64 aus dem Reichsgebiet nach Allenstein, so z. B. die 64 213, die zusammen mit Loks der BR 24 auch von den Lokbahnhöfen Ortelsburg, Neidenburg und Rothfließ eingesetzt wurde. Ob weitere 64 in Allenstein waren, konnte nicht mit Sicherheit belegt werden. 1940/41 soll die 64 213 mit den nach Osten vorrückenden deutschen Truppen Frontdienst versehen haben. 1944 wurde die Maschine als Kriegsverlust ausgemustert; möglicherweise wurde sie im Frontgebiet irreparabel schwer beschädigt.

2) Bw Königsberg

Als Neubaulok erhielt das Bw Königsberg die 64 049. Ab 1929 kam aus Insterburg die 64 046 hinzu, die jedoch schon am 1.3.29 an das Bw Osterode weitergegeben wurde. Vom 27.3.35 bis 29.8.41 kam die Maschine noch einmal zurück nach Königsberg, bevor sie schließlich an das Bw Lübeck umstationiert wurde. Vom 11.8.35 bis 22.6.37 weilte noch die 64 053 in Königsberg, ging dann jedoch nach Insterburg. Als letzte 64 verließ die 64 049 das Bw Königsberg und kam zur Rbd Schwerin.

3) Bw Korschen

Das Bw, das mit seinen Einsatzstellen Heilsberg, Rastenburg und Bartenstein vorwiegend preußischen Lok wie die Baureihen 37, 38.10, 55, 56, 57, 91 und 92 beherbergte, erhielt mit der 64 046 aus Osterode vom 5.11.30 bis 19.3.35 damit auch einen „Bubikopf", der dann schließlich wieder an das Bw Königsberg zurückgegeben wurde.

4) Bw Insterburg

Aus Neulieferungen erhielt das Bw die 64 046, 053, 054 und 055. 1929 kam die 64 046 zum Bw Königsberg. Die 64 054 gelangte bei Kriegsende zur PKP, während die 64 055 im Mai 1945 bei der Rbd Schwerin, Bw Rostock aufgefunden wurde. Die 64 053 ging am 21.10.34 zum Bw Marienburg, kam aber am 23.6.37 nochmals nach Insterburg, bevor sie am 10.6.38 endgültig nach Tilsit abgegeben worden ist.

5) Bw Marienburg

Am 22.10.34 kam aus Insterburg die 64 053 hierher, wurde dann aber am 10.8.35 nach Königsberg abgegeben.

6) Bw Osterode

Auch hier war kurze Zeit mit der 64 046 eine 64er in Betrieb; die Lok wurde in der Zeit vom 2.3.29 bis 4.11.30 durch den Lokbahnhof Mohrungen auf der Strecke nach Liebemühl eingesetzt.

7) Bw Tilsit

Für die Zeit vom 11.6.38 bis 27.3.42 konnte die 64 053 in Tilsit nachgewiesen werden, die vom Bw Insterburg hier her gekommen war und schließlich an die Rbd Schwerin in das „Altreich" rückgeführt wurde.

XVI. Rbd Linz

1) Bw Linz/Donau

Im Dezember 1944 tauchte hier auf dem Rückweg aus Schlesien die 64 311 auf, die hier auch das Kriegsende erlebt. Nach Übernahme in den Bestand der BBÖ erhielt die Maschine zunächst eine Hauptuntersuchung, der auch die Vorwärmanlage zum Opfer fiel; dafür erhielt die Lok einen nichtsaugenden Injektor der Bauart Friedmann. Nach der Aufarbeitung der Maschine wurde diese der Zfl. Wels zur Verfügung gestellt, dort aber schon am 28.11.57 ausgemustert.

2) Bw Salzburg

Am 15.11.40 erschien beim Bw Salzburg die Mühldorfer 64 345. Schon am 23.5.41 ging die Lok jedoch wieder zurück zum Bw München Ost.

XVII. Rbd Ludwigshafen/Rbd Mainz

1) Bw Alzey

Aus Holzwickede erhielt das Bw im Mai 1943 (vermutlich am 15.) die 64 097, 098, 382 und 383 und setzte sie im wesentlichen auf der Strecke nach Bodenheim ein. Mit den 64 355 (15.10.45 aus Neustadt/W), 356 (27.10.46 aus Neustadt/W) und 234 (3.3.47 aus Holzwickede) wurde der Bestand auf fünf Lok aufgestockt, nachdem die 64 383 am 26.8.44 wegen Kriegsschäden vorläufig auf „Z" ging. Die 64 097 war bereits am 5.9.44 nach Wetzlar abgegeben worden.
Mit Abgabe der 64 234, 355 und 356 nach Bingerbrück (2.6., 27.4. bzw. 18.5.49) und der 64 382 nach Landau endete der Einsatz mit 64ern in Alzey.

2) Bw Bingerbrück

Zum Sommerfahrplan 1949 wurde hier ein Bestand an 64ern neu aufgebaut, der jedoch im August 1951 bereits wieder aufgelöst wurde. Die Maschinen waren ausschließlich auf der Strecke Bingerbrück-Bad Kreuznach-Bad Münster am Stein-Odernheim-Altenglan im Einsatz, wobei zwischen Bad Münster und Odernheim nicht über Staudernheim, sondern über die alte, rechte Nahestrecke über Duchroth (KBS 245 bzw. 272 c) gefahren wurde. Im einzelnen waren in Bingerbrück beheimatet:

64 040	von Neustadt/Wstf.	17.05.51-12.08.51	an Bw Passau
64 041	von Kauserslautern	17.05.51-08.08.51	an Bw Passau
64 042	von Neustadt/Wstf.	30.04.49-20.08.51	an Bw Passau
64 098	von Trier	28.05.49- 08.51	an ED Regensburg
64 143	von Kaiserslautern	01.06.50-09.05.51	an Bw Augsburg
64 144	von Kaiserslautern	05.50-18.05.51	an Bw München Hbf
64 215	von Neustadt/Wstf.	01.04.49-08.08.51	an Bw Passau
64 234	von Alzey	03.06.49-11.05.51	an Bw München Hbf
64 344	von Kaiserslautern	17.05.51-06.08.51	an Bw Plattling
64 355	von Alzey	28.04.49-06.08.51	an Bw Plattling
64 356	von Alzey	19.05.49-20.08.51	an Bw Plattling
64 420	von Landau/Pfalz	24.10.49-05.06.51	an Bw Mühldorf
64 450	von Freiburg	04.04.47.-21.02.61	an Bw Plattling
64 520	von Kaiserslautern	31.03.49-04.05.49	an Bw Kaiserslautern

3) Bw Landau/Pfalz

Mit zahlreichen neuen Maschinen wurde das Bw Landau bereits im Jahre 1928 bedacht, die auf allen um Landau liegenden Nebenbahnen eingesetzt wurden. Der Bestand sah wie folgt aus:

64 038	Neulieferung	10.28- 08.33	an Bw Neustadt/Wstf.
64 039	Neulieferung	10.10.28- 08.33	an Bw Neustadt/Wstr.
und	von Neustadt/Wstr.	38- 40	an Bw Neustadt/Wstr.
64 040	Neulieferung	24.10.28-08.03.29	an Bw Neustadt/Wstr.
64 213	Neulieferung	28- 07.35	an Bw München Hbf
64 214	Neulieferung	10.28- 04.38	an Bw Neustadt/Wstr.
64 216	Neulieferung	14.03.29- 04.38	an Bw Neustadt/Wstr.
64 217	von Kaiserslautern	04.31- 04.38	an Bw Neustadt/Wstr.
und	von Neustadt/Wstr.	„Z"1.46- 02.48	an RAW Offenburg
und	von Neustadt/Wstr.	12.52-23.08.54	an Bw Augsburg
64 218	von Kaiserslautern	25.04.31-11.04.38	an Bw Neustadt/Wstr.
64 247	Neulieferung	01.06.42-06.07.41	an Bw Neustadt/Wstr.
und	von Neustadt/Wstr.	01.01.42-13.02.45	an Bw Neustadt/Wstr.
64 248	Neulieferng	01.06.33-05.02.53	an Bw Neustadt/Wstr.
64 249	Neulieferung	05.06.33-01.02.45	an Bw Augsburg
64 250	Neulieferung	12.06.33-28.04.61	an Bw Neustadt/Wstr.
64 251	Neulieferung	06.33-29.04.61	an Bw Atuttgart
64 382	von Alzey	08.45- 04.48	an Bw Neustadt/Wstr.
64 389	von Radolfzell	18.11.46-28.04.61	an Bw Stuttgart
64 396	von Waldshut	19.02.46-28.04.61	an Bw Karlsruhe Pbf
und	von Karlsruhe Pbf	11.02.50-26.05.61	an Bw Bayreuth
64 419	von Freiburg	28.10.47-26.05.61	an Bw Bayreuth
64 420	von Radolfzell	04.04.47-23.10.49	an Bw Bingerbrück

Bis zum Schluß konnten sich in Landau die 64 250, 389, 396 und 450 halten, die in einem zunächst drei-, später zweitägigen Umlaufplan eingesetzt wurden. Von Landau aus wurden dabei die Bahnhöfe Bad Münster am Stein, Herxheim, Homburg (Saar), Germersheim, Karlsruhe Hbf, Wörth und Bergzabern angefahren.

5) Bw Ludwigshafen

Nur für kurze Zeit hatten 64er in Ludwigshafen ihre Heimat. Vom 20.4.45 bis 28.9.45 weilte die Neustädter 64 355 hier. Vom 20.5.51 bis 20.22.51 schließlich kam aus Neustadt nochmals eine 64er (64 448), die dann aber nach Landau abgegeben wurde.

6) Bw Neustadt (Wstr)

Die Neustädter 64 kamen auf den Strecken nach Elmstein, Bad Dürkheim, Schifferstadt und Landau-Wörth zum Einsatz. Im einzelnen waren hier:

64 038	von Landau/Pfalz	08.33- 47	ausgemustert
64 039	von Landau/Pfalz	08.33- 38	an Bw Landau/Pfalz
und	von Landau/Pfalz	09.40- 45	an Rbd Frankfurt „Z"
64 040	von Landau/Pfalz	09.03.29-16.05.51	an Bw Bingerbrück
64 041	Neulieferung	27.01.28-12.03.45	an Bw Darmstadt „Z"
64 042	Neulieferung	27.01.28-29.04.49	an Bw Bingerbrück

Zum Bw Bingerbrück gehörte die 64 355, hier aufgenommen vor P13o6 Koblenz-Bingerbrück um 1950.

64 o41 beförderte den P2432 Bingerbrück-Homburg um 1950 bei Duchroth/Nahe, am längst stillgelegten Streckenteilstück Bad Münster-Odernheim gelegen.

Beide Aufnahmen: C.Bellingrodt

64 043	Neulieferung	27.01.28-24.02.46	ausgemustert
64 214	von Landau/Pfalz	04.38- 11.38	an Bw Mühldorf
64 215	von Landau/Pfalz	09.04.38-31.03.49	an Bw Bingerbrück
64 216	von Landau/Pfalz	04.38-20.06.44	an Bw Darmstadt „Z"
64 217	von Landau/Pfalz	04.38- 06.45	an Bw Landau/Pfalz „Z"
und	von RAW Offenburg	02.03.48- 10.52	an Bw Landau/Pfalz
64 218	von Landau/Pfalz	12.04.38-11.05.51	an Bw Augsburg
64 247	von Landau/Pfalz	07.07.41-31.12.41	an Bw Landau/Pfalz
und	von Landau/Pfalz	14.02.45- 45	an Bw Darmstadt „Z"
64 249	von Landau/Pfalz	02.02.45- 45	an Bw Darmstadt „Z"
64 355	Neulieferung	09.03.35-19.04.45	an Bw Ludwigshafen
und	von Ludwigshafen	29.09.45-14.10.45	an Bw Alzey
64 356	Neulieferung	03.35-26.10.46	an Bw Alzey
64 382	von Landau/Pfalz	04.48-11.05.51	an Bw Kempten
64 392	von Friedrichshafen	23.04.47-10.05.51	an Bw Kempten
64 448	von Altkirchen	16.12.45-19.05.51	an Bw Ludwigshafen
und	von Ludwigshafen	21.11.51-23.01.61	an Bw Plattling

7) Bw Wiesbaden

Nur zwei Jahre währte das Dasein einer 64 beim Bw Wiesbaden; das Bw hatte am 27.5.46 aus Limburg die 64 402 erhalten und setzte die Lok auf der Strecke nach Niedernhausen ein. Am 8.8.48 kam die Lok zum Bw Kirchenlaibach.

XVIII. Rbd Magdeburg

1) Bw Aschersleben

Hier war für die Zeit von 21.8.68 bis 19.2.69 die 64 514 beheimatet (von/an Bw Halberstadt).

2) Bw Güsten

Mit zwei Maschinen war der Güstener Bestand an 64 ebenfalls eher gering: Im Januar 1970 kam die 64 313 aus Schöneweide hierher, gefolgt von der Salzwedeler 64 322 im März 1972. Während im Juli 1970 die 64 313 noch an das Bw Brandenburg weitergegeben wurde, kam die 64 322 nur noch als Z-Lok zurück nach Salzwedel.

Ab 1946 gehörte 64 389 zum Bestand des Bw Landau/pfalz, hier bei der Ausfahrt aus Neustadt/Wstr. um 1950 mit P3660 nach Elmstein.

Rund 12 Jahre zuvor hatte 64 o4o auf der Strecke Lambrecht-Elmstein Dienst; hier am 18.4.38 mit P3656 bei Erfenstein.

Beide Aufnahmen: C.Bellingrodt

3) Bw Halberstadt

Erste 64er war hier die 64 137, die von Mai bis Dezember 1945 (Abgabe an Bw Berlin-Anhalter Bf.) in Halberstadt weilte.
Mitte der 60er Jahre wurde hier kontinuierlich ein 64er-Bestand aufgebaut, der im Januar 1970 seinen höchsten Stand erreichte, nachdem die 64 514 nur vom 18.9.65 - 20.08.68 und 20.09.69 bis 19.8.69 hier stationiert war:
64 015, 119, 121, 182, 225, 308, 318, 354, 430, 476, 490.
Fast alle Maschinen wurden auch in Halberstadt ausgemustert; lediglich die 64 119 und 476 kamen noch 1970 zum Bw Glauchau, die 64 318 im gleichen Jahr nach Stendal. 1972 gingen die 64 308 nach Salzwedel und die 380 nach Jerichow. 1975 wurden als letzte nach längerer Abstellzeit die 64 015 und 034 ausgemustert.

4) Bw Haldensleben

Am 28.5.67 kam mit 64 212 aus Wittstock die erste Lok hier her. Im März folgte ihr die 64 398 aus Hagenow-Land, gefolgt im Mai 1970 von den 64 308 aus Neustrelitz und 444 aus Jerichow. Noch 1970 gingen die 64 398 und 444 nach Glauchau und die 308 zurück nach Salzwedel. Am 25.10.70 ging die 64er-Zeit in Haldensleben mit Abgabe der 64 212 nach Salzwedel schon wieder zu Ende.

5) Bw Jerichow

Das Bw war für die Abwicklung des Gesamtverkehrs auf den Strecken Sandau-Schönhausen-Jerichow-Genthin/Güsen-Ziesar zuständig und hatte deshalb stets eine größere Anzahl von 64er im Bestand:

64 007	von Schwerin	68-	71	an VM Dresden
64 034	von Neustrelitz	09.69		an Bw Brandenburg
64 126	von Berlin-Pankow	63-	64	an Bw Nordhausen
64 168	von Po-L	63-	70	ausgemustert
64 175	von Berlin-Pankow	66-	70	an Bw Nordhausen
64 180	von Brln-Schöneweide	57-	70	ausgemustert
64 184	von Neuruppin		70	ausgemustert
64 185	von Berlin-Pankow	07.70-	08.74	ausgenustert
64 186	von Waren	05.70-	09.74	ausgemustert
64 189	von Kamenz	61-	03.73	an Bw Salzwedel
64 257	von Dessau	62-	03.72	ausgemustert
64 282	von Zwickau	60-	74	ausgemustert
64 313	von Brandenburg	71-	72	ausgemustert
64 374	von Rostock	04.66-	69	an Bw Salzwedel
64 380	von Rostock	10.63-	05.70	an Bw Halberstadt
und	von Halberstadt	03.72-	69	an Bw Salzwedel
und	von Salzwedel	10.74-	75	ausgemustert

64 308, schon als 64 1308-2 bezeichnet, in Halberstadt, Mai 1971.

64 1076-5 gefhörte im August 1971 zum Bw Salzwedel.

Beide Aufnahmen: Kieper, Slg. Löttgers

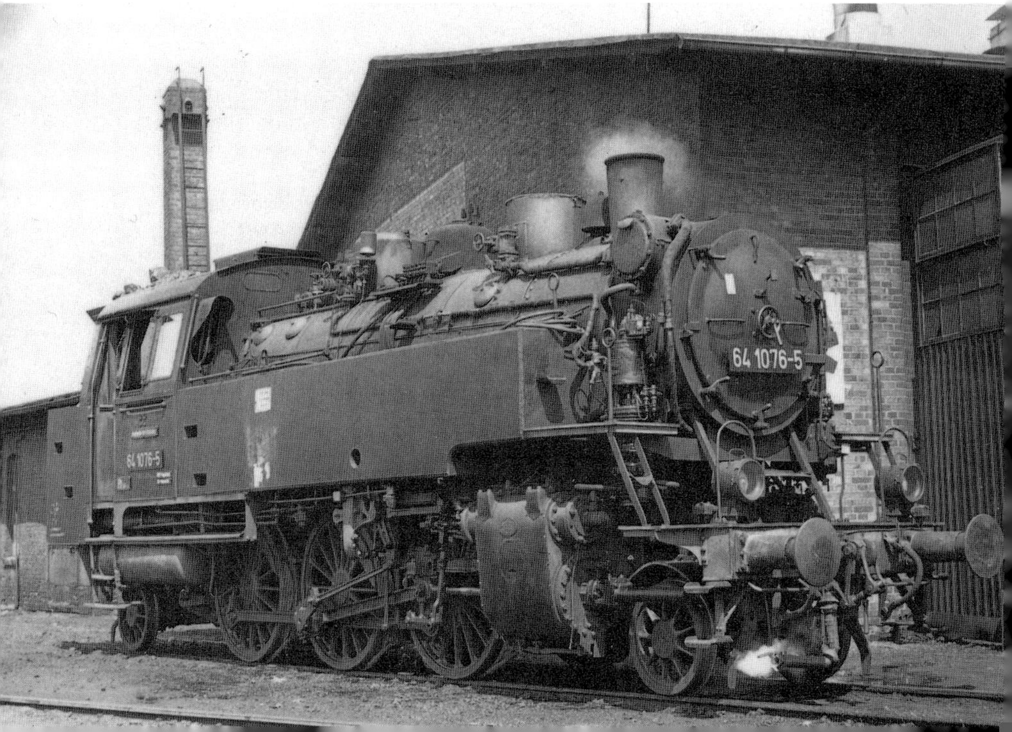

64 444	von Schwerin	64-	06.68	an Bw Halberstadt
64 454	von Dessau	62-	09.74	ausgemustert
64 455	von Brln-Schöneweide	04.53-	60	an Bw Dessau
und	von Dessau	62-	10.62	an Bw Magdeburg-Buckau
und	von Magdeburg-Buckau	05.70-	03.72	an Bw Salzwedel
64 466	von Waren	-	69	ausgemustert
64 475	von Jüterbog	09.68-	05.70	ausgemustert
64 476	von Brln-Schöneweide	08.61-	12.61	an Bw Dessau
64 480	von Rostock	06.66-	68	an Bw Haganow Land
64 486	von CSD	04.66-	67	ausgemustert
64 511	von Berlin-Pankow	07.69-	09.69	an Bw Salzwedel
64 514	von Kemenz	07.12.56-	08.04.57	an Bw Ochesleben
und	von Brandenburg	15.04.64-	18.09.65	an Bw Halberstadt

6) Bw Madgeburg-Hbf

Nach dem Krieg war hier die aus Nordhausen kommende 64 211 vom März 1972 bis zu ihrer Abstellung im September 1972 (als Z-Lok nach Salzwedel abgegeben) im Einsatz.

7) Bw Magdeburg-Buckau

Hier war mit der 64 455 von Mitte 1964 bis zum Fahrplanwechsel im Mai 1970 eine Maschine beheimatet, über die leider keine Einsatzdaten vorliegen. Dem Vernemen nach soll die Lok fast ausschließlich im Winter als Heizlok zum Einsatz gekommen sein.

8) Bw Salzwedel

Erst Mitte 1969 wurden dem Bw 64er zugeteilt, die bis zum Ende der Einsatzzeit der Baureihe 64 bie der DR dort blieben; Salzwedel wurde zum Auslauf-Bw der Deutschen Reichsbahn für die BR 64:

64 034	von Brandenburg	01.71-	03.72	an Bw Halberstadt
64 055	von Rostock	08.69-	z 07.73	ausgemustert
64 076	von Frankfurt/O	08.69-	09.74	ausgemustert
64 146	von Nordhausen	03.72-	09.74	ausgemustert
64 173	von Nordhausen	03.72-	73	ausgemustert
64 201	von Neustrelitz	03.72-	z 03.73	ausgemustert
64 211	von Magdeburg „Z"	03.73-	75	ausgemustert
64 212	von Wittstock	11.12.70-	28.08,.75	ausgemustert
64 308	von Halberstadt	73-	05.75	ausgemustert
64 318	von Stendal	73-	09.74	ausgemustert
64 322	von Berlin-Pankow	08.69-	06.72	an Bw Güsten
und	von Güsten	73-	07.73	ausgemustert
64 374	von Jerichow	08.69-	06.72	ausgemustert
64 380	von Jerichow	03.73-	1-.74	an Bw Jerichow

64 401	von Frankfurt/O	08.69- 07.70	an Bw Glauchau
und	von Glauchau	03.72- 09.74	ausgemustert
64 444	von Glauchau	03.72- 09.74	ausgemustert
64 455	von Jerichow	07.73- 07.75	ausgemustert
64 511	von Jerichow	05.70- 03.72	ausgemustert

Die Einsätze der Maschinen erfolgten auf den Strecken von Salzwedel über Beetzendorf nach Oebisfelde, Beetzendorf-Kalbe-Hohenwulsch, nach Diesdorf sowie fallweise auch nach Geestgottberg-Wittenberge.

9) Bw Stendal

Vor iher Umbeheimatung nach Salzwedel war von 1970 bis 1972 die 64 318 in Stendal beheimatet und auf der Strecke nach Niedergörne eingesetzt.

XIX. Rbd/ED/BD München

1) Bw Freilassing

1933/34 hatte das Bw mit den 64 255, 256 und 336 seine ersten 64er erhalten; der Bestand pendelte bis zur Aufgabe der 64er-Stationierung im Jahre 1956 stets zwischen drei und fünf Maschinen:

64 145	von Trier	17.05.52-25.10.56	an Bw Rosenheim
64 214	von Simbach	08.39- 09.39	an Bw Simbach
64 255	Neulieferung	05.07.33- 01.39	an Bw Simbach
und	von Simbach	08.39- 09.39	an Bw Simbach
64 256	Neulieferung	33- 38	an Bw Simbach
64 336	Neulieferung	08.07.34- 05.39	an Bw Simbach
64 337	von Ingolstadt	02.05.40-24.02.46	an Bw Weiden
64 339	von München Ost	14.04.50-25.10.56	an Bw München Ost
64 341	von Ingolstadt	18.08.44-01.07.48	an Bw Ingolstadt
64 342	von Rosenheim	07.43- 01.48	an Bw München Ost
64 343	von Ingolstadt	07.43- 12.45	an Bw Rosenheim
64 344	von Rosenheim	21.05.44-10.10.48	an Bw München Ost
64 355	von Mühldorf	12.01.37-14.05.39	an Bw Mühldorf
64 385	von München Hbf	07.50- 07.56	an Bw Mühldorf
64 431	von Rosenheim	31.03.50-23.04.50	an Bw München Ost
64 469	von Trier	17.05.52-13.09.52	an Bw Mühldorf
64 471	von Trier	19.06.52-13.09.52	an Bw Mühldorf

Glücklicherweise hat ein Umlaufplan vom Sommerfahrplan 1947 überlebt, der im Dienstplan 10 Planbedarf für elne Maschine, Einsatzstelle Lokbahnhof Tittmoning nachweist. Die Maschine kam dabei nicht nur auf der Nebenbahn Wiesmühl-Tittmoning, sondern auch Richtung Freilassing zum Einsatz.

Bw Freilassing

Ab 4. V. 47

Wagenordnung:		Dienstplan Nr 10 · L = 240 · P = 47 h 54' · Lokf Tittmoning · 2 F + 2 H
Pt 35.15	1	2501 · Wies. 02 · 3682 · Freil. · 3861 · 3864 · Freil · 3863 · 3686 · Frl. · 3865 · 2507 · Wiba. 08
		30 47 56 · 10 19 · 21 · 53 · 4 30 · 30 · 40 · 54 · 3 · 12 50 · 56 13 · 30 50 · 4

Deutsche Bundesbahn

BD München MA München 3 Bw Ingolstadt	**Laufplan der Triebfahrzeuge**	gültig vom 16. VIII. 1955 an

Nr	Baureihe	Tag	0–24	Bem
2	64	1	1303 (31–40) · Rh · 1314 (38–25) · 1256 (2–56) · Gü · 22256 (24/30) · Nf · 1265 (59–58) · Dt	
	"	2	Dt · 1240 (43–50) · Gü · 12245 · Nf · 1245 (22–23) · Dt · 1251 (16–27) · 1325 (22–57) · W Saal · 1324 (29–47) · W	
	"	3	W 2687 (26–50) · De W 12681 · 14578 (57) · De · Sa 2682 (37–56) · vS 903 (50) · Est vS 906 (29–56) · W Gü 12684 (35–46) · De W Sa 2684 (3–37–56) · W 1327 (33) · Sa · Ab · 1326 (27–10) · W Sa (4)	
	"	4	W 75157 (45–53) · In · 8777 W (23–45) · Rbg · 8778 W (20–45)	

001 Laufplan der Triebfahrzeuge A 4q Köln IV 51 10000 (Transparent)

Deutsche Bundesbahn

BD München MA München 3 Bw Ingolstadt	**Laufplan der Triebfahrzeuge**	gültig vom 22. Mai 1955 an

DplNr	Baureihe	Tag	0–24	Bem
11	64		W 13124 · Eb · 75171 W · W 12732 · Bs · 2732 · W Est · 8771 · W · Bs · 2736 · W Eb · W Lr 12736 · Sa Eb 2718 · W 2741 · Bs · W 8772 · Sa · Kpf · 8772 · W Eb · W 13125 · Sa 8774 (2/47)	345 km
9	89⁸	1	30 · Rgd Nord · Rgd Nord · 0 · 0 · Rgd Nord	
	"	2	Rgd Nord · 30 · 0 · Rgd Bw · 0 · 0 · Rgd Bw · 30 · Abl. Nord · 0 0 · Rgd Süd	
	"	3	Rgd Süd · 30 · 0 · Rgd Süd · 0	137 km

001 Laufplan der Triebfahrzeuge A 4q Köln IV 51

Deutsche Bundesbahn

3 Tl

BD München MA München 3 Heimat-Bw Treuchtlingen	Einsatz / Personaleinsatz-Bw	**Laufplan der Triebfahrzeuge** gültig vom 22. März 1965 an ungültig vom ... an						
			Triebfahrzeuge	Zahl	BR	Zahl	BR	Zahl	BR
			Bedarf nach Laufplan	1	R 64				
			Bedarf für Ausw./Rev.						
			Gesamtbedarf						
			Laufleistung km/Tag						

Dpl-Nr/km	Baureihe	Tag	0–24
	R 64	1	Tl · W 4390 (42–34) · Pl · W 4391 (50–46) · Wa · W 792 (0 17) · Gz · 12322 (34 9) · W · Tl · W Sa 4299 (14 37 56) · Pl · W Sa 4393 (42) · Tl · 13464 (41 56) · Dt · Mo, Di 15465 (31 43) · Tl

948 I 01 Laufplan der Triebfahrzeuge A 4 q 5 b 70 Karlsruhe XI 63 10 000 B 222

2) Bw Ingolstadt

Zahlreiche Maschinen fanden in Ingolstadt nach dem Krieg ihre Heimat, bis 1962 die letzten Maschinen nach Treuchtlingen und Friedrichshafen abgegeben wurden:

64 021	von Nürnberg Hbf	20.49-25.06.62	an Bw Friedrichshafen
64 024	von Aschaffenburg	22.05.30-04.09.33	an Bw Aschaffenburg
64 101	von Nürnberg Hbf	05.10.49-17.10.49	an Bw Nürnberg Hbf
64 107	von Nürnberg Hbf	06.10.49-11.06.52	an Bw Treuchtlingen
64 110	von Nürnberg Hbf	06.10.49-25.06.62	an Bw Friedrichshafen
64 145	von Rosenheim	01.11.56-29.05.62	an Bw Friedrichshafen
64 149	von Trier	52-25.06.62	an Bw Friedrichshafen
64 151	von Augsburg	10.33- 01.35	an Bw Rosenheim
64 159	von Augsburg	17.08.55-01.10.55	an Bw Augsburg
64 254	von Rosenheim	15.07.48-10.06.49	an Bw München Ost
64 284	von Nürnberg Hbf	18.10.49-14.05.50	an Bw Murnau
und	von Murnau	29.09.50-27.10.54	an Bw München Ost
64 337	Neulieferung	24.07.34-01.05.40	an Bw Freilassing
64 338	Neulieferung	08.08.34-05.01;42	an Bw Simbach
64 339	Neulieferung	29.08.34-30.06.44	an Bw München Ost
64 340	Neulieferung	13.09.34-30.06.44	an Bw München Ost
und	von München Ost	30.12.49-27.10.54	an Bw München Ost
und	von München Ost	04.12.54-11.06.62	an Bw Treuchtlingen
64 341	Neulieferung	05.10.34-15.10.43	an Bw Freilassing
und	von Freilassing	18.12.48-20.06.49	an Bw München Ost
64 342	Neulieferung	10.34- 08.42	an Bw Rosenheim
und	von München Ost	12.55- 08.62	an Bw Treuchtlingen
64 343	Neulieferung	11.34- 07.43	an Bw Freilassing
und	von München Ost	12.56- 01.58	an Bw München Ost
64 345	von München Ost	05.10.46-03.03.47	an Bw München Ost
und	von München Ost	27.10.54-25.06.62	an Bw Freilassing
64 364	Neulieferung	12.12.35-29.06.44	an Bw München Ost
64 428	von Aschaffenburg	16.10.49-01.10.53	an Bw München Hbf
64 440	von Limburg	03.47-17.06.49	an Bw Nördlingen
64 442	von Limburg	05.02.47-17.06.49	an Bw Mühldorf
64 447	von Rbd Frankfurt	05.48-17.06.49	an Bw Mühldorf
64 452	von Trier	17.05.52-02.10.53	an Bw Kempten
64 520	von Rosenheim	02.06.56-31.08.56	an Bw München Ost

Im Dienstplan 11 fand eine Lok Beschäftigung auf der Nebenbahn Eichstätt Bahnhof-Kipfenberg-Beilngries und leistete dabei täglich 345 km. Der Reisezugverkehr wurde hingegen schon überwiegend von zwei VT 70.9 bewältigt.
In einem weiteren, viertägigen Plan kamen die Loks über Donauwörth bis Günzburg, über Saal bis Regensburg Hbf sowie auf der Nebenbahn bis Riedenburg (hier jedoch nur bis zum Auftauchen der ersten Schienenbusse).

3) Bw Mühldorf

Auch Mühldorf muß als eine Hochburg der Baureihe 64 angesehen werden. Zahlreiche Maschinen waren hier beheimatet:

64 025	von Rosenheim	26.06.56-10.02.57	an Bw Rosenheim
und	von Rosenheim	29.07.57-28.09.57	an Bw Rosenheim
64 148	von Trier	17.05.52-22.05.61	an Bw Stuttgart
64 151	von München Ost	06.65-27.09.66	ausgemustert
64 158	von Rosenheim	17.05.36-24.12.36	an Bw Rosenheim
64 214	von Neustadt/Wstr.	11.38- 01.39	an Bw Simbach
64 236	von Regensburg	17.11.63-15.12.63	an Bw Regensburg
64 338	von München Hbf	14.07.60-30.11.64	ausgemustert
64 340	von Treuchtlingen	07.02.63-18.06.64	an Bw München Ost
und	von Treuchtlingen	01.06.65-27.09.66	ausgemustert
64 345	Neulieferung	07.01.35-11.01.37	an Bw Freilassing
und	von Freilassing	15.05.39-14.11.40	an Bw Salzburg
und	von München Ost	20.10.50-19.05.51	an Bw München Hbf
64 57	von Kaiserslautern	12.05.51-22.05.63	an Bw München Ost
64 358	von Kaiserslautern	12.05.51- 10.61	an Bw Treuchtlingen
64 377	Neulieferung	08.36- 45	an Rbd Dresden
64 378	Neulieferung	12.08.36-21.11.41	an München Hbf
und	von München Hbf	07.12.44- 02.45	ausgemustert
64 384	Neulieferung	19.12.36- 07.43	an Bw München Hbf
und	von München Hbf	45- 10.50	an ED Hannover
64 385	Neulieferung	23.12.36- 07.43	an Bw München Hbf
und	von Freilassing	01.57- 07.59	an Bw Rosenheim
64 420	von Bingerbrück	06.06.51-05.11.53	an Bw Rosenheim
64 431	von Simbach	21.05.49-26.07.49	an Bw Rosenheim
und	von München Hbf	14.07.60-01.09.65	ausgemustert
64 433	von Rosenheim	26.06.56-27.09.68	ausgemustert
64 434	Neulieferung	12.02.38-21.11.41	an München Ost
64 440	von Ingolstadt	18.06.49-03.08.52	an Bw München Hbf
und	von München Hbf	14.07.60-22.05.61	an Bw Stuttgart
64 442	von Ingolstadt	18.06.49-02.10.52	an Bw Rosenheim
64 447	von Ingolstadt	18.06.49-25.05.62	an Bw Friedrichshafen
64 453	von Karlsruhe Pbf	24.11.38-13.12.41	an Bw München Ost
und	von München Ost	17.07.46-12.11.45	an Bw München Ost
und	von München Ost	10.06.49-06.10.50	an Bw München Ost
64 458	von Northeim	11.02.50-14.05.50	an Bw Murnau
64 467	von Kaiserlautern	12.05.51-25.05.62	an Bw Friedrichshafen
64 469	von Freilassing	14.09.52-07.11.58	an Bw Rosenheim
64 471	von Freilassing	14.09.52- 06.66	an Bw München Ost
64 500	von München Hbf	28.11.44-11.04.46	an Bw Simbach
und	von München Ost	10.06.49-17.05.50	an Bw Murnau
64 513	von Bremerhaven Lehe	13.02.50-14.05.50	an Bw Murnau
und	von Risenheim	22.05.54-12.07.60	an Bw Tübingen
64 519	von Rosenheim	22.05.54-24.04.61	an Bw Tübingen
64 520	von München Ost	12.01.57-14.07.60	an Bw Tübingen

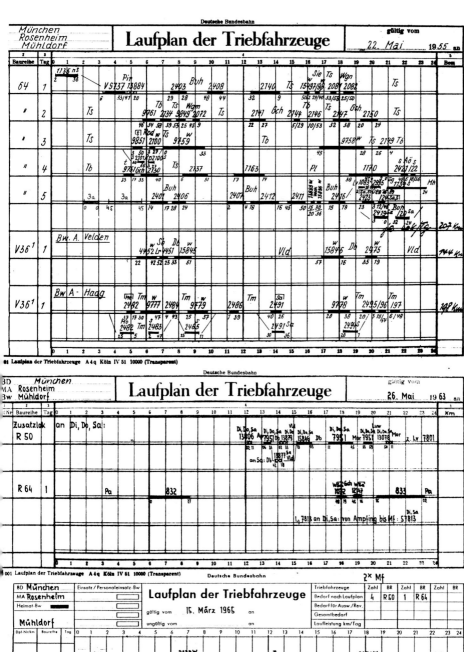

Deutsche Bundesbahn

München
Rosenheim
Mühldorf

Laufplan der Triebfahrzeuge

gültig vom 22. Mai 1955 an

Baureihe	Tag	0–24	Bem
64	1	1135 n S (2, 36) Pir V 5737 13884 (6, 33/41, 20) 2403 Buh 2408 (29, 28, 48, 44) 2140 Ts 15497/98 Sie Ts 2081 Wgn 2082 (32, 9, 50, 29/40, 33/58, 25/50) Ts	
"	2	Ts 9761 Tb 2134 Ts 9849 Wgm 2072 (46, 34, 58, 39, 53, 25, 45, 9) Ts 2141 Gch 2144 2146 Tb Ts 2147 Gch 2150 (22, 27, 5/29, 10/53, 32, 38, 20, 24) Ts	
"	3	Ts 9851 Rod 2100 Ts 9759 (33) Tb 9758 Ts 2149 Tb (45, 28, 26, 4)	
"	4	Tb 9751 Gch 2101 Rp 2100 2130 Ts 2137 (33, 17, 33, 40, 6, 51) 1163 Pl 1170 2421/122 s Äö s (17, 14)	
"	5	3a 3a 2401 Buh 2406 (0, 0, 45, 45, 14, 17, 28, 24) 2407 Buh 2412 2411 13885/13886 Buh 2416 Lv 1083 2985 Eg 7734 Mh 2423 Den 124 (2, 4, 18, 16, 45, 50, 15, 30, 20, 36, 15, 79, 23) 2419 Buh 120 Sa	207 km
V 36[1]	1	Bw. A. Velden 4452 Lr Sb 4451 Db 15845 (22, 42, 52, 23, 33, 51) Vld 15846 Db 2475 Vld (57, 16, 35, 19)	144 km
V 36[1]	1	Bw A-Haag 2482 Tm 9777 2484 Tm 9779 (37, 17, 30, 47, 4, 43, 25, 37) Mo 2482 Tm 2483 2485 (25, 5, 2, 47, 25, 11) 2486 Tm 2491 (7, 39, 40, 26) 2491 Sa (30, 36) 9778 2495/96 Tm 197 (20, 38, 20, 3, 15/54, 6/48) 2494 S (20, 7)	198 km

01 Laufplan der Triebfahrzeuge A 4 q Köln IV 51 10000 (Transparent)

Deutsche Bundesbahn

BD München
MA Rosenheim
Bw Mühldorf

Laufplan der Triebfahrzeuge

gültig vom 26. Mai 1963 an

Nr	Baureihe	Tag	0–24	Km
	Zusatzlok R 50		an Di, Do, Sa: Di, Do, Sa 13806 Ap 7951 Di, Do, Sa Db 13879 Di, Do Vld 15846 Di, Do, Sa Db 7951 Di, Do, Sa Mor 7951 Di, Do, Sa 13078 Di, Do, Sa Mor Lmw x. Lv 7801	
			an Sa: Db 13877 Sa Vld	
	R 64	1	Pa 832 (0, 27) 1082 W Sa Gch 1247 W Sa 833 Pa	
			L, 7813 an Di, Sa: von Ampfing bis Mf: Di, Sa 57813	

001 Laufplan der Triebfahrzeuge A 4 q Köln IV 51 10000 (Transparent)

Deutsche Bundesbahn

2x Mf

BD München
MA Rosenheim
Heimat-Bw Mühldorf

Einsatz / Personaleinsatz-Bw

Laufplan der Triebfahrzeuge

gültig vom 15. März 1965 an
ungültig vom an

Triebfahrzeuge	Zahl	BR	Zahl	BR	Zahl	BR
Bedarf nach Laufplan	4	R 50	1	R 64		
Bedarf für Ausw./Rev.						
Gesamtbedarf						
Laufleistung km/Tag						

Dpl-Nr/km	Baureihe	Tag	0–24
	R 64	1	Mf 2132 W Ts 2151 W Mf
	R 50	Zusatzlok:	Mf 13890 Ap 7905 Mo Tb 13881 Vld 37905 Tb 7905 Mop
			Mop 7904 Di Ap 13893 Mf

948 I 01 Laufplan der Triebfahrzeuge A 4 q 5 b 70 Karlsruhe XI 63 10000 B 222

Einsätze erfolgten auf allen von Mühldorf ausgehenden Strecken, bevorzugt nach Rosenheim, Landshut und Passau. Mitte der 50er Jahre begann ihr Stern zu sinken, nachdem mehrere P8 die Hauptbahndienste übernahmen und auf den Nebenbahnen der Schienenbus Einzug hielt. Waren im Sommer 1955 noch 5 Loks im Planeinsatz, die auf den Strecken Mühldorf-Garching-Trostberg-Traunstein-Waging, Mühldorf-Frontenhausen=Marklkofen-Pilsting-Plattling und Mühldorf-Altötting-Burghausen zum Einsatz kamen, so blieben letztlich nur noch zwei einzelne Plantage, die einmal Leistungen mit P832/833 nach Passau, zum anderen mit P2132/2151 über Trostberg nach Traunstein vorsahen.

4) Bw München-Hbf.

Das Bw München Hbf erhielt 1943/44 kriegsbedingt die 64 213, 252, 253, 254, 363 und 385, nachdem 1940 bereits mit den neu gelieferten 64 500 bis 502 drei Maschinen zur Verfügung standen. Jeweils eine Lok wurde durch die Lokbahnhöfe Bayrischzell, Schliersee und Altomünster eingesetzt.
Mit Auflösung des Bw München-Thalkirchen 1952 übernahm das Bw München Hbf. auch die Bespannung der Züge auf der Strecke München Hbf-Wolfratshausen-Bichl-(Kochel); wie bisher waren sechs Maschinen planmäßig eingesetzt, die täglich knapp 200 km zu leisten hatten. Bemerkenswert ist die Tatsache, daß ab Winter 1957 auch der Güterverkehr mit den zugehörigen Rangierdiensten durch die BR 64 übernommen wurde. Als Ersatz für vier 98.8 kamen drei 64er durch die Einsatzstelle Wolfratshausen zum Einsatz.

Am 29.05.60 wurde der elektrische Zugbetrieb zwischen Höllriegelskreuth und Wolfratshausen aufgenommen; der Abschnitt Wolfratshausen-Beuerberg wurde mit Schienenbussen bedient. Das Streckenstück Beuerberg-Bichl war bereits zum Sommer 1959 vollständig stillgelegt worden. Alle Maschinen kamen im Laufe des Sommerfahrplans 1960 zu anderen Bw. Im einzelnen waren in München Hbf stationiert:

64 144	von Bingerbrück	19.05.51-14.09.60	an Bw Aalen
64 213	von Landau/Pfalz	44- 44	ausgemustert
64 214	von München Thal	06.51-20.09.60	an Bw Tübingen
64 234	von Bingerbrück	19.05.51-29.07.60	an Bw Aalen
64 252	von Rosenheim	06.44- 05.48	an Bw München Ost
64 253	von Rosenheim	09.05.44-14.04.50	an Bw Rosenheim
64 254	von Rosenheim	05.05.44-26.11.44	an Bw Rosenheim
64 293	von München Ost	22.05.54-21.09.60	an Bw Tübingen
64 296	von München Ost	06.64-14.09.60	an Bw Aalen
64 336	von München Thal	05.51-20.09.60	an Bw Tübingen
64 338	von München Thal	16.06.51-13.07.60	an Bw Mühldorf
64 343	von Rosenheim	07.50- 05.55	an Bw Ingolstadt
64 345	von Mühldorf	20.05.51-31.05.51	an Bw München Ost
64 363	von Ingolstadt	30.06.44-21.06.60	an Bw Neu Ulm
64 385	von Mühldorf	07.43- 05.48	an Bw Freilassing

Deutsche Bundesbahn

Deutsche Bundesbahn

MA Ludwigshafen / Rh.
Bw Landau Pf.

Laufplan der Triebfahrzeuge

gültig vom ... 19... an

1 DplNr	2 Baureihe	3 Tag	4 (0–24)	5 Kilometer
03	64	1	4551 Hx 4552 4553 Hx 4554 9982 Kü 9985 4569 Hx 4570 4571 Hx 4572 16825 Hx 16826; Sa: 4563 Hx 4564 4565 Hx 4566	145
		2	Wö 2820 Wö 2084 Bg 1713 Wö 2826 Kh 2865 Gh 2842 Kh 2844 Kh 42844	214
		3	2002 Mü 2005 16821 Hx 16822 2832 Kh 2865 Wö 1735 Gh 9998 2080; Sa: 2832 Wö 1748 Bg 1721 Wö	220
				579:3 = 193 Km/Tg

BD Mainz
MA Ludwigshafen
Bw Landau Pf.

Laufplan der Triebfahrzeuge

gültig vom 28. September 1958 an
ungültig vom ... 19... an

1 DplNr	2 Baureihe	3 Tag	4 (0–24)	5 Kilometer
03	64	1	2002 Mü 2005 16821 Hx 16822 15850 Ho 4871 15961 Gh 9968; Sa: 4563 Hx 64 65 Hx 66	140
		2	4551 Hx 52 53 Hx 54 Rgd Bf Lo 2832 Kh 2863 Be 4992 Wö 1735 Gh 2084 16825 Hx 16826; Sa: 2832 Wö 1748 Bg 1721 Wö Bg Wö 1735 Gh 2080	211
				351:2 = 175 Km/Tg

Laufpläne Bw Landau aus technischen Gründen an dieser Stelle!

RBD München

Bw München-Hbf

Lokomotivumlauf

S-Fahrplanabschnitt 1946 Gültig ab 1.7.1946

Lokomotiven	Anzahl	0–24
		Dienstplan Nr. 22 L = 102 km P = 47h 15' Lokbf Bayrischzell.
Pt 35.15	1	11250 11251 11276 11253 11254/61 11258/11257 11256 11259

RBD München

Bw München-Hbf

Lokomotivumlauf

S-Fahrplanabschnitt 1947 Gültig ab 4.V.47

Lokomotiven	Anzahl	0–24
		Dienstplan Nr. 20 L = 180 P = 47h 30' Lokbf Altomünster 2F + 2H
Pt 35.15	1	2600 Dachau 2601 2602 Da. 2603 2608W Dach. 2607W 2610S Da. 2609S
		Dienstplan Nr. 21 L = 227 P = 47h 49' Lokbf Schliersee 3F + 3H
Pt 35.15	1	1272 1271 1274/73/76 Miesb. 9902 1278/77 1280/79 1281/81 1262 1263 /64/86/88

Deutsche Bundesbahn

ED München MA München 1 Bw München Hbf.	**Laufplan der Triebfahrzeuge**	gültig vom 27. September 1953 an

1 DplNr	2 Baureihe	3 Tag	4 (0–24 Uhr)	5 Bem
4	Pt 35.15 R 64	1	Mh 2830 Bi 30 Lw 2894 Bi 2849 Mh 2854 2858 Whs	
	-"-	2	Whs 2831 Mh 13876 Mt Rgd. Hg 13877 Mh 2846 Whs 2861 Mh 2861 2864 2883 Whs	
	-"-	3	Whs 2882 Bg 2839 Whs 2839 Mh 2844 Bi 2855 Mh 2868 Bi	
	-"-	4	Bi 2837 Mh 2838 Bg 2845 Mh 2860 Bg 2871 Mh 2872 Whs 2885 Whs	
	-"-	5	Whs 2880 Bg 2833 Mh 2836 Whs 2841 Mh 2848 Bi 2896 2873 Mh	
	-"-	6	Mh 13801 Mop 4405 Erd 4412 Mop 14414 Mh 2854 Whs 2865 Mh; Erd 4414 14446 Mh 2850 Whs	
	-"-	S	Zusatzlok: Mh 2849 Whs 2850 Bg 2863 1) Mh; Mh 2840 Whs 2863 2) Mh	

1) bis 25.10.53 und ab 1.5.54
2) 20.12.53 bis 25.4.54

948 001 Laufplan der Triebfahrzeuge A 4 q Münster VIII 52 20000 Jentzsch

Deutsche Bundesbahn

BD München MA München 1 Bw München Hbf.	**Laufplan der Triebfahrzeuge**	gültig vom 29. September 1957 an

1 DplNr	2 Baureihe	3 Tag	4 (0–24 Uhr)	5 Bem
4	R 64	1	Mh 2832 Bi als S: 2849 Mh 2857 Mh 2868 Bi	
	"	2	Bi 2839 2841 Mh 2838 Bg 2845 Mh 2856 1844 Bg 2871 Mh; Mh 2868 2840 Bg	
	"	3	Mh 2830 Whs 2835 Mh 2848 Bi 2873 Mh	
	"	4	ML 9968 Whs 9965 ML	
	"	5	ML 9966 Bi 2849 Mh als S: 2864 2864 Whs Bg 2883 Whs	
	"	6	Whs 2882 Bg 2841 Mh 2844 Bi 9967 ML; Whs 2839 Mh als S: 2857 Mh; Mh 2872 Bg 2872	
5	R 64	1	Lok-Bf. Wolfratshausen: Whs Nachschieben Rgd. Whs Schiebe Rgd. Whs Schiebe. 2865 Mh 2872 Whs; Whs 2833 Mh Mh 2846 Whs 2853 Mh 2860 Whs	
	"	2	Whs 2880 Bg 2833 Mh 2836 Whs 2843 Mh 2846 Bg 2851 Mh 2858 Whs	
	"	3	Whs 2831 Mh 2832 Mt 9968 Hg Rgd. Hg 13877 ML Mh als S: 2850 Whs Lv 2860 Bg 2871 Schiebe Whs	

948 001 Laufplan der Triebfahrzeuge A 4 q Münster VIII 52 20000 Jentzsch

Die Baureihe 64 in Südostbayern

Maximales Einsatznetz nach 1945

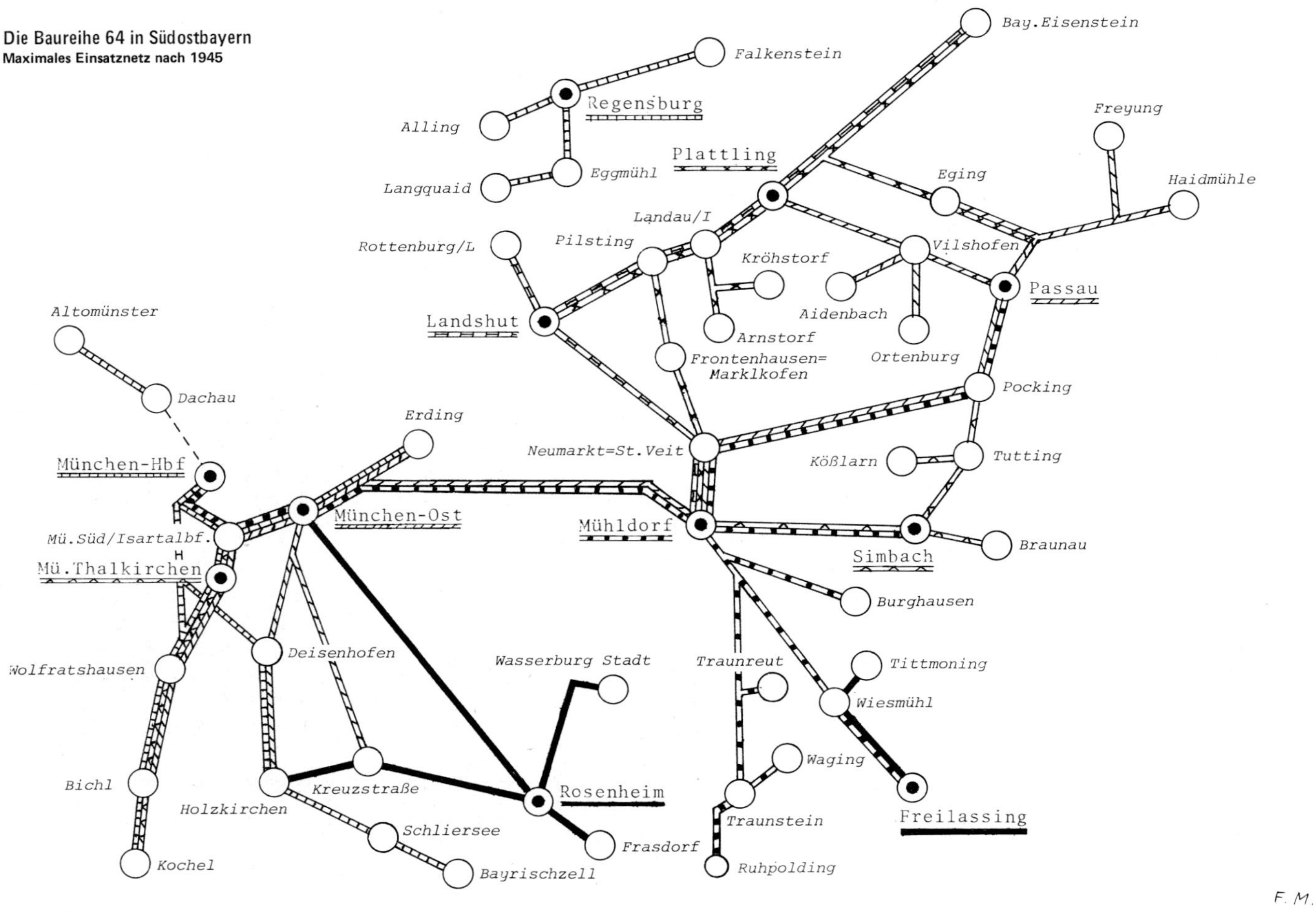

64 431	von München Thal	02.06.51-13.07.60	an Bw Mühldorf
64 432	von München Thal	06.61-21.06.61	an Bw Kempten
64 440	vpn Mühldorf	04.08.52-13.07.60	an Bw Mühldorf
64 453	von München Ost	15.01.47-16.01.47	an Bw München Ost
und	von München Thal	20.05.51-21.06.60	an Bw Kempten
64 501	Neulieferung	17.09.40- 05.45	ausgemustert
64 502	Neulieferung	26.09.40-28.03.50	an Bw Murnau
und	von Murnau	26.09.50-13.07.60	an Bw Rosenheim

5) Bw München-Ost

Bereits in den 30er Jahren begann die Beheimatung der BR 64 in München-Ost, wobei ständig um die zehn Maschinen hier stationiert waren. Die Einsätze erfolgten auf den Strecken von München-Ost Pbf. nach Kreuzstraße, Holzkirchen über Taufkirchen-Unterhaching, Markt Schwaben-Erding/Mühldorf.
Im Sommer 1955 wurden 7 Planloks benötigt, von denen sechs im Plan 8 und eine im Plan 9 fuhren; durchschnittlich leisteten die Maschinen 207 km pro Tag. Bemerkenswert war der sonntägliche Ausflug nach Kochel auf die Isartalbahn über München-Süd mit dem Zugpaar 2834/2869.
Der Winterfahrplan 1964/65 brachte die letzte Planeinsatzperiode für die BR 64 im Münchner Raum. Nach wie vor wurden sechs Maschinen nach Erding, Holzkirchen und Kreuzstraße eingesetzt, die täglich nur noch 122 km leisteten.
Viele Maschinen wurden noch umbeheimatet, etliche rosteten noch Jahre bis zur Ausmusterung auf Abstellgleisen im Bw Ost vor sich hin, bis sie schließlich bei einem der drei Münchner Lok-Schrotthändler zerlegt wurden.
Im einzelnen waren in München Ost stationiert:

64 101	von Nürnberg Hbf	11.03.55-23.05.55	an Bw Nünrnberg Hbf
64 151	von Simbach	05.47- 05.65	an Bw Mühldorf
64 152	von Simbach	10.11.46-27.09.49	an Bw Rosenheim
64 159	von Augsburg	12.03.55-02.06.55	an Bw Augsburg
63 203	von Wetzlar	06.10.47-28.10.50	an Bw München Thal
und	von München Thal	10.11.50-14.11.50	an Bw München Thal
und	von München Thal	24.11.50-22.05.61	an Bw Stuttgart
64 214	von Rosenheim	05.44- 05.50	an Bw Murnau
64 242	von Aschaffenburg	08.01.64-27.09.66	ausgemustert
64 252	von München Hbf	05.48-10.03.66	ausgemustert
64 254	von Ingolstadt	11.06.49-10.03.66	ausgemustert
64 255	von Simbach	05.47-10.03.66	ausgemustert
64 258	von Rbd Frankfurt „Z"	09.47-11.01.51	an Bw München Thal
und	von München Thal	14.03.51-27.09.66	ausgemustert
64 284	von Ingolstadt	18.10.54-27.09.66	ausgemustert
64 293	von Frankfurt 3	18.08.48-09.01.51	an Bw München Thal
und	von München Thal	22.02.51-22.05.54	an Bw München Hbf
64 296	von Rosenheim	12.48- 06.54	an Bw München Hbf

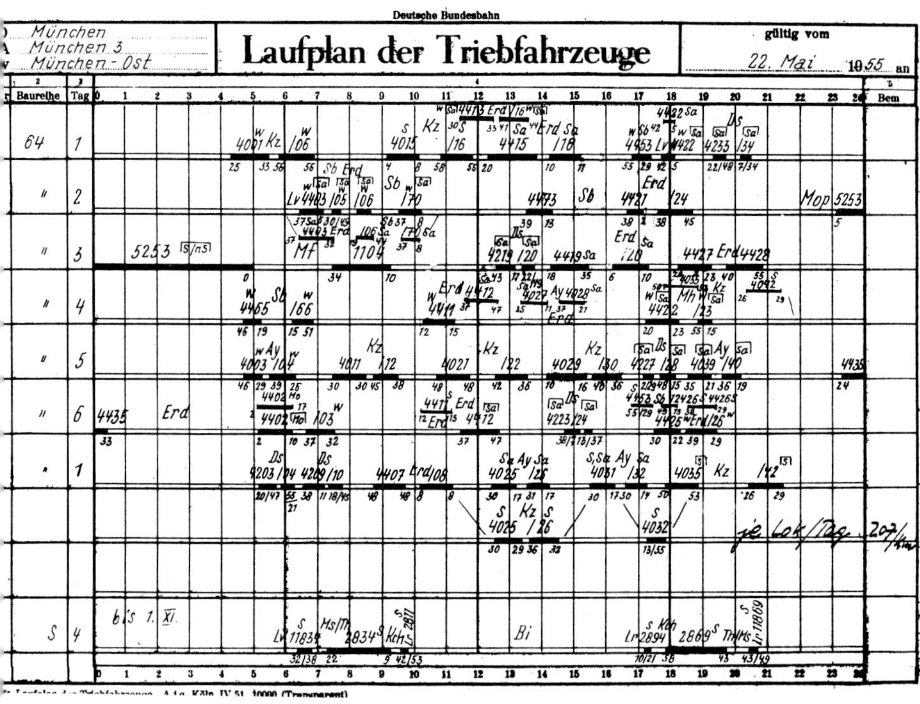

Deutsche Bundesbahn

Laufplan der Triebfahrzeuge

BD München
MA München 3
Bw München-Ost

gültig vom 22. Mai 1955 an

Baureihe	Tag	Bem
64	1	
"	2	
"	3	
"	4	
"	5	
"	6	
"	1	
S	4	

je Lok/Tag 207/km

Laufplan der Triebfahrzeuge A 4a Köln IV 51 10000 (Transparent)

Deutsche Bundesbahn

6 Mü-Ost

BD	München
MA	München 3
Heimat-Bw	München Ost

Einsatz / Personaleinsatz-Bw

Laufplan der Triebfahrzeuge

gültig vom 27. Sept. 1964 an

ungültig vom an

Triebfahrzeuge	Zahl	BR	Zahl	BR	Zahl	BR
Bedarf nach Laufplan	6	R 64				
Bedarf für Ausw./Rev.	0,2					
Gesamtbedarf	6,2					
Laufleistung km/Tag	122					

Dpl-Nr/km	Baureihe	Tag	0–24
52.09	R64	1	anW̄s̄ā W 4003 Ay 4004 W; anW̄s̄ā W 4011 Kz 4012; an S: 4015 S Hk 4016 S; an Sa 4027 Ay 4028; 4233 4234 4039 Sa; Hk
	"	2	Hk; anW 4006; an Sa: 4029 Kz 4030; 4031 Kz 4032 S; an W 4235 Ds 4236
	"	3	W Sb 4463 4464; anW 4403 Erd 4408 W; an S: 4033 S Hk 4036 S; 4033 W Ay 4034 W
	"	4	anW̄s̄ā Hs anW̄s̄ā 4007 4008; an S: 4025 S Kz 4046 S; 4237 Ds 4238; 4431 S; anW̄s̄ā 4425 Erd; Erd
	"	5	Erd; anW 4402; an Sa: 4415 Sb 4417 Sa Erd 4418; anW Ds anW 4229 4230; 4035 W Kz 4040 W
	"	6	anW Ds anW W Ds W 4203 4204 4209 4210; an Sa: 4021 Kz 4022; an S: 4045 Kz 4040 S; W̄s̄ā 4049 Ay 4050; 4037 Hs 4038; an S: 4029 Kz 4030; 4239 Ds 4240 bis 1.XI. u. ab 25.XII.

Laufplan der Triebfahrzeuge A 4a 5 h 70 Karlsruhe VIII 63 5000 B 222

64 303	von Nördlingen	01.12.63-28.08.64	an Bw Tübingen
64 336	von Simbach	09.47- 05.50	an Bw Murnau
64 338	von Simbach	03.07.47-15.05.50	an Bw Murnau
64 339	von Ingolstadt	01.07.44-13.04.50	an Bw Freilassing
und	von Freilassing	16.10.56-01.07.64	augemustert
64 340	von Ingolstadt	01.07.44-29.12.49	an Bw Ingolstadt
und	von Ingolstadt	28.10.54-03.12.54	an Bw Ingolstadt
und	von Mühldorf	03.08.64-26.03.65	an Bw Treuchtlingen
64 341	von Ingolstadt	21.06.49-30.11.64	ausgemustert
64 342	von Freilassing	11.49- 50	an Bw Thalkirchen
und	von München Thal	06.52- 12.55	an Bw Ingolstadt
64 343	von Ingolstadt	01.58- 05.65	ausgemustert
64 344	von Freilassing	11.10.48-06.10.49	an ED Augsburg
64 345	von Salzburg	24.05.41-04.10.46	an Bw Ingolstadt
und	von Ingolstadt	28.09.47-19.10.50	an bw Mühldorf
und	von München Hbf	01.06.51-26.10.54	an Bw Ingolstadt
64 357	von Mühldorf	23.05.63-27.09.66	ausgemustert
64 431	Neulieferung	11.12.37-21.04.49	an Bw Simbach
und	von Frilassing	24.04.50-14.05.50	an Bw Murnau
64 432	Neulieferung	30.12.37- 05.47	an Bw Simbach
und	von Simbach	06.48- 05.49	an Bw Simbach
64 433	Neulieferung	30.01.38-26.06.46	an Bw Simbach
64 434	von Mühldorf	22.01.41-05.07.47	an Bw Simbach
64 451	von Regensburg	06.11.63-27.09.66	ausgemustert
64 453	von Mühldorf	13.12.41-16.07.46	an Bw Mühldorf
und	von Mühldorf	13.11.46-14.01.47	an Bw München Hbf
und	von München Hbf	17.01.47-19.02.47	an Bw Simbach
und	von Simbach	08.05.49-09.06.49	an Bw Mühldorf
64 471	von Mühldorf	06.66-22.05.67	ausgemustert
64 500	von Simbach	08.05.49-09.06.49	an Bw Mühldorf
64 520	von Ingolstadt	01.09.56-11.01.57	an Bw Mühldorf

6) Bw München-Thalkirchen

Mit Verstaatlichung der Localbahn Aktiengesellschaft München zum 1.8.1938 kam auch die Betriebswerkstatt Thalkirchen der LAG zur Reichsbahn. Während bis 1950 der nicht mit Triebwagen abzuwickelnde Verkehr ausschließlich mit ehemaligen LAG-Dampfloks bewältigt wurde, erhielt Thalkirchen nach Ende der Passionsspiele in Oberammergau im Jahre 1950 die vorübergehend in Murnau beheimateten 64 214, 336, 338, 431 und 500. Zur Verstärkung kamen noch Maschinen aus München-Ost, Mühldorf und Rosenheim. Die bevorstehende Auflösung des Bw zum 1.1.52 warf mit der schrittweisen Umbeheimatung der 64er zum Bw München Hbf. erste Schatten voraus.
Am Einsatz der Loks änderte sich dadurch nichts wesentliches; stets waren sechs Maschinen auf der Isartalbahn eingesetzt.
In Thalkirchen waren beheimatet:

64 234 (Bw München Hbf) einfahrend in Dachau Bf, 1955.
Aufnahme: C. Bellingrodt

Diese Straßenkreuzung sieht heute auch etwas anders aus: 64 155 (Bw Mühldorf) zwischen der Isar und Block Nockherberg in München-Untergiesing, um 1930.
Aufnahme: Ernst Schörner

64 203	von München Ost	29.10.50-09.11.50	an Bw München Ost
und	von München Ost	15.11.50-22.11.50	an Bw München Ost
64 214	von Murnau	10.50- 06.51	an Bw München Hbf
64 258	von München Ost	12.01.51-13.03.51	an Bw München Ost
64 293	von München Ost	10.01.51-21.02.51	an Bw München Ost
64 336	von Murnau	10.50- 05.51	an Bw München Hbf
64 338	von Murnau	06.10.50-17.05.51	an Bw München Hbf
64 342	von München Ost	07.50- 06.51	an Bw München Ost
64 431	von Murnau	01.10.50-01.06.51	an Bw München Hbf
64 432	von Rosenheim	10.50- 06.51	an Bw München Hbf
64 453	von Mühldorf	07.10.50-10.01.51	an Bw München Hbf
64 500	von Murnau	07.10.50-19.05.51	an Bw München Hbf

7) Bw Murnau

Da die für den Betrieb auf der elektrisch betriebenen Localbahn Murnau-Oberammergau vorhandenen fünf E69 nicht ausreichten, den Passionsspielverkehr 1950 abzuwickeln, andererseits aber wegen des abweichenden Stromsystems keine 15kV-Elloks eingesetzt werden konnten, wurde das Bw Murnau für einen Sommer zur Heimat der BR 64. Einsätze erfolgten ausschließlich Richtung Oberammergau. Der Bestand sah wie folgt aus:

64 214	von München Ost	05.50- 09.50	an Bw München Thalkirchen
64 284	von Ingolstadt	15.05.50-28.09.50	an Bw Ingolstadt
64 336	von München Ost	05.50- 09.50	an Bw München Thalkirchen
64 338	von München Ost	16.05.50-05.10.50	an Bw München Thalkirchen
64 431	von München Ost	16.05.50-30.09.50	an Bw München Thalkirchen
64 458	von Mühldorf	15.05.50-06.10.50	an Bw Hildesheim
64 500	von Mühldorf	17.05.50-30.09.50	an Bw München Thalkirchen
64 502	von Müchen Hbf	29.03.50-25.09.50	an Bw München Hbf
64 513	von Mühldorf	15.05.50-30.09.50	an Bw Rosenheim
64 518	von Rosenheim	18.05.50-28.09.50	an Bw Rosenheim
64 519	von Rosenheim	16.05.50-28.09.50	an Bw Rosenheim
64 520	von Rosenheim	17.05.50-28.09.50	an Bw Rosenheim

8) Bw Rosenheim

Mit durchschnittlich etwa 10 Maschinen zählte das Bw Rosenheim zu den größeren 64er-Bws. Ab 1933 waren die ersten 64 hier aufgetaucht und vorzugsweise auf den Strecken nach Holzkirchen und Mühldorf im Einsatz.
1955 bestanden zwei jeweils viertägige Umlaufpläne, die zum einen Leistungen auf der Hauptbahn bis München Ost, Holzkirchen und Frasdorf, zum anderen Leistungen zwischen Grafing-Ebersberg-Wasserburg und Rosenheim-Mühldorf enthielten. Den Löwenanteil der Leistungen nach Mühldorf trug jedoch bereits die Baureihe 38.10, von der drei Loks von Rosenheim aus eingesetzt wurden.

Eine der wenigen Aufnahmen, die den 64er-Einsatz zu den Passionsspielen 1950 in Murnau dokumentiert; hinten steht die 64 431. Foto: unbekannt

Deutsche Bundesbahn

BD München
MA Rosenheim
Bw Rosenheim

Laufplan der Triebfahrzeuge

gültig vom 22. Mai 1955 an

1 Dpl Nr	2 Baureihe	3 Tag	4 Zeitleiste 0–24 Uhr (Zugnummern / Minuten)	5 Bem
7	38 10	1	1141 Mf 1062 Fl 1063 Mf 1142 … 1149 Mf 1068 … Fl 13 38 24 2 26 50 3 16 … 41 2 49 16	
	"	2	Fl 1061 Mf 1140 1143 Mf 1144 1157 Mf 2 35 20 45 38 46 34 48 12 26	
	"	3	Mf 1136 1147 Mf 1066 Fl 1067 Mf 1148 45 3 56 12 38 2 50 25 49 16	
			je Lok/Tag	342 km
8	64	1	1174 w Mop [Mop 1175 Sa] Mop 1177 w Sa 52 50 4 55 8 48	
	"	2	1160 Hk 1161 9835 w Frd 13922 w 2287 188 189 Frd 190 1170 Hk 1171 1159 s W sbs /58 54 4 38 32 0 10 46 25 27 2 16/48 22/53 48 20 3 14 48 44 24/54 5/33	
	"	3	1182 w Wm 183 1162 Hk 1163 1166 Hk 1167 1172 Hk 1173 31 8 32 8 52 50 9 54 23 27 30 25 14 14 22 15	
	"	4	1164 Hk 1165 1168 Hk 1169 1194 Bm 1195 13 2 31 22 46 48 5 3 13/34 25 3	
			je Lok/Tag	270 km
6	ET 85	1	1845 K /46 1847 K /48 1849 K 150 1851 w K/152 w 1881 K/84 36 22 54 40 2 47 3 48 10 55 7 52 6 51 12 37 9 50 2 43	340 km

946 001 Laufplan der Triebfahrzeuge A 4 q Köln IV 51 10000 (Transparent)

Im Dezember 1961 erhielt Rosenheim neue V100 (V100 1021, 1022 und 1024), wodurch sich erste Einschränkungen im Dampfeinsatz ergaben. Im März 1962 wurden die meisten Maschinen an die BD Stuttgart abgegeben, eine Lok kam nach Nürnberg, 64 469 wurde z-gestellt. Der Lokbestand bei der BR 64 sah folgendermaßen aus:

64 022	von Aschaffenburg	13.10.49-16.03.62	an Bw Aalen
64 025	von Nürnberg Hbf	27.09.49-25.06.56	an Bw Mühldorf
und	von Mühldorf	11.02.57-28.07.57	an Bw Mühldorf
und	von Mühldorf	01.10.57-30.05.61	an Bw Nürnberg Hbf
64 145	von Freilassing	26.10.56-31.10.56	an Bw Ingolstadt
64 151	von Ingolstadt	01.35- 05.44	an Bw Simbach
64 152	von Augsburg	30.03.33-20.03.40	an Bw Simbach
und	von München Ost	28.09.49-21.03.62	an Bw Aulendorf
64 202	von Aschaffenburg	23.11.49-16.03.62	an Bw Aalen
64 214	von Simbach	12.41- 05.44	an Bw München Ost
64 252	Neulieferung	23.06.33- 06.44	an Bw München Ost
64 253	Neulieferung	26.06.33-08.05.44	an Bw München Hbf
und	von München Hbf	15.05.50-15.03.62	an Bw Aalen
64 254	Neulieferung	06.07.33-04.05.44	an Bw München Hbf
und	von München Hbf	27.11.44-14.07.48	an Bw Ingolstadt
64 296	von Frankfurt 3	10.47- 05.48	an Bw München Ost
64 342	von Ingolstadt	08.42- 07.43	an Bw Freilassing
64 343	von Freilassing	12.45- 09.47	an Bw München Hbf
64 344	Neulieferung	12.01.35-20.05.44	an Bw Freilassing
64 385	von Mühldorf	08.59-21.03.62	an Bw Aulendorf
64 431	von Mühldorf	27.07.49-25.06.56	an Bw Freilassing
64 432	von Simbach	07.49- 10.50	an Bw München Thalkirchen
64 433	von Simbach	28.07.49-25.06.56	an Bw Mühldorf
64 434	von Simbach	20.09.49-04.03.62	an Bw Nürnberg Hbf
64 442	von Mühldorf	03.10.52-12.02.62	an Bw Heilbronn
64 469	von Mühldorf	08.11.58-01.07.64	ausgemustert
64 502	von München Hbf	14.07.60-13.09.60	an Bw Aalen
64 513	von Murnau	06.10.50-21.05.54	an Bw Mühldorf
64 518	von Plattling	29.04.50-17.05.50	an Bw Murnau
und	von Murnau	29.09.50-14.05.50	an BwTübingen
64 519	von Kaiserslautern	14.07.60-13.09.60	an Bw Aalen
und	von Murnau	04.10.50-12.05.50	an Bw Mühldorf
64 520	von Kaiserslautern	26.04.50-12.05.50	an Bw Murnau
und	von Murnau	30.09.50-21.04.56	an Bw Simbach
und	von Simbach	09.05.56-01.06.56	an Bw Simbach

8) Bw Simbach

Für die Bespannung der Züge auf der Nebenbahn nach Pocking und Kößlarn sowie auf der Hauptbahn nach Mühldorf und Braunau besaß das Bw Simbach einige 64er, die jedoch bis Ende 1949 alle an die Bw München-Ost und Mühldorf abgegeben wurden.

Es waren in Simbach:

64 151	von Rosenheim	05.44- 05.47	an Bw München Ost
64 162	von Rosenheim	21.03.40-09.11.46	an Bw München Ost
64 152	von Rosenheim	16.01.39-12.01.40	an Bw München Ost
64 158	von Rosenheim	01.39- 08.39	an Bw Hamburg-Berl, Bf.
64 214	von Mühldorf	01.39- 08.39	an Bw Freilassing
und	von Freilassing	09.39- 11.41	an Bw Rosenheim
64 255	von Freilassing	01.39- 08.39	an Bw Freilassing
und	von Freilassing	09.39- 05.47	an Bw München Ost
64 256	von Freilassing	07.43- 44	an Rbd Berlin
64 336	von Freilassing	05.39- 07.47	an Bw München Ost
64 338	von Ingolstadt	06.01.42-03.07.47	an Bw München Ost
64 431	von München Ost	18.05.49-20.05.49	an Bw Mühldorf
64 432	von München Ost	05.47- 04.48	an Bw München Ost
und	von München Ost	05.49- 06.49	an Bw Rosenheim
64 433	von München Ost	27.06.46-27.07.49	an Bw Rosenheim
64 434	von München Ost	06.07.47-19.09.49	an Bw Rosenheim
64 453	von München Ost	28.05.47-07.07.49	an Bw München Ost
64 500	von Mühldorf	11.04.46-07.05.49	an Bw München Ost
64 520	von Rosenheim	23.04.56-08.05.56	an Bw Rosenheim

9) Bw Treuchtlingen

Erst 1962 wurde auch das Bw Treuchtlingen mit 64ern bedacht. Im Oktober 1964 kam aus Mühldorf die 64 358, wurde aber schon am 25.2.62 nach Friedrichshafen abgegeben. Ab 12.6.62 kamen die beiden Ingolstädter 64 107 und 340 nach Treuchtlingen, für die ein eintägiger Plan aufgestellt wurde. Dabei kam eine Lok über Pleinfeld, Gunzenhausen bis Wassertrüdingen auf die Strecke nach Nördlingen; auf der Hauptbahn nach Donauwörth wurde abends mit einer Übergabe der Bahnhof Otting-Weilheim angefahren. Der Bestand sah im einzelnen so aus:

64 107	von Ingolstadt	12.06.62-01.09.65	ausgemustert
64 340	von Ingolstadt	12.06.62-06.02.63	an Bw Mühldorf
und	von München Ost	27.03.65-31.05.65	an Bw Mühldorf
64 342	von Ingolstadt	„Z"9.63-01.07.64	ausgemustert
64 358	von Mühldorf	10.61-25.02.62	Friedrichshafen

XX. Rbd Münster

1) Bw Gronau

Mit als eines der ersten Bws wurde das Bw Gronau mit Maschinen der BR 64 bedacht. Es erhielt die 64 005 bis 007 sowie vermutlich auch die 64 198 bis 201. Schon 1929 kam die 64 005 an das Bw Haltern, die 006 folgte am 19.1.39. Ende 1935 wurde der Gronauer Bestand aufgelöst; die Maschinen kamen zum Bw Rheine Pbf.

2) Haltern

Das Bw hatte 1929 mit 64 005 die erste Lok erhalten, die am 15.6.39 durch die aus Münster kommende 64 006 unterstützt wurde. Ende 1942 kamen beide Maschinen an die Rbd Schwerin.

3) Bw Münster

Das Bw Münster bekam aus den ersten Serienlieferungen die 64 001-004 und 265-267 zugeteilt. 1935 gingen mit 64 001 und 004 die ersten Maschinen an das Bw Rheine P. 1940 wurde der Bestand noch durch die neu gelieferte 64 465 ergänzt. Mit Ausnahme der 64 003 (an Rbd Dresden) kamen Ende 1942 alle Maschinen zur Rbd Schwerin.

4) Bw Oldenburg/Old.

Zum 1.1.35 kamen in den Bestand der Rbd Münster auch die in Oldenburg beheimateten Lokomotiven 64 033-037. An den Stationierungen änderte sich nichts; die Loks kamen weiterhin auf den Strecken nach Wilhelmshaven und Quakenbrück zum Einsatz. Alle Loks kamen Ende 1942 zur Rbd Schwerin.

5) Bw Rheine Pbf.

Ende 1935 erhielt Rheine den gesamten Gronauer Bestand an 64ern (64 001, 007, 198-201) sowie aus Münster die 64 004. Wie gehabt dürften die Maschinen auf der Strecke Rheine-Ochtrup-Gronau im Einsatz gewesen sein. Ende 1942 kamen die 64 198 und 201 zur Rbd Dresden, die übrigen an die Rbd Schwerin.

XXI. Rbd / ED / BD Nürnberg

1) Bw Aschaffenburg

Schon 1928 wurde das Bw Aschaffenburg mit der BR 64 bedacht; die Baureihe blieb hier bis zum bitteren Ende 1973 heimisch. Der Lokbestand sah wie folgt aus:

64 019	von LVA Gru	26.05.28-07.02.29	an Bw Würzburg
und	von Gemünden	13.09.65-23.12.72	an Bw Kirchenlaibach
und	von Kirchenlaibach	04.04.73-11.07.73	an Bw Weiden
64 020	Neulieferung	02.28- 02.29	an Bw Würzburg
und	von Nürnberg Hbf	03.46-10.03.65	ausgemustert
64 021	Neulieferung	17.02.28- 01.35	an Bw Bayreuth
64 022	Neulieferung	10.02.28-19.07.28	an Bw Gemünden
und	von Gemünden	07.09.28-12.10.49	an Bw Rosenheim
64 023	Neulieferung	10.02.28-10.06.40	an Bw Gemünden
und	von Gemünden	05.02.42-01.09.65	ausgemustert
64 024	Neulieferung	10.02.28-19.07.28	an Bw Gemünden
und	von Gemünden	01.10.28-21.05.30	an Bw Ingolstadt
und	von Ingolstadt	05.09.33-26.12.37	an Bw Gemünden
und	von Gemünden	03.06.54-19.09.69	ausgemustert
64 025	Neulieferung	10.02.28-16.05.36	an Bw Gemünden
und	von Nürnberg R	03.69-19.09.69	ausgemustert
64 026	Neulieferung	17.02.28- 03.46	an Bw Gemünden
64 031	von Nürnberg R	26.03.70-13.12.70	an Bw Weiden
64 039	von Gemünden	23.06.65-02.10.68	ausgemustert
64 046	von München G1	15.10.63-01.09.65	ausgemustert
64 093	von Würzburg	28.02.47-05.03.47	an Bw Würzburg
und	von Würzburg	22.05.55-02.09.65	ausgemustert
64 102	von Nürnberg Hbf	22.01.34-08,10.45	an Bw Würzburg
64 103	von Nürnberg Hbf	06.34-10.03.65	ausgemustert
64 106	von Gemünden	23.06.65-12.04.73	ausgemustert
64 109	von Nürnberg R	03.11.69-02.06.71	ausgemustert
64 202	Neulieferung	24.01.29-23.11.49	an Bw Rosenheim
64 203	Neulieferung	20.04.29-27.06.46	an Bw Wetzlar
64 241	von Nürnberg hbf	15.04.44-04.02.45	an Bw Nürnberg Hbf
und	von Nürnberg R	26.03.70-13.12.70	an Bw Weiden
64 242	von Bayreuth	29.05.62-07.01.64	an Bw München Ost
64 243	von Nürnberg Hbf	19.12.52-01.07.64	ausgemustert
64 247	von Nürnberg R	21.06.69-12.04.73	ausgemustert
64 297	von Gemünden	22.06.65-07.06.69	an Bw Nürnberg R
64 305	von Nürnberg R	21.06.69-11.07.73	an Bw Weiden
64 306	von Würzburg	14.12.47-12.03.69	ausgemustert
64 335	von Gemünden	07.04.46-19.09.69	ausgemustert
64 367	von Frankfurt 3	11.06.47-26.09.70	an Bw Weiden
64 389	von Nürnberg R	12.09.69-13.12.70	an Bw Weiden
64 422	von Coburg	10.02.65-20.06.66	ausgemustert
64 423	von Würzburg	22.12.42-22.06.43	an Bw Gemünden
und	von Gemünden	23.06.65-27.09.66	ausgemustert

Deutsche Bundesbahn

Laufplan der Triebfahrzeuge

ED Nürnberg
MA Aschaffenburg
Bw Aschaffenburg

gültig vom 3. Oktober 1954 an

Dpl Nr	Baureihe	Tag	0–24 Uhr	Bem
3	64	1	3802 Mi No 04/07 Mi 15339 Am 15341 Am 15344 Mi 2337 Hbg 3820 Mi	157
		2	Mi 3803 Hbg 3860 Hö 16385/86 Hö 3863 3814 Rgd. Mi 8319 Wall 3368 Mi Rgd	243
		3	3601 Am 3604 Mi 3805 Hbg 3866 Hö 3867 Hbg 3868 Hö 3869 Hbg 3872 Hö	226
		4	Hö 3859 3856/57 Hbg 3862 Hö 3865 Hbg 3816 Mi 2347 Fo 2352 Hbg	298
		5	2809 Da 2806 3810 Mi 3815 Hbg 3870 Hö 3871	239
				1163:5 = 233 km
4	86	1	9261 9306 Hö 37523/24 9307	126
		2	5314 Lohr 5315	257
		3	Hbg 9240 Mi 9300 16613 14 15 16 We 37523/24 9303 Mi 9261	191
				574:3 = 191 km
15	78	1	3825 Hbg 2315 Fo 13808 FH 4837 Ha 4830 FH 13815 Fo 2344	150
		2	2303 Fo 2304 Hbg 2323 Fo 2316 Hbg 2337 Fo 2338 Lohr 12306 Gem	307
		3	Gem Zug 4300 vorh. 2317 FH 2324 Hbg 2873 Da 2840 Hbg 2388 Mi 3825	318
				775:3 = 258 km

Deutsche Bundesbahn

Laufplan der Triebfahrzeuge

ED Nürnberg
MA Aschaffenburg
Bw "

gültig vom 4. Okt. 1953 an

Dpl Nr	Baureihe	Tag	0–24 Uhr	Bem
3	64	1	2321 Fo 2364 3816 Mi 3760 We	166
		2	We 3757 Mi 3807 3862 Hö 3865 3818 Mi	201
		3	Mi 3803 3860 Hö 16385/86 Hö 3863 3812 Mi 1017 Am 1020 Mi 2387 3872 Hö	256
		4	Hö 3859 Gr. 3856/57 2369 Ha Fo 2312 Lohr Vsp 2309 3880	229
		5	Mö 3876/75 Hö Mi 3878 Hö 3861 Besandg. Luftp. 3866 Hö 3867 Mö 3868 Hö 3869 2372 Mi 3823	298
				1150:5 = 230 Km
4	86	1	7441 9306 Hö 16387/88 9309 9307	112
		2	5314 Lohr 5315	243
		3	7440 9240 Mi 9300 We 16615/16 We 37523/24 We 9303 Mi 7441	187
				542:3 = 180 Km
5	86	1	3802 Mi 04/07 MiN Mi 1007 Wall 1010 Mi 3813 4318 Gem	193
		2	Gem 3701 Mi Rgd 3708 G 3715 We Lv 3757 Mi 1023 Am 1026 Mi	321
		3	1001 Am 1004 Mi 3805 3810 Mi 3815 3870 Hö 3871	205
				719:3 = 239 Km

Deutsche Bundesbahn

ED Nürnberg
MA Aschaffenburg
Bw Aschaffenburg

Laufplan der Triebfahrzeuge

gültig vom 3. Oktober 1954 an

1 DplNr	2 Baureihe	3 Tag	4 (0–24 Uhr)	5 Bem
12	98	1	13320 Obg 3849 Hbl 3830 Obg 3813 Rgd. Süd 15393 Besandg. 15394 Rgd. Süd 15395	• 112 km
14	64	1	3832 Rgd. Obg 9287 3838 Rgd. Obg 3841 H 9286 O 3845 H 3846 O 3847	185
		2	3847 Hbhl 3828 Obg 3834 Hbhl 3836 Obg 3835 H Lv 3838 3837 H 3840 O 3839 H 3842 Obg 3843 Hbhl	212
				397 : 2 = 198 km

0 1 2 3 4 5 6 7 8 9 10 11 12 13 14 15 16 17 18 19 20 21 22 23 24

001 Laufplan der Triebfahrzeuge A 4 q Köln VII 51 10000 (Transparent)

Deutsche Bundesbahn

BD Nürnberg
MA Aschaffenburg
Bw Aschaffenburg

Laufplan der Triebfahrzeuge

gültig vom 28. Mai 1961 an
ungültig vom .... 19.... an

1 Dpl Nr	2 Baureihe	3 Tag	4 (0–24 Uhr)	5 Kilometer
03	R 64	1	3802 M 15339/15341/15344 M 3813 W 3818 M 3823 2388 M 3829	249
		2	3829 12320/3851 Hbf 3832 Oe 12321 2336 M Lv 3825 3830	+ 185
		3	3830 M 3805 3806 M 3813 Oe 12820/3821 3826 M	158
		4	M 3801 2380 M 12325 3810 M 3815 3822 M 12309 B Am 15348 B M	226
		5	M 2383 3812 M 3817 3824 M 3825	215
	Sa	1	3802 M 15339/15341/15344 M 3811 Oe 15693 Oe 3819	1033 : 5 = 207
	Sa	2	3829 12320/3851 Hbf 3832 Oe 12321 3812 M Lv 3819 3824 M 3825	
	Sa	3	3830 M 3805 3818 M 3823 2388 M 3829	
	Sa	4	M 3801 2380 M 3809 3810 M 3815	
	Sa	5	M 2383 3814 M	
	So	1	M 3805 3818 M 3823 2388 M 3829	
	So	2	2380 M 3811 3830	
	So	3	3812 M Lv 3819 2336 M	
	So	4	3829 3802 M 12325 3810 M 3815 3826 M	
	So	5		

0 1 2 3 4 5 6 7 8 9 10 11 12 13 14 15 16 17 18 19 20 21 22 23 24

948 I 01 Laufplan der Triebfahrzeuge A 4 q (Transparent) Karlsruhe VII 59 10000 M

Deutsche Bundesbahn

Laufplan der Triebfahrzeuge

Gültig vom 28. Mai 1972

Laufplan Nr.	72. 31
Tfz. Zahl BR	2 064
Laufkm/Tag	185

Verkehrstag: **Mo-Fr**

BD Nürnberg
Heimat-Bw ■■■ Aschaffenburg
Einsatz-Bw

Personal-Bw

Laufpl. Nr. km	BR	Tag	0–24 Uhr
72.31 148	065 064	1	M 3300 3323 M Lv 3326 3335 M
222		2	M 3304 3311 M 3318 2333 M 3326 3337 M
370 : 2 = 185			

0 1 2 3 4 5 6 7 8 9 10 11 12 13 14 15 16 17 18 19 20 21 22 23 24

948 A 01 Laufplan der Triebfahrzeuge A 3 b III 100 Karlsruhe X 70 30 000 A 101 1 2 3 4 5 6 7 8 9 10 /70 71 72 73 74 75 76

64 427	von Gemünden	01.12.50-04.08.51	an Bw Gemünden
und	von Gemünden	20.02.54-14.08.55	an Bw Bayreuth
64 428	von Würzburg	23.09.49-15.10.49	an Bw Ingolstadt
64 445	von Würzburg	15.12.46-06.10.54	an Bw Coburg
und	von Gemünden	23.06.65-03.12.69	ausgemustert
64 504	von Coburg	25.03.65-10.07.69	ausgemustert

Der Einsatz erfolgte in einem fünftägigen und einem zweitägigen Plan. Haupteinsatzstrecke war die Linie nach Miltenberg; die Loks kamen jahrelang aber auch nach Darmstadt, Frankfurt Ost, Lohr sowie auf den Nebenbahnen nach Heimbuchenthal und Miltenberg-Walldürn zum Einsatz. Im fünftägigen Plan kamen die Loks dabei auf rund 230 km/Tag. Von der Bw-Außenstelle Heimbuchenthal wurde zusammen mit einer 98 eine weitere 64er benötigt, die ausschließlich zwischen Heimbuchenthal und Obernburg fuhr, wobei immerhin täglich 209 km geleistet wurden.

Ab 23. Mai 54 übernahm eine weitere 64 den Heimbuchenthaler 98-Plantag; es wurden nun also insgesamt 8 Maschinen planmäßig benötigt. Zum 3.10.54 wurde bereits wieder ein Plantag gekürzt; Tag 1 ging an die BR 78, die nun auch in Aschaffenburg mit drei Maschinen planmäßig eingesetzt wurde. Weitere Einschnitte ergaben sich ab 3.6.56, als für 6 VT95 der Dienstplan 01.05. erstellt wurde; der 78er-Umlauf wurde gestrichen und die BR 64 hatte nur noch 4 Plantage mit mageren 153 km je Tag zu fahren. Lediglich der Heimbuchenthaler Plan blieb noch unangetastet.

Bis zum Auftauchen der BR 65 in Aschaffenburg blieb es nun bei einem fünftägigen Einsatzplan, der nur noch Leistungen nach Miltenberg sowie bedarfsweise nach Amorbach vorsah. Dann wurde der Umlauf in einen drei- und einen zweitägigen Plan geteilt. Ersatzweise kamen die 64er auch die BR 65 zum Einsatz, ansonsten blieben nur noch drei Plantage. Ab Sommer 1972 waren noch zwei Plantage (Dienstplan 72.31) vorgesehen, in dem die 64 019, 106, 247 und 305 sowie die 65 018 gemeinsam liefen. Die Tageslaufleistung lag noch bei 185 km. Zum Sommerfahrplan 1973 war dann endgültig Schluß: die 65 018, 64 106 und 247 wurden Z-gestellt, die 64 019 und 305 im Juli zum Bw Weiden abgegeben.

2) Bw Bamberg

Das Bw beheimatete kurzzeitig folgende 64er, die auf den Nebenbahnen nach Schlüsselfeld und Scheßlitz gefahren sind.

64 093	von Würzburg	21.10.46-27.10.46	an Bw Würzburg
64 240	von Nürnberg Hbf	14.04.48-30.06.48	an Bw Nürnberg Hbf
64 365	von Bayreuth	01.10.47-02.12.47	an Bw Bayreuth
64 422	Neulieferung	11.06.37-30.06.39	an Bw Würzburg
64 423	Neulieferung	18.06.37-10.06.39	an Bw Würzburg

3) Bw Bayreuth

Neben zahlreichen Maschinen bayerischer Bauart beheimatete Bayreuth auch eine ganze Reihe 64er:

64 019	von Nürnberg Hbf	04.11.32-02.06.36	an Bw Gemünden
64 020	von Nürnberg Hbf	01.33- 10.42	an Bw Nürnberg Hbf
64 021	von Aschaffenburg	01.35- 10.42	an Bw Nürnberg Hbf
64 039	von Nürnberg Hbf	12.03.49-20.06.63	an Bw Gemünden
64 090	von Nürnberg Hbf	05.11.47-05.11.47	an Bw Nürnberg Hbf
und	von Nürnberg Hbf	19.06.58-05;06.62	an Bw Friedrichshafen
64 092	von Nürnberg Hbf	09.11.47-01.07.64	ausgemustert
64 101	von Nürnberg Hbf	09.34- 10.42	an Bw Nürnberg Hbf
und	von Nürnberg Hbf	25.01.55-23.02.55	an Bw Nürnberg Hbf
64 102	von Würzburg	16.09.33-12.10.51	an Bw Nürnberg Hbf
64 104	von Nürnberg Hbf	27.09.33-28.03.34	an Bw Nürnberg Hbf
64 105	von Nürnberg Hbf	22.12.61-28.07.62	an Bw Regensburg
64 106	von Nürnberg Hbf	22.05.55-02.10.63	an Bw Gemünden
64 108	von Nürnberg Hbf	01.02.40-18.01.47	an Bw Würzburg
64 110	von Nürnberg Hbf	19.11.34-22.12.34	an Bw Nürnberg Hbf
64 150	von Trier	17.06.52-30.11.64	ausgemustert
64 242	von Nürnberg Hbf	06.11.47-28.05.62	an Bw Aschaffenburg
64 245	von Nürnberg Hbf	19.02.48-02.10.58	an Bw Coburg
64 246	von Nürnberg Hbf	23.12.40-18.10.41	an Bw Nürnberg Hbf
und	von Nürnberg Hbf	14.11.41-19.01.42	an Bw Würzburg
64 298	von Nürnberg Hbf	05.11.47-07.10.51	an Bw Nürnberg Hbf
64 365	von Würzburg	30.07.47-10.03.49	an Bw Bamberg
und	von Bemberg	03.12.47-10.03.49	an Bw Kirchenlaibach
64 391	von Trier	17.06.52-27.08.62	an Bw Regensburg
64 396	von Landau-Pfalz	27.05.61-10.03.65	ausgemustert
64 418	von Würzburg	27.10.56-23.10.62	an Bw Würzburg
64 419	von Würzburg	27.10.56-23.10.62	an Bw Friedrichshafen
64 427	von Aschaffenburg	15.08.55-10.03.65	ausgemustert

Der Einsatz erfolgte in einem viertägigen Plan auf den Strecken nach Hollfeld, Warmensteinach, Schnabelwaid-Pegnitz und Neuenmarkt=Wirsberg-Kulmbach. Die tägliche Kilometerleistung lag durchschnittlich pro Lok bei 225 Tkm. Zum Sommerfahrplan 1956 kam mit dem Güterzugpaar 8691/8694 die Strecke Neuenmarkt=Wirsberg – Bischofsgrün zu den Einsatzstrecken hinzu; der Laufplan war nun auf 5 Tage ausgeweitet. Ab Sommer 1959 wurde ein Plantag von der BR 98.11 auf der Strecke nach Hollfeld übernommen; dort fuhr die BR 64 nun auch den Güterzugsammler 8891/8892.

Nachdem auch in Bayreuth mit V100 und Schienenbussen langsam die moderne Traktion Einzug hielt, blieben der BR 64 ab Sommer 1962 nur drei Plantage, wobei aber nach wie vor alle Strecken befahren wurden, da die Schienenbusse keine kompletten Strecken übernahmen, sondern die Dienstpläne der BR 64 nur vereinzelt

Deutsche Bundesbahn

ED Nürnberg MA Nürnberg 1 Bw Bayreuth	**Laufplan der Triebfahrzeuge**	gültig vom 23. Mai 1954 an

1 DplNr	2 Baureihe	3 Tag	4 (0–24 Uhr)	5 Bem
1	64	1	Ne 1624 1625 1632 1634 1635 Sw 1646 Peg 1651 506 1659 1663 1664 1668	km 294
	"	2	1668 Peg 1629 Lv 1606 9123 1641 1650 1603 1658	181
	"	3	Sw 14652 7601 1626 Peg 1637 1638 Lv 1602 505 1657 1662 9124 9127	295
	"	4	8863 Wa 2424 1654 Pe 1665 1667 Ne	132
				902 : 4 = 226
2	98	1	Ho 2442 2433 Wa 8868 2457 Ho	119
	"	2	Ho 2444 2467 Ku 2488 Thu 12629 2494 8896	157
	"	3	8891 Ho 8892	74
	"	4	8893 Thu 2483 8898 2466 16165 16166 2475 8897 Ku 2496 Thu	182
	"	5	Thu 2462 2453 Ho	62
				594 : 5 = 119
3	89	1	Rgd Bf Bay	151
4	98	1	Auerbach 24001/9149 Ra 2402 Hr 9145 9144 Ns 2411 9148 2417 Auerbach	166
Res Lok 0	98	1	8861 16162 16165 Bya 16166	52

948 001 Laufplan der Triebfahrzeuge A 4 q Köln VII 51 10000 (Transparent)

Deutsche Bundesbahn

BD Nürnberg MA Nürnberg 1 Bw Bayreuth	**Laufplan der Triebfahrzeuge**	gültig vom 04. Oktober 1959 an ungültig vom ... 19... an

1 Dpl Nr	2 Baureihe	3 Tag	4 (0–24 Uhr)	5 Kilometer
01	64	1	8863 2424 1634 9123 1603 13802 1672 1965/a 2519 Bin	181
		2	Bin 2602 1632 2447 2448 1653 1650 1657 1662 1605 1664 1668	292
		3	1668 Pz 1629 1633 8693 8692 Bin 1652 1656 12615 1605 Ne	200
		4	Ne 7602 1626 1631 4061/a 115/a 1646 1651 12614 1659 2455 Hll	298
		5	Hll 2444 1634 1643 2433 8868 9124 13645	184
			im Durchschnitt: 231 km/Tag	1155
02	64	1	Bf Ne (7602) 8891 Hll 8892 1605 875 a 712/a	150
02	98 [11]	1	8893 2483 8898 2429 2432 2431/34 2435	178
		2	Wst 2422/21/22 2453 Hll	73
		3	Hll 2442 16141 16142 2475 8897 2496 Tn	135
		4	Tn 2462 2484 8895 2467 2488 16167 2496 8896	172
			im Durchschnitt 139 km/Tag	558

948 I 01 Laufplan der Triebfahrzeuge A 4 q (Transparent) Mainz IV 56 8000 M

durchsetzten. Ab Sommer 1963 blieben nur noch die 64 106 sowie die kurze Zeit später auf Z abgestellten 64 092, 150, 396 und 427 im Bestand. Mit der 64 106 wurde die letzte Lok am 2.10.63 nach Gemünden abgegeben.

3) Bw Coburg

Für den Betrieb auf den Strecken nach Rodach, Rossach und Neustadt erhielt das Bw Coburg ab 1954 einige 64er:

64 245	von Bayreuth	03.10.58-25.06.63	an Bw Pressig-Rothenkirchen
und	von Pressig-Rothenkirchen	18.10.63-10.03.65	ausgemustert
64 422	von Gemünden	12.07.54-09.02.65	an Bw Aschaffenburg
64 445	von Aschaffenburg	04.10.54-23.11.64	an Bw Gemünden
64 503	von Würzburg	03.10.58-14.02.64	an Bw Nürnberg Hbf
64 504	von Würzburg	03.10.54-24.03.65	an Bw Aschaffenburg

Nachdem anfangs nur zwei Maschinen eingesetzt wurden (Dienstplan 14.01), kam ab Oktober ein weiterer Plantag hinzu, nachdem der Lokbestand aufgestockt worden war. Ab Dezember 1963 drangen zunehmend V100 in die Pläne der 64er vor, so daß bereits am 14.2.64 die 64 503 nach Nürnberg abgegeben werden konnte. Zum 24.3.65 wurde der Betrieb mit der BR 64 in Coburg eingestellt.

5) Bw Gemünden

Lange Jahre war das Bw Gemünden eine der Hochburgen der BR 64, auch was die Vielfältigkeit der Einsatzstrecken anging. Die Maschinen befuhren nicht nur die Nebenstrecken über Lohr-Wertheim bis Aschaffenburg, sondern kamen auch auf den Strecken nach Jossa-Wildflecken, Bad Kissingen-Schweinfurt, Wernfeld-Arnstein-Schweinfurt und nach Würzburg Hbf zum Einsatz. Dafür waren folgende Maschinen in Gemünden stationiert:

64 019	von Bayreuth	03.06.36-12.09.65	an Bw Aschaffenburg
64 022	von Aschaffenburg	20.07.28-06.09.28	an Bw Aschaffenburg
64 023	von Aschaffenburg	16.06.40-04.02.42	an Bw Aschaffenburg
64 024	von Aschaffenburg	20.07.28-01.09.28	an Bw Aschaffenburg
und	von Aschaffenburg	27.12.37-02.06.54	an Bw Aschaffenburg
64 025	von Aschaffenburg	17.05.36-23.02.45	an Bw Nürnberg Hbf
64 026	von Aschaffenburg	29.03.46-10.03.65	ausgemustert
64 039	von Bayreuth	21.06.63-22.06.65	an Bw Aschaffenburg
64 089	von Geldern	10.03.43-29.04.44	an Bw Nürnberg Hbf
64 090	von Rbd Köln	10.03.43-19.08.44	an Bw Nürnberg Hbf
64 091	von Nürnberg Hbf	07.11.47-01.07.64	ausgemustert
64 092	von Bergh	02.03.43-06.05.44	an Bw Nürnberg Hbf
64 093	von Bergh	05.03.43-12.02.45	an Bw Nürnberg Hbf

Blatt 1

Deutsche Bundesbahn

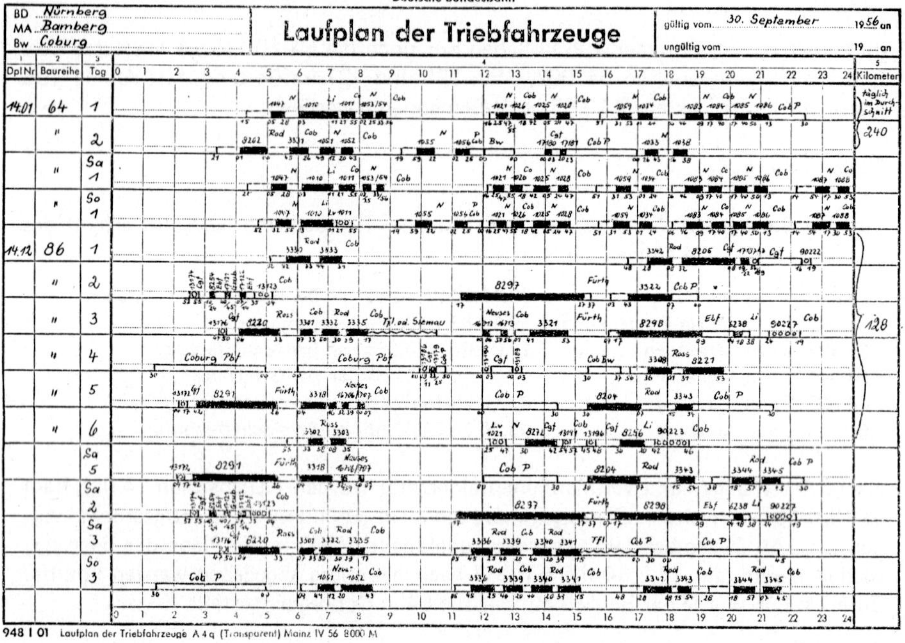

BD Nürnberg
MA Bamberg
Bw Coburg

Laufplan der Triebfahrzeuge

gültig vom 30. September 1956 an
ungültig vom .... 19...... an

1 Dpl Nr	2 Baureihe	3 Tag	4 (0–24)	5 Kilometer
14.01	64	1		täglich im Durchschnitt
	"	2		240
	"	Sa 1		
	"	So 1		
14.12	86	1		
	"	2		
	"	3		128
	"	4		
	"	5		
	"	6		
		Sa 5		
		Sa 2		
		Sa 3		
		So 3		

948 I 01 Laufplan der Triebfahrzeuge A 4 q (Transparent) Mainz IV 56 8000 M

Deutsche Bundesbahn

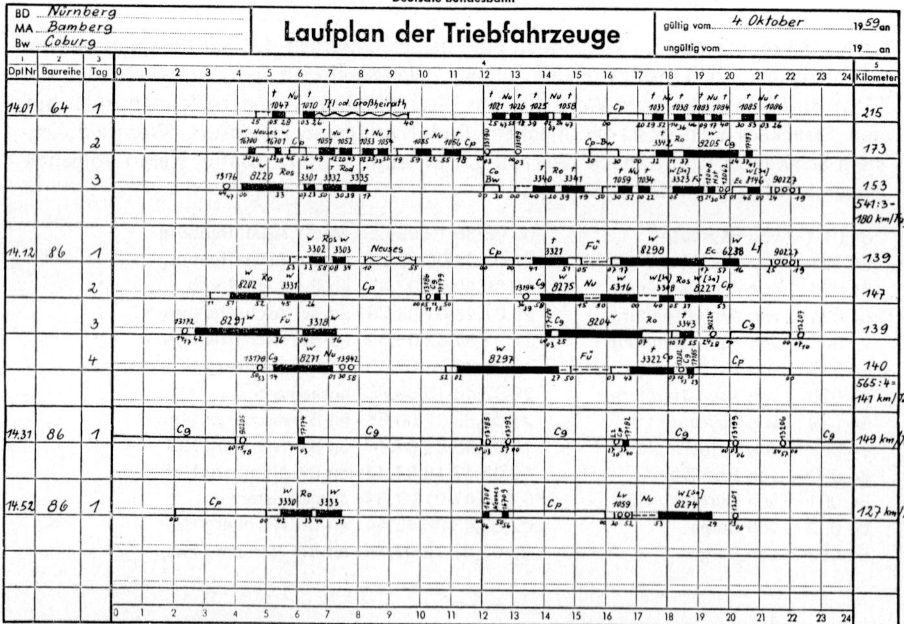

BD Nürnberg
MA Bamberg
Bw Coburg

Laufplan der Triebfahrzeuge

gültig vom 4. Oktober 1959 an
ungültig vom .... 19...... an

1 Dpl Nr	2 Baureihe	3 Tag	4 (0–24)	5 Kilometer
14.01	64	1		215
		2		173
		3		153
				541:3 = 180 km/Tag
14.12	86	1		139
		2		147
		3		139
		4		140
				565:4 = 141 km/Tag
14.31	86	1		149 km/Tag
14.52	86	1		127 km/Tag

948 I 01 Laufplan der Triebf...zeuge A 4 q (Transparent) Mainz IV 56 8000 M

Deutsche Bundesbahn

Laufplan der Triebfahrzeuge

ED Nürnberg
MA Aschaffenburg
Bw Gemünden/Main

gültig vom 03. Oktober 1954 an

1 DplNr	2 Baureihe	3 Tag	4 (0–24 Uhr)	5 Bem
1	64	1	3931 · 3701 W · Mi · 3708 · 3711 · Sa · Mi	275
			Sonntag · 1846 · Sft · 1975 · 3911 · 3707 · Mi	
		2	Mi · 3702 · 3707 · Mi · 3758 · We	209
			Samstag · 3707 · Mi · 3760 · We	
			Sonntag · Mi · 3758 · We	
		3	We · 3751 W · Mi · 3758 · We · 3714	137
			Sonntag · We · 3702 · 3711 · We · 3714	
		4	1846 · Sft · Ki · 1975 · 3911 · 3920 · Ki · 3927 · 1858 · Sft	292
			Sonntag · 3703 · Mi · 3708 · 3920 · Ki · 3927	
		5	Sft · 3903 · Ki · 3905 · 3910 · Ki · 3913 · 4328 · Wü · 4325 · 3920 · Ki · 1988 · Sft · 1991 · Ki	414
				1327 : 5 = 265 km/Tg

Deutsche Bundesbahn

Laufplan der Triebfahrzeuge

BD Nürnberg
MA Aschaffenburg
Bw Gemünden/M

gültig vom 26. Mai 1963 an
ungültig vom .... 19.... an

1 DplNr	2 Baureihe	3 Tag	4 (0–24 Uhr)	5 Kilometer
11	64	1	9293 · Ho-Tr 16695 · Gr · Ho-Tr 16696 · Wth · 9298	104
		2	3902 · Ki · 3913	99
		3	1842 · We · 1845 · 3910 · Ki · 773 · 774 · Ki · 3927	285
				488 : 3 162 km/Tg
	Sa	1	9293 · Wth · 9296	
		2	3902 · Ki · 3913	
		3	3910 · Ki · 773 · 774 · Ki · 3927	
	So	1	Kalt	
		2	3902 · Ki · 3913	
		3	3910 · Ki · 773 · 774 · Ki · 3927	

64 094	von Berh	05.03.43-29.04.44	an Bw Nürnberg Hbf
64 095	von Geldern	10.03.43-24.02.59	an Bw Nürnberg Hbf
und	von Nürnberg Hbf	10.02.59-27.06.60	an Bw Würzburg
und	von Würzburg	30.06.60-10.03.65	ausgemustert
64 106	von Bayreuth	03.10.63-03.10.64	an Bw Würzburg
64 109	von Nürnberg Hbf	01.09.43-19.04.45	an Bw Würzburg
und	von Würzburg	06.07.63-03.10.64	an Bw Würzburg
64 246	von Würzburg	01.07.42-25.10.57	an Bw Nürnberg Hbf
64 297	von Nürnberg Hbf	15.01.46-21.06.65	an Bw Aschaffenburg
64 335	von Nürnberg Hbf	04.05.42-06.04.46	an Bw Aschaffenburg
64 422	von Würzburg	23.01.48-11.07.41	an Bw Coburg
64 423	von Aschaffenburg	23.06.43-22.06.65	an Bw Aschaffenburg
64 424	von Würzburg	08.03.41-26.07.41	an Bw Würzburg
64 427	von Würzburg	11.04.48-30.11.50	an Bw Aschaffenburg
und	von Aschaffenburg	05.08.51-19.02.54	an Bw Aschaffenburg
64 445	von Coburg	24.11.64-22.06.65	an Bw Aschaffenburg

Ab 4.10.53 waren in den Dienstplänen 1 und 2 jeweils drei Maschinen eingesetzt, die täglich 262 bzw. 401 (!) km leisteten. Ab Sommer 1954 wurden beide Pläne zusammengefaßt, wobei nun aber nur noch 5 Plantage gefahren wurden. Ab 3. Juni 1956 waren es dann nur noch 4 Planloks, die eingesetzt wurden; entfallen waren u. a. die Leistungen nach Wildflecken. Es wurde nunmehr noch Bad Brückenau mit einem Güterzug (9263) angefahren. Ab Winterfplan 1959/60 waren es schließlich nur noch drei Maschinen, die täglich benötigt wurden, wobei noch Jossa, Schweinfurt und Wertheim angefahren wurden.
Zum Sommerfahrplan 1965 endete der Planeinsatz; die Maschinen kamen ausnahmslos zum Bw Aschaffenburg. Als letzte Lok blieb noch die 64 019 bis 12.9.65 in Gemünden.

6) Bw Neuenmarkt-Wirsberg

Nur für kurze Zeit waren hier 64er stationiert: Vom 17.9.38 bis 1.7.39 wurde hier die 64 246 aus Nürnberg Hbf, vom 30.10. bis 16.11.48 die 64 093 aus Würzburg im Bestand geführt.

7) Bw Nürnberg Hbf.

Nachdem fast jede 10. Lok der Baureihe 64 irgendwann einmal in Nürnberg Hbf stationiert war, muß diese Bw wohl als die Hochburg der „Bubiköpfe" schlechthin angesehen werden. Im einzelnen waren hier beheimatet:

Deutsche Bundesbahn

ED	Nürnberg	**Laufplan der Triebfahrzeuge**	gültig vom
MA	Nürnberg 1		4. Okt. 1953 an
Bw	Nür Hbf		

1 plNr	2 Baureihe	3 Tag	4 (0–24 Uhr)	5 Bem
7	64	1	Burgth 12425 Fü Lr 2225 Wil 2228 Fü 2240 Cad 2241 Nür 2229/2230 Lauf 12431 Fü 2213 M'Erlb 2216/2217 Sie 2218/2219/20 Fü	265
		2	2221 M'Erlb. 2202 Nür 9135 Simm'd. 2580 Schn 2583 Simm 2586 Nür 2855 Altersberg	217
		3	Altersberg 2850 2916 Altd 8833/2918 Feu Altdorf	103
		4	Altdorf 2915 Nür 3005 U'bib 3004 Nür Vcp Lr 12431 Fü 2252 Cad 2253/56 Fü 2257 Cad 12422 Fü	194
		5	12425 Fü Lr 2230 Cad 2233 2236 Cad 2239 Fü 9508 Zirnd 9509 Fü 13418 Nür Burgth 3011 U'biburk	144
		6	U'bib 3002 Nür 13506 Feu 8830 Altd 13507 Nür 4421 Neust 4420 Nür	205
			1128/6 = 188 Km	1128
8	64	1	Simmelsdorf 2566 12423 Fü 4407 Neust 4422 Fü 4425 Neustadt	168
		2	Neustadt 4410 Nür 2220/4/3814 2878/79 Fü 2880 81/82 84 2887/88 2889 Nür Lpaz 12941	199
		3	Lpaz 12941 U'bib 3014 12215/2215 2215 M'Erlb.	106
		4	M'Erlb. 2200/2201 2204 Nür 4405 Neust 4414 3015 U'bib Lr 12940 Nür	257
		5	12423 Gräfb 2532 12424 Fü 9537 M'Erlbach 9546 13442	161
		6	2232 Cad 2235 Nür 2591 9138/2595 Simmelsdorf	103
			994/6 = 166 Km	994

Deutsche Bundesbahn

ED	Nürnberg	**Laufplan der Triebfahrzeuge**	gültig vom
MA	Nürnberg 1		4. Okt. 1953 an
Bw	Nür Hbf		

1 plNr	2 Baureihe	3 Tag	4 (0–24 Uhr)	5 Bem
9	50	1	Weiden 530 13578 Rbf 7523 Ki'laib.	227
		2	Ki'laib. 7526 Rbf 14513 Nür 1577 Schwandf 1578 Nür 14550 Rbf	338
		3	Rbf 7521 Ki'laib 6004 Rbf 14519 535 Weiden	324
				889
			889/3 = 296 Km	
	64	1	Gerätezugbereitschaft	
11	64	1	2914 Altd 2903 Nür 2908 Altd 2909 Nür 2589 Simm 2590 Nür	186
			186 Km	
				51 Km
11	92[20]	1	Sonder Rgd Nür Hgbf	55 Km	55
11	89	1	Bw Rgdst	70

8 001 Laufplan der Triebfahrzeuge A 4 q Köln VII 51 10000 (Transparent)

Deutsche Bundesbahn

BD Nürnberg
MA Nürnberg 1
Bw Nürnberg Hbf

Laufplan der Triebfahrzeuge

gültig vom 26. Mai 1963 an
ungültig vom .... 19... an

Dpl Nr	Baureihe	Tag	0–24	Kilometer
4	64	1	Mer 2206w Whd 2206 w[Sa] 22206 w[Sa] Lz 32206 … 2219† Mer	113
		2	Mer 2200w Si 2203w Mer 2210w Rad F 15421w Bch 15422w F 14430w … 1730H An … 2896w [Sa] Alb	160
		3	Alb 2879w Nb 1726 [Sa] An 1735† [Sa] … 12437w [Sa] F 2221w [Sa] Lz 12486 Frei Mer	183
			v. Pl. 21 Ansbach — 456/3 = 152 Km/Tag	456
		1 Frei	Mer 2206 Whd 2206 22206 32206 12431 4484 4485 4470	
		1 Sa	k	
		2 Sa	Mer 2200 Si 2203 Mer 2210 Rad F 15421 Bch 15422 F 14430	
		3 Sa	Alb 2879 Buf 12935 … 2201	
		1 So	2201 Mer 2204 … 2219 Mer	
		2 So	Lz 19601 No 15604 1726 An 1735 … 12936 Buf 2894 Alb	
		3 So	k	
		1 Mo	12403 Mer 2206 Whd 2206 wie Mo - Frei	

948 I 01 Laufplan der Triebfahrzeuge A 4 q (Transparent) Mainz I 58 10000 M

Deutsche Bundesbahn

BD Nürnberg
MA Nürnberg 1
Bw Nürnberg Hbf

Laufplan der Triebfahrzeuge

gültig vom 26. Mai 1963 an
ungültig vom .... 19... an

Dpl Nr	Baureihe	Tag	0–24	Kilometer
05	64	1	S,nS Lz 35191w [nS] Fg 35162† 2234w Ca 2239w F 16050w Ca 13461 w Zi 16053 w F Lz 12426 [Sa] … 4629w [Sa] Np w[Sa] 4630 Hr 12608w [Fr Sa] 2201	230
		2	2201† Mer 2204† … 2223w [Sa] Mer	132
		3	Mer 12403nS Mer 2208w 2208 Du 15535 … 4483 F 2258 Ca 2257 F 2261† 2261† 4468w [Sa] 15179 F 13440w — nur nS	164
			526/3 = 175 Km/Tag	526
		1 Frei	wie Mo - Frei 4629 Np Lr 4630 2201	
		1 Sa	wie Mo - Frei 16053 … 2250 Ca 2253 F 12426	
		2 Sa	wie Mo - Frei 2204 22204 32204 Du	
		3 Sa	wie Mo - Frei 15535	
		1 So	35191 Fg 35162 4489 F 2236 Ca 2241 F 2242 Ca 2247 F 12424 … 3013 Ub 3016 22201 22201 2201	
		2 So	k	
		3 So	k	

948 I 01 Laufplan der Triebfahrzeuge A 4 q (Transparent) Mainz I 58 10000 M

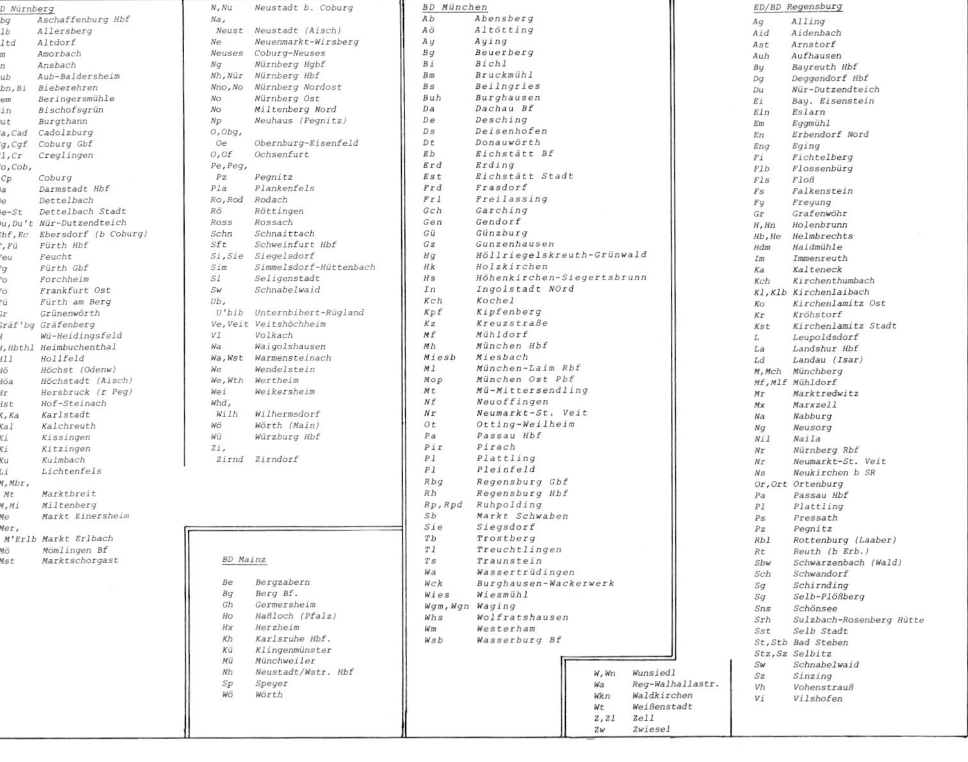

D Nürnberg

bg	Aschaffenburg Hbf
lb	Allersberg
ltd	Altdorf
m	Amorbach
n	Ansbach
ub	Aub-Baldersheim
bn,Bi	Bieberehren
em	Beringersmühle
in	Bischofsgrün
ut	Burgthann
a,Cad	Cadolzburg
g,Cgf	Coburg Gbf
l,Cr	Creglingen
o,Cob, Cp	Coburg
a	Darmstadt Hbf
e	Dettelbach
e-St	Dettelbach Stadt
u,Du't	Nür-Dutzendteich
bf,Ec	Ebersdorf (b Coburg)
,Fü	Fürth Hbf
eu	Feucht
g	Fürth Gbf
o	Forchheim
o	Frankfurt Ost
ü	Fürth am Berg
r	Grünenwörth
räf'bg	Gräfenberg
	Wü-Heidingsfeld
,Hbthl	Heimbuchenthal
ll	Hollfeld
ö	Höchst (Odenw)
öa	Höchstadt (Aisch)
r	Hersbruck (r Peg)
st	Hof-Steinach
K,Ka	Karlstadt
Kal	Kalchreuth
Ki	Kissingen
Ki	Kitzingen
Ku	Kulmbach
Li	Lichtenfels
M,Mbr, Mt	Marktbreit
M,Mi	Miltenberg
Me	Markt Einersheim
Mer, M'Erlb	Markt Erlbach
Mö	Mömlingen Bf
Mst	Marktschorgast
N,Nu	Neustadt b. Coburg
Na, Neust	Neustadt (Aisch)
Ne	Neuenmarkt-Wirsberg
Neuses	Coburg-Neuses
Ng	Nürnberg Hgbf
Nh,Nür	Nürnberg Hbf
Nno,No	Nürnberg Nordost
No	Nürnberg Ost
No	Miltenberg Nord
Np	Neuhaus (Pegnitz)
O,Obg, Oe	Obernburg-Eisenfeld
O,Of	Ochsenfurt
Pe,Peg, Pz	Pegnitz
Pla	Plankenfels
Ro,Rod	Rodach
Rö	Röttingen
Ross	Rossach
Schn	Schnaittach
Sft	Schweinfurt Hbf
Si,Sie	Siegelsdorf
Sim	Simmelsdorf-Hüttenbach
Sl	Seligenstadt
Sw	Schnabelwaid
Ub, U'bib	Unternbibert-Rügland
Ve,Veit	Veitshöchheim
Vl	Volkach
Wa	Waigolshausen
Wa,Wst	Warmensteinach
We	Wendelstein
We,Wth	Wertheim
Wei	Weikersheim
Whd, Wilh	Wilhermsdorf
Wö	Wörth (Main)
Wü	Würzburg Hbf
Zi, Zirnd	Zirndorf

BD Mainz

Be	Bergzabern
Bg	Berg Bf.
Gh	Germersheim
Ho	Haßloch (Pfalz)
Hx	Herzheim
Kh	Karlsruhe Hbf.
Kü	Klingenmünster
Mü	Münchweiler
Nh	Neustadt/Wstr. Hbf
Sp	Speyer
Wö	Wörth

BD München

Ab	Abensberg
Aö	Altötting
Ay	Aying
Bg	Beuerberg
Bi	Bichl
Bm	Bruckmühl
Bs	Beilngries
Buh	Burghausen
Da	Dachau Bf
De	Desching
Ds	Deisenhofen
Dt	Donauwörth
Eb	Eichstätt Bf
Erd	Erding
Est	Eichstätt Stadt
Frd	Frasdorf
Frl	Freilassing
Gch	Garching
Gen	Gendorf
Gü	Günzburg
Gz	Gunzenhausen
Hg	Höllriegelskreuth-Grünwald
Hk	Holzkirchen
Hs	Höhenkirchen-Siegertsbrunn
In	Ingolstadt NOrd
Kch	Kochel
Kpf	Kipfenberg
Kz	Kreuzstraße
Mf	Mühldorf
Mh	München Hbf
Miesb	Miesbach
Ml	München-Laim Rbf
Mop	München Ost Pbf
Mt	Mü-Mittersendling
Nf	Neuoffingen
Nr	Neumarkt-St. Veit
Ot	Otting-Weilheim
Pa	Passau Hbf
Pir	Pirach
Pl	Plattling
Pl	Pleinfeld
Rbg	Regensburg Gbf
Rh	Regensburg Hbf
Rp,Rpd	Ruhpolding
Sb	Markt Schwaben
Sie	Siegsdorf
Tb	Trostberg
Tl	Treuchtlingen
Ts	Traunstein
Wa	Wassertrüdingen
Wck	Burghausen-Wackerwerk
Wies	Wiesmühl
Wgm,Wgn	Waging
Whs	Wolfratshausen
Wm	Westerham
Wsb	Wasserburg Bf

ED/BD Regensburg

Ag	Alling
Aid	Aidenbach
Ast	Arnstorf
Auh	Aufhausen
By	Bayreuth Hbf
Dg	Deggendorf Hbf
Du	Nür-Dutzendteich
Ei	Bay. Eisenstein
Eln	Eslarn
Em	Eggmühl
En	Erbendorf Nord
Eng	Eging
Fi	Fichtelberg
Flb	Flossenbürg
Fls	Floß
Fs	Falkenstein
Fy	Freyung
Gr	Grafenwöhr
H,Hn	Holenbrunn
Hb,He	Helmbrechts
Hdm	Haidmühle
Im	Immenreuth
Ka	Kalteneck
Kch	Kirchenthumbach
Kl,Klb	Kirchenlaibach
Ko	Kirchenlamitz Ost
Kr	Kröhstorf
Kst	Kirchenlamitz Stadt
L	Leupoldsdorf
La	Landshur Hbf
Ld	Landau (Isar)
M,Mch	Münchberg
Mf,Mlf	Mühldorf
Mr	Marktredwitz
Mx	Marxzell
Na	Nabburg
Ng	Neusorg
Nil	Naila
Nr	Nürnberg Rbf
Nr	Neumarkt-St. Veit
Ns	Neukirchen b SR
Or,Ort	Ortenburg
Pa	Passau Hbf
Pl	Plattling
Ps	Pressath
Pz	Pegnitz
Rbl	Rottenburg (Laaber)
Rt	Reuth (b Erb.)
Sbw	Schwarzenbach (Wald)
Sch	Schwandorf
Sg	Schirnding
Sg	Selb-Plößberg
Sns	Schönsee
Srh	Sulzbach-Rosenberg Hütte
Sst	Selb Stadt
St,Stb	Bad Steben
Stz,Sz	Selbitz
Sw	Schnabelwaid
Sz	Sinzing
Vh	Vohenstrauß
Vi	Vilshofen
W,Wn	Wunsiedl
Wa	Reg-Walhallastr.
Wkn	Waldkirchen
Wt	Weißenstadt
Z,Zl	Zell
Zw	Zwiesel

Deutsche Bundesbahn

BD Nürnberg
MA Nürnberg 1
Bw Nürnberg Hbf

Laufplan der Triebfahrzeuge

gültig vom 26. Mai 1963 an
ungültig vom .... 19.... an

Dpl Nr (1)	Baureihe (2)	Tag (3)	Laufplan 0–24 Uhr (4)	Kilometer (5)
06	64	1	[nS] Lz 13607 No [nS] 15604 [nS] 25059 F 13441 w Si 9537 w Mer 9546 w [Sa] Si 13444	112
		2	w 12405 F w [Sa] Lr 12405 Whd w [Sa] 2202 F 2238 Ga 2243 w F w 4478 3011 w [Sa] Ub	143
		3	Ub 3002 w 12625 w [Sa] Nno w [Sa] 2549 Kal Lr w [Sa] 2550 Nno w [Sa] 12626 Winter	47
			302/3 = 401 Km/Tag	302
		1 Sa	13441 Si 9537 Mer 9544 Si 13442 35027 F 15530 Du 13601	
		2 Sa	Lzg 13607 No 15604 25059 F 2238 Ga 2243 F 12428	
		3 Sa	Ub 3002 Bm 2 2059 Fo 2059 Bem 2060 Fo Lv 1188	
		1 So	k	
		2 So	3017 Ub	
		3 So	k	
		Mo 1	13441 Si 9537 wie Mo - Frei	
		Die 3	Ub 3002 w 12145 Fo 2091 Höa 2096 Fo 5710 Ng Viehhof Lz	

948 I 01 Laufplan der Triebfahrzeuge A 4 q (Transparent) Mainz I 58 10000 M

64 019	von Würzburg	29.10.31-03.11.32	an Bw Bayreuth
64 020	von Würzburg	11.31- 01.33	an Bw Bayreuth
und	von Bayreuth	10.42- 03.46	an Bw Aschaffenburg
64 021	von Bayreuth	05.44- 10.49	an Bw Ingolstadt
64 025	von Gemünden	29.06.45-29.07.49	an Bw Rosenheim
und	von Rosenheim	31.05.61- 03.69	an Bw Aschaffenburg
64 031	von Hof	22.04.69-25.03.70	an Bw Aschaffenburg
64 039	von RAW Weilheim	06.02.49-11.03.49	an Bw Bayreuth
64 089	von Gemünden	30.04.44- 04.45	an PAW MAN
64 090	von Gemünden	20.08.44-04.11.47	an Bw Bayreuth
und	von Bayreuth	06.11.47-14.08.54	an Bw Nürnberg R
und	von Nürnberg R	17.08.54-18.06.58	an Bw Bayreuth
64 091	von Rbd Köln	45-06.11.47	an Bw Gemünden
64 092	von Gemünden	07.05.44-08.11.47	an Bw Bayreuth
64 093	von Gemünden	28.03.45-29.09.46	an Bw Würzburg
64 094	von Gemünden	30.04.44-08.09.44	an Bw Komotau
und	von Komotau	11.10.44-21.05.45	an Bw PAW Henschel (Z-Lok)
64 095	von Gemünden	15.01.59-09.02.59	an Bw Gemünden
64 097	von Wetzlar	10.09.47-18.02.49	an Bw Schwandorf
64 101	Neulieferung	02.06.28- 09.34	an Bw Bayreuth
und	von Bayreuth	10.42-04.10.49	an Bw Ingolstadt
und	von Ingolstadt	18.10.49-24.01.49	an Bw Bayreuth
und	von Bayreuth	24.02.55-10.03.55	an Bw München Ost
und	von München Ost	24.05.55-10.03.65	ausgemustert
64 102	Neulieferung	23.06.28-21.01.34	an Bw Aschaffenburg
und	von Bayreuth	13.10.51-13.10.64	an Bw Würzburg
und	von Würzburg	07.23.65-20.06.66	ausgemustert
64 103	Neulieferung	03.07.28- 06.34	an Bw Aschaffenburg
64 104	Neulieferung	30.07.28-26.09.33	an Bw Bayreuth
und	von Bayreuth	29.03.34-24.06.66	ausgemustert
64 105	Neulieferung	31.07.38-22.12.61	an Bw Bayreuth
64 106	Neulieferung	12.08.28-09.11.44	an Bw Würzburg
und	von Würzburg	06.12.44-21.05.55	an Bw Bayreuth
64 107	Neulieferung	26.08.28-05.10.49	an Bw Ingolstadt
64 108	Neulieferung	05.09.28-30.01.40	an Bw Bayreuth
64 109	Neulieferung	20.09.28-31.01.40	an Bw Gemünden
und	von Würzburg	27.05.66-02.11.69	an Bw Aschaffenburg
64 110	Neulieferung	28.09.28-18.11.34	an Bw Bayreuth
und	von Würzburg	27.05.66-02.11.69	an Bw Ingolstadt
64 141	von Trier	17.05.52-12.03.68	ausgemustert
64 147	von Trier	17.05.52-05.07.67	ausgemustert
64 216	von Rbd Frankfurt	09.47-16.02.49	an Bw Passau
64 240	Neulieferung	02.11.32-13.04.48	an Bw Mamberg
und	von Bamberg	01.07.48-04.03.66	ausgemustert
64 241	Neulieferung	07.12.32-14.04.44	an Bw Aschaffenburg
und	von Aschaffenburg	05.02.45-25.03.70	an Bw Aschaffenburg
64 242	Neulieferung	21.01.33-05.11.47	an Bw Bayreuth
64 243	Neulieferung	06.05.33-18.12.52	an Bw Aschaffenburg
64 244	Neulieferung	14.05.33-01.09.65	ausgemustert
64 245	Neulieferung	05.33-18.02.48	an Bw Bayreuth

64 246	Neulieferung	24.05.33-26.08.38	an Bw Neuenmarkt-Wirsberg
und	von Neuenmarkt-Wirsberg	27.09.39-22.12.40	an Bw Bayreuth
und	von Bayreuth	19.10.41-13.11.41	an Bw Bayreuth
und	von Gemünden	27.10.57-16.02.63	an Bw Ilmebahn
64 247	von Darmstadt	18.09.47-20.06.69	an Bw Aschaffenburg
64 249	von Darmstadt	12.09.47-18.02.49	an Bw Regensburg
64 283	Neulieferung	23.12.33-30.06.64	an Bw Würzburg
und	von Würzburg	27.05.66-27.09.66	ausgemustert
64 284	Neulieferung	25.12.33-17.10.49	an Bw Ingolstadt
64 285	Neulieferung	33- 45	an Bw Komotau
64 286	Neulieferung	18.01.34-10.07.69	ausgemustert
64 287	von Würzburg	27.05.66-10.07.69	ausgemustert
64 297	Neulieferung	12.09.34-14.01.46	an Bw Gemünden
und	von Aschaffenburg	06.69-24.06.70	ausgemustert
64 298	Neulieferung	03.10.34-04.11.47	an Bw Bayreuth
und	von Bayreuth	08.10.51-27.09.66	ausgemustert
64 305	von Würzburg	07.12.65-20.06.69	an Bw Aschaffenburg
64 334	Neulieferung	03.06.34-10.03.49	an Bw Würzburg
64 335	Neulieferung	28.06.34-03.05.42	an Bw Gemünden
64 361	Neulieferung	10.10.35-01.09.69	ausgemustert
64 362	Neulieferung	05.11.35-30.11.64	ausgemustert
64 389	von Tübingen	18.04.69-11.09.69	an Bw Aschaffenburg
64 418	von Würzburg	27.05.66-03.12.69	ausgemustert
64 425	von Würzburg	11.11.49-23.06.64	an Bw Würzburg
und	von Würzburg	01.06.66-27.09.66	ausgemustert
64 434	von Rosenheim	05.03.62-10.03.65	ausgemustert
64 503	von Coburg	15.02.64-22.05.67	ausgemustert

Der Einsatz erstreckte sich auf die Nebenbahnen um Nürnberg; dabei kamen die Maschinen nach Allersberg und Wendelstein, Simmelsdorf=Hüttenbach, Nürnberg= Nordost-Gräfenberg, Unterbibert-Rügland, Cadolzburg, Markt Erlbach, Neustadt-Stainach und Neustadt-Demantsfürth=Uhlfeld. Im Winter 53/54 waren in den Plänen 7, 8 und 11 jeweils 6+6+1+1 Lok im Dienst. Die durchschnittlichen Tageskilometer lagen etwa bei 190 km. Eine Maschine hatte dabei täglich Gerätewagenbereitschaft.
Ab 3. Oktober 1954 verschlechterten sich die Laufleistungskilometer, da im Plan 5 vier Lok der BR 78 eingesetzt wurden, die den Bubiköpfen einige Leistungen abnahmen.

Grundsätzlich änderte sich an den beiden sechstägigen Plänen bis Anfang 1962 nichts. Dann tauchten auch hier langsam die ersten V100 auf, so daß beide 64-Pläne halbiert wurden. Es blieben den Dampfloks noch Leistungen nach Unternbibert, Cadolzburg und Markt Erlbach, wobei die Tagesleistungen aber auf 101 bzw. 175 km sanken.
Zum Sommer 1967 kamen alle Loks zum Bw Nürnberg Rbf, der Einsatz änderte sich dadurch nicht. Mitte der 60er Jahre setzten die ersten größeren Ausmusterungen ein. Ab Winter 1969 erfolgte kein Planeinsatz mehr, nachdem schon im Laufe

des Jahres einige Maschinen nach Aschaffenburg abgegeben worden waren. Am 25.3.70 verließen als letzte Betriebslok die 64 031 und 241 das Bw nach Aschaffenburg, die restlichen wurden ausgemustert.

8) Bw Pressig-Rothenkirchen

Vom 26.6.63 bis 17.10.63 war die Coburger 64 245 hier stationiert; Einsätze wurden leider nicht bekannt.

9) Bw Würzburg

Für den Betrieb auf den Nebenbahnen rund um Würzburg erhielt das Bw folgende Maschinen zugeteilt:

64 019	von Aschaffenburg	08.02.29-28.10.31	an Bw Nürnberg Hbf
64 020	von Aschaffenburg	02.29- 10.31	an Bw Nürnberg Hbf
64 093	von Nürnberg Hbf	30.09.46-20.10.46	an Bw Bamberg
und	von Bamberg	28.10.46-27,02.47	an Bw Aschaffenburg
und	von Aschaffenburg	06.03.47-30.10.48	an Bw Nm-Wi
und	von Nm-Wi	17.11.48-21.05.55	an Bw Aschaffenburg
64 095	von Gemünden	28.06.60-29.06.60	an Bw Gemünden
64 102	von Aschaffenburg	09.10.45-15.09.48	an Bw Bayreuth
und	von Nürnberg Hbf	14.10.64-01.12.65	an Bw Nünrnberg Hbf
64 106	von Nürnberg Hbf	10.11.44-05.12.44	an Bw Nürnberg Hbf
64 108	von Bayreuth	19.01.42-22.03.65	ausgemustert
64 109	von Gemünden	20.05.45-05.07.63	an Bw Gemünden
und	von Gemünden	04.10.64-26.05.66	an Bw Nürnberg Hbf
64 246	von Bayreuth	20.01.42-30.06.42	an Bw Gemünden
64 283	von Nürnberg Hbf	01.07.64-26.05.66	an Bw Nürnberg Hbf
64 287	von Geldern	04.03.43-26.05.66	an Bw Nürnberg Hbf
64 288	von Geldern	04.03.43-30.04.45	an Bw Hof
64 305	von Geldern	08.03.43-07.12.65	an Bw Nürnberg Hbf
64 306	von Geldern	08.03.43-22.10.47	an Bw Aschaffenburg
64 334	von Nürnberg Hbf	11.03.49-30.11.64	ausgemustert
64 365	von Frankfurt/Main	05.47-29.07.47	an Bw Bayreuth
64 417	von Radolfzell	04.11.46-10.03.65	ausgemustert
64 418	von Freiburg	04.11.46-26.10.56	an Bw Bayreuth
und	von Bayreuth	24.10.62-26.05.66	an Bw Nürnberg Hbf
64 422	von Bamberg	11.07.39-22.01.48	an Bw Gemünden
64 423	von Bamberg	11.06.39-13.10.42	an Bw Aschaffenburg
64 424	Neulieferung	06.07.37-07.03.41	an Bw Gemünden
und	von Gemünden	27.07.41-31.03.45	an Bw Nürnberg Hbf
64 425	Neulieferung	17.07.41-31.03.45	an Bw Gemünden
und	von Nürnberg Hbf	24.06.64-31.05.66	an Bw Nürnberg Hbf Z
64 426	Neulieferung	01.08.37-10.03.65	ausgemustert
64 427	Neulieferung	17.08.37-29.01.48	an Bw Gemünden
64 428	Neuliferung	27.08.37-22.09.49	an Bw Aschaffenburg
64 437	von Radolfzell	04.11.46-10.3.65	ausgemustert

Deutsche Bundesbahn

ED Nürnberg
MA Würzburg
Bw " "

Laufplan der Triebfahrzeuge

gültig vom 23. Mai 1954 an

Dpl Nr	Baureihe	Tag	0–24 Uhr	Bem
04	64	1	entf. So — 12322 1001 — 0 — 9325 — Wei — 3444 Cr — 3441 Wei — 3436 Cr — 9323 Wei — 9326 — 0 — 8507	202
		2	Mo - Frei — 12322 1001 — 0 3403 Bi — 3404 0 12313 1001 — 3413 — Wei	154
			Sa — 12322 1001 — 0 3403 Bi — 3404 0 12313 1001 — 3413 0 3413 — Wei	
			So — 3413 1001 — 0 3413 — Wei	
		3	Mo - Frei — Wei — 3402 — 4372 M 12317 0 9317 Rö 3442 — Cre	131
			Sa — Wei — 3402 0 3402 1001 — 4372 M 12317 0 9317 Rö 3442 — Cre	
			So — Wei — 3404 0 12313 1001 — 4372 0 9317 Rö 3442 — Cre	
		4	Mo - Sa — Cre — 3427 Wei — 9322 Cr 3434 Cr 3435 Wei 3408 — 0 — 3409 — Wei — 3412 — 0 — 12315 1001	233
			So — Cre — 3427 Wei — 9322 Cr 3434 Cr 3435 Wei 3408 — 0 — 3409 Wei — 3412 — 0 — 12315 1001	
				720:4
				180

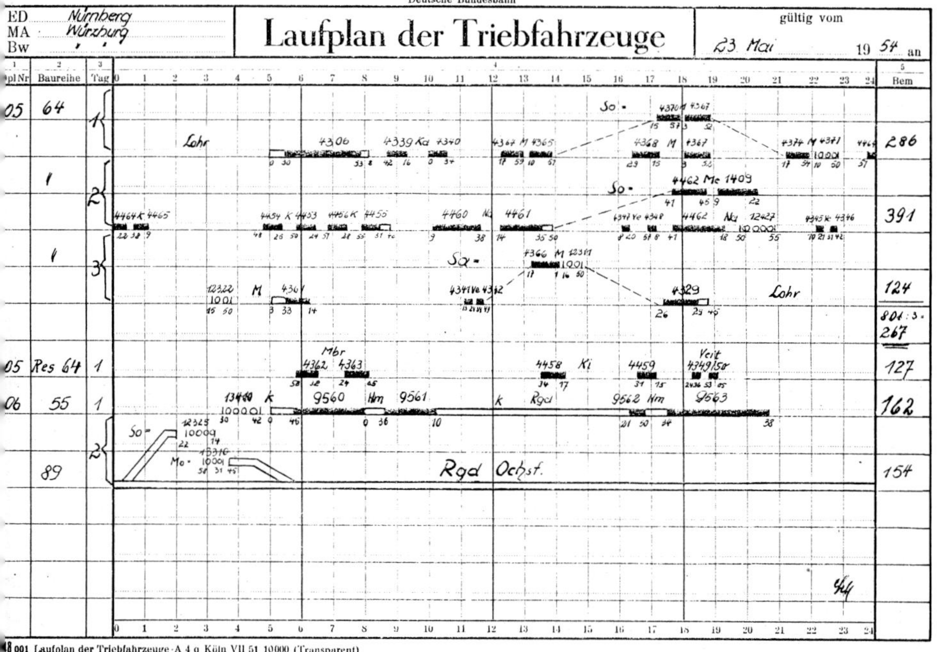

Deutsche Bundesbahn

BD Nürnberg
MA Würzburg
Bw Würzburg

Laufplan der Triebfahrzeuge

gültig vom 26. Mai 1963 an
ungültig vom .... 19.... an

1 Dpl Nr	2 Baureihe	3 Tag	4 (0–24 Uhr)	5 Kilometer
4	R 64	1	[S/nS] 8507 H 19 29 · 12322 Of 22 42 · 9325 W 20 · Aub 13320 28 49 30 · Of Lr 1361 7 26 59 · 4364 t Mt 4365 t 17 58 15 54 · 3413 t 30 37 52 · (N) · Wei	198
		2	Wei · 9322 W 3402 W Bbn 40 25 28 · 13412 50 41 · De 15424 30 53 · Mo, Mi + Fr De-St 15 · 15427 H 45 0 19 · Ly 3413 [Sa] Of 30 · 9317 W 13 43 · Bbn 3442 t 24 44 · Cl	181
		3	Cl · 3427 W Bbn 3404 t 44 11 22 42 6 26 · Of 3405 Bbn 9322 10 38 20 33 49 · Cl 3435 W 25 · Wei 3408 t Of 5 15 47 12 · 3409 t 18 28 53 23 · Wei 44 14 59 · 3412 t 28 · Of 8511 W 46 9 43 55 · 4374 t Mt 12319 [Sa] 8 46 56 2 33 · (N) · Sa 4371 40 15	305
		4	12322 Of 22 42 0 · 9315 W 28 55 · Wei · 3436 t + S E/Bpr 6 16 48 0 30 · Cl 9321 Bbn 9324 Cl 10 20 44 53 7 36 · 9323 W 46 · Wei 50 · 9328 W 38 · Of [S/nS] 8507 25	190
				874 : 4 = 219

Abweichungen vom Regelplan:

1 Dpl Nr	2 Baureihe	3 Tag	4 (0–24 Uhr)	5 Kilometer
	S	1	8507 H 19 29 · 4364 Mt 4365 17 58 15 54 · 12353 Of 30 · 3413 22 37 52 · Wei	
	Sa	1	8507 H 19 29 · 12322 Of 22 42 · 9325 20 · Aub 13320 29 49 30 · Of 7 · Of 52 · 3413 22 · Wei 3416 37 52 7 · Of 5673 17 20 0 32 · (N)	
	S	2	4372 Mt 12317 Of 3415 Bbn 3442 0 40 50 35 12 42 30 44 54 9 · Cl	
	Sa	2	Wei · 9322 Bbn 3402 Of 12350 30 0 25 28 14 24 30 · 4364 Mt 4365 17 58 15 54 · 4370 Sa 12321 Mt Of 45 26 35 40 · 9317 13 43 · Bbn 3442 21 44 13 43 54 0	
	S	3	Cl · 3429 S Bbn 3404 Of 3405 3405 0 30 41 26 12 38 20 22 33 49 · Wei · 3408 42 12 · Of 3409 18 28 53 23 · Wei 44 14 59 · 3412 Of 28 · 8511 46 9 43 · 4374 8 46 · Mt 4371 40 15	
	S	4	K	

0 1 2 3 4 5 6 7 8 9 10 11 12 13 14 15 16 17 18 19 20 21 22 23 24

948 I 01 Laufplan der Triebfahrzeuge A 4 q (Transparent) Mainz XI 56 10000 M

Deutsche Bundesbahn

BD Nürnberg
MA Würzburg
Bw Würzburg

Laufplan der Triebfahrzeuge

gültig vom 26. Mai 1963 an
ungültig vom .... 19.... an

1 Dpl Nr	2 Baureihe	3 Tag	4 (0–24 Uhr)	5 Kilometer
5	R-94	1	Wr 15314 t 40 50 20 29 49 · Wü · W 15303 Wr 30 50 3 · W 15316 31 40 10 · Wü · Wr [nS] 15340 42 52 22 31 1 · Wü · W 15305 Wr 11 24 44 54 · Wü · 13328 43 54 · W [Sa] 15329 Wei-D 24 47 · Wr 17 37 47 · Wü · W 15317 55 25 43 · W [Sa] 15322 Wr 11 26 53 · Wü	99
		2	[nS] H 8507 Wr 37 57 10 · Wr 15302 [nS] 52 4 · Wü · W 15315 Wr 40 53 13 23 · Wü · Wr 15308 [Sa] 5 15 45 55	34
			Wr 15304 S 35 46 15 24 34 · Wr 15320 Sa 48 58 28 37 7	
35	R-94	W	13410 Kn 42 14 30 · 9560 Hz 35 55 · 9561 58 0 · Rgd Kn 45 · 9562 Hz 33 0 32 · 9565 48 58	170
		nS	13310 Of 59 22 25	
36	V 60	Di-Fr	Rgd Of	168
		Sa	Of 92327 3 46 (T)	
41	R-64	Mo-Fr	13919 SL 26 48 · 16919 20 40 28 · Vl 3470 8 10 56 · Wü · 3477 29 54 · Vl 16920 41 46 28 58 44 · Sl 13920 4 43 1	125
		Sa	13919 SL 26 48 · 16919 20 40 28 · Vl 3470 8 10 56 · Wü · 3475 18 12 · Vl 16918 35 15 56 16 · Sl 12877 33 51	

0 1 2 3 4 5 6 7 8 9 10 11 12 13 14 15 16 17 18 19 20 21 22 23 24

948 I 01 Laufplan der Triebfahrzeuge A 4 q (Transparent) Mainz XI 56 10000 M

64 438	von Frankfurt 3	15.08.37-22.09.49	an Bw Hof
64 445	von Freiburg	04.10.46-14.12.46	an Bw Aschaffenburg
64 503	Neulieferung	04.10.40-02.10.58	an Bw Coburg
64 504	Neulieferung	11.10.40.-02.10.54	an Bw Coburg
64 520	von Tübingen	19.09.67-20.09.67	an Bw Tübingen

Der Einsatz erfolgte auf den Strecken von Würzburg nach Neustadt/Aisch, Markt Breit-Uffenheim, Ochsenfurt-Creglingen/Weikersheim, Dettelbach Bahnhof-Dettelbach Stadt, Volkach-Seeligenstadt woei nach Schweinfurt-Bad Kissingen.
Im Winter 1953 bestanden für den Einsatz ab Würzburg Hbf ein drei- und ein viertägiger Plan mit je 246 bzw. 198 km/Tag sowie ein eintägiger Plan vom Lokbahnhof Volkach für die Strecke nach Seeligenstadt. Auf der Dettelbacher Bahn verkehrten noch bayerische R3/3, Baureihe 89.7.
Ab 11.10.54 kamen zwei Maschinen mit Leistungen auf der Strecke nach Gemünden/Lohr hinzu.
Im Sommer 1964 bestanden noch ein vier- und ein eintägiger Plan, wobei in erstgenanntem die Leistungen von Ochsenfurt/Weikersheim/Creglingen, im eintägigen die Volkacher Leistungen enthalten waren. Die Tagesleistung lag bei 219 bzw. 125 km.
Zum Sommerfahrplan 1966 war auch in Würzburg Schluß mit den 64er-Einsätzen, die überlebenden Loks kamen zum Bw Nürnberg Hbf.

XXII. Rbd Oldenburg/Old.

1) Bw Oldenburg

Das Bw erhielt fabrikneu die 64 033 bis 037, die dort bis zur Umstationierung zur Rbd Schwerin im Dezember 1942 beheimatet waren. Seit 1935 gehörte das Bw zur Rbd Münster.

XXIII. Rbd Oppeln (bis 1945)

1) Bw Gleiwitz

Das Bw erhielt die fabrikneuen 64 308-311, 368-372 bis 1935 und die 456 im Jahre 1943 aus Northeim. 64 308 wurde 1939 nach Batibor abgegeben, die 311 tauchte 1944 beim Bw Linz/Donau auf und die 64 369 kam 1943 zum Bw Oppeln. 64 372 und 456 wurden im Dezember 1944 gen Westen in Marsch gesetzt und kamen zu den Bw Berlin-Gesundbrunnen und Schöneweide. Von den drei über die Tschechei Richtung Bayern im Januar 1945 abgesandten 64 368, 370 und 371 kam nur letztere schwer beschädigt im Bereich der Rbd Regensburg an; die beiden anderen verblieben bei der CSD. Der Planeinsatz der Maschine erfolgte angeblich auf den Strecken nach Peiskretscham, Hindenburg Hbf, Hindenburg Ost und Beuthen.

2) Bw Kreuzburg (Oschl.)

Das Bw erhielt neu die 64 111 am 17.10.28 und setzte die Lok auf der Strecke nach Illnau-Oppeln ein. 1933 ging die Lok an das Bw Troppau.

3) Bw Oppeln

1943 war hier bis Kriegsende die 64 369 beheimatet, die schließlich an die PKP überging. In den zur Verfügung stehenden Unterlagen sind keine weiteren 64er in Oppeln nachgewiesen. Augenzeugen zufolge wurden aber 64er auch auf den Strecken Oppeln-Neisse, Goldmoor-Deutsch Leippe und Illnau-Namslau gesehen, die nur vom Bw Oppeln gewesen sein können. Weitere Beheimatungen sind daher wahrscheinlich.

4) Bw Ratibor

Mit den 64 183 (Rbd Dresden), 260 (Eschwege-West) und 308 (Gleiwitz) erhielt das Bw 1939 drei Maschinen, die auf den Strecken nach Bauerwitz-Deutsch Rasselwitz und Ratibor-Buchenau-Summin im Einsatz waren. 1942 ging die 64 183 nach Leipzig Süd, 1943 die 308 nach Schöneweide, während die 260 1945 als Rückführlik bei den CSD hängen blieb.

5) Bw Troppau

Das Bw erhielt 1933 die 64 111 und 112 zum Einsatz auf der Strecke nach Bennisch. Während die 64 111 1945 bei der Rbd Schwerin auftaucht, kam die 64 112 zur CSD.

6) Bw Vossowska (= Vosswalde)

1933 erhielt das Bw die 64 114 bis 118 und setzte sie nach Oppeln, Wildfurt und Groß Strehlitz-Heydebreck ein. Keine Maschine gelangte in den Westen; während die 114 und 115 zur CSD kamen (03.45), kamen die übrigen im Februar 1945 in den Besitz der PKP.

XXIV. Rbd Osten

1) Bw Landsberg/Warthe

Fabrikneu kamen 1928/32 die 64 069-072 und 078 hierher, gefolgt von den 64 073-077 aus Meseritz. Im Juli 1939 ergänzte 64 064 aus der Rbd Stettin den

Bestand. Die Maschinen kamen auf den Strecken nach Wiezebaum, Soldin und Roßwiese-Reppen zum Einsatz.

2) Bw Meseritz

Das Bw erhielt fabrikneu die 64 073-077, die jedoch schon 1930 nach Landsberg/ Warthe überstellt wurden. Einsätze dürften auf den von Meseritz ausgehenden Strecken erfolgt sein.

3) Bw Schneidemühl Pbf.

1940 kamen hier die fabrikneuen 64 488, 489 und 490 zum Einsatz. Die Maschinen kamen dabei vom Lokbahnhof Deutsch Krone aus nach Wengerz-Flatow/Jastrow (KBS 115 f). 64 488 und 489 kamen bei Kriegsende zur PKP, die 490 gelangte zum Bw Berlin-Pankow.

XXV. Rbd/ED/BD Regensburg

1) Bw Eger (bis 1945)

Folgende Maschinen waren hier beheimatet und auf den Strecken Eger-Schirnding und Eger-Falkenau im Einsatz:

64 226	von LVA Grunewald	10.08.30-05.10.31	an Bw Hof
64 228	Neulieferung	28.06.30- 07.35	an Bw Hof
64 229	Neulieferung	03.07.30- 07.35	an Bw Passau
64 230	Neulieferung	05.08.30- 07.35	an Bw Passau
64 232	von Weiden	09.05.34-13.05.35	an Bw Kirchenlaibach
und	von Kirchenlaibach	19.05.35--1.06.35	an Bw Hof
und	von Hof	23.07.35-12.08.35	an Bw Kirchenlaibach
und	von Kirchenlaibach	23.08.35-24.09.35	an Bw Kirchenlaibach
und	von Kirchenlaibach	05.10.35-29.02.36	an Bw Hof
64 373	Neulieferung	36- 07.45	an Bw Chemnitz
64 374	Neulieferung	36- 45	an Bw Wittenberge

2) Bw Hof

1931 erhielt Hof seine ersten 64er, die bis 1969 dort heimisch wurden. Im einzelnen waren in Hof stationiert:

64 006	von Aalen	08.12.67-30.06.69	an Bw Weiden
64 010	von Plattling	28.09.52-08.06.62	an Bw Weiden
64 031	von Aalen	14.12.67-21.04.69	an Bw Nürnberg Rbd
64 049	von Tübingen	01.69-19.09.69	ausgemustert

64 113	von Rbd Oppeln	08.04.45-12.03.68	ausgemustert
64 255	von Regensburg	15.01.31-08.06.31	an Bw Landshut
64 226	von Eger	06.10.31-10.07.38	an Bw Kirchenlaibach
und	von Kirchenlaibach	05.02.54-08.04.54	an Bw Kirchenlaibach
und	von Kirchenlaibach	09.06.56-12.12.59	an Bw Regensburg
64 227	von Plattlingen	15.01.31-21.03.31	an Bw Landshut
und	von Landshut	06.06.31016.03.33	an Bw Schwandorf
und	von Schwandorf	01.04.33-10.02.43	an Bw Passau
64 228	von Eger	10.41- 07.44	an Bw Passau
64 231	Neulieferung	04.02.31-17.03.31	an Bw Landshut
und	von Weiden	19.04.34-10.09.41	an Bw Landshut
und	von Kirchenlaibach	14.06.56-20.09.62	an Bw Weiden

64 194 wartet im April 1969 im Bw Hof auf die Wiederinbetriebnahme.
Aufnahme: W. Alteneder

64 232	Neulieferung	16.01.31-06.06.31	an Bw Landshut
und	von Eger	02.06.35-22.07.35	an Bw Eger
und	von Eger	01.03.36-27.05.38	an Bw Kirchenlaibach
und	von Passau	16.03.51-12.03.68	aausgemustert
64 235	von Kirchenlaibach	22.07.36-10.02.37	an Bw Kirchenlaibach
und	von Kirchenlaibach	11.03.37-06.06.42	anc Bw Schwandorf
und	von Kirchenlaibach	30.05.52-01.12.54	an Bw Plattling
und	von Plattling	14.06.56-22.01.63	an Bw Weiden
und	von Weiden	23.02.63-26.05.63	an Bw Regensburg
64 236	von Kirchenlaibach	30.07.36-12.12.42	an Bw regensburg
64 238	von Weiden	19.04.34-11.01.38	an Bw Regensburg
und	von Regensburg	10.07.52-20.09.62	an Bw Weiden
64 239	von Regensburg	10.07.52-07.11.62	an Bw Regensburg
64 288	von Würzburg	01.05.45-13.06.56	an Bw Plattling
64 394	von Regensburg	05.04.51-13.06.56	an Bw Kirchenlaibach
64 395	von Waldshut	08.04.45-25.01.48	an Bw Schwandorf
64 421	von Radolfzell	03.12.46- 10.55	an Bw Kirchenlaibach
64 424	von Würzburg	01.04.45-24.09.63	an Bw Plattling
64 438	von Würzburg	11.03.49-21.03.62	an Bw Aalen
64 449	von Radolfzell	04.11.58-22.05.68	an Bw Weiden
64 451	von Radolfzell	03.12.46-19.01.63	an Bw Schwnadorf
und	von Schwandorf	30.03.63-26.05.63	an Bw Regensburg
64 496	von Weiden	05.10.52-16.11.52	an Bw Plattling
64 497	von Radolfzell	03.12.46-04.11.67	an Bw Weiden
64 498	von Freiburg	(9.45)- 11.62	an Bw Regensburg
64 499	von Freiburg	(4.45)-14.03.68	an Bw Plattling

Mit diesem recht hohen 64er-Bestand mußten in der Regel vier Dienstpläne gefahren werden, die 1955 Leistungen auf den Strecken Hof-Selb-Holenbrunn-Marktredwitz, Holenbrunn-Leupoldsdorf (Plan 6, 4 Lok BR 64, 208 km/Tag), Kirchenlamitz Ost-Weißenstadt (Plan 24, 1 Lok BR 64, 123 km/Tag) durch Bw-Außenstelle Weißenstadt, Münchberg-Zell/Selbitz (Plan 07, 3 Lok BR 64, 134 km/Tag) und Hof-Selbitz-Bad Steben/Schwarzenbach (Plan 08, 2 Lok BR 64, 202 km/Tag) umfaßten. Im Plan 08 wurde dabei nach Zonengrenzziehung auch die Strecke Marxgrün-Hölle zur Anschlußbedienung befahren. Ferner bestanden im Plan 27 für eine Lok BR 64 durch die Außenstelle Schwarzenbach/Wald Leistungen zwischen Naila und Schwarzenbach (155 km/Tag).

Zum Sommer 1957 gingen die Einsätze der BR 64 bereits zurück; in einem fünftägigen Umlauf fuhren die Maschinen noch auf den Strecken Zell-Münchberg-Bad Steben-Hof bzw. Schwarzenbach (172 km/Tag). Ein Plantag sah noch Leistungen zwischen Weißenstadt und Kirchenlamitz Ost vor, zum Teil bereits vor Güterzügen.

Ab 1962 brachen auch in Hof die ersten V100 in die Dampfpläne ein. Zum Sommer 1963 blieb für die BR 64 ein einziger Plantag mit Leistung auf der Weißenstädter Nebenbahn übrig, den Rest hatten 9 neue V100 unter sich aufgeteilt. Für diesen Dienst blieben bis zur Aufgabe der 64er-Stationierung in Hof noch die 64 006, 031, 232, 449 und 499, wobei so manche Außerplanleistung gerne mit der BR 64 gefahren wurde.

Deutsche Bundesbahn

ED Regensburg
MA Hof
Bw Hof

Laufplan der Triebfahrzeuge

gültig vom 22. Mai 1955 an

1 DplNr	2 Baureihe	3 Tag	4 (0–24)	5 Bem
06	64-	1	1702W Sst 8203W Mr 8209W Sst 1713 1716 Sst 8212W Hn	179
		2	Hn 8201 1701 2003 St 2008 1708 Sst 1709 1712 Sst 2380W Hn 2385W Sst	246
		3	Sst 2370 Hn 1703W 1706 Hn 2375 Sst 2384 2575 Wn	228
		4	Wn W W 8262W Wn Hn 2572 Hn 1717 1720	181
				834
			täglich ∅	208
			Änderung siehe dreitägigen Laufplan (vS, S, nS)	

Deutsche Bundesbahn

ED Regensburg
MA Hof
Bw Hof

Laufplan der Triebfahrzeuge

gültig vom 22. Mai 1955 an

1 DplNr	2 Baureihe	3 Tag	4 (0–24)	5 Bem
05	64-	1	Mo-Fr Weißenstadt 2132W Ko 8091 2139W Ko 2143W 8096W Ko 8098W 8097W	123
Weißenstadt	Bw Ast	½	Sa 2132W Ko 8091 2139a 2131 8096 2144 8098 8097	
			täglich ∅	123

Deutsche Bundesbahn

ED Regensburg
MA Hof
Bw Hof

Laufplan der Triebfahrzeuge

gültig vom 22. Mai 1955 an

1 DplNr	2 Baureihe	3 Tag	4 (0–24)	5 Bem
07	64-	1	14602W M 2121W He 8131W Sz 2054 2055 M 8130W Sz 2062W He 2065W M He 8134W M 2189W Z 2188W M 2193W Z 16088W M 2197 Zell	209
		2	Zell 2132W 2139W 2134W M 16021W Zell 2182 M 2185Sa Z 2186Sa M 8135W He 8137W Sz 8138W	139
		3	V8103 Sg 12806 16013 16841 16813 16828 16818	54
				402
			täglich ∅	134
		1	So V8103 Sg 12808 2005 St 2012	
		2	Sa 2185 Z 2186 M 8135W He 8137W Sz 8138W	
08	64-	1	2001W St 2004W 2005 Stb 2012 2009 Stb 2020 2019 12818 Mx	200
		2	Mx 12807 St 2002 1704 Stb 1705 2007 Stb 2014 2017 2022	204
				404
			täglich ∅	202
	So	2	2023 St 12822 14801 2002 1704 Sst 1705 Mo Lok Tag 2	
	Sa	1	2009 St 2020 2019 St 2026	
			2026	

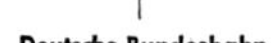

Deutsche Bundesbahn

BD Regensburg MA Hof Bw Hof	**Laufplan der Triebfahrzeuge**	gültig vom 2. Juni 1957 an ungültig vom .... 19.... an

1 Dpl Nr	2 Baureihe	3 Tag	4 (0 – 24 Uhr)	5 Kilometer
02.03	64	1	Mh · 1819 · 1869 · Stb · 2001w · 2004w · 2005 · Stb · 2012 · 2009 · Stb · 2020 · 2019 · Stb · Mx	Km 202
		2	Mx · 2801 · Stb · 2002 · 1704 · Ssr · 1705 · 2007 · Stb · 2014 · 2017 · Stb · 2022	205
		3	12602w · Nh · 8126w · Hb · 8180w · Slz · 2053w · Nh · 2056 · Nh · 8131w · 2059w · Nh · 8134w · Hb · 8139w · 2184w · Zell · 2178w · 2185w · 2193w · 8197w · Zell	226
		4	Zell · 2181w · 2184w · 1606w · Zell · 2182w · Nh · 2185w · 2186w · Nh · 3130w · Hb · 3138w · 1683w · 8139w	107
		5	V3103 · Nh · 2221w · 2222w · Nh · 5134w · Sbw · 16203w · Sbw · 8146w · Nh · 2235w · 2236w · Nh · V3106	119
				859
			im Tg. Ø	172
02.46	64	1	2131w · Ko · 8092w · 2139w · Ko · 2140w · 8193w · Ko · 2144w · Ko · 9094w	142

948 I 01 Laufplan der Triebfahrzeuge A 4 q (Transparent) Mainz IV 56 8000 M

Deutsche Bundesbahn

BD Regensburg MA Hof Bw Hof	**Laufplan der Triebfahrzeuge**	gültig vom 26. Mai 1963 an ungültig vom .... 19.... an

1 Dpl Nr	2 Baureihe	3 Tag	4 (0 – 24 Uhr)	5 Kilometer
02.48	64	1	Wt · 2131W · Ko · 16038W · Wt · Rgd · 8087 · 2138W · Ko · Wt · 8097W · Ko · 8198W · Wt	117
Bw - Asl - Weißenstadt				

948 I 01 Laufplan der Triebfahrzeuge A 4 q (Transparent) Mainz IV 56 8000 M

Deutsche Bundesbahn

ED Regensburg MA Regensburg Bw Schwandorf	**Laufplan der Triebfahrzeuge**	gültig vom 22. Mai 1955 an

1 Dpl Nr	2 Baureihe	3 Tag	4 (0 – 24 Uhr)	5 Km
04	98⁸	1	Sch · 9071 · Bö · 8373 · Nbr · 8372 · Bö · 16965 · Ni · 16966 · Bö · 8375 · Rz · 8384 · Bö · 16967 · Bö · 16969 · Ni · 16970 · Bö · 9018 · Sch	212
	64	1	Sch · 8937 · Na · 8469 · Sns · 8474 · Na · 8938	142

948 001 Laufplan der Triebfahrzeuge A 4 q Münster

Deutsche Bundesbahn

ED Regensburg MA Regensburg Bw Schwandorf	**Laufplan der Triebfahrzeuge**	gültig vom 22. Mai 1955 an

Dpl Nr	Baureihe	Tag	0 – 24 Uhr	Km
18	64	1	Sns · 3532 · Na · 8471 · Sns · 8472 · Na · 3535 · Sns · 3536 · Na · 3537 · Sns	292
Bw Ast Schönsee				

948 001 Laufplan der Triebfahrzeuge A 4 q Münster

3) Bw Kirchenlaibach

1935 tauchten die ersten 64 in Kirchenlaibach auf und wurden anfangs ausschließlich auf der Nebenbahn Neusorg-Fichtelberg eingesetzt. Mit Aufstockung des Bestands wurde auch Richtung Schnabelwaid und Marktredwitz, nicht jedoch planmäßig nach Bayreuth und Weiden gefahren. Der Lokbestand sah folgendermaßen aus:

64 008	von Regensburg	22.07.65-31.07.66	an Bw Weiden
64 019	von Aschaffenburg	24.12.72-03.04.73	an Bw Aschaffenburg
64 032	von Neuß	16.10.63-10.03.65	ausgemustert
64 215	von Passau	12.03.65-31.07.66	an Bw Weiden
64 226	von Hof	11.07.38-18.05.43	an Bw Schwandorf
und	von Landshut	03.10.46-04.02.54	an Bw Hof
und	von Hof	09.04.54-08.06.56	an Bw Hof
und	von Schwandorf	25.05.66-31.07.66	an Bw Weiden
64 231	von Schwandorf	29.08.43-13.06.56	an Hof
64 232	von Eger	14.05.35-18.05.35	an Bw Eger
und	von Eger	13.08.35-22.08.35	an Bw Eger
und	von Eger	24.09.35-02.10.35	an Bw Eger
und	von Hof	28.05.38-14.05.43	an Bw Passau
64 235	von Regensburg	15.05.35-21.07.36	an Bw Hof
und	von Hof	11.02.37-10.03.37	an Bw Hof
und	von Schwandorf	26.08.43-18.05.44	an Bw Passau
und	von Landshut	29.08.46-29.05.57	an Bw Hof
64 236	von Regensburg	16.05.35-29.07.36	an Bw Hof
64 238	von Weiden	29.09.64-31.07.66	an Bw Weiden
64 239	von Regensburg	14.07.65-31.07.66	an Bw Weiden
64 337	von Weiden	19.06.46-31.07.66	an Bw Weiden
64 365	von Bayr	11.03.49-01.07.64	ausgemustert
64 366	Neulieferung	04.09.35-01.09.65	ausgemustert
64 371	von Gleiwitz	05.45-10.03.65	augemustert
64 375	Neulieferung	36- 45	an Rbd Dresden
64 376	Neulieferung	36- 45	an Rbd Dresden
64 393	von Regensburg	22.11.47-31.07.66	an Bw Weiden
64 394	von Hof	14.06.56-01.09.65	asugemustert
64 402	von Wies	10.08.48-30.09.61	an Bw Passau
und	von Passau	09.01.62-04.03.66	ausgemustert
64 421	von Hof	09.57-01.09.65	ausgemustert
64 430	Neulieferung	37- 05.45	an Bw Zittau
64 441	von Weiden	18.11.65-31.07.66	an Bw Weiden
64 518	von Landshut	03.10.46-12.04.59	an Bw Plattling

Im Sommer 1955 waren im Dienstplan 1 vier Maschinen tätig, die 324 km täglich leisten mußten. Besondere Hervorhebung verdient dabei der Plantag 3, in dem eine Maschine mit Ng 5362 nach Nürnberg-Dutzendteich und zurück fuhr. Der Plan 3 enthielt für eine Lok die Leistungen zwischen Neusorg und Fichtelberg (193 km/Tag).

Deutsche Bundesbahn

BD Regensburg
MA Hof
Bw Kirchenlaibach

Laufplan der Triebfahrzeuge

gültig vom 22. Mai 1955 an

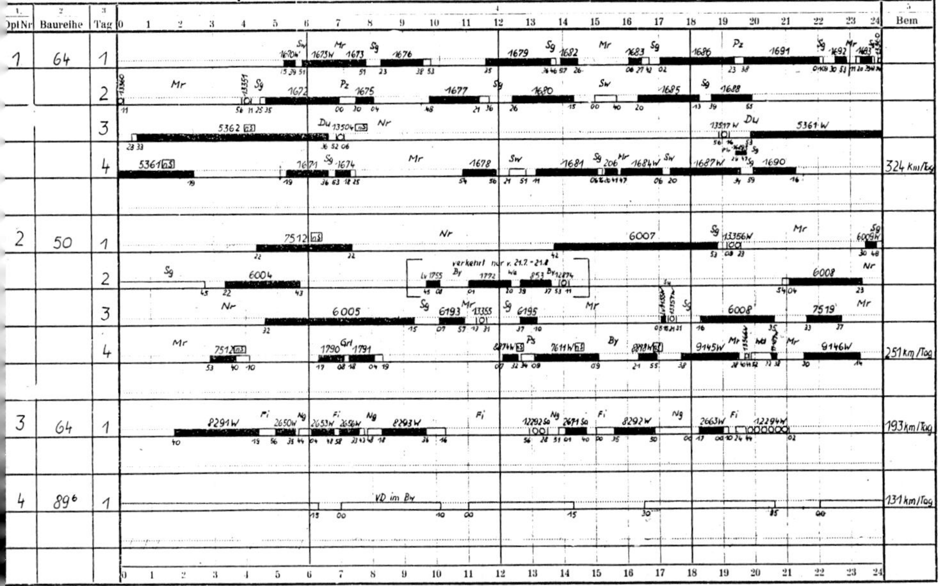

1 DplNr	2 Baureihe	3 Tag	4 (0–24 Uhr)	5 Bem
1	64	1	Sw 1670W, Mr 1673W, 1673, Sg 1676, 1679, Sg 1682, Mr 1683, Sg 1686, Pz 1691, Sg 1692, Mr 1693	
		2	13360, Mr, 13351, Sg 1672, Pz 1675, 1677, Sg 1680, Sw, 1685, Sg 1688	
		3	5362, Du 13504, Nr, 13517W, Du 5361W	
		4	5361, 1671, Sg 1674, Mr, 1678, Sw, 1681, Sg 206, Mr 1684W, Sw 1687W, Sg 1690	324 Km/Tag
2	50	1	7512, Nr 6007, Sg 13356W, Mr 6009W	
		2	Sg 6004, verkehrt nur v. 21.7.–21.8: Lv 1755, By 1772, 853, By 12874; 6008, Nr	
		3	Nr 6005, Sg 6193, Mr 13355, Sg 6195, Mr, 13357W, Sg 6008, 7519, Mr	
		4	Mr 7512, 1790, Grl 1791, 8274W, Ps 7611W, By 8298W, 9145W, Mr, 9146W	251 km/Tag
3	64	1	8291W, Fi 2650W, Ng 2653W, Fi 2656W, Ng 8293W, Fi, 12292Sa, Ng 2671Sa, Fi 8292W, Ng 2663W, Fi 12294W	193 km/Tag
4	89⁶	1	VD im Bw	131 km/Tag

948 001 Laufplan der Triebfahrzeuge A 4 q Köln IV 51 10000 (Transparent)

Deutsche Bundesbahn

BD Regensburg
MA Regensburg
Bw Landshut

Laufplan der Triebfahrzeuge

gültig vom 3. 6. 1956 an
ungültig vom .... 19.... an

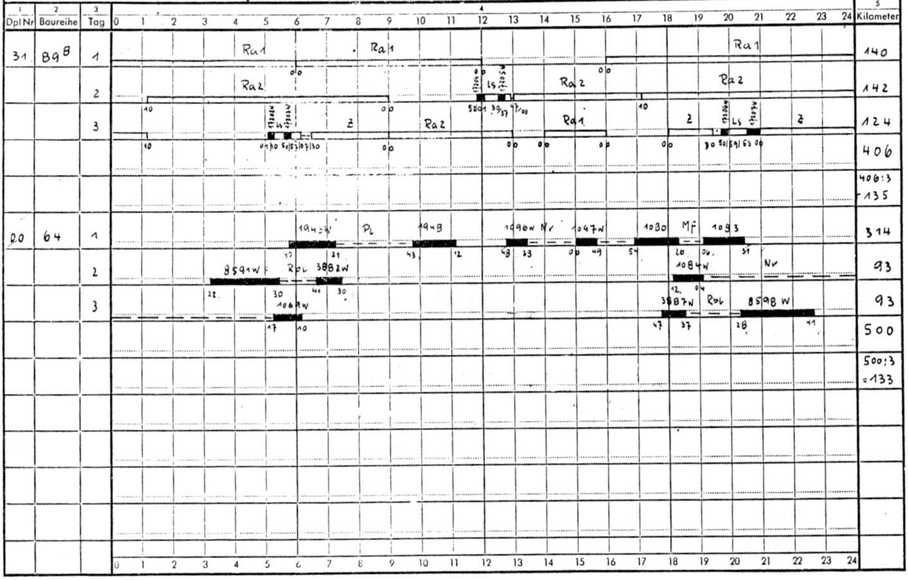

1 Dpl Nr	2 Baureihe	3 Tag	4 (0–24 Uhr)	5 Kilometer
31	89⁸	1	Ra 1, Ra 1, Ra 1	140
		2	Ra 2, Ls, Ra 2, Ra 2	142
		3	Ls, Z, Ra 2, Ra 1, Z, Ls, Z	124
				406
				406:3 = 135
20	64	1	1942W, PL 1943, 1096W, Nr 1047W, 1080, Mf 1093	314
		2	8591W, RbL 3882W, 1084W, Nr	93
		3	1069W, 3587W, RbL 8598W	93
				500
				500:3 = 133

948 I 01 Laufplan der Triebfahrzeuge A 4 q (Transparent) Mainz VII 55 8 000 W & W

Deutsche Bundesbahn

BD Regensburg
MA Hof
Bw Kirchenlaibach

Laufplan der Triebfahrzeuge

gültig vom 26. Mai 1968 an
ungültig vom .... 19.... an

1 Dpl Nr	2 Baureihe	3 Tag	4 (0–24 Uhr)	5 Kilometer
21	50	1		336
		2		333
		3		306
		4		211
				1186:4 = 294
01	64	1		361
		2		306
		3		221
				888:3 = 296
02	V100	1		372
31	V60	1	Bw Weiden (Einsatz Bw Kirchenlaibach)	150

948 I 01 Laufplan der Triebfahrzeuge A 4 q (Transparent) Karlsruhe VII 59 10000 M

Deutsche Bundesbahn

BD Regensburg
MA Hof
Heimat-Bw
Kirchenlaibach

Einsatz / ~~Personaleinsatz~~ Bw
Lok Bw Hof
Lok Bw Weiden

Laufplan der Triebfahrzeuge

gültig vom 26. Mai 1968 an
ungültig vom .... an

Triebfahrzeuge	Zahl	BR	Zahl	BR	Zahl	BR
Bedarf nach Laufplan	(2)	V100	(3)	64		
Bedarf für Ausw./Rev.						
Gesamtbedarf						
Laufleistung km/Tag	401		153			

Dpl-Nr/km	Baureihe	Tag	0–24 Uhr
13.01 / 360	V 100	1	
442		2	
13.52 / 203	064	1	
178		2	
78		3	

× ab 16.9.68 täglich

948 I 01 Laufplan der Triebfahrzeuge A 4 q 5 b 70 Karlsruhe XI 63 10000 B 222

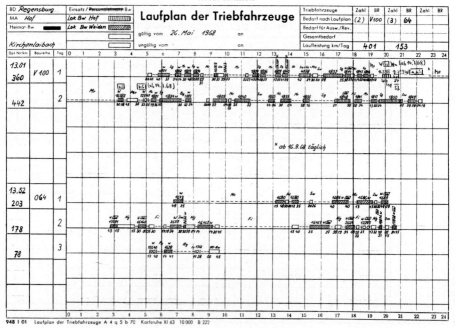

Ab Sommer 1963 kam auch in Kirchenlaibach die erste V100 zu Planeinsätzen und übernahm die meisten Personenzüge zwischen Kirchenlaibach und Schirnding. Den 64ern verblieben noch die durchlaufenden Personenzüge von Marktredwitz bis Schnabelwaid/Pegnitz sowie auch der P1672 Schirnding-Bayreuth. Zwischen Neusorg und Fichtelberg war bereits ein Schienenbus unterwegs.
Zum Sommer 1968 wurden immer noch 3 64er im Plan 13.52 benötigt, die nun auch mit Ng16162/167 wieder nach Fichtelberg kamen. Ganze 78 Tageskilometer brachte der Plantag 3: Lz Pegnitz - N1629 - Bayreuth - Lv1752 – Kirchenlaibach: Das nahe Ende warf seine Schatten schon voraus. Da Kirchenlaibach bereits seit 31.7.66 keine 64er mehr beheimatete, wurden die Maschinen durch das nahe Bw Weiden gestellt; der Einsatz erfolgte aber durch das Bw Kirchenlaibach.

4) Bw Landshut

1931 erhielt das Bw erstmals 64er:

64 225	von Hof	09.06.31-03.10.31	an Bw Regensburg
und	von Regensburg	12.11.32-10.03.34	an Bw Tempelhof
64 226	von Passau	16.01.46-02.10.46	an Bw Kirchenlaibach
64 227	von Hof	22.03.31-05.06.31	an Bw Hof
64 231	von Hof	18.03.31-14.11.33	an Bw Weiden
64 232	von Hof	07.06.31-21.09.31	an Bw Regensburg
und	von Regensburg	22.12.32-13.11.33	an Bw Weiden
64 233	von Rbd Stettin	07.35- 05.45	an Bw Passau
64 235	von Passau	09.04.46-28.08.45	an Bw Kirchenlaibach
64 236	von Passau	20.10.56-13.06.56	an Bw Passau
64 249	von Passau	15.06.56-31.07.59	an Bw Plattling
64 472	von Plattling	07.57- 08.59	qn Bw Plattling
64 518	von Passau	16.01.46-02.10.46	an Bw Kirchenlaibach

Drei Maschinen wurden planmäßig benötigt und auf den Strecken nach Rottenburg (Laaber), Mühldorf und Plattling eingesetzt. Die Tageshöchstleistung betrug 324 km, im Schnitt wurden nur 133 km gefahren.

5) Bw Passau

1940 kamen mit den neuen 64 505 und 506 erstmals 64er nach Passau. Der Bestand im Laufe der Jahre sah so aus:

64 008	von Düsseldorf Alst.	18.09.56-20.01.63	an Bw Weiden
64 013	von BD Wuppertal	18.09.56- 63	an Bw Weiden
64 040	von Bingerbrück	13.08.51-14.12.53	an Bw Plattling
64 041	von Bingerbrück	09.08.51-19.06.64	an Bw Friedrichshafen
64 042	von Bingerbrück	21.08.51-31.05.65	an Bw Plattling

Deutsche Bundesbahn

ED Regensburg
MA Passau
Bw Passau

Laufplan der Triebfahrzeuge

gültig vom 22. Mai 1955 an

DplNr	Baureihe	Tag	0–24 Uhr	Bem
02	64	1	A1 4003 Hdm 4014 Wkn 4017 Hdm 4024 Wkn 4025 Hdm 4028 V2 A1 5337 (So)	228
		2	Pl 5330 (nS) 5352 W A1N A3 Nr	212
		3	Nr V1 9653 W 15676 A1 V2 4023 W A2 Fy	148
		4	Fy V2 4004 W A1 V1 2988 A1N Mlf	164
		5	Mlf V1 2999 Nr 2975 A1 V1 13683 9654 W A1 Nr	214
		6	Nr V1 5351 W A1N	99
		7	V1 2974 A2 Nr V2 2983 A1 V2 4027 A2 Fy	247
		8	Fy V2 4006 A1N V1 2980 A1 Nr V2 2989 A1	247
				1559
			täglich	195

001 Laufplan der Triebfahrzeuge A 4 q Münster

Deutsche Bundesbahn

ED Regensburg
MA Passau
Bw Passau

Laufplan der Triebfahrzeuge

gültig vom 22. Mai 1955 an

DplNr	Baureihe	Tag	0–24 Uhr	Bem
14	64	1	V1 4008 Wkn 4005 Fy 4012 A2 Pa V2 4021 Fy 4030 Wkn 4029 A1	181
Bw-Ast Haidmühle				

948 031 Laufplan der Triebfahrzeuge A 4 q Münster

Deutsche Bundesbahn

BD Regensburg
MA Passau
Bw Passau

Laufplan der Triebfahrzeuge

gültig vom ~~03. Juni~~ 30.9. 1956 an
ungültig vom .... 19.... an

DplNr	Baureihe	Tag	0–24 Uhr	Kilometer
01	64	1	2974 Nr 2983 4027 Fy	247
		2	Fy 4006 2980 Nr 2989	247
		3	4003 Hdm 4014 Wkn 4017 Hdm 4024 Wkn 4025 Hdm 4028 5337 (S)	283
		4	Pl 5330 (SmS) 5352 W Nr	156
		5	Nr 9653 W 15676 2988 Mlf	211
		6	Mlf 2999 W Nr 2975 x 1451 Vi 4087 Or 9818 W Vi Aid 4060 4061 Aid 9810 W Vi 4063 Aid	241
		7	Aid 4050 4051 Aid Vi 17818 Vi 9803 W Aid 4054 Vi 4085 Ort 4086 Vi 1456 4023 W Fy	186
		8	Fy 4004 W 9654 W Nr	152
		9	Nr 5351 W	99
			x) am 4. XI – 13. IV nur W; 1822 : 9 =	1822 / 202
			⁰) am 30. XI – 15. VII. Umlauf	

948 I 01 Laufplan der Triebfahrzeuge A 4 q (Transparent) Mainz VII 55 8 000 W & W

Deutsche Bundesbahn

BD Regensburg
MA Passau
Bw Passau

Laufplan der Triebfahrzeuge

gültig vom 26. Mai 1963 an
ungültig vom .... 19.... an

DplNr	Baureihe	Tag	0–24 Uhr	Kilometer
05	64	1	13845 W Vi 17813 W Vi 17803 W Aid 17804 W Vi 17819 Or 17822 W Vi 13817 W / 17803 W Aid Vi 13850 W	195

948 I 01 Laufplan der Triebfahrzeuge A 4 q (Transparent) Karlsruhe VII 59 10000 M

64 098	von ED Mainz	08.51- 64	an Bw Weiden
64 153	von Bregenz	09.06.44-01.07.62	an Bw Weiden
64 154	von Nördlingen	35-12.07.48	ausgemustert
64 215	von Bingerbrück	09.08.51-11.03.65	an Bw Kirchenlaibach
64 216	von Nürnberg Hbf	17.02.49- 06.63	an Bw Regensburg Z
64 226	von Schwandorf	25.03.44-16.01.46	an Bw Landshut
64 227	von Hof	11.02.43-31.05.65	an Bw Plattling
64 228	von Hof	07.44- 60	an Bw Schwandorf
64 229	von Eger	01.50- 61	an Bw Weiden
64 230	von Eger	01.50- 60	an Bw Plattling
64 232	von Kirchenlaibach	15.05.43-07.12.45	an Bw Plattling
und	von Weiden	18.11.48-06.12.50	an Bw Hof
64 233	von Landshut	14.06.56-19.06.63	an Bw Plattling
64 235	von Kirchenlaibach	19.05.44-08.04.46	an Bw Landshut
64 236	von Regensburg	27.06.52-19.10.55	an Bw Landshut
und	von Landshut	14.06.56-19.06.63	an Bw Regensburg
64 249	von PAW Henschel	03.03.50-14.06.56	an Bw Landshut
64 359	von Schwerte	06.06.57-15.12.59	an Be Regensburg
64 391	von Regensburg	24.10.62-15.05.63	an Bw Regensburg
64 402	von Kirchenlaibach	01.10.61-05.12.61	an Bw Kirchenlaibach
64 505	Neulieferung	17.10.40- 07.59	an Bw Plattling
64 506	Neulieferung	05.11.40- 59	an Bw Plattling
64 518	von Weiden	22.02.43-16.01.46	an Bw Landshut

Im Sommer 1955 wurden im Dienstplan 02 acht Maschinen eingesetzt, die zusammen 1559 km (Tagesschnitt 195) erbrachten. Die Maschinen befuhren die Strecken über Kalteneck nach Freyung/Haidmühle, über Pocking bis Mühldorf sowie auf der Hauptbahn bis Plattling. Für die Bw-Außenstelle Haidmühle bestand noch der Plan 14 für 1 Lok BR 64, wobei Leistungen nach Freyung und Passau enthalten waren (181 km/Tag).
Zum Sommer 1956 wurde die Außenstelle Haidmühle aufgegeben, der Passauer Umlauf dafür auf neun Tage erweitert.
Ferner hatte die Bw-Außenstelle Vilshofen noch eine weitere 64 im Plan, die den Gesamtverkehr auf den Strecken nach Aidenbach und Ortenburg bewältigte, wobei 195 km pro Tag gefahren wurden.

6) Bw Plattling

Zahlreiche 64er fanden in Plattling eine langjährige Heimat:

64 010	von Schwandorf	17.05.52-27.09.52	an Bw Hof
64 027	von Weiden	06.62- 05.63	an Bw Regensburg Z
64 040	von Passau	15.12.53-04.03.66	ausgemustert
64 042	von Passau	01.06.65-20.06.66	ausgemustert
64 096	von Goslar	17.12.58- 04.63	an Bw Weiden Z

Deutsche Bundesbahn

ED	Regensburg
MA	Passau
Bw	Plattling

Laufplan der Triebfahrzeuge

gültig vom 22. Mai 1955 an

1 DplNr	2 Baureihe	3 Tag	4 (0–24 Uhr)	5 km/Tag
1	64	1	1946 W · La · 1959 · 1959 · Ei · Sa 1986 Rg · Sa 1983 · Ei · 1968	326
		2	1951 · Ei · 1960 · 1960 · La · 1969	274
		3	1948 · La · 1961 W · Sa 1945 Sa 1970 · 3662 · Ka 3663 · Eng	231
		4	Eng · 3649 Dg · 3654 · Ka · 3655 · Dg · 3658 · Ka · 3659	277
		5	1160 · Mf · 1161 · 1957 · Ei · 1964 · 1972 · La	371
		6	La · 1941 · 1953 · Ei · 1956 · 1168 · Mf · 1169 · 1971	447
		7	Ei · 1954 · 1164 · Mf · 1167 · 1967 · Ei	310
		8	Ei · 1962 W · 1974 W · La · 1963 W · 1963 · Ei	270
		9	Ei · 1950 · 916 · Ei · 916	220
		10	Wasch- und Ausbesserungslok	–
			je Lok und Tag:	303
2	57^{10-40}	1	9226 W · Fm · 9229 W · 9230 W · Fm · 9231 W	162
		2	9186 W · Di · 9185 W · 9171 · Dg · 16514 Dh 16515 · Dg · 9170	130
		3	8855 W · Rob 12013 W · Rra · 8856 W	131
		4	8832 W · 13706 W · Pa · 13709 W · 8839 W	104
			je Lok und Tag:	124

948 001 Laufplan der Triebfahrzeuge A 4 q Köln VII 51 10000 (Transparent)

Deutsche Bundesbahn

ED	Regensburg
MA	Passau
Bw	Plattling

Laufplan der Triebfahrzeuge

gültig vom 22. Mai 1955 an

1 DplNr	2 Baureihe	3 Tag	4 (0–24 Uhr)	5 km/Tag
3	50	1	9161 W · Zw · 9164 W · 8859 W · Rre	184
		2	Rra · 8852 W · 1163 Dg 1984 · 9165 W · Zw · 9166 W	202
		3	5331 · Rh · 1424 · 9192 W · Di · 9191 W	198
			je Lok und Tag:	195
4	92^{20}	1	Westen · Westen · Westen · Westen	133
		2	Osten · Osten · Osten	154
			je Lok und Tag:	143
6	86	1	13171 W · Dg · 16512 Dh 16513 · Dg · 1966 W · 8532 W · Eng · 8529 W	151
		2	8516 W · Eng · 8523 W · 8526 W · Eng · 8527 W	186
		3	5311 W · Ei · 5312 W	154
			je Lok u. Tag:	163
9	64	1	Arnstorf · 3850 W Ld · 8675 W Ast · 3854 · Ld · 3853 · Ast · 8578 W · Ld · 3859 · Ast	150
	Bw Ast Arnstorf	2	Arnstorf · 3852 Ld · 8577 W · Ast · 3856 Ld · 3866 · Ast · 3858 Ld · 3857 W · Ast	150
			je Lok und Tag:	150
10	86	1	Zwiesel · 8561 · Gfu · 8662 · Zw · 8663 · Gfu · 8564 · Zw	128
15	70^{0}	1	Sa/So, So/Mo · Bodenmais · Mi, Sa · 3910 Zw · Mi, Sa · 3911 · Bm · 3912 Zw · 3733 · Grafenau · 3740 · Zw · 3921 · Bm · 8632 · Zw · 8633 · Bm · 3924 · 3925	124 Mo, Di, Do, Fr · 184 Mi, Sa
	Bw Ast Bodenmais			

948 001 Laufplan der Triebfahrzeuge A 4 q Münster

Deutsche Bundesbahn

BD	Regensburg
MA	Passau
Bw	Plattling

Laufplan der Triebfahrzeuge

gültig vom 26. Mai 1963 an

ungültig vom .... 19.... an

Dpl Nr	Baureihe	Tag	Zeit 0–24 (Fahrten)	Kilometer
01	64	1	1946w · La · 1959w · 1959 · Ei	198
		2	Ei · 1950 · 653 · Ei · 1958 · 1958 · La · 3889 · Rbl · 8596w · La	333
		3	La · 8591w · Rbl · 3882w · La · 1965	117
			▬ = Bw Plattling · ▨ = Bw Landshut · Fr · 1965 Ld Lr 1965 Fr	648:3 = 216
01	64	1	1971 · Ei · 1952w · 1955 · Ei · 680 · VD 3. Lok	232
		2	1951w · Ei · 1960 · 3665 · Tm · 3668 · Eng	213
		3	Eng · 3644w Dg 3650 · 1957 · Ei · 1964 · Dg · 1971	279
	Sonderlok BR64		E 639 Fr · Zw · 638 Fr · Pl	724:3 = 241
02	V100	1	La · 1943w · 1948 · La · 1961w · 1996 · La 3891 · 3890 Fr S · La · 3893 Fr S Rbl	353
	▬ = Pers. Bw Pl ▨ = Pers. Bw La	2	Rbl · 3880 · La · 890 · Sz · 2851 · Fr · 2854 · Sz · 893 · La · 1094 · Mf · 899 · La	405
				758:2 = 379
11	E 40 (Bw Regensburg)	1	Par · 7061 nS · Pl · 7061 nS · Lokwechsel Rr · Rh · 1404 · 1406w · Pa · 1413 · 663 · Rh · 1416 · 641 · Pa	471
	E 40 (Bw Regensburg)	1	1438 · 7071 nS · Rh · 653 · Pl · 645 · Pa · 644 Pl 643 Pa · 1415 · Rh · 1438	468
				939:2 = 469

948 I 01 Laufplan der Triebfahrzeuge A 4 q (Transparent) Karlsruhe VII 59 10000 M

Deutsche Bundesbahn

BD	Regensburg
MA	Passau
Bw	Plattling

Laufplan der Triebfahrzeuge

gültig vom 26. Mai 1963 an

ungültig vom .... 19.... an

Dpl Nr	Baureihe	Tag	Zeit 0–24 (Fahrten)	Kilometer
45	64	1	Ast · 8570w · Ld · 8573w · Ast · 8574w · Ld · 8575 Auh · 16571 · Kr · 8575 · Ast · 8578 · Kr · 16578 · 8578 · Ld · 8579w · Ast	244
46	86	1	Zw · 8561w · Spu · Lpaz 12546 · Zw · 8563w · Gfu · 8564w · Zw	122
Pers. Bw Ast	Bedienung ... und Grafenau:			
47	VT98	1	3744 · Gfu · 3732 · Zw · 3735 · Gfu · 3736 · Zw · Bm · 3918 · Zw · Bm · 3747 · Gfu · 3741 · * bis 27. IX · ** nicht Mi wenn 980 verkehrt	266
47	VT95	1	Gfu · 3730w · Zw · 3731w · Gfu · 3734 · Zw · 3737 · Gfu · 3740 · Zw · 3741 · Gfu · 3744 · Zw · Bm	277
		2	Bm · 3910 · Zw · Bm · 3912 · Bm · 3914 · Zw · 3737 · Gfu · 3738 · Zw · 3739 · Gfu	171
				448:2 = 224

948 I 01 Laufplan der Triebfahrzeuge A 4 q (Transparent) Karlsruhe III 60 10000 F 202

Deutsche Bundesbahn

BD Regensburg
MA Regensburg
Bw Plattling (Eins.-Bw La)

Laufplan der Triebfahrzeuge

gültig vom 26. Mai 1963 an
ungültig vom .... 19.... an

Dpl Nr	Baureihe	Tag	0–24	Kilometer
41.21	38	1	Mf 1071 645 Pl 9192 W	181
		2	9183 W Pl 644 1080 Mf 1083 641 Pl	299
		3	Pl 642 643 Pl 646 1088 Mf	244
				424 : 3 = 241
41.21	50	1	9208 W 13041 W 9193 W Sa Di 9194 W Sa V 6586 W Nr 5173	162
		2	9206 W Nr 9207 W	104
		3	6582 (Personal Bw Mf) V 9741 W V 9740 W Mf 6585 W	162
Sonderlok			13050 9209 W ab 15.7.	428 : 3 = 142
41.03	64	1	Pl 1946 W La 1959 W Pl 1959 Ei	63
		2	Ei 1950 Pl 653 1958 Pl 1958 3889 W Rbl 8596 W	117
		3	8591 W Rbl 3882 W 1965 Pl	54
				234
41.31	V 60	1	Ra 2 Ra 2	112
		2	Ra 2 Ra 1 Z	82
		3	Ra 1 Ra 1 Ra 2 Ra 1	133
				327 : 3 = 109

948 I 01 Laufplan der Triebfahrzeuge A 4 q (Transparent) Karlsruhe VII 59 10000 M

Deutsche Bundesbahn

BD Regensburg
MA Regensburg
Heimat-Bw Plattling
~~Einsatz~~ / Personaleinsatz-Bw Landshut

Laufplan der Triebfahrzeuge

gültig vom 26. Mai 1968 an
ungültig vom .... an

Triebfahrzeuge	Zahl	BR	Zahl	BR	Zahl	BR
Bedarf nach Laufplan	2	050	2	064		
Bedarf für Ausw./Rev.	0,06		0,06			
Gesamtbedarf	2,06		2,06			
Laufleistung km/Tag	234		158			

Dpl-Nr/km	Baureihe	Tag	0–24
01 180	050	1	9175 W Rg 1951 W Ei 1960 9192 W Sa Ld 13025 W Sa
288		2	9171 W Zw Lz 1975 Ei 1954 W 1957 Ei 680
468:2 = 234			BR 050 am Di Sonderlok 1) 980 Di Ei 1) 979 Di
01 126	064	1	Di, Mi Lv 1946 La (Sa-Pto) 1965
189		2	1946 W La Sa 639 W Mi, Do Lr 1998
315:2 = 157.5			1) verkehrt im Sommerabschnitt — BR 064 am Fr/Sa Sonderlok 639 Fr Ei
			Ei (Sa-P) 1950 W
			Sonderlok an Di im Sommerabschnitt — Schluss 980 B Zw 3980 B Gfu 3 3979 Zw Schluss 979 B
			La Di Lv 1943 BR 038 Sonderlok am Fr Lv 644 La Fr Sa 639 W
			2) vom 28.06.–31.08.68 als P — BR 064 Sonderlok 2) 1977 2) 1968

948 I 01 Laufplan der Triebfahrzeuge A 4 q 5 b 79 Karlsruhe X 64 10 000 B 222

64 097	von Schwandorf	21.05.54-27.22.72	an Bw Weiden
64 142	von Schwandorf	06.61-10.03.65	ausgemustert
64 227	Neulieferung	17.07.30-13.01.31	an Bw Hof
und	von Passau	01.06.65-12.03.68	ausgemustert
64 230	von Passau	06.61- 07.62	an Bw Regensburg Z
64 232	von Passau	08.12.45-20.05.48	an Bw Weiden
64 233	von Passau	03.65-01.09.65	ausgemustert
64 235	von Hof	02.12.54-13.06.56	an Bw Hof
64 249	von Landshut	01.08.59-19.08.66	ausgemustert
64 288	von Hof	14.06.56-09.02.61	an Bw Regensburg Z
64 292	von Weiden	08.57- 03.62	an Bw Schwandorf Z
64 294	von Schwandorf	06.61- 08.62	
64 299	von Schwandorf	31.05.68-21.04.69	an Bw Weiden
64 344	von Bingerbrück	07.08.51-11.05.67	an Bw Schwandorf
und	von Weiden	19.11.67-02.10.68	ausgemustert
64 355	von Bingerbrück	07.08.51-30.06.69	an Bw Weiden
64 356	von Bingerbrück	21.08.51-20.07.61	an Bw Weiden
64 359	von Regensburg	26.07.66-05.07.67	ausgemustert
64 414	von Goslar	17.12.58-08.04.62	an Bw Weiden
64 424	von Hof	25.09.63-06.12.67	an Bw Weiden
64 439		09.55- 02.58	an Bw Weiden
und	von Weiden	06.60- 09.63	an Bw Regensburg Z
64 450	von Landau/Pfalz	22.02.61-01.10.67	an Bw Weiden Z
64 453	von Au	14.01.67-24.09.67	an Bw Weiden
64 468	von RAW Weiden	15.04.48-08.03.61	an Bw Regensburg
64 472	von Kaiserslautern	06.08.51- 63	an Bw Landshut
und	von Landshut	06.60- 63	an Bw Weiden
64 494	von Schwandorf	07.04.49- 20.63	an Bw Regensburg Z
64 495	von Weiden	07.61- 06.62	an Bw Weiden
und	von Weiden	02.64- 03.64	an Bw Weiden
64 496	von Hof	17.11.52-11.12.59	an Bw Regensburg
und	von Regensburg	07.61-16.11.67	an Bw Weiden
64 498	von Regensburg	10.65-19.08.66	ausgemustert
64 499	von Hof	15.03.68-04.03.70	ausgemustert
64 505	von Passau	07.59-01.09.65	ausgemustert
64 506	von Passau	59-01.09.65	ausgemustert
64 512	von Goslar	16.12.58-29.05.61	ausgemustert
64 518	von Kirchenlaibach	13.04.49-15.02.50	an Bw Rosenheim

Ab 22. Mai 1955 bestanden in Plattling zwei Pläne für die BR 64: Im großen, zehntägigen Dienstplan 1 liefen die Maschinen Landshut, Bayerisch Eisenstein, Kalteneck über Deggendorf-Egig, Mühldorf über Pilsting-Frontenhausen=Marklkofen an, wobei sie sich auf der Strecke Deggendorf-Eging-Kalteneck den Dienst mit zwei 86ern aus dem Plan 6 teilen mußten. Tag 10 war als Waschtag vorgesehen.
Der Außenstelle Arnstorf war der Plan 9 vorbehalten, die zwei Maschinen auf der Nebenbahn Arnstorf-Kröhstorf/Landau einsetzte (150 km je Lok/Tag).

Zum Winter 1956 wurde bereits auf fünf Plantage gekürzt; es blieben die Leistungen nach Eisenstein (herausragend E725/726) und ein Zugpaar nach Landshut. Die restlichen waren bereits auf Schienenbusse umgestellt (Strecke nach Mühldorf außer Eilzugpaar) oder auf die P8 übergegangen, die nun die meisten Züge auch nach Landshut fuhr.
Im Sommer 1963 blieben im Plan 41.03 noch drei Plantage durch das Einsatz-Bw Landshut, wobei nun auch die beiden Güterzugpaare nach Rottenburg/Laaber mit Plattlinger 64 gefahren wurde. Eine Lok übernachtete noch in Eisenstein (E1959/1950). Plan 45 sah nach wie vor eine Lok für den Betrieb durch die Außenstelle Arnstorf vor.
Drei weitere Maschinen waren von Plattling aus Richtung Deggendorf im Einsatz, wobei eine Lok in Eging übernachtete. Eine Sonderlok mußte an Freitagen für das Zugpaar E639/638 Plattling-Zwiesel u. z. gestellt werden.
Im Sommer 1968 bestand noch Bedarf für zwei Planloks, die täglich ganze zwei Züge zu fahren hatten: Plattling-Landshut-Plattling. An Freitagen blieb der E639, nun aber bis Eisenstein, wobei die Lok jetzt in Eisenstein übernachtete und erst am Samstag mit P1950 zurückkehrte. Für diese Leistungen standen noch die 64 299, 355 und 499 zur Verfügung, bis zum Sommer 1969 die beiden ersten nach Weiden geschickt wurden. 64 499 beendete als letzte 64er des Bw Plattling ihre Karriere mit der Ausmuterung zum 4.3.70.

7) Bw Regensburg

Für den Betrieb auf den Nebenbahnen nach Falkenstein, Sinzing-Alling und Eggmühl-Langquaid erhielt daß Bw Regensburg folgende 64er:

64 008	von Weiden	11.03.63-21.07.65	an Bw Krichlaibach
64 027	von Plattling	05.63-30.11.64	ausgemustert
64 105	von Bayr	29.07.62-17.03.64	an Bw Rottweil
64 216	von Passau	06.63- 10.65	ausgemustert
64 225	von LVA Grunewald	07.12.30-14.01.31	an Bw Landshut
und	von Landshut	04.10.31-17.11.32	an Bw Landshut
64 226	von Hof	13.12.59-26.10.65	an Bw Schwandorf
64 230	von Plattling	05.63-10.03.65	ausgemustert
64 232	von Landshut	18.10.31-21.12.32	an Bw Landshut
64 235	Neulieferung	17.09.32-15.05.35	an Bw Kirchenlaibach
und	von Hof	27.05.63-09.12.63	an Bw Schwandorf
und	von Schwandorf	03.04.64-29.04.64	an Bw Friedrichshafen
64 236	Neulieferung	17.09.32-15.05.35	an Bw Kirchenlaibach
und	von Hof	13.12.42-26.06.52	an Bw Passau
und	von Passau	20.06.63-16.11.63	an Bw Mühldorf
und	von Mühldorf	16.12.63-02.06.64	an Bw Friedrichshafen
63 237	Neulieferung	01.10.32- 50	an Bw Weiden
64 238	Neulieferung	10.01.33-23.11.33	an Bw Weiden
und	Hof	12.01.38-07.10.38	an Bw Komotau
und	von Komtau	11.12.38-09.07.52	an Bw Hof

Deutsche Bundesbahn

BD Regensburg
MA Regensburg
Bw Regensburg

Laufplan der Triebfahrzeuge

gültig vom 26. Mai 1963 an
ungültig vom ~~29. Okt.~~ 9. Sept. 1963 an

Dpl Nr	Baureihe	Tag	0–24 (Zugnummern)	Kilometer
42-28	50	1	17836 Rgh 17833 · 17842 12189 · 12184 17837 · 16350 Rob 16357 · 17846 12181 · 6920 17845 12194 17847 · 6922 12079	73
		2	17832 12181 · 12110 Rob 6767 We · 6767 · Ho · 12350 · Hf 8906 · 12190 17848 (N) · 18356 12128 · Rob 5287	477
		3	5281 · We · 6784 · Rre · 16346 12113 w · 12186 17839 · 12188 17841 · Rra · 9266 w · vom 29.VI. - 8.IX. · Jh	185
		4	Jh · 9261 w · Rre · 6797 Schw · 6798 Rre · Rh Rra 6799 Sch · Di-Fr 12359 We · 6776 w Rre	351
				1036 : 4 = 271
			*) entfällt vom 29.VI. – 8.IX.	
42-29	50 Bw Sch	1	8904 Rre · Rra · 8901 w · Sch · 16383 · Sd · 16384 · Sch · 8904	
42-41	64 Langquaid	1	3801 /02 /03 /04 Em · 3805 8584 · 3809 /10 /11 /12 Em · 3815 Em 3818 /19 3820 · 8587 Em 3822 · Em 8588	192
			a) verk. nicht 16.IX. – 14.XII. · *a) verk. 16.IX. – 14.XII.	

948 I 01 Laufplan der Triebfahrzeuge A 4 q (Transparent) Karlsruhe III 60 10000 F 202

Deutsche Bundesbahn

BD Regensburg
MA Regensburg
Bw Regensburg

Laufplan der Triebfahrzeuge

gültig vom 9. September 1963 an
ungültig vom .... 19..... an

Dpl Nr	Baureihe	Tag	0–24 (Zugnummern)	Kilometer
42-09	V 100	1	1302 w · Jh · 1309 · T · 16354 Rob 12121 · Gerätezug	156
		2	Gerätezug · 1304 · Jh · 1307 · 1314 · Jh · 1323 w · Rra · 5253 w · Sch	368
		3	Sch · 8913 · We · 1220 w · T · 1316 · Jh · 1315	282
		4	Rre 9248 · Sl · 16502 · Sl · 17850 · Kh · 17851 · Sl · 16506 · Sl · 17852 · Kh · 17855 · Sl · 9255 w Rre	145
				951 : 4 = 238
42-30	50	1	16340 Rob 16315 12312 16345 · Rra 9252 · Sl · Sl · 9251 Rre · 13226 · Sl · 16508 w · Sl · 6560 Rob 12131 w	170
42-12	64	1	3700 · 3701 · 3705 · 12413 Wa · 8483 w · Fs · 8484 w · Wa 12416 · 3573 · Fs	183
		2	Fs · 3556 · 3569 w · Fs	93
		3	Fs · 3554 w · 3708 Ag 3709 · 3710 Ag 16537 · 16538 3713 3714 3715	112
				388 : 3 = 129

948 I 01 Laufplan der Triebfahrzeuge A 4 q (Transparent) Mainz I 58 10000 M

64 239	Neulieferung	13.10.32-09.07.52	an bw Hof
und	von Hof	08.11.62-13.07.65	an Kirchenlaibach
64 288	von Plattling	06.62-15.11.63	ausgmustert
64 294	von Plattling	01.63-10.03.65	ausgemustert
64 359	von Passau	16.12.59-25.07.66	an Bw Plattling
64 391	von Bayr	28.08.62-23.10.62	an Bw Passau
und	von Passau	21.05.61-12.05.64	an Bw Schwandorf
64 393	von Karlsruhe P	04.03.43-21.11.47	an Bw Kirchenlaibach
64 394	von Karlsruhe P	04.03.43- 50	an RAW Weiden
64 395	von Schwnadorf	21.06.61-02.06.64	an Bw Friedrichshafen
64 493	von Plattling	09.63-15.11.63	ausgemustert
64 541	von Hof	27.05.63-05.11.63	an Bw München Hbf
64 468	von Plattling	17.05.61-30.09.64	an Bw Schwandorf
64 494	von Plattling	10.63-10.03.65	ausgemustert
64 496	von Plattling	16.12.59- 07.61	an Bw Plattling
64 498	von Hof	11.62- 10.65	an Bw Plattling

In einem dreitägigen Plan wurden die Leistungen nach Alling und Falkenstein abgedeckt, während für die Nebenbahn nach Langquaid eine Lok ausreichte.

8) Bw Schwandorf

Für die Nebenbahn Naabburg-Schönsee erhielt auch das Bw Schwandorf einige 64er:

64 010	von Eschwege West	23.05.48-16.05.52	an Bw Plattling
64 097	von Nürnberg Hbf	19.02.49-20.05.54	an Bw Plattling
64 142	von Marburg	22.05.48- 02.58	an Bw Plattling
64 226	von Kirchenlaibach	19.05.43-24.03.44	an Bw Passau
und	von Regensburg	27.10.65-24.05.56	an Bw Kirchenlaibach
64 227	von Hof	16.03.33031.03.33	an Bw Hof
64 228	von Passau	02.63- 64	an Bw Weiden
64 231	von Hof	11.09.41-28.08.43	an Bw Kirchenlaibach
64 235	von Hof	07.06.42-25.08.43	an Bw Kirchenlaibach
und	von Regensburg	10.12.63-02.04.64	an Bw Regensburg
64 292	von Plattling	62-15.11.63	ausgemustert
64 294	von Beb	10.49- 09.59	an Bw Plattling
64 299	von Tübingen	21.12.67-30.05.68	an Bw Plattling
64 344	von Plattling	12.05.67-07.11.67	an Bw Weiden
64 391	von Regensburg	13.05.64-11.12.68	ausgemustert
64 395	von Hof	26.01.48-20.06.61	an Bw Regensburg
64 448	von Plattling	19.11.66-09.03.67	an Bw Plattling
64 451	von Hof	20.01.63-29.03.63	an Bw Hof
64 468	von Regensburg	01.10.64-01.09.65	ausgemustert
64 494	von Marburg	22.05.48-06.04.49	an Bw Plattling

Eine Lok wurde von Schwandorf aus eingesetzt, die andere von der Außenstelle Schönsee. Die Maschinen fuhren täglich 142 bzw. 292 km. 1967 ging der Planeinsatz mit 64ern zu Ende.

9) Bw Weiden/Opf.

Die Hochburg der letzten Tage könnten man das Bw Weiden nennen, waren doch von den DB-Maschinen die meisten irgendwann einmal in Weiden beheimatet; viele hauchten dort ihr letztes Dampfwölkchen aus:

64 006	von Hof	01.07.69-20.07.72	ausgemustert
64 008	von Passau	29.01.63-10.03.63	an Bw Regensburg
und	von Kirchenlaibach	01.08.66-12.03.68	ausgemustert
64 010	von Hof	09.06.62-27.09.66	ausgemustert
64 013	von Passau	05.63-10.03.65	ausgemustert
64 019	von Aschaffenburg	23.07.73-06.03.74	ausgemustert
64 027	von BD Regensburg	08.61- 06.62	an Bw Plattling
64 031	von Aschaffenburg	14.12.70-02.06.71	ausgemustert
64 096	von Plattling	09.63-30.11.64	ausgemustert
64 o97	von Plattling	18.11.72-24.07.73	auagemustert
64 098	von Passau	03.64-24.02.67	ausgemustert
64 153	von Passau	02.07.62-12.03.68	ausgemustert
64 194	von Tübingen	16.04.69-19.09.69	ausgemustert
64 206	von Au	15.11.67-24.06.70	ausgemustert
64 215	von Kirchenlaibch	01.08.66-19.08.66	ausgemustert
64 226	von Kirchenlaibach	01,08.66-22.11.66	augemustert
64 228	von Schwandorf	02.64-01.09.65	ausgemustert
64 229	von Passau	07.63-02.06.64	an Bw Ulm
64 231	von Landshut	15.11.33-18.04.34	an Bw Hof
und	von Hof	21.09.62-22.07.64	an Bw Eger
64 232	von Landshut	14.11.33-08.05.34	an Bw Eger
und	von Plattling	06.06.48-17.11.48	an Bw Passau
64 235	von Hof	23.01.63-22.02.63	an Bw Hof
64 237	von Regensburg	11.58-02.06.64	an Bw Ulm
64 238	von Regensburg	24.11.33-18.04.34	an Bw Hof
und	von Hof	21.09.62-28.09.64	an Bw Kirchenlaibach
und	von Kirchenlaibach	01.08.66-19.08.66	ausgemustert
64 239	von Kirchenlaibach	01.08.66-12.03.68	ausgemustert
64 241	von Aschaffenburg	14.12.70-20.07.72	ausgemustert
64 270	von Schwerte	29.05.57-21.12.72	ausgemustert
64 291	von Bebra	49-01.09.65	ausgemustert
64 292	von Bebra	49- 07.57	an Bw Plattling
64 293	von Tübingen	11.68-08.12.72	ausgemustert
64 295	von Frankfurt 3	17.03.48-09.06.74	ausgemustert
64 301	von Bestwig	10.05.56-10.03.65	ausgemustert
64 305	von Aschaffenburg	12.07.63-09.06.74	ausgemustert
64 337	von Freilassing	25.04.46-18.06.46	an Bw Kirchenlaibach
und	von Kirchenlaibach	01.08.66-08.11.72	ausgemustert
64 344	von Schwandorf	08.11.67-18.11.67	an Bw Plattling
64 355	von Plattling	01.07.69-08.11.72	ausgemustert
64 356	von Plattling	21.07.61-21.06.68	ausgemustert
64 367	von Aschaffenburg	27.09.70-02.06.71	ausgemustert
64 389	von Aschaffenburg	14.12.70-24.07.73	ausgemustert

Deutsche Bundesbahn

ED Regensburg MA Hof/Saale Bw Weiden/Oberpf	**Laufplan der Triebfahrzeuge**	gültig vom 22. Mai 1955 an

1 DplNr	2 Baureihe	3 Tag	4 (0–24 Uhr)	5 Bem
3	50	1	Kl · 8872 (05–10) · We · 8947 [S/nS] (07)	
		2	8947 · Mk · 1264 We V 2253 VK YKlg 1624 VK 8162 W (01 07 20 45 37 50 20 40 50 08 – 49) · We · 7191 W (14–27)	
		3	1242 (25) · Ho 6049 · Ns (08 21 33 15) · 7192 W (05 40 – 44) · We · 838 · Nü Hbf (15 – 22 37)	
		4	Nü · 835 (16–32) · We · W [nS] 7641 Ps · W [nS] 8874 (36 14 20 56) · We · 8871 [S] (44–51) · Kl	159 km/Tag
4	54[15]	1	We · 8223 W (25–23) · Grl · W 16734 · W 12225 (10 07 30 37) · Grl · W 8228 (50) · Ps · W 8227 (21 46 20 00 22) · Grl · Grl (16 38) · 8232 W (02 – 24) · We	
		2	We · 8161 W (45 – 44 45) · Ns · VD (00) · Ns · VD (00) · 8168 · VD · V 7191 · Ns	
		3	Ns · VD (00) · Ns · 2250 We 2253 (12 22 02 45 07 32) · Ns · 2326 (54–19) · We · 8167 W (57) · VK 16267 VKlg 2268 VK 8168 (00 31 56 47 – 45 27 30; 19 59 09 01 44 37 02)	190 km/Tag
5	64	1	We · V 8181 Fls 16191 Flb 2338 2339 Flb 2340 Fls 16194 Fls 12946 (22 02 25 53 13 56 12 36 55 39 56 06 20 50 14 23 59) · We · 2259 (19–47) · Vs · 2260 We 2265 Ns 2264 (02 26 53 24 42 11) · We	283 km/Tag
7	98[10]	1	We · 8181 W (22 – 14 49) · Esl · 8196 W (57 – 52)	
		2	We · V 8185 · Nw · 16177 W Nw · W 12944 (08 20 35 14 12 22) · We · W 12947 Nw 16175 Nw V 2331 Fls 2338 Flb · 8176 W (50 22 24 06 52 – 34) · We	
		3	We · 8185 W (08 – 39 54) · Esl · 8190 W (42 02 – 00) · We	115 km/Tag

Stundenleiste: 0 1 2 3 4 5 6 7 8 9 10 11 12 13 14 15 16 17 18 19 20 21 22 23 24

343 001 Laufplan der Triebfahrzeuge A 4 q Münster

Deutsche Bundesbahn

BD Regensburg MA Hof/Saale Bw Weiden/Oberpf	**Laufplan der Triebfahrzeuge**	gültig vom 02. Juni 1957 an ungültig vom .... 19...... an

1 DplNr	2 Baureihe	3 Tag	4 (0–24 Uhr)	5 Kilometer
01	38[10]	1	B V 8061 G5 B V 8062 Ho · 1202 · We · 1202 Sch · 1204 [S] · Rh · 1209 · We · 1209 · Ho · 1284 Mr · 5254 [S/nS]	
		2	5254 [nS] · We · 5256 [nS] · Sch · 5258 [nS] · Rh · 5253 W · Sch	
		3	5255 [nS] · We · 1267 · Ho · 1206 W · We · 1206 W · Rh · 1243 · Sch	
		4	Sch · 1221 W · We · 1755 · By · 1756 · We · 1277 Mr 1277 W · Ho	309 Km/Tag
			* fährt Bw Hof	
02	64	1	We · 1751 · By · 1754 · We · 2258 [S] Ns 2259 [S] We · 1761 By · 1762 Kl 2276 · We	
		2	We · 2425 B · 8225 · Vd · Kch · 2430 Ps 2431 Kch 8230 Ps 2434 · We · 1763	
		3	By · 1750 · We · 1234 · Sch · 1225 W · Mr · 1290	
		4	We · V 8181 W Fls 16191 Flb 2338 Flb 2340 · Fls · 16194 12946 · We · 1757 · By · 1758 We · 2264 Ns · 2265 · We	273 Km/Tag

Stundenleiste: 0 1 2 3 4 5 6 7 8 9 10 11 12 13 14 15 16 17 18 19 20 21 22 23 24

1 1 01 Laufplan der Triebfahrzeuge A 4 q (Transparent) Mainz VI 56 8000 M

Deutsche Bundesbahn

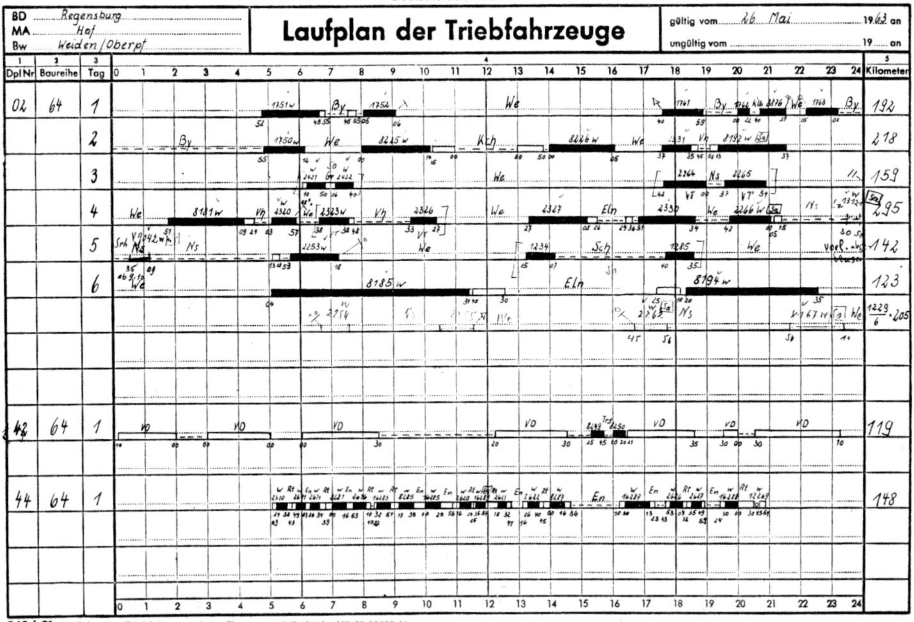

BD Regensburg
MA Hof
Bw Weiden/Oberpf

Laufplan der Triebfahrzeuge

gültig vom 26. Mai 1963 an
ungültig vom .... 19..... an

1 Dpl Nr	2 Baureihe	3 Tag	4 (0–24 Uhr)	5 Kilometer
02	64	1		192
		2		218
		3		159
		4		295
		5		142
		6		123
				1229 / 6 = 205
42	64	1		119
44	64	1		148

948 I 01 Laufplan der Triebfahrzeuge A 4 q (Transparent) Karlsruhe VII 59 10000 M

Deutsche Bundesbahn

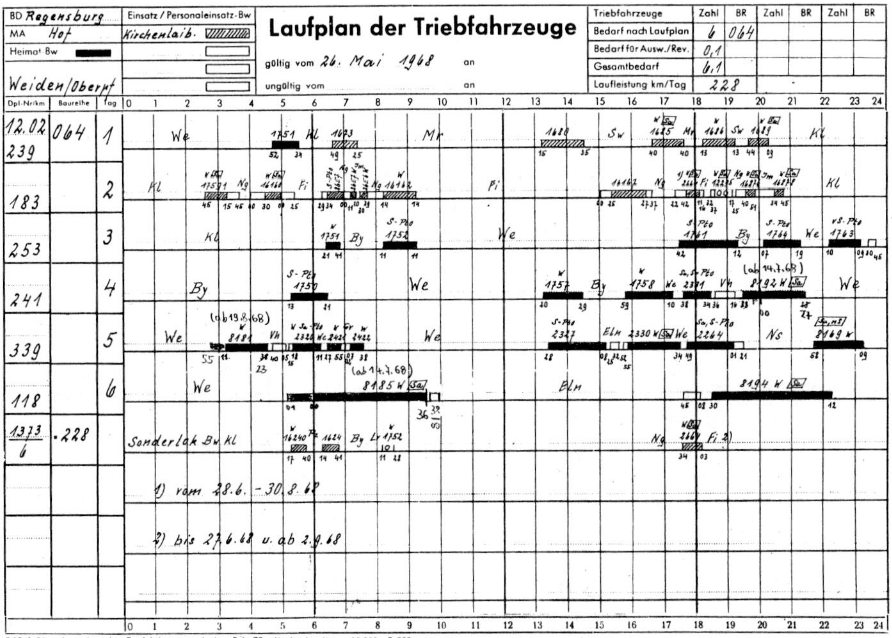

BD Regensburg
MA Hof
Heimat-Bw Weiden/Oberpf

Einsatz / Personaleinsatz-Bw: Kirchenlaib.

Laufplan der Triebfahrzeuge

gültig vom 26. Mai 1968 an
ungültig vom .... an

Triebfahrzeuge	Zahl	BR	Zahl	BR	Zahl	BR
Bedarf nach Laufplan	6	064				
Bedarf für Ausw./Rev.	0,1					
Gesamtbedarf	6,1					
Laufleistung km/Tag	228					

Dpl-Nr/km	Baureihe	Tag	0–24 Uhr
12.02 / 239	064	1	
183		2	
253		3	
241		4	
339		5	
118		6	
1373 / 6 = 228			Sonderlok Bw Kl

1) vom 28.6. – 30.8.68

2) bis 27.6.68 u. ab 2.9.68

948 I 01 Laufplan der Triebfahrzeuge A 4 q 5 b 70 Karlsruhe X 64 10000 B 222

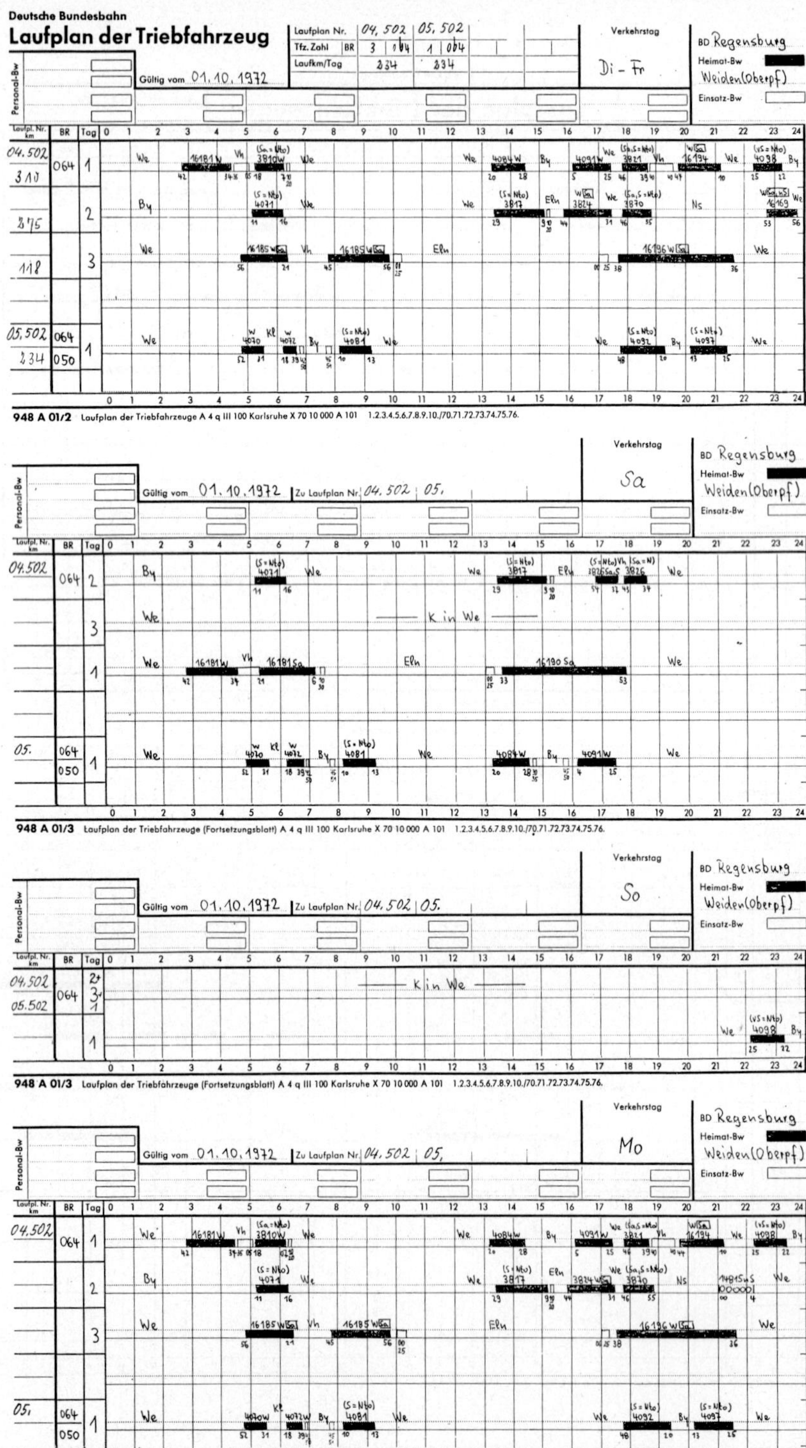

Deutsche Bundesbahn

Laufplan der Triebfahrzeug

Laufplan Nr.	04.502	05.502
Tfz. Zahl / BR	3 / 064	1 / 064
Laufkm/Tag	234	234

Gültig vom 01.10.1972

Verkehrstag: Di – Fr

BD Regensburg
Heimat-Bw: Weiden (Oberpf)
Einsatz-Bw

Laufpl. Nr. km	BR	Tag
04.502 310	064	1
275		2
118		3
05.502 234	064 050	1

948 A 01/2 Laufplan der Triebfahrzeuge A 4 q III 100 Karlsruhe X 70 10 000 A 101 1.2.3.4.5.6.7.8.9.10./70.71.72.73.74.75.76.

Gültig vom 01.10.1972 Zu Laufplan Nr. 04.502 05.

Verkehrstag: Sa

BD Regensburg
Heimat-Bw: Weiden (Oberpf)
Einsatz-Bw

Laufpl. Nr. km	BR	Tag
04.502	064	2
		3
		1
05.	064 050	1

K in We

948 A 01/3 Laufplan der Triebfahrzeuge (Fortsetzungsblatt) A 4 q III 100 Karlsruhe X 70 10 000 A 101 1.2.3.4.5.6.7.8.9.10./70.71.72.73.74.75.76.

Gültig vom 01.10.1972 Zu Laufplan Nr. 04.502 05.

Verkehrstag: So

BD Regensburg
Heimat-Bw: Weiden (Oberpf)
Einsatz-Bw

Laufpl. Nr. km	BR	Tag
04.502 05.502	064	2+ 3+ 1
		1

K in We

948 A 01/3 Laufplan der Triebfahrzeuge (Fortsetzungsblatt) A 4 q III 100 Karlsruhe X 70 10 000 A 101 1.2.3.4.5.6.7.8.9.10./70.71.72.73.74.75.76.

Gültig vom 01.10.1972 Zu Laufplan Nr. 04.502 05.

Verkehrstag: Mo

BD Regensburg
Heimat-Bw: Weiden (Oberpf)
Einsatz-Bw

Laufpl. Nr. km	BR	Tag
04.502	064	1
		2
		3
05.	064 050	1

948 A 01/3 Laufplan der Triebfahrzeuge (Fortsetzungsblatt) A 4 q III 100 Karlsruhe X 70 10 000 A 101 1.2.3.4.5.6.7.8.9.10./70.71.72.73.74.75.76.

64 393	von Kirchenlaibach	01.08.66-15.04.74	ausgemustert
64 414	von Plattling	09.04.62-12.03.68	ausgemustert
64 415	von Tübingen	11.68-05.12.74	ausgemustert
64 424	von Plattling	07.12.67-20.07.72	ausgemustert
64 439	von Plattling	02.58- 08.60	an Bw Plattling
64 441	von Wetzlar	20.03.46-17.11.65	an Bw Kirchenlaibach
und	von Kirchenlaibach	01.08.66-02.10.68	ausgemustert
64 448	von Plattling	02.06.67-21.12.72	ausgemustert
64 449	von Hof	23.05.68-11.12.68	ausgemustert
64 450	von Plattling	02.10.67-12.03.68	auagemustert
64 453	von Plattling	25.09.67-20.07.72	ausgemustert
64 472	von Plattling	07.63-10.03.65	ausgemustert
64 495	von Bebra	49- 06.61	an Bw Plattling
und	von Plattling	04.63- 02.64	an Bw Plattling
und	von Plattling	03.64-22.11.66	ausgemustert
64 496	von Marburg	22.05.48-04.10.52	an Bw Hof
und	von Plattling	17.11,67-22.01.68	an Bw Heilbronn
64 497	von Hof	06.11.67-20.07.72	ausgemustert
64 518	Neulieferung	16.12.40-21.02.43	an Bw Passau

Spielte die BR 64 noch im Sommer 1955 eine eher untergordnete Rolle (Plan 05 mit einer Lok, Einsätze Weiden-Neustadt-Floß-Flossenbürg) und waren die Güterzugleistungen nach Eslarn noch fest in Händen der 98.10, so änderte sich dies ab Sommer 1956. Nun wurden drei Maschinen benötigt, die jetzt auch nach Bayreuth und Neukirchen/bSR fuhren. Ab Sommer 1957 waren es dann bereits vier Plantage mit neuen Zügen nach Schwandorf, Marktredwitz sowie auf der Nebenbahn Pressath-Kirchenthumbach. 273 km/Tag wurden dabei pro Lok gefahren.
1963 waren schon acht Maschinen im Plandienst, von denen sechs im großen Plan nach Bayreuth, Kirchenthumbach, Schwandorf und Eslarn liefen. Eine Lok hatte in Weiden zu rangieren, während eine weitere von Lok-Bahnhof Erbendorf aus nach Reuth die Nebenbahn bediente (148 km/Tag).
Zum Sommer 1968 waren wieder sechs Loks eingesetzt, die Bayreuth, Kirchenlaibach und Eslarn anfuhren; durch das Einsatz-Bw Kirchenlaibach kamen Weidener Loks nun auch auf die Strecke Neusorg-Fichtelberg.
Im Winter 1972/73 blieben noch drei Plantage übrig, wobei die Maschinen noch nach Eslarn und Bayreuth fuhren (Plan 04.502). Für eine weiter Lok bestand mit der BR 50 ein Mischplan, da die 64er in Weiden langsam durch laufende Abstellungen knapp wurden. In diesem Plan kamen die Loks noch nach Kirchenlaibach und Bayreuth.
Ab Sommer 1973 war der Plandienst eingestellt. Doch die häufigen V100-Ausfälle machten noch oft ein Einspringen der letzten 64er erforderlich; meist kamen die Loks dann vor dem Ng16185/16196, zuletzt Plantag 3 zum Einsatz. Als letzte Weidener Lok wurde die 64 415 am 1.10.74 Z-gestellt und zum 5.12.74 zusammen mit der Crailsheimer 64 419 als letzte DB-64 ausgemustert.

XXVI. Rbd/ED/BD Saarbrücken

1) Bw Dillingen/Saar

Das Bw erhielt mit den neuen 64 519 (24.12.40) und 520 (4.1.41) nur zwei Maschinen zugeteilt, die auch schon am 3. bzw. 18.5.43 nach Kaiserslautern abgegeben wurden.

2) Bw Ehrang

Mit der 64 143 beheimatete das Bw Ehrang von 1.1.33 - 26.6.42 eine Lok aus Trier, die auf der Strecke über Trier-West nach Igel zum Einsatz gekommen sein soll.

3) Bw Jünkerath

Das als P10-Hochburg bekannte Bw beheimatete zu Anfang der 64er-Geschichte auch Loks dieser Baureihe. Es erhielt die fabrikneuen 64 141 bis 144, die im März 1930 (vermutlich am 14.) (64 141, 142, 144) bzw. am 13.8.31 (143) an das Bw Trier abgegeben wurden.

4) Bw St. Wendel

1940 tauchten hier die fabrikneuen 64 469-472 auf, die im April 44 durch Trierer Maschinen ergänzt wurden:

64 141	von Trier	05.06.44-28.11.45	an Bw Trier
64 143	von Trier	14.04.44-17.11.46	an Bw Trier
64 144	von Trier	04.44-30.12.46	an Bw Trier
64 147	von Trier	18.04.44-30.11.46	an Bw Trier
64 148	von Trier	17.04.44-27.11.45	an Bw Trier
64 469	Neulieferung	23.02.40-27.11.45	an Bw Trier
64 470	Neulieferung	03.40- 46	ausgemustert
64 471	Neulieferung	08.03.40-27.11.45	an Bw Trier
64 472	Neulieferung	13.03.40- 45	an RAW Offenburg

5) Bw Trier

Auch hier waren eine ganze Reihe von 64ern beheimatet, die überwiegend auf der Strecke nach Hermeskeil zum Einsatz kamen:

64 141	von Jünkerath	15.03.30-04.06.44	an Bw St. Wendel
und	von St. Wendel	29.11.45-16.05.52	an Bw Nürnberg Hbf
64 142	von Jünkerath	30- 05,47	
64 143	von Jünkerath	14.08.31-31.12.32	an Bw Ehrang
und	von Ehrang	27.06.42-20.07.43	an Bw St. Wendel
64 144	von Jünkerath	03.30- 06.39	an Bw St. Wendel
64 145	?	13.12.45-16.05.52	an Bw Freilassing
64 146	Neulieferung	28- 42	an Bw Kamenz
64 147	Neulieferung	16.04.29-11.07.43	an Bw St. Wendel
und	von St. Wendel	01.12.46-16.05.52	an Bw Nürnberg Hbf
64 148	Neulieferung	30.05.29-16.04.44	an Bw St. Wendel
und	von St. Wendel	28.11.45-16.05.52	an Bw Mühldorf
64 149	Neulieferung	07.29-12.05.52	an Bw Ingolstadt
64 150	Neulieferung	29-16.06.52	an Bw Bayreuth
64 391	von Radolfzell	18.10.46-16.06.52	an Bw Bayreuth
64 452	von Karlsruhe P	18.10.46-16.05.52	an Bw Ingolstadt
64 469	von St. Wendel	28.11.45-16.05.52	an Bw Freilassing
64 471	von St. Wendel	28.11.45-18.06.52	an Bw Freilassing

XXVII. Rbd Schwerin

1) Bw Güstrow

Das Bw erhielt 1928/29 die neuen 64 207 und 209. Im Mai 1945 kam die Warener 64 208 hinzu. Von 1954 bis 1961 war auch die 64 412 in Güstrow, bevor sie nach Pankow abgegeben wurde. Vom September 1963 bis Mai 1964 war schließlich auch noch die Wittstocker 64 364 hier stationiert. Die Einsätze erfolgten durch den Lok.-Bf. Teterow auf der Strecke nach Gnoien.

2) Bw Neuruppin

Für den Einsatz auf den Strecken nach Neustadt/Dosse, Löwenberg, Paulinenaue und Kremmen beheimatete das Bw zahlreiche 64er:

64 035	von Wittstock	60- 61	an Bw Wittstock
64 036	von Rostock	64- 69	ausgemustert
64 137	von Berlin Ahb	52- 69	ausgemustert
64 183	von Berlin Schöneweide	64- 69	an Bw Schwerin
64 184	von Kamenz	08.69- 70	an Bw Jerichow
64 200	?	33- 07.70	an Bw Wittenberge
64 212	von Wittenberge	17.02.57-29.11.58	an Bw Wittstock
64 261	von Frankfurt/Oder	67- 70	ausgemustert
64 263	von Erkner	05.55- 10.61	an Bw Neustrelitz
64 267	von Meseritz	61- 63	an Bw Hagenow Land
und	von Hagenow Land	69- 73	ausgemustert
64 315	von Wustermark	61- 69	an Bw Wittstock
64 404	von Schwerin	64- 69	an Bw Zwickau

64 443	von Berlin Lehrter Bf.	51-	69	an Bw Schwerin
64 464	von Berlin Schöneweide	12.69-	70	ausgemustert
64 465	von Wittstock	07.70-	07.73	ausgemustert
64 474	von Wittstock	04.69-	22.09.71	ausgemustert
64 485	von Berlin Schöneweide	07.66-	69	an Bw Wittstock

3) Bw Rostock

Die hier beheimateten Maschinen kamen auf der Strecke Rostock-Tessin und Rostock-Laage-Priemerberg zum Einsatz. Im einzelnen waren hier:

64 036	von Rbd Berlin	06.61-	64	an Bw Neuruppin
64 055	von Rbd Königsberg	45-	65	an Bw Salzwedel
64 173	von Berlin Pankow	61-	64	an Bw Nordhausen
64 186	von Berlin Schöneweide	61-	64	an Bw Waren
64 187	von Kemenz	64-	64	an Frankfurt/Oder
64 280	von Frankfurt/Oder	61-	64	an Bw Schwerin
64 374	von Wittstock	63-	64	an Bw Jerichow
64 397	von Kemenz	64-	64	an Bw Wittstock
64 380	von Kamenz	06.61-	10.63	an Bw Jerichow
64 444	von Zwickau	61-	63	an Bw Schwerin
64 454	von Brandenburg	61-	62	an Bw Dessau
64 480	von Kemenz	61-	64	an Bw Jerichow

4) Bw Schwerin

Auch das Bw Schwerin gehörte von Anfang an zu den Heimat-Bw dieser Baureihe. Der Betrieb auf den Strecken nach Parchim, Hagenow-Land und Rehna erforderte einen größeren Lokbestand:

64 001	von Rheine	09.12.42-	02.10.43	an Bw Heiligenhafen
64 004	von Rheine	10.10.42-	13.10.43	an Bw Heiligenhafen
64 006	von Haltern	08.12.42-	04.09.43	an Bw Heiligenhafen
64 007	von Wittstock	63-	68	an Bw Jerichow
64 037	von Waren	54-	70	ausgemustert
64 046	von Lübeck	19.12.42-	17.09.43	an Bw Heiligenhafen
64 049	von Königsberg	26.12.41-	17.07.44	an Bw Heiligenhafen
64 053	von Tilsit	11.04.42-	17.09.44	an Bw Heiligenhafen
64 183	von Beuruppin	70-	72	ausgemustert
64 208	Neulieferung	29-	33	an Bw Waren
64 209	von Güstrow	29-	38	an Berlin Ost
64 210	Neulieferung	29-	38	an Bw Erkan
64 211	Neulieferung	29-	43	an Bw Wittstock
64 212	Neulieferung	08.10.28-	18.07.39	an Bw Wismar
64 263	Neulieferung	33-	38	an Bw Chemnitz Hbf
64 264	Neulieferung	33-	38	an Bw Wittenberge
64 280	von Rostock	69-	70	ausgemustert

64 211 (Bw Schwerin) kurz nach Anlieferung im Heimat-Bw. Gut zu erkennen ist der alte Turbogenerator vor dem Schornstein, der Vorwärmer alter Bauart sowie die Eckventil-Druckausgleicher auf den Zylindern.

Aufnahme: Hubert/VM Nürnberg

Ebenfalls zum Bw Schwerin gehörte 64 2o8, die C.Bellingrodt am 1.5.35 mit P195 auf der Strecke Teterow-Gnoien aufnahm.

64 374	Wittenberge	57-		Wittstock
64 397	Neulieferung	36-	39	an Bw Kamenz
64 398	Neulieferung	36-	39	an Bw Wittenberge
64 399	Neulieferung	36-	38	an Bw Heiligenhafen
64 400	Neulieferung	36-	38	an Bw Wittstock
64 401	Neulieferung	36-	38	an Bw Jüterbog
64 403	von Kamenz	61-	64	an Bw Neuruppin
64 443	von Neuruppin	69-	70	an Bw Wittenberge
64 444	von Rostock	63-	64	an Bw Jerichow
64 514	von Berlin Gsd	04.51-	07.51	an Bw Kamenz

5) Bw Waren/Müritz

Das Bw war für die Bespannung der Züge auf der Strecke Neustrelitz-Güstrow zuständig. Darüber hinaus waren die Nebenstrecken nach Malchow und Malchin zu betreiben. Das Bw erhielt dafür:

64 037	von Rbd Münster	11.42-	54	an Bw Schwerin
64 033	von Old	63-	69	an Bw Neustrelitz
64 034	von Old	63-	69	an Bw Neustrelitz
64 037	von Rbd Münster	11.42-	54	an Bw Schwerin
64 052	von Rbd Königsberg	61-	64	an Bw Neustrelitz
64 111	von Troppau	45-	69	an Bw Nordhausen
64 186	von Rostock	04.65-	70	an Bw Jerichow
64 201	von Wittstock	64-	69	an Bw Neustrelitz
64 208	von Schwerin	38-	45	an Bw Güstrow
und	von Güstrow	45-	69	an Bw Neustrelitz
64 210	von Kamenz	63-	64	an Bw Neustrelitz
64 211	von Wittstock	53-	65	an Heringsdorf
64 466	von CSD	64-	69	an Bw Jerichow

7) Bw Wismar

Hier war vom 19.7.39 bis 17.7.53 (Abgabe nach Wittenberge) die 64 212 beheimatet.

8) Bw Wittenberge (ab 1945)

Wittenberge erhielt in den 50er Jahren einige 64er, die erst um 1970 durch weitere Maschinen verstärkt wurden. Die meisten der hier beheimateten Loks „verendeten" in Wittenberge. Die Einsatzstrecken sind mit dem berühmten „Perleberger Kreisel" Perleberg-Karstädt-Berge-Putlitz kurz umrissen. Im einzelnen waren hier:

64 035	von Wittstock	70-	72	ausgemustert
64 123	von Schöneweide	54-	55	an Bw Wittstock
64 199	von Wittsotck	70-	03.72	ausgemustert
64 200	von Neuruppin	03.72-	03.73	ausgemustert
64 212	von Wismar	18.07.53-	16.02.57	an Bw Neuruppin
64 264	von Schwerin	55-	61	an Bw Wittstock
64 266	von Wittstock	03.72-	72	ausgemustert
64 364	von Zittau	55-	59	an Bw Wittstock
und	von Wittstock	03.72-	72	ausgemustert
64 374	von Eger	07.45-	09.55	an Bw Schwerin
64 398	von Schwerin	06.54-	61	an Bw Wittstock
64 400	von Wittstock	06.54-	04.57	an Bw Wittstock
und	von Wittstock	03.72-	04.72	ausgemustert
64 409	von Zwicka	09.55-	60	an Bw Neuruppin
und	von Wittstock	70-	03.72	ausgemustert
64 413	von Leipzig Bay. Bf.	05.55-	61	an Bw Wittstock
und	von Wittstock	03.72-	06.72	ausgemustert
64 430	von Erkner	04.55-	61	an Bw Wittstock
64 485	von Wittstock	09.72-	07.73	ausgemustert
64 515	von Zitta u	12.57-	61	an Bw Bautzen

8) Bw Wittstock/Dosse

Für die Bespannung der Züge zwischen Pritzwalk und Neustrelitz sowie Meyenburg-Neuruppin erhielt das Bw Wittstock 1950 seine ersten 64er:

64 007	von Neustadt	33-	57	an Bw Schwerin
64 035	von Oldenburg	33-	60	an Bw Neuruppin
und	von Neuruppin	61-	70	an Bw Wittenberge
64 123	von Wittenberge	55-	63	an Bw Hagenow Land
64 199	?	07.70-	72	an Bw Wittenberge
64 201	von Reich	01.53-	64	an Bw Waren
64 211	von Schwerin	52-	53	an Bw Waren
64 212	von Neuruppin	30.11.58-	18.05.67	an Bw Haldeusleben
64 225	von Berlin Schöneweide	10.64-	03.64	an Bw Berlin Schöneweide
64 264	von Wittenberge	08.63-	64	ausgemustert
64 266	?	69-	07.70	an Bw Wittenberge
64 315	von Neuruppin	07.70-	70	an Bw Glauchau
64 316	von Leipzig Bay. Bf.	10.61-	08.69	ausgemustert
64 364	von Wittenberge	61-	03.63	an Bw Güstrow
und	von Güstrow	07.70-	72	an Bw Wittenberge
64 374	von Schwerin	06.61-	10.61	an Bw Rostock
64 397	von Rostock	08.69-	07.70	ausgemustert
64 398	von Wittenberge	06.61-	10.61	an Bw Hagenow Land
64 400	von Schwerin	53-	54	an Bw Wittenberge
und	von Wittenberge	06.61-	10.61	an Bw Hagenow Land

64 409	von Neuruppin	08.69-	07.70	an Bw Wittenberge Z
64 413	von Wittenberge	61-	07.70	an Bw Wittenberge
64 465	von Berlin	61-	07.70	an Bw Neuruppin
64 474	von Altenburg	06.57-	04.65	an Bw Neuruppin
64 478	von Potsdam	10.61-	71	ausgemustert
64 485	von Neuruppin	08.69-	07.70	an Bw Wittenberge

XXVIII. Rbd Stettin (ab 1945 westlich der Oder: Rbd Greifswald)

1) Bw Angermünde

Hier kam mit der 64 263 lediglich eine Z-Lok in den Bestand (3.72). Die Maschine wurde noch im gleichen Jahr ausgemustert.

2) Bw Heringsdorf

Bis 1966 waren auf der Inselstrecke noch Loks der BR 56.2 im Einsatz. Nachdem der Ersatz der Maschinen erforderlich wurde, mußte geklärt werden, ob die BR 64 oder die BR 86 für den Einsatz besser geeignet wäre. Zu diesem Zweck war von Juni 65 bis Juni 66 die Warener 64 211 in Heringsdorf beheimatet. Offensichtlich schnitten die 86er besser ab, da von 1966 an der Betrieb auf diese BR umgestellt wurde. Die 64 211 wurde nach Stralsund abgegeben.

3) Bw Lauenburg/Pommern

Mit vier Maschinen wurde hier 1933 ein kleiner 64er-Bestand aufgebaut:

64 070	von Rbd Osten	33-	03.45	an PKP
64 072	von Rbd Osten	33-	03.45	an PKP
64 074	von Landsberg/W	01.45-	02.45	an Bw Naugard
64 078	von Rbd Osten	33-	03.45	an PKP
64 272	Neulieferung	33-	02.44	an Bw Stolp

Einsätze erfolgten wahrscheinlich auf der Strecke Lauenburg-Bütow-Rummelsburg (Pomm.).

4) Bw Naugard

Für den Betrieb auf den Strecken von Naugard nach Daber, Labes und Alt Damerow erhielt das Bw einige 64er:

64 061	Neulieferung	28-	03.45	an PKP
64 062	Neulieferung	28-	03.45	an PKP
64 063	Neulieferung	02.32-	03.45	an Bw Lübeck (x)
64 066	Neulieferung	28-	03.45	an PKP
64 074	von Lauenburg	02.45-	45	an RAW Weiden (xx)
64 492	Neulieferung	06.40-	03.45	an PKP

(x) Lok am 3.5.45 in Lübeck erfaßt.
(xx) Lok 1946 in Weiden erfaßt.

5) Bw Neustrelitz

Im August 1969 wurde durch Auflösung des Bw Waren/Müritz als eingenständige Dienststelle der gesamte 64er-Bestand des Bw nach Neustrelitz abgegeben. Es waren dies:

64 033, 034, 052, 201, 208, 210, 263 und 308.

64 033 und 210 wurden hier ausgemustert; die anderen kamen 1969/70 nach Jerichow (034), Salzwedel (052 und 201), Nordhausen (208), Angermünde (263 als Z-Lok) und Halberstadt (308).

6) Bw Pasewalk

Das Bw hatte 1934/40 die neuen 64 354 (34) und 491 (16.6.40) erhalten. Die 64 354 ging schon im Feburar 1944 nach Basdorf, während die 64 491 1945 bei der Rbd Altona auftaucht.

7) Bw Stettin Hbf.

Das Bw bekam mit den 64 223 aus Templin (1.7.36) und der neuen 64 454 am 21.11.37 zwei Loks zugeteilt, die aber schon bald (30.11.37 bzw. 13.1.38) nach Stettin G überstellt wurden.

8) Bw Stettin G

Hier wurden eine größere Zahl 64er beheimatet, die fast ausschließlich auf der Strecke nach Ziegenort im Einsatz gewesen sein sollen:

64 056	Neulieferung	28-	32	an Bw Stolp
64 060	Neulieferung	28-	02.44	an Rbd Dresden
64 067	Neulieferung	28-	02.32	an Rbd Stettin
64 223	von Stettin H	01.12.37-	08.05.44	an RAW Schneidemühl
64 225	von Tempelhof	13.10.35-	03.45	an Bw Berl.-Gesundbrunnen
64 351	Neulieferung	34-	45	an Rbd Dresden
64 352	Neulieferung	09.12.34-	11.44	an (CSD) ?
64 454	von Stettin H	14.01.38-	01.45	an Bw Schöneweide

9) Bw Stolp

Auch hier gab es einen Bestand an 64ern für den Betrieb der Nebenbahnen nach Stolpmünde-Schlawe und Rügenwalde:

64 056	von Stettin G	02.32-	02.44	an Rbd Dresden
64 057	Neulieferung	28-	02.45	an PKP
64 058	Neulieferung	28-	02.45	an PKP
64 059	Neulieferung	28-	02.32	an Bw Templin
64 064	Neulieferung	28-	02.32	an Bw Landsberg/W
64 065	Neulieferung	28-	02.32	an Rbd Stettin
64 068	Neulieferung	28-	02.45	an PKP
64 224	von Rbd Stetin	33-	02.45	an PKP
64 272	von Lauenb	33-	02.45	an PKP

10) Bw Stralsund

Das Bw hatte nur von 1933 bis 1945 und 1969 bis 1970 64er im Bestand:

64 209	von Frankfurt/Oder	06.68-	70	ausgemustert
64 211	von Heringsdorf	06.66-	08.69	an Bw Zwickau
64 273	Neulieferung	33-	44	an Bw Erkner
64 274	Neulieferung	33-	45	an Berlin Gesundbrunnen
64 275	Neulieferung	33-	02.44	an Bw Berlin Schöneweide
64 276	Neulieferung	04.06.33-	04.45	an Bw Heide/Holst.
64 353	Neulieferung	34-	44	an Bw Berlin Schöneweide

11) Bw Templin

Für den Verkehr auf der Strecke Fürstenberg (Havel)-Lychen-Templin-Eberswalde erheilt das Bw Templin einige 64er:

64 059	von Rbd Stettin	35-	45	an CSD
64 222	Neulieferung	29-	02.32	an Rbd Stettin
64 223	Neulieferung	07.06.29-	30.06.36	an Rbd Stettin
64 224	Neulieferung	29-	02.32	an Rbd Stettin
64 225	von Landshut	01.03.34-	12.10.35	an Rbd Stettin
64 233	Neulieferung	01.31-	02.32	an Rbd Stettin

XXIX. Rbd/ED/BD Stuttgart

1) Bw Aalen

Ab 1960 wurde hier erst ein Bestand aufgebaut; dabei kamen die ersten Loks aus der BD München. Ziel war es, schnellstmöglich die in Aalen beheimateten württembergischen 75er zu ersetzen:

64 004	von Stuttgart	01.10.63-04.03.66	ausgemustert
64 006	von Stuttgart	01.10.63-07.12.67	an Bw Hof
64 009	von Stuttgart	12.09.63-20.06.66	ausgemustert
64 017	von Ulm	21.01.66-07.03.68	an Bw Heilbronn
64 022	von Rosenheim	17.03.62-27.09.66	ausgemustert
64 030	von Stolb	22.01.62-20.06.66	ausgemustert
64 031	von Friedrichshafen	18.02.65-13.12.67	an Bw Hof
64 041	von Friedrichshafen	08.02.65-12.03.68	ausgemustert
64 049	von Tübingen	13.01.68-02.08.68	an Bw Tübingen
64 079	von Friedrichshafen	06.10.65-19.08.68	an Bw Heilbronn
64 083	von Ulm	15.02.61-06.10.61	an Bw Heilbronn
und	von Friedrichshafen	06.65-01.09.65	ausgemustert
64 089	von Friedrichshafen	12.05.65-01.09.65	ausgemustert
64 144	von München Hbf	15.09.60- 07.61	an Bw Friedrichshafen
64 145	von Ulm	19.04.66-24.02.67	ausgemustert
64 158	von Friedrichshafen	18.12.64-01.09.65	ausgemustert
64 160	von Ulm	05.61- 02.62	an Bw Heilbronn
64 202	von Rosenheim	17.03.62-04.03.66	ausgemustert
64 220	von Heilbronn	06.65-04.03.66	ausgemustert
64 234	von München Hbf	30.07.60-28.11.61	an Bw Heilbronn
64 236	von Friedrichshafen	06.07.65-05.07.67	ausgemustert
64 250	von Tübingen	21.01.66-08.08.68	an Bw Tübingen
64 253	von Rosenheim	16.03.62-27.09.66	ausgemustert
64 271	von Ulm	23;06.66-09.08.68	an Bw Heilbronn
64 296	von München Hbf	15.09.60- 08.61	an Bw Friedrichshafen
64 382	von Kempten	24.05.62-10.03.65	ausgemustert
64 386	von Friedrichshafen	05.07.65-12.03.68	ausgemustert
64 387	von Kempten	22.08.62-10.03.75	ausgemustert
64 388	von Kempten	23.05.62-30.11.64	ausgemustert
64 392	von Kempten	01.06.62-04.03.66	ausgemustert
64 395	von Friedrichshafen	12.05.65-01.09.65	ausgemustert
64 415	von Friedrichshafen	01.04.66-19.08.69	an Bw Tübingen
64 438	von Hof	25.03.62-07.06.68	an Bw Heilbronn
64 500	von Kempten	01.06.62-04.03.66	ausgemustert
64 502	von Rosenheim	14.09.60-06.10.61	an Bw Heilbronn

Der Einsatz erstreckte sich auf die Strecken nach Nördlingen und Schorndorf-Welzheim; fallweise wurde auch Crailsheim oder Heidenheim angefahren.

2) Bw Aulendorf

Am 22.3.62 erhielt Aulendorf mit den 64 152 und 385 zwei der letzten Rosenheimer Loks, gab sie aber schon zum Sommerfahrplan nach Friedrichshafen ab.
Aufsehen erregte das ehemalige, nun zur Einsatzstelle degradierte Bw noch einmal um 1970, als wegen akuten V100-Mangels eine 64 des Bw Tübingen leihweise von hier eingesetzt wurde und dabei die Strecke nach Roßberg und Bad Wurzach befuhr.

3) Bw Crailsheim

Das Bw war Auslauf-Bw für die Baureihe 64 bei der BD Stuttgart. Am 4.6.73 kam der gesamte Heilbronner Bestand (64 136z, 289, 419, 457, 491 und 519z) nach Crailsheim. Ein Einsatzplan wurde jedoch nicht erstellt. Vereinzelt kamen die Maschinen als Heizloks oder im Bauzugdienst in Verwendung; manchmal mußte mit einer Maschine auch der Bahnhofsverschub in Crailsheim erledigt werden. Mit Ausnahme der schon Z-gestellten 64 136 und 519 wurden alle anderen Loks museal erhalten. Als letzte schied die 64 419 am 5.12.74 aus – sie steht nun im Bayerischen Eisenbahnmuseum in Nördlingen.

4) Bw Friedrichshafen

Zur Ablösung der württembergischen T5 (BR 75) erhielt Friedrichshafen ab 1962 zahlreiche 64er:

64 021	von Ingolstast	26.06.62-10.03.65	ausgemustert
64 028	von Stuttgart	09.08.63-10.03.65	ausgemustert
64 031	von Stuttgart	09.08.63-17.02.65	an Bw Aalen
64 041	von Passau	20.06.64-07.06.65	an Bw Aalen
64 074	von Ulm	08.05.63-05.11.63	an Bw Ulm
64 079	von Stuttgart	19.10.61-05.10.65	an Bw Aalen
64 083	von Heilbronn	19.10.61- 06.65	an Bw Aalen Z
64 089	von Ulm	30.04.63-11.05.65	an Bw Aalen
64 090	von Bayreuth	06.06.62-10.11.64	ausgemustert
64 110	von Ingolstadt	26.06.62-30.11.64	ausgemustert
64 144	von Aalen	02.62-01.09.65	ausgemustert
64 145	von Ingolstadt	30.05.62-01.03.66	an Bw Ulm
64 149	von Ingolstadt	26.06.62-01.09.65	ausgemustert
64 152	von Aulendorf	05.62-10.03.65	ausgemustert
64 158	von Ulm	06.03.63-17.12.64	an Bw Aalen
64 235	von Regensburg	30.04.64-05.11.65	an Bw Ulm
64 236	von Regensburg	03.06.64-05.07.65	an Bw Aalen
64 271	von Mönchen-Gladbach	08.11.61-28.05.66	an Bw Ulm
64 290	von Ulm	06.11.63-01.09.65	ausgemustert

64 269	von Aalen	06.62-01.09.65	ausgemustert
64 304	von Ulm	10.63-04.03.66	ausgemustert
64 345	von Ingolstadt	26.06.62-10.03.65	ausgemustert
64 358	von Treuchtlingen	26.05.62-10.03.65	ausgemustert
64 385	von Aulendorf	06.62-04.03.66	ausgemustert
64 386	von Kempten	18.09.62-04.07.65	an Bw Aalen
64 392	von Radolfzell	01.07.45-22.04.47	an Bw Neustadt/Wstr.
64 395	von Regensburg	03.06.64-11.05.65	an Bw Aalen
64 415	von Mönchen Gladbach	01.03.62-30.03.66	an Bw Aalen
64 419	von Bayreuth	22.03.63-26.04.65	an Bw Heilbronn
64 447	von Mühldorf	26.05.62-10.03.65	ausgemustert
64 467	von Mühldorf	26.05.62-10.03.65	ausgemustert
64 491	von Neuß	08.09.61-01.03.66	an Bw Ulm

Einsätze erfolgten nach Lindau, Aulendorf sowie auf der KBS 305 nach Radolfzell (P3710, 3737, 3752, 3754). Bemerkenswert war die planmäßig in Doppeltraktion gefahrene Leistung mit P1805/1816 auf der Strecke Singen-Schwackenreute nach Sigmaringen. 1965 wurden die meisten Maschinen nach Aalen abgegeben, der Rest spätestens 1966 abgestellt.

5) Bw Heilbronn

Im Frühjahr 1959 kamen die ersten 64er nach Heilbronn. Einsätze erfolgten sogleich auf der Strecke über Osterburken nach Lauda und Würzburg, nach Bad Mergentheim und Wertheim sowie von Heilbronn aus nach Bretten über Eppingen. Der Bestand sah wie folgt aus:

64 016	von Lauda	01.04.62-10.03.65	ausgemustert
64 017	von Aalen	08.03.68-03.03.69	ausgemustert
64 018	von Lauda	01.04.62-02.06.71	ausgemustert
64 074	von Ulm	30.01.67-24.06.70	ausgemustert
64 079	von Aalen	20.07.68-23.02.71	ausgemustert
64 080	von Goslar	06.02.59-05.07.67	ausgemustert
64 081	von Hildesheim	06.03.59-27.09.66	ausgemustert
64 082	von Lauda	01.04.62-05.07.67	ausgemustert
64 083	von Aalen	07.10.61-18.10.61	an Bw Friedrichshafen
64 130	von Ulm	23.08.66-05.07.67	ausgemustert
64 135	von Celle	06.02.59-30.11.64	ausgemustert
64 136	von Braunschweig Vbf	06.02.59-03.06.73	an Bw Crailsheim Z
64 139	von Braunschweig Vbf	17.04.59-05.07.67	ausgemustert
64 143	von Ulm	15.02.67-21.06.68	ausgemustert
64 160	von Aalen	02.62-30.11.64	ausgemustert
64 219	von Braunschweig Vbf	17.04.59-05.07.67	ausgemustert
64 220	von Braunschweig Vbf	17.04.59- 06.65	an Bw Aalen
64 231	von Ulm	05.03.67-22.09.70	ausgemustert

Deutsche Bundesbahn

Laufplan der Triebfahrzeuge

BD Stuttgart
MA Tübingen
Bw Rottweil

gültig vom 31. Mai 1959 an

DplNr	Baureihe	Tag	0–24	Bem
48.03				km
	64	1	Vl 15991 Schw 15992 Vl 15995 Schw 8997 Ro 2944 Vl	81
	"	2	Vl 2921 Ro 16325 Ro 8998 Rb 8999 Sp 8963 Ro 2948 Vl	159
48.31	64	1	Ro 1972 Tü 1975 Ro 15965 Rgd Ro Rgd 15967 Rgd Ro	168

Deutsche Bundesbahn

Laufplan der Triebfahrzeuge

Laufplan Nr.	51.03	51.04
Tfz. Zahl BR	6 64	3 64
Laufkm/Tag		

Gültig vom 22.05.66

Verkehrstag W Sa

BD Stuttgart
Heimat-Bw
Tübingen
Einsatz-Bw

Laufpl. Nr. km	BR	Tag	0–24
51.03	64	1	Tü Lv 2350 2353 Tü 1990 Hb 3237 Tü 3297 Bö
	"	2	Bö 4103 Rx 4108 Bö 4133 Rx 4134 Bö 4139 Rx 4146 Lv 1958 Hb Bö
	"	3	Bö Rgd. Bö Rgd. Bö Rgd. 1338 He
	"	4	nS: Tü He 5328 3284 Tü 9265 He 3288 3289 3290 Tü He 3295 3289 14295 16256 Tü
	"	5	Tü Lv 3200 3205 14356 Ds -357 -362 -363 Tü Bw Bw/Gbf 3234 Tü 3239 Re
	"	6	nS: Tü Re 14272 Re 16651 Re 2351 Ho 9360 Re 9359 Hu 9366 Re 14271 Tü
51.04	64	1	Tü Ms 32351 2351 Tü Re 14220 Sond Re -221 -223 -225 Blz Kf -222 Re Rgd. Gbf Re Rgd. Gbf Re Rgd. Gbf Re
	"	2	Re Rgd. Gbf Me 3261 Ur Rgd. Ur 3268 3271 Ur Me 3264 14225 Ur
	"	3	Ur M 3252 3263 Ur Me 3260 14207 Re Sond Re 16230 -231 -33 -34 Re Tü 3236 Hb 3249 Tü

Deutsche Bundesbahn

Laufplan der Triebfahrzeuge

Laufplan Nr.	06.01
Tfz. Zahl BR	3 064
Laufkm/Tag	212

Gültig vom 1.10.72

Verkehrstag W Sa

Lauda

BD Stuttgart
Heimat-Bw
Heilbronn
Einsatz-Bw

Laufpl. Nr. km	BR	Tag	0–24
06.01. 270	064	1	L 3865 Os 3868 L W 2783 Bmr 2709-22 Wm L L 14643 Os 3853 H 3830 Os 3862 L
255		2	L südl. L Bw 19881 882 L 3888 Wü 3895 L 3668 Wth 3675 L 2741 Ni-40 L
112		3	L nördl. L nördl L nördl L nördl. L

64 234	von Aalen	29.11.61-05.07.67	ausgemustert
64 235	von Ulm	18.03.67-02.06.71	ausgemustert
64 271	von Aalen	10.08.68-22.09.70	ausgemustert
64 289	von Tübingen	08.03.71-03.06.73	an Bw Crailsheim
64 419	von Ulm	05.03.67-03.06.73	an Bw Crailsheim
64 420	von Kempten	08.01.62-24.02.67	ausgemustert
64 438	von Aalen	08.06.68-20.07.72	ausgemustert
64 442	von Rosenheim	13.02.62-20.06.66	ausgemustert
64 457	von Goslar	08.01.59-03.06.73	an Bw Crailsheim
64 458	von Ulm	30.01.67-21.06.68	ausgemustert
64 459	von Lauda	04.10.61-19.11.61	an Bw Lauda
und	von Lauda	01.04.62-12.03.68	ausgemustert
64 461	von Lauda	01.04.62-12.03.68	ausgemustert
64 491	von Ulm	18.03.67-02.06.73	an Bw Crailsheim
und		13.12.72-24.11.72	leihweise an Bw Ulm
und		25.11.72-18.06.73	leihweise an Bw Freudenstadt
und		19.06.73-10.08.73	leihweise an Bw Tübingen
und		11.08.73-03.05.74	leihweise an Bw Rottweil Z
64 496	von Weiden	23.01.68-18.04.72	ausgemustert
64 502	von Aalen	07.10.61-04.03.66	ausgemustert
64 513	von Tübingen	09.06.69-09.09.71	ausgemustert
64 519	von Tübingen	08.03.71-03.06.73	an Bw Crailsheim Z

Der letzte Einsatzplan vom 1.10.72 sah noch 3 Planloks vor, die alle durch das Einsatz-Bw Lauda betrieben wurden. Mit durchschnittlich 212 km/Tag lagen die Maschinen noch recht ordentlich, obwohl der Plantag 3 nur Rangierdienste in Lauda vorsah.

7) Bw Lauda

Von 1958 bis 1962 (Auflösung als eigenständige Dienststelle; nun Einsatz-Bw von Heilbronn) waren in Lauda einige 64er beheimatet, die hauptsächlich nach Wertheim und Osterburken im Einsatz waren:

64 016	von Celle	13.12.58-31.03.62	an Bw Heilbronn
64 018	von Hildesheim	12.12.58-31.03.62	an Bw Heilbronn
64 082	von Hildesheim	12.12.58-31.03.62	an Bw Heilbronn
64 459	von Braunschweig Vbf	06.03.59-03.10.61	an Bw Heilbronn
und	von Heilbronn	20.11.61-31.03.62	an Bw Heilbronn
64 461	von Goslar	12.12.58-31.03.62	an Bw Heilbronn

8) Bw Rottweil

In den letzten Tagen des Betriebs mit der BR 64 rückte das Bw nochmals in den Mittelpunkt des Interesses, als zusammen mit den letzten preußischen T18 auch Leih-64er aus Crailsheim vor den Eilzügen nach Villingen zu sehen waren. Doch bereits im März 1959 hatte Rottweil einige Maschinen erhalten, die meist auf der Strecke nach Balingen im Einsatz waren:

64 086	von Braunschweig Vbf	06.03.59-04.03.59	ausgemustert
64 105	von Regensburg	18.03.64-26.09.66	an Bw Tübingen
64 289	von Tübingen	09.10.59-26.09.66	an Bw Tübingen
64 307	von Hildesheim	06.03.59-10.03.65	ausgemustert
64 384	von Braunschweig Vbf	06.03.59-04.03.66	ausgemustert
64 460	von Braunschweig Vbf	17.04.59-20.06.66	ausgemustert
64 497	von Freiburg Z	45-20.03.46	an Bw Radolfzell

9) Bw Tübingen

Mit Auflösung zahlreicher 64er-Dienststellen in Norddeutschland wurde ab Mitte 1959 auch in Tübingen ein 64er-Bestand aufgebaut, wobei sich die letzten Maschinen noch bis 1971 halten konnten. Die Einsätze erfolgten auf den Strecken nach Herrenberg, Horb, Balingen und Urach.
Lokbestand:

64 049	von Stuttgart	25.05.63-12.01.68	an Bw Aalen
und	von Aalen	03.08.68- 12.68	an Bw Hof
64 053	von Neuß	12.11.59-10.03.65	ausgemustert
64 063	von Stuttgart	25.05.63-10.03.65	ausgemustert
64 094	von Ulm	18.11.66-08.11.72	ausgemustert
64 105	von Rottweil	27.09.66-21.06.68	ausgemustert
64 148	von Stuttgart	27.09.65-24.02.67	ausgemustert
64 194	von Neuß	17.10.59-15.04.69	an Bw Weiden
64 203	von Stuttgart	27.05.63-10.03.65.	ausgemustert
64 214	bon München Hbf	21.09.60-24.02.67	ausgemustert
64 223	von Düsseldorf Hbf	01.07.59-24.02.67	ausgemustert
64 250	von Stuttgart	27.05.63-20.01.66	an Bw Aalen
und	von Aalen	09.08.68-22.09.70	ausgemustert
64 268	von Düsseldorf Hbf	01.07.59-24.02.70	ausgemustert
64 276	von Düsseldorf Hbf	01.07.59-01.09.65	ausgemustert
64 289	von Düsseldorf Hbf	01.07.59-8.10.59	an Bw Rottweil
und	von Rottweil	27.09.66-07.03.71	an Bw Heilbronn
64 293	von München Hbf	22.09.60- 11.68	an Bw Weiden
64 299	von Düsseldorf Hbf	01.07.59-20.12.67	an Bw Schwandorf
64 303	von München Ost	29.08.64-24.02.67	ausgemustert
64 336	von München Hbf	21.09.60-10.03.65	ausgemustert

64 389	von Stuttgart	26.05.63-17.04.69	an Bw Nürnberg R
64 415	von Aalen	20.08.68- 11.68	an Bw Weiden
64 440	von Stuttgart	26.05.63-10.03.65	ausgemustert
64 513	von Mühldorf	13.07.60-08.06.69	an Bw Heilbronn
64 518	von Rosenheim	25.07.61-21.12.72	ausgemustert
64 519	von Mühldorf	25.04.61-07.03.71	an Bw Heilbronn
64 520	von Mühldorf	15.07.60-18.09.67	an Bw Würzburg
und	von Würzburg	21.09.67-02.10.68	ausgemustert

10) Bw Stuttgart

Von Mai 1961 bis Mai 1963 waren hier mehrere, frisch aus dem Norden importierte 64er beheimatet, wobei die Mehrzhal der Maschinen jedoch selten auf die Strecke kamen; meist standen sie im Bw Stuttgart herum oder hatten Rangierdienste zu leisten. Vereinzelt wurden Leistungen nach Schwäbisch Hall gefahren.

64 004	von Stolberg	07.02.61-30.09.63	an Bw Aalen
64 006	von Stolberg	21.02.61-30.09.63	an Bw Aalen
64 009	von Mönchen Gladbach	11.05.61-11.09.63	an Bw A alen
64 028	von Stolberg	17.07.61-08.08.83	an Bw Friedrichshafen
64 031	von Hmb-Eidelstedt	24.11.61-08.08.63	an Bw Friedrichshafen
64 049	von Neuß	28.05.61-24.05.63	an Bw Tübingen
64 063	von Neuß	18.07.61-24.05.63	an Bw Tübingen
64 079	von Mönchen Gladbach	11.05.61-18.06.63	an Bw Friedrichshafen
64 084	von Hamburg Eidelstedt	25.05.61-18.06.63	an Bw Ulm
64 148	von Mühldorf	23.05.61-26.05.63	Bw Tübingen
64 203	von München Ost	23.05.61-26.05.63	an Bw Tübingen
64 250	von Landau/Pfalz	29.04.61-26.05.63	an Bw Tübingen

11) Bw Ulm

Das Bw erhielt mit einer Reihe Maschinen aus Uelzen seine ersten 64er, gefolgt von den Maschinen des ehemaligen Bw Neu Ulm. An den Einsatzgebieten änderte sich prktisch nichts. Befahren wurde neben der Strecke Senden-Weißenhorn auch die Linie nach Heidenheim.

64 001	von Neu Ulm	01.01.61-24.02.67	ausgemustert
64 017	von Uelzen	12.05.60-21.01.66	an Bw Aalen
64 074	von Neu Ulm	01.01.61-07.05.63	an Bw Friedrichshafen
und	von Friedrichshafen	06.11.63-29.01.67	an Bw Heilbronn
64 083	von Hildesheim	12.05.60-14.02.61	an Bw Aalen
64 084	von Stuttgart	21.03.63-10.03.65	ausgemustert
64 087	von Uelzen	16.02.60-30.11.64	ausgemustert
64 089	von Neu Ulm	01.01.61-29.04.63	an Bw Friedrichshafen
64 094	von Neu Ulm	01.01.61-17.10.66	an Bw Tübingen
64 130	von Uelzen	16.02.60-22.08.66	an Bw Heilbronn

64 132	von Uelzen	16.02.60-10.03.65	ausgemustert
64 134	von Hmb.-Eidelstedt	13.09.60-10.03.65	ausgemustert
64 143	von Neu Ulm	01.01.61-15.02.67	an Bw Heilbronn
64 145	von Friedrichshafen	02.03.66-18.04.66	an Bw Aalen
64 155	von Neu Ulm	01.01.61-05.07.67	ausgemustert
64 158	von Hmb.-Eidelstedt	13.09.60-05.03.63	an Bw Friedrichshafen
64 160	von Hmb.-Eidelstedt	13.09.60- 03.61	an Bw Aalen
64 229	von Weiden	03.06.64-27.09.66	ausgemustert
64 231	von Weiden	23.07.64-04.03.67	an Bw Heilbronn
64 235	von Friedrichshafen	30.04.64-17.03.67	an Bw Heilbronn
64 237	von Weiden	03.06.64-04.03.66	ausgemustert
64 259	von Uelzen	12.05.60-10.03.65	ausgemustert
64 271	von Friedrichshafen	29.05.66-22.08,66	an Bw Aalen
64 290	von Hildesheim	12.05.60-05.11.63	an Bw Friedrichshafen
64 304	von Neu Ulm	01.01.61- 10.53	an Bw Friedrichshafen
64 350	von Hmb.-Eidelstest	22.02.61-30.11.64	ausgemustert
64 360	von Neu Ulm	01.01.61-10.03.65	ausgemustert
64 363	von Neu Ulm	01.01.61-01.09.65	ausgemustert
64 419	von Friedrichshafen	27.04.65-04.03.67	an Bw Heilbronn
64 458	von Uelzen	16.02.60-29.01.67	an Bw Heilbronn

XXX. Rbd/ED/BD Wuppertal

1) Bw Altenhundem

Mit fünf Maschinen erhielt das Bw Altenhundem einen kleinen Bestand für den Betrieb der Strecke nach Meschede:

64 009	von Lethmate	24.05.54-13.08.55	an Bw Mönchen Gladbach
64 013	von Lethmate	11.54- 56	an BD Wuppertal
64 031	von Lübeck	13.08.55-07.12.55	an Bw Lübeck
64 079	von Lethmate	22.05.54-13.08.55	an Bw Mönchen-Gladbach
64 415	von Braunschweig Hbf	04.06.54-22.08.55	an Bw Mönchen-Gladbach
64 446	von Lübeck	13.08.55-07.12.55	an Bw Lübeck

2) Bw Bestwig

Im April 1956 kamen mit den 64 001, 100, 269 und 301 für jeweils nur etwa einen Monat vier Maschinen nach Bestwig:

64 001	Wpt. Vohwinkel	02.04.56-08.05.56	an Bw Neu Ulm
64 100	von Siegen	14.09.56-17.10.56	an Bw Lübeck
64 269	von Wpt. Vohwinkel	02.04.56-08.05.56	an Bw Augsburg
64 301	von Wpt.-Vowinkel	04.56-09.05.56	an Bw Weiden

3) Bw Dieringhausen

Vom 16.3.56 bis 7.4.56 war hier aus Wuppertal-Vohwinkel die 64 299 stationiert.

4) Bw Düsseldorf-Abstellbahnhof (ab 2.5.57: Düsseldorf-Hbf.)

Ab Dezember 1955 kamen hier die ersten 64er her:

64 008	von Schwerte	06.12.55-17.09.56	an Bw Passau
64 223	von Schwerte	05.12.55-17.10.56	an Bw Wuppertal Vohwinkel
und	von Wuppertal-Vohwinkel	24.01.57-30.06.59	an Bw Tübingen
64 268	von Wuppertal-Vohwinkel	02.57-30.06.59	an Bw Tübingen
64 276	von Siegen	08.56-30.06.59	an Bw Tübingen
64 289	von Schwerte	05.12.55-25.05.56	an Bw Wuppertal-Vohwinkel
und	von Siegen	27.08.56-30.06.59	an Bw Tübingen
64 299	von Siegen	22.08.56-30.06.59	an Bw Tübingen

5) Bw Finnentrop

Auch hier dauerte der 64er-Einsatz nur fünf Jahre:

64 008	von PAW Henschel	20.12.49-10.02.50	an Bw Schwerte/Ruhr
64 079	von Schwerte/Ruhr	22.11.51-23.01.52	an Bw Lethmate
und	von Lethmate	08.04.52-04.06.52	an Bw Lethmate
64 268	von PAW Henschel	01.50- 01.54	an Bw Schwerte/Ruhr
64 276	von PAW Henschel	12.49- 01.54	an Bw Wuppertal-Vohwinkel
64 299	von Scwerte/Ruhr	11.02.50-10.01.54	an Bw Wuppertal-Vohwinkel
64 303	von Siegen	30.03.51-15.10.53	von Schwerte/Ruhr
64 304	von PAW Henschel	01.50- 01.54	von Schwerte/Ruhr

6) Bw Lethmate

Anfang 1952 erhielt das Bw die ersten Maschinen und setzte sie auf der Strecke nach Schwerte und Menden ein:

64 008	von Warburg	31.01.52-02.10.54	an Bw Schwerte
64 009	von Warburg	26.01.52-23.05.54	an Bw Altenhundem
64 013	von Göttingen P	04.52- 11.54	an Bw Altenhundem
64 079	von Fintr	24.01.52-07.04.52	an Bw Fintr
und	von Fintr	05.06.52-21.05.54	an Bw Altenhundem
64 100	von Warburg	25.01.52-22.08.53	an Bw Wuppertal-Vohwinkel
64 160	von ED Wuppertal	04.52- 02.55	an Bw Wuppertal-Vohwinkel
64 270	von Schwerte	22.02.54-02.10.54	an Bw Schwerte
64 289	von Seesen	09.05.54-02.10.54	an Bw Schwerte

7) Bw Siegen

Das Bw Siegen bekam 1950 mit einigen von Henschel überholten Maschinen seine ersten 64er.

64 100	von Wuppertal Vohwinkel	02.06.56-13.09.56	an Bw Bestwig
64 270	von PAW Henschel	25.02.50-27.03.51	an Bw Schwerte
64 271	von Warburg	15.02.50-17.04.51	an Bw Schwerte
64 276	von Wuppertal-Vohwinkel	06.56- 08.56	an Bw Düsseldorf A
64 289	von Wuppertal-Vohwinkel	02.06.56-26.08.56	an Bw Düsseldorf A
64 299	von Wuppertal-Vohwinkel	02.06.56-22.08.56	an Bw Düsseldorf A
64 303	von Rendburg	13.09.49-29.03.51	an Bw Fintr
64 359	von PAW Henschel	10.01.50-20.04.51	an Bw Warburg
und	von Schwerte	01.06.56-13.09.56	an Bw Schwerte

8) Bw Warburg

Im November/Dezember 1949 kamen hier die ersten Maschinen her und waren auf der Nebenbahn nach Volkmarsen im Einsatz.

64 008	von Schwerte	13.10.51-30.01.52	an Bw Lethmate
64 009	von Ottbergen	25.11.49-25.01.52	an Bw Lethmate
64 100	von Ottbergen	14.12.49-24.01.52	an Bw Lethmate
64 223	von PAW Henschel	21.12.49-07.01.52	an Bw Wuppertal-Steinbeck
64 271	von PAW Henschel	03.12.49-14.02.50	an Bw Siegen
64 359	von Siegen	24.04.51-07.01.52	an Wuppertal Steinbeck

9) Bw Wuppertal-Steinbeck

Am 2.11.49 kam aus Börßum als erste Lok die 64 079, gefolgt von den Warburger 64 223 und 359. Schon am 23.1.50 ging die 079 nach Schwerte; ihr folgten die beiden anderen Maschinen am 10.12. bzw. 24.1.52.

10) Bw Wuppertal-Vohwinkel

1953 erhielt das Bw einige 64er, die hauptsächlich Richtung Velbert und Langenberg eingesetzt wurden. 1957 kamen die letzten Loks nach Düsseldorf.

64 001	von Euskirchen	22.08.53-30.08.53	an Bw Bestwig
64 027	von Kiel	29.08.53-17.09.56	an BD Regensburg
64 100	von Lethmate	23.08.53-01.06.56	an Bw Siegen
64 160	von Lethmate	02.55- 12.55	an Bw Lübeck
64 223	von Düsseldorf Alst.	18.10.56-23.01.57	an Bw Düsseldorf Ast
64 268	von Schwerte	12.56- 02.57	an Bw Düsseldorf Ast.
64 269	von Kiel	31.08.53-01.04.56	an Bw Bestwig
64 276	von Fintr	01.54- 06.56	an Bw Siegen

64 289	von Düsseldorf Ast.	26.05.56-01.06.56	an Bw Siegen
64 299	von Fintr	11.01.54-15.03.56	an Dieringhausen
und	von Dieringhausen	08.04.56-01.06.56	an Bw Siegen
64 301	von Kiel	01.09.53- 08.55	an Bw Bestwig

XXXI. Privatbahnen

1) Eisenbahn Altona-Kaltenkirchen-Neumünster (AKN)

Bei Triebfahrzeugmangel erhielt die AKN leihweise auch Hamburger 64er. Genaue Einsatztage sind leider nicht bekannt.

2) Brandenburgische Städtebahn (BStB)

Hartnäckig hält sich in allen bisher erschienenen Abhandlungen das Gerücht, die BStB hätte bereits 1940 aus einer laufenden Serie die 64 511 erhalten. Dies ist unrichtig. Die Lok wurde ordnungsgemäß an die DR, vermutlich Bw Nordhausen, abgeliefert.
Die BStB hatte aber 1935 bie Borsig mit Fabriknummer 14606 eine 1'C1'-Lok erhalten die sie unter der Nummer 1-100 in ihr Nummernsystem einordnete. Mit Vormarsch russischer Truppen bei der westlichen Umklammerung Berlins Ende April 1945 wurde die Lok von russischen Truppen beschlagnahmt und nach Osten entführt.
Als Ersatz erhielt die BStB von der DR-Ost die 64 511 zugeteilt, die nach dem BStB-Nummernschema nun die Nummer 1-100-II als Zweitbesetzung erhielt. Mit Verstaatlichung erhielt die Maschine die Nummer 64 6576, wurde aber um 1957 erneut umgezeichnet. Nun erhielt sie wieder ihre ursprüngliche Nummer 64 511.

3) Ilmebahn

Für den Einsatz auf ihrer Strecke Einbeck-Dassel erwarb die Ilmebahn am 16.2.63 die Nürnberger 64 246 und gab ihr die Bahnnummer 8. 1969 wurde die Maschine nach nur sechsjähriger Einsatzzeit abgestellt und schließlich 1974 verschrottet, nachdem verschiedene Verhandlungen wegen einer musealen Erhaltung gescheitert waren.

4) Elmshorn-Barmstedt-Oldesloer Eisenbahn (EBOE)

Aus der laufenden Serienlieferung erhielt die EBOE 1940 die als 64 493 vorgesehene Maschine und reihte sie als Nr. 11 in ihren Bestand ein. 1957 wurde die Lok ausgemustert.

5) Moselbahn

Wegen Lokmangels war auch die Moselbahn gezwungen, vereinzelt auf DB-Loks zurückzugreifen. Nachgewiesen sind Einsätze der 64 141 (Bw Trier) in der Zeit von 24.12.45 bis 16.04.46 und 15.09.46 bis 27.12.46.

6) Osthannoversche Eisenbahn (OHE)

Leihweise war im OHE-Bw Celle Nord die 64 290 (Bw Celle) vom 24.10.48 bis 18.12.48 beheimatet.

XXXII. Ausland

1) Österreich

Nach Kriegsende verblieb die 64 311 in der ehemaligen Rbd Linz. Nach erfolgter Aufarbeitung und „Anpassung" an österreichische Normen kam die Lok unter der Nummer 64.311 bis 1957 in Wels zum Einsatz.

2) Tschechoslowakei

Im Bereich der CSD waren bei Kriegsende etwa 60 Maschinen stehengeblieben, von denen einige an die DR-Ost, andere an die Sowjetunion abgegeben wurden. 53 Maschinen wurden als 365.401-453 eingereiht und bis Ende 1964 in Nordmähren und Schlesien eingesetzt.

3) Polen

Unklar sind die Angaben, die über den Einsatz der 64er in Polen nach 1945 gemacht werden können. 34 Maschinen müßten in den Bestand der PKP gekommen sein, von denen aber die 64 369 noch an die DR-Ost zurückgegeben wurde. Die übrigen erheilten die Baureihenbezeichnung Okl 2 und wurden bis etwa 1970 eingesetzt.

4) Sowjetunion

Als verschollen müssen die in die UdSSR verbrachten Maschinen angesehen werden. Aufgrund der vergleichsweise geringen Leistung der BR 64 ist kaum damit zu rechnen, daß die russischen Bubiköpfe jemals umgespurt und zum Einsatz gekommen sind. Auch auf den in der UdSSR vorhandenen strategischen Lokfriedhöfen dürften kaum 64er überlebt haben.

Nach Österreich verschlug es die 64 311: Oben in der Zfst. St.Pölten 149, (Aufnahme: Jocham, Slg. Skzypnik), unten in Krems Anfang der 50er Jahre (Aufnahme: VM Nürnberg). Gut erkennbar sind die österreichischen Veränderungen wie fehlender Vorwärmer, fehlende Speisepumpe und Behelfsrauchkammertür.

5) Frankreich

Kurzfristig soll leihweise die Waldshuter 64 396 Mitte 1945 bei der SNCF im Einsatz gewesen sein.

Eine unbekannte CSD-64, abgestellt am 3.5.69 in Čadca.
Aufnahme: Herbert Stemmler

F. ERINNERUNGEN EINES DAMPFLOKHEIZERS

von Wolfram Alteneder

Ort der Handlung: Weiden in der Oberpfalz, Dienstplan 2, Mitte März 1973.
Der Weidener Dienstplan 2 umfaßte im Winterfahrplan 1972/73 12 Plantage; Tag 3 und Tag 9 waren Ruhetage, die Tage 1 - 8 umfaßten Dienste auf der Baureihe 64, Tag 10 - 12 blieb Schiebediensten mit der BR 50 zwischen Hartmannshof und Neukirchen vorbehalten.
Der Dienstplan 2 (wie er bei den Lokpersonalen vereinfachend genannt wurde) hatte nicht eben attraktive Dienstzeiten. Hier ein kurzer Auszug:

Tag 1/2	17.16 - 6.57 Uhr
Tag 3	Ruhe
Tag 4	3.57 - 17.54 Uhr
Tag 5	4.07 - 9.52 Uhr
Tag 6/7	1.41 - 8.17 und 17.19 - 0.51 Uhr
Tag 7	11.54 - 21.54 Uhr
Tag 8	12.43 - 22.16 Uhr
Tag 9	Ruhe
Tag 10/11	16.56 - 6.22 Uhr
Tag 11/12	20.36 - 8.21 Uhr

Die bei weitem unangenehmste Dienstsequenz war dabei Tag 6/7; sie soll den Hintergrund dieses Berichtes bilden.
War der Winter 1972/73 bis Mitte März geradezu harmlos gewesen, kam es in der Oberpfalz um den 12.3. herum knüppeldick. Gegen Mittag des 12.3.73 (ein Montag) begann es zu schneien, der Schneefall wurde immer stärker und hörte erst am 14.3. auf. Wer so richtige Schneeverwehungen im Oberpfälzer Wald erlebt hat, weiß davon ein Liedchen zu singen. Bekanntgeworden sind diesbezügliche Fotos aus dem schlimmen Winter 1962/63 von der Eslarner Strecke, als Planzüge samt Schneepflug und Hilfslok in meterdicken Wehen steckenblieben.
Besonders gefährdet war in dieser Hinsicht der Mittelabschnitt Floß-Vohenstrauß der KBS 858, der auf der zugigen Hochebene des Oberpfälzer Waldes in südlicher Richtung verläuft und regelmäßig im Herbst eines jeden Jahres durch besondere Verbauungen geschützt werden mußte.
Als ich am Dienstplantag 5 gegen 10.30 das Bw Weiden (nach Tour Weiden-Bayreuth u. z.) heimwärts verlasse, hängt Schneeluft über Weiden und dicke schwarze Wolken verhießen nichts Gutes.
Für den Schneepflugdienst war die 50 1725 eingeteilt, früher waren das immer 64er, aber der durch laufende Z-Stellung stark verminderte 64er-Bestand reichte gerade noch aus, um die Planleistungen abzudecken.
Ungläubig schreckte ich aus dem Schlaf, als gegen 0.45 mein Wecker zu rumoren beginnt; hingelegt hatte ich mich zwar schon gegen 19.30, aber auf Befehl schlafen

kann ich einfach nicht und so hatte ich maximal 2 1/2 Stunden reiner Schlafzeit hinter mir. Noch völlig unausgeschlafen halte ich meinen Kopf unter die Wasserleitung, um wenigstens etwas wach zu werden. Ein Blick aus dem Fenster ermutigt mich auch nicht gerade: Seit Mittag waren ca. 25 - 30 cm Neuschnee gefallen und ein Ende war nicht abzusehen.
Da ich um 1 Uhr in der Früh noch nichts zu Essen hinunterbringe, ging ich ohne Frühstück aus dem Haus. 10 Minuten später erreichte ich das Bw, ziehe mich um und suche die Lokleitung (offizieller Dienstbeginn 1.41) Der diensthabende Lokleiter sieht auch nicht gerade taufrisch aus. So melde ich mich zum Dienst. Mein Meister, ein erfahrener älterer Dampflokführer, ist auch schon zur Stelle, und wir bekommen die 64 415 zugeteilt, was auch nicht gerade Begeisterungsstürme bei mir weckt, denn die 415 ist seit ihrer letzten Kesseluntersuchung im Mai 1972 ein zäher Dampfmacher und erfordert bei der Feuerführung volle Konzentration. Die 295 wäre mir lieber gewesen, denn die machte schon Dampf, wenn man ihr nur die Schaufel zeigte. Nachdem wir kurz die dienstlichen Bekanntmachungen überflogen haben, suchen wir unsere Lok auf. Sie stand im südlichen Rundschuppen zwischen zwei weiteren Bubiköpfen (64 097, 64 295) außerdem ruhen sich noch einige V60, Köf und VT95 von ihrem Tagwerk aus. (Die 50er und 44er waren im nördlichen Rundhaus abgestellt). Vom Schuppenmann ist nichts zu sehen; der liegt sicher in seinem nicht gerade komfortablen Kabäuschen und horcht an der Matratze.
Als wir uns der 64 415 nähern, höre und sehe ich schon von weitem die Sicherheitsventile kräftig säuseln und beschleunige meinen Schritt, um durch Anstellen der Dampfstrahlpumpe ein Abblasen zu verhindern. So stolpere ich auf die Lok, betätige das Anstellventil des Turbogenerators, um wenigstens etwas schummriges Licht auf der Lok zu haben zur Überprüfung von Wasserstand und Kesseldruck.
Um möglichst seine Ruhe zu haben, hatte der Feuermann den Kessel der 64 415 vollgespeist bis oben, der Kesseldruck lag etwas über dem roten Strich (14,1 atü), eine Zumutung für das nächste Personal (sprich: uns), weil man wegen des Hochdrucks und Hochwassers das Feuer nicht entsprechend aufbauen kann. Ein Blick in die Feuerbüchse bringt mich endgültig in Rage: Ein riesiger noch kaum durchgebrannter Feldherrnhügel schwelt bläulich vor sich hin; ein Zeichen dafür, daß nur äußerst lässig ausgeschlackt wurde .
So stimmt zur heutigen Fahrt wieder alles zusammen: mittelmäßige Maschine, miserables Grundfeuer, Schneesturm und eigene Unausgeschlafenheit.
Bedingt durch die Nachlässigkeit des Schuppenpersonals konnte ich nun also das Feuer nicht so herrichten, wie das eigentlich nötig wäre, denn ziehe ich den Kohlenberg auseinander und stelle den Hilfsbläser an, beginnen sofort die Sicherheitsventile zu donnern und nachts gegen 2.00 muß Abblasen tunlichst vermieden werden. Um Hochdruck und Hochwasser etwas zu senken, betätige ich mehrmals das Gestra-Abschlammventil, dann reiße ich die Heizung voll auf, so daß der Lokschuppen zur Waschküche wird. Immerhin bekomme ich dadurch nach einigen

Minuten die Nadel des Kesseldruckmanometers wenigstens unter die rote Marke und so kann ich endlich daran gehen, die Lok abzuschmieren, eine an strengen Wintertagen durchaus unangenehme Arbeit, denn der bei der vorausgegangenen Fahrt in Fahrwerk, am Rahmen und Bremsgestänge angesammelte Flugschnee taut während des Stillstandes der Lok und so muß ich die Achslager unter laufender Berieselung von oben abölen. Glücklicherweise packte mein Meister mit zu, so daß die Nachschau relativ schnell vonstatten ging. Besonders aufmerksam werden die Sandvorräte überprüft. Gegen 2.15 Uhr sind wir fertig, ich öffne die Schuppentore und nachdem wir durch einen kurzen Achtungspfiff dem Drehscheibenwärter, der müde heranschlurft, bedeutet haben, daß wir zur Fahrt an den Zug bereit sind, poltern wir auf die Drehscheibe. Mein Lokführer muß dabei größte Vorsicht walten lassen, denn bedingt durch den hohen Wasserstand kann die Lok leicht durchgehen und wir wären nicht das erste Personal, das mit seiner Maschine in der Drehscheibengrube gelandet ist. Glücklicherweise ist die 64er — wenn richtig dosiert — unempfindlich gegen Wasserüberreißen und so kommen wir problemlos auf die Bw-Ausfahrt. An der Sprechsäule meldet mein Meister „Lok zum 16 181", nach einer kurzen Pause krächzt es aus dem Lautsprecher „16 181 ja" und gleich bekommen wir das Sh-1-Signal, das uns die Fahrt in das nördliche Bahnhofsvorfeld zum Umsetzen genehmigt. Bisher konnte ich am Feuer immer noch nicht viel machen, denn der Kesseldruck ist nach wie vor viel zu hoch, aber wenigstens ist der Wasserstand etwas abgesunken. Als wir vorziehen, pfeift uns der Schneesturm um die Ohren. Längst habe ich alle Vorhänge der 64 415 zugezogen, um ein klein wenig geschützt zu sein. Plötzlich beginnt mein Lokführer laut zu fluchen, als er nämlich die lange Wagenschlange sichtet, die unseren Ng 16 181 bilden soll. Eine der Ungereimtheiten der Weidener Dienste war nämlich die, daß der um 2.41 Uhr Weiden verlassende 16 181 nach Vohenstrauß regelmäßig Grenz- oder gar Überlast aufgebürdet bekam und das, obwohl die Fahrzeit knapp und Verspätung unbedingt vermieden werden mußte, da das Tfz des 16 181 in Vohenstrauß auf den P 3810 wendete, der zudem auch noch vorgeheizt werden mußte. Der 2 Stunden später verkehrende Ng 16 185 dagegen (Weiden ab 4.58), der noch dazu mit reichlicher Fahrzeit ausgestattet war, hatte dagegen meist nur ein paar Wagen und stellte eine durchaus gemütliche Fuhre dar. Als ich unsere 64 415 an den Ng angekuppelt hatte, dampft von hinten die 50 1725 mit dem Schneepflug vorbei, natürlich wird zuerst die Hauptstrecke freigeräumt, wir auf der Nebenbahn sind auf uns allein gestellt. Schon damals kursierten erste Gerüchte, daß die DB die KBS 858 „dichtmachen" wollte. Zwei Jahre später wurde dann auch der Personenverkehr ab Floß eingestellt. Gottlob fahren wir mit der Rauchkammer voraus Richtung Vohenstrauß; planmäßig wird ansonsten ab Weiden Richtung Eslarn rückwärts gefahren. Aber bei diesem schweren Zug, dem Schneesturm und den starken Steigungen fährt er sich vorwärts besser. Mittlerweile ist es schon fast 2.30 und ich muß nun endlich mein Feuer in Ordnung bringen. Auseinandergezogen hatte ich den Feldherrnhügel bereits vor einigen Minuten. Jetzt werfe ich frische Kohle auf, und zwar rechts und links an der Feuerbüchse-

wand, hinten unter der Feuertür und rechts und links in die Ecken baue ich einen dicken Stock, für den ich die ganz großen Brechen und Feinkohle hernehme. Trotz zugezogener Vorhänge ist es unangenehm kalt auf der Lok.
Soeben ist der Zugführer nach vorne gekommen reicht den Bremszettel herauf: 502 t lese ich in der schummrigen Führerhausbeleuchtung. Wir machen Bremsprobe, nachdem die Luftpumpe nach einigen Minuten andauernden Hämmerns endlich den Zug aufgepumpt hat. Anlegen – Lösen – Bremse in Ordnung, der Zugführer meldet dem Stellwerk den Zug fertig. Der Kesseldruck steht genau am roten Strich. Freundlicherweise sind die Ackermann-Ventile der 64 415 gut eingestellt, ich weiß das von früheren Fahrten, und blasen erst bei knapp 15 atü, so daß ich hier eine gewisse Reserve habe.
Der Schneefall ist so dicht, daß wir, obwohl nur ca. 30 m vor dem Signal stehend, kaum etwas sehen. Um 2.40 ist es soweit: Ausfahrt steht Hp 2, ein kurzer Achtungspfiff und mein Meister öffnet vorsichtig den Regler, unsere 64 415 möchte auf den schmierigen Schienen schleudern, wird aber abgefangen, Sand, Regler wieder auf, langsam setzt sich unsere Fuhre in Bewegung. Schon beim Anfahren merke ich, daß mein Feuer noch nicht in bester Verfassung ist. Der Kesseldruck geht langsam zurück und zwar weiter als normal. Als wir am AW Weiden vorbeipoltern, zeigt die Nadel des Kesselmanometers nur noch knapp 12 atü, was mich allerdings nicht sonderlich beunruhigt, denn in Neustadt/W (der nächsten Station) müssen wir eine ganze Latte Wagen abstellen und haben dafür planmäßig 14 Minuten Zeit und da kriege ich das Feuer wieder hin. Trotzdem reiße ich die Feuertür auf, um kurz nach dem rechten zu sehen und werfe einige Schaufeln in die wabernde Weißglut. Bei Nachtfahrten ist das nicht sehr angenehm, da man derart geblendet wird, daß man die Kohlenschütte gar nicht richtig sieht. Mir als Brillenträger nützt da auch die blaue Brille nichts. Da sich der Kesseldruck bei 11 atü stabilisiert, stelle ich leicht die Speisepumpe an, um den Wasserstand etwa auf Mitte des Schauglases zu halten. Bei km 4,5 haben wir die zulässige Höchstgeschwindigkeit von 65 km/h erreicht und unsere 415 läuft dabei vollendet ruhig, ganz im Gegensatz zu ihren Schwestern 64 006, 270, 424, bei denen man fast glauben konnte, sie hätten eckige Räder. Zu! ruft mir mein Meister herüber und schließt den Regler, ich öffne den Hilfsbläser und schließe die Luftklappen um während des Aufenthaltes in Neustadt den Kesseldruck nicht zu schnell steigen zu lassen. Wegen des Schneesturms verzögern sich die Rangierarbeiten etwas, da auf der Lok praktisch nichts zu sehen ist, wenn der Rangierer ca. 200 m weiter hinten mit seiner Laterne Rangiersignale gibt; hören tut man wegen des Geräuschpegels auf der Dampflok sowieso nicht viel. Nicht zu beneiden ist mein Lokführer, der seinen Kopf fast ständig trotz des Sauwetters ins Freie strecken muß, denn die vorderen Führerstandsfenster sind völlig und teilweise vereist und gewähren keinerlei Durchblick mehr. Auch die Signalbeobachtung gestaltet sich schwierig, denn der Flugschnee hat natürlich auch die Singalbeleuchtung fast unkenntlich gemacht, so daß wir uns an der Flügelstellung der Formsignale orientieren müssen. Den Luxus der Indusi hat von den Weidener 64ern keine.

Impressionen vom schweren Winterdienst auf der Strecke Weiden-Eslarn:

Oben eine unbekannte 64er unter meterhohen Schneewehen im Februar 1963;
Aufnahme: Sammlung Asmus

Unten kämpft sich 64 393 mit P3824 am Fahrenberg durch den Schnee.
Aufnahme: W. Alteneder

Gegen 3.30 sind wir endlich fertig mit Rangieren und mit 280 t (20 t über Grenzlast) setzen wir uns in Bewegung. Schon während der Verschubarbeiten habe ich einen gewaltigen Brand in die Kiste gesetzt, denn ab jetzt wird es ernst: Wir haben bereits fast 20 Min. Verspätung und gleich hinter der Naabbrücke beginnt eine 9,5 km lange starke Steigung, die mit unterschiedlichen Promillegraden bis kurz vor Floß reicht. Wir haben auch erst wieder in Floß Planhalt, so daß der Kesseldruck unbedingt in der Nähe des roten Striches bleiben muß, zumal mein Meister wegen der hohen Schneelage und der damit verbundenen Schlendergefahr ständig mit 40 - 50 % Füllung zu fahren gezwungen ist und Millimeterarbeit mit Regler und Steuerungshandrad zu leisten hat.
Langsam (die baufällige Naabbrücke darf nur mit 10 km/h befahren werden) bewegen wir uns durch das Schneetreiben vorwärts. Nach überqueren, der Brücke folgt eine Linkskurve, an deren Ende der Haltepunkt St. Felix liegt. Unsere Geschwindigkeit läßt sich nicht sonderlich erhöhen, die Grenzlast macht sich bemerkbar. Wegen der starken Steigungen muß ich auch den Wasserstand im Glas etwas höher halten. Mit lautstarken Anpuffschlägen passieren wir die diversen Fabriken von Neustadt und tauchen dann in den Wald ein, mehr als 25 km/h schaffen wir nicht. Als ich gerade wieder zur Schaufel greifen will, beginnt unser Bubikopf wild zu schleudern, sofort knallt mein „Rechtsaußen" den Regler zu, öffnet die Entwässerungshähne, betätigt den Sandstreuer und gibt dann wieder vorsichtig Dampf; gottlob greifen die Treibräder unserer 64er, allerdings haben wir an Geschwindigkeit verloren. Besser sieht es mit dem Kesseldruck aus, die Nadel zeigt fast genau 14 atü. Ich halte ein Streufeuer, das heißt es werden nie mehr als 6 Schaufeln aufgeworfen, dies aber dafür halt öfter. Praktisch werden so nur hellbrennende Stellen in der Feuerschicht abgedeckt, um das Entstehen von Luftlöchern zu verhindern. Eigentlich wäre es auch meine Aufgabe die Strecke mitzubeobachten, da aber des Schneesturms wegen die Sicht gleich Null ist, kann ich auch nichts beobachten. Bei solchen Fuhren wird dann sehr deutlich, wie wichtig die Streckenkenntnis der Lokpersonale ist, auf die die DB mit Recht großen Wert legt. Nun, mein Meister hat da keine Probleme, er fährt auf dieser Strecke seit fast 30 Jahren regelmäßig. Statt mit den vorgeschriebenen 40 km/h sind wir nur mit 20 km/h unterwegs, was sehr ungünstig ist, denn die niedrige Geschwindigkeit fördert die Neigung zum Schleudern. Ganz schemenhaft tauchen nun rechter Hand einige Lichter auf: Das müßte Störnstein sein, denke ich. Tschumm, donnern plötzlich die Sicherheitsventile los, eine halbe Minute habe ich nicht aufgepaßt: Das rächt sich sofort. Gleich versuche ich die Dampfstrahlpumpe anzustellen, sie zieht erst nach mehreren Versuchen und bringt dann die Ackermänner zum Verstummen. Der Abbläser hat mir einen mißbilligenden Blick meines Lokführers eingebracht und das mit Recht, dem Abblasen bei angestrengter Fahrt begünstigt das Wasserüberreißen und das könnte in unserem Falle ein Liegenbleiben zur Folge haben. Also reiße ich mich zusammen und nehme mir vor besser aufzupassen. Gleich hinter der Haltestelle Störnstein beginnt die böseste Steigung der Strecke und ich muß wieder nach

dem Feuer sehen: Hinten in den Ecken frische ich mit einigen Schaufeln den in Neustadt als Reserve aufgebauten „Stock" wieder auf und streue mittig noch 2 Löffel drüber. Die Speisepumpe läuft beständig und hält den Wasserstand auf gleicher Höhe. Geht der Kesseldruck über 14 atü betätige ich den Injektor.
Solange wir im Wald dahinfahren, bildet die Steigung noch nicht das größte Problem, denn mitten im dichten Hochwald ist der Gleiskörper nicht so angeweht, das schwierigste Stück sind die ca. 1,5 km in der S-Kurve am „Schwarzen Mandl" vorbei bis zum Haltepunkt Gailertsreuth. Um den Kesseldruck halten zu können, lege ich wieder etwas auf, unsere Geschwindigkeit ist fast auf Schrittempo zurückgegangen, jetzt dürfen wir keinesfalls ins Schleudern kommen, die Hand des Lokführers befindet sich ständig am Sandstreuer, vom Gleis ist nichts zu sehen, es ist mindestens 30 cm zugeweht. Knallhart donnern die Auspuffschläge unseres Bubikopfes in den Nachthimmel. Die Fahrt wäre ein einmaliges Erlebnis, wenn es nicht 3.45 Uhr in der Frühe wäre und wir nicht jeden Meter bangen müßten: Schaffen wir es oder schaffen wir es nicht. Jedesmal wenn ich die Feuertüre öffne, färbt sich der Abdampf über der Lok glutrot, leider ist so etwas kaum fotografierbar.
Als ich gerade zärtliche Gefühle für die ansonsten weniger beliebte 64 415 zu entwickeln beginne, weil sie so unerwartet gut Dampf macht und wir die Steigung fast geschafft haben, sehe ich schemenhaft ca. 100 m vor uns am Bü Gailersreuth in km 7,7 ein gelbes Blinklicht, mache meinen Lokführer darauf aufmerksam, der sofort die dumpfklingende Dampfpfeife betätigt und eine Schnellbremsung macht. Als wir ruckartig zum Stehen kommen, wird uns klar, welchem Hindernis wir beinahe vorbeigeschrammt wären: Ein Schneepflug der örtlichen Gemeindeverwaltung hatte wohl auch nicht gedacht, daß um 3.55 Uhr ein Zug unterwegs sein könnte und ohne auf uns zu achten seine Arbeit getan. Öfter schon war es mir bei derartigen Fahrten durch den Kopf gegangen, daß es bei einem solchen Wetter reine Glückssache ist, an den vielen unbeschrankten Bahnübergängen ohne ein Straßenfahrzuge mitzunehmen, durchzukommen. Die Anfahrt gestaltet sich problemlos, da der Hp Gailertsreuth fast in der Ebene liegt, das Feuer lasse ich nun etwas zusammenbrennen, denn während des Rangieraufenthaltes in Floß ist Abblasen unerwünscht, außerdem betätige ich die Dampfstrahlpumpe und kann den Kesseldruck auf knapp 13 atü absenken. Obwohl die Steigung nun nachgelassen hat, sind wir wieder nicht recht auf Geschwindigkeit gekommen, denn die 64 415 muß nicht nur den schweren Zug in Bewegung halten, sondern schiebt mit ihren Schneeräumern (fast alle Weidener 64er waren damit ausgerüstet) auch einen gehörigen Schneehaufen vor sich her, so daß wir ständig an der Reibungsgrenze herumkrebsen und mein Lokführer voll konzentriert fahren muß, um das Durchgehen der Treibräder zu verhindern. Ein Blick zur Uhr sagt mir, daß wir schon fast eine halbe Stunde Verspätung haben (Planankunft in Floß 3.38 Uhr), aber wir haben wegen der widrigen Umstände statt der planmäßigen 40 km/h maximal eben nur 20 „Sachen" drauf. Ich bin ja schon froh, daß wir bisher nicht liegengeblieben sind.
Im Schrittempo nähern wir uns dem Einfahrtssignal von Floß, an das wir uns lang-

sam herantasten müssen, weil die Sicht nach wie vor katastrophal schlecht ist. Einfahrt frei!! brüllt mein Meister herüber, Verstanden! rufe ich zurück, denn gesehen habe ich nichts, außerdem bin ich gerade damit beschäftigt, den Injektor in Gang zu bringen.
Als wir kurz nach 4.00 in Floß zum Stehen kommen, herrschen bereits hektische Aktivitäten im Bahnhof. Seitens des Bahnhofspersonals (das planmäßig um 3.10 Dienstbeginn hatte) ist man bemüht, die Bahnsteige wenigstens notdürftig freizuschaufeln. Auch an den mindestens einen halben Meter zugewehten Weichen macht man sich zu schaffen. Jetzt liegt der Bahnhof von Floß aber noch einigermaßen windgeschützt, das mag ja in Waldthurn heiter werden, denke ich, denn dort sind die Verwehungen erfahrungsgemäß immer am schlimmsten, außerdem ist dort schon seit Jahren kein Personal mehr tätig.
Weiterer Zeitverlust ist dadurch programmiert, daß wir in Floß Wasser fassen müssen, an sich würden die in Weiden getankten 9 cbm bis Vohenstrauß reichen, aber um das Reibungsgewicht zu erhöhen machen wir voll. Zudem wäre es peinlich, wenn wir liegenblieben und dann kein Wasser mehr hätten. Bevor ich von der Lok steige, um den Wasserkran zu betätigen, sehe ich noch nach Wasserstand und Kesseldruck, 13 atü zeigt der Manometer an, das Wasserstandsglas ist gut halbvoll, also alles in Ordnung. 8 Achsen stellen wir in Floß ab, so daß sich unser Zuggewicht auf 220 t verringert, also unterhalb der Grenzlast liegt. Das tut uns gut, denn jetzt beginnt der knapp 16 km lange Streckenabschnitt bis Vohenstrauß, der besonders verwehungsgefährdet ist.
Um 4.25 Uhr (32 Min. Verspätung) machen wir uns wieder auf den Weg: Zügig beschleunigt unser Bubikopf, mein Meister versucht, ein paar Minuten Verspätung hereinzufahren, denn jetzt kommen wir allmählich in Streß, wir müssen ja pünktlich die Rückleistung, den N 3810 Vohenstrauß-Weiden, übernehmen und anschließend fahren wir noch nach Grafenwöhr, von wo aus wir den Schülerzug N 3801 nach Weiden zu bringen haben.
Trotz der zügigen Anfahrt kommen wir auch jetzt nicht auf über 25 km/h, weil die zu verdrängenden Schneemassen immer dicker werden. Ich muß jetzt auch noch das seitliche Schiebefenster schließen, denn der Schneesturm pfeift bereits durch den Führerstand. Feuerungstechnisch ist der Streckenteil Floß-Vohenstrauß normalerweise nicht schwierig zu bewältigen: es kommen zwar einige Steigungen vor, sie sind aber nur kurz und außerdem geht es immer gleich wieder bergab. So reicht es, wenn ich den Kesseldruck bei etwa 13 atü halte.
Den Haltepunkt Haupertsreuth habe ich gar nicht mitbekommen, Grafenreuth nehme ich besser wahr, denn unser Bubikopf kommt gehörig ins Schleudern und mein Meister hat alle Mühe, die Lok wieder in den Griff zu bekommen und auch hierdurch verlieren wir weiter an Fahrzeit. Um 4.40 erreichen wir schließlich Waldthurn. Auch hier haben wir Rangierarbeit zu leisten, wir müssen 6 Achsen abstellen. Das liest sich leichter als es getan ist, denn um überhaupt die Weichenschlüssel zum Aufsperren ansetzen zu können, müssen wir die Weichen erst einmal

freischaufeln. Der Zugführer schließt das urige Bahnhofsgebäude auf, verteilt Schaufeln und so sind wir zu dritt im eisigen Schneesturm (der Lokführer muß auf der Maschine bleiben) ca. 15 Minunten damit beschäftigt, die 3 Weichen freizubekommen, und das um 3/4 5 Uhr früh! Als wir nach schweißtreibender Schufterei endlich so weit sind, daß die Weichenschlüssel angesetzt werden können, ist die vordere der beiden Weichen so eingefroren, daß sie sich nicht bewegen läßt, also hole ich eilends aus dem Werkzeugkasten unserer 64er zwei Fackeln, halte sie kurz in die Feuerbüchse und wir versuchen die störrische Weiche aufzutauen. Nach weiteren 10 Minuten hat unsere Arbeit Erfolg: Schleunigst erledigen wir die Verschubarbeiten, währenddessen richte ich mein stark heruntergebranntes Feuer wieder her, der Kesseldruck ist in Ordnung, also fahren wir. Teilweise mit Schrittgeschwindigkeit kämpfen wir uns weiter durch die Schneemassen und als wir in der engen S-Kurve beim Haltepunkt Waldau wiederum fürchterlich und gleich mehrmals ins Schleudern geraten, schießt mir in den Sinn, jetzt ist alles aus, jetzt bleiben wir liegen. Aber unser Bubikopf ist zäh und bewältigt dank des Könnens meines Lokführers auch diese kritische Situation. Einfahrt Vohenstrauß steht und zügig (es geht jetzt bergab) fahren wir in den Bahnhof ein, es ist genau 5.20 Uhr, seit zwei Minuten müßten wir mit dem N 3810 schon wieder Richtung Weiden unterwegs sein. Das Bahnhofspersonal hat gut vorgearbeitet: Bahnsteige und Weichen sind einigermaßen frei. Langsam habe ich erheblich Hunger und Durst bekommen, gefrühstückt hatte ich ja nicht, aber zur Brotzeit bleibt der angespannten Fahrzeuglage wegen keine Zeit. Nach Abschluß der Rangiergeschäftes fahren wir ans Wasser und setzen uns dann vor den N 3810, der nur aus einem Pärchen B3yg-Wagen besteht. Als ich die Lok ankupple, verschimpft mich ein Fahrgast aus der geöffneten Wagentür heraus, daß es im Zug saukalt sei und er sich über den ungeheizten Wagen beschweren werde. Gerade noch kann ich mir das Götz-Zitat verkneifen.

Wieder auf der Lok merke ich, daß durch die Schneeschaufelei in Waldthurn, wo ich bis zur Gürtellinie im Tiefschnee stand, meine Hose völlig durchnäßt ist, da durch die Körperwärme und Wärmeeinwirkung beim Feuern der anhaftende Schnee schnell getaut ist. Natürlich besteht keine Möglichkeit zum Wechseln und ich muß die dreieinhalb Stunden bis zum Dienstende mit den nassen Klamotten durchhalten. In den paar Minuten, die wir mit Bremsprobe und Warten auf die Abfahrt verbringen, merke ich so richtig, wie abgeschlafft ich eigentlich schon bin.

Um 5.39 Uhr (21 Minuten zu spät) ertönt der Abfahrtspfiff des AB Bf Vohenstrauß: rückwärts fahren wir mit unserem kurzen N 3810 Weiden entgegen. Arbeitsmäßig ist es nun für mich geruhsamer: Es geht fast ständig bergab und wir sind die meiste Zeit mit geschlossenem Regler unterweg, nachdem wir ja schon bei der Bergfahrt die Strecke freigeräumt haben. Planmäßig haben wir in Floß Kreuzung mit dem Ng 16 185, der normalerweise pünktlich sein müßte, da wir ja schon hinreichend Schneepflug gespielt haben. Unsere Fahrtzeit bis Floß beträgt 26 Minuten, wir schaffen es in 22 und haben damit nur noch 17 Minuten Plus. Beim Einfahren sehe ich schon die drei trüben Funzeln der Lok des Ng 16 185, es ist die 64 295,

eine ausgezeichnete Maschine und für mich der Inbegriff der Bubikopfbaureihe. Natürlich hat der 16 185 nur 10 Achsen (einen Pwgs und 4 Gls/Gbs). Da brauchten, sich die Kollegen wahrlich nicht sehr anzustrengen, allerdings unter dem Schneesturm haben auch sie zu leiden. Probleme dürfte allerdings der als Schienenbus (VT + VB 95) verkehrende Nto 3812, Eslarn ab 5.42 bekommen haben, da der sich ja auch durch die Schneeverwehungen kämpfen mußte und wegen seiner geringen Gewichte auch noch entgleisungsgefährdet ist.
Unser 3810 ist spätestens ab Floß sehr gut besetzt, da viele Leute bei diesem Wetter lieber ihr Auto stehen gelassen haben. Bis Neustadt, wo wir auf die Hauptstrecke wechseln, verläuft die Fahrt ohne nennenswerte Vorkommnisse. Ich habe mich allerdings verspätet auf die Streckenbeobachtung konzentrieren müssen, denn jetzt sind doch schon einige Autofahrer unterwegs und an den ungesicherten Bahnübergängen kann uns wegen der schlechten Sichtverhältnisse leicht etwas in die Quere kommen. Schon bald nach Störnstein habe ich das Feuer wieder hochgeheizt, ab Neustadt müssen wir nämlich unseren Bubikopf voll ausfahren (90 km/h). Den Kesseldruck habe ich nun wieder am roten Strich und so kann mein Meister volles Rohr gen Weiden donnern. Ohne Schleuderer legen wir einen Start hin, daß die Wände wackeln und können so auch noch ein wenig Fahrzeit gutmachen. Schon bald nach Neustadt haben wir 90 km/h erreicht. Auch jetzt fallen mir wieder die guten Laufeigenschaften unserer 64 415 auf. Einfahrt Weiden haben wir Halt, doch bevor wir zum Stehen kommen, wechselt das Lichtsignal auf Hp 2 und so muß 64 415 noch einmal ihre Stimme ertönen lassen. Mit 16 Minuten Verspätung laufen wir um 6.23 auf Gleis 4 in Weiden ein. Unsere neue Garnitur, die wir nach Grafenwöhr und zurück zu bringen haben steht schon auf Gleis 3 (2 x B3yg + 2 x B4yg) bereit. Das Pärchen aus N 3810 lassen wir am Bahnsteig stehen, ich hänge die 415 ab, die Heizung habe ich schon vor Neustadt/WN geschlossen, um uns nicht zu verbrühen und wir umfahren, litern noch Wasser ein und sind um 6.35 vor N 3800 nach Grafenwöhr (Planabfahrt 6.32). Auch dieser Zug ist weitgehend ungeheizt, denn die stationäre Vorheizanlage in Weiden bringt nicht viel, allerdings fährt auch fast kein Mensch mit. Da wir jetzt zunächst auf der KBS 844 unterwegs sind, die stangengerade und völlig eben bis Pressath verläuft, baue ich wieder ein Prügel-Feuer in die Kiste; immerhin fahren wir 15 km an einem Stück bis Schwarzenbach durch und haben dafür nur 13 Minuten Fahrzeit, wir müssen also fahren was die Lok hergibt; es ist dies eine Durchschnittsgeschwindigkeit von gut 60 km/h und für einen dampfbespannten Nahverkehrszug eine hervorragende Leistung. Schon bei der Einfahrt in Weiden hatte ich gesehen, daß die Bayreuther Strecke bereits geräumt ist und so steht einem reibungslosen Verlauf der Fahrt nichts im Wege. Um 6.45 bekommen wir Ausfahrt frei und wir gehen zügig auf die Reise. Allerdings macht unser Bubikopf jetzt nicht mehr so schön Dampf wie vorher mit dem Ng, ist doch das Feuer wegen der Nachlässigkeit des Bw-Personals jetzt schon etwas verschlackt. Dennoch ist es nicht weiter problematisch, einen wirtschaftlichen Kesseldruck zu halten, allerdings muß ich mit voller Konzentration arbeiten. In

Pressath verlassen wir die Hauptstrecke und befahren nunmehr das Rumpfstück der ehemaligen Nebenbahn Pressath-Kirchenthumbach; übrigens ist unser Zug auch nur noch das obligate Alibi-Zugpaar, wenig später wurde ganz dichtgemacht. In Grafenwöhr Bf (liegt in unmittelbarer Nähe des Schrottplatzes der Firma Wittig) haben wir 12 Minuten Zeit zum Umsetzen, 5 Minuten brauchen wir nur und so fahren wir mit nur 6 Minuten Verspätung wieder Richtung Weiden. Probleme mit der Schneelage hatte es hier nicht gegeben, durch den regen Militärverkehr zum nahegelegenen Truppenübungsplatz wird vordringlich geräumt. Unser N 3801 ist ein reiner Schülerzug und brechend voll. Für die 21 km bis Weiden haben wir 21 Minuten Fahrzeit, Durchschnittsgeschwindigkeit also genau 60 km/h. Wir müssen also wieder voll fahren und ich halte ein bedingt durch die zunehmende Verschlackung des Rostes höheres Feuer. Mit nur noch 5 Minuten Plus erreichen wir wiederum Weiden. Das Dienstende ist nun recht nahegerückt. Zum zweiten Mal kupple ich den Bubikopf ab, das Sh 1-Signal steht bereits, wir ziehen vor in die südliche Ausfahrt, dampfen noch einmal durch den Weidener Bahnhof und biegen von Norden her in Richtung Bw zur Bekohlung ein. Es schneit zwar immer noch heftig, aber immerhin ist es jetzt wenigstens Tag geworden. An Kohle laden wir 1,5 t, gemessen an der geforderten Kohlenleistung der Lok mit dem Ng und der Schnellfahrt mit N3800/3801 nicht viel. Eine sparsame Maschine ist unser Bubikopf. Wir müssen jetzt nur noch Wasserfassen und dann die Lok auf die Schlackengrube fahren, den Rest erledigt das Schuppenpersonal. Abgekämpft melden wir uns auf der Lokleitung ab. Nachdem ich mich gewaschen und umgezogen habe, strebe ich der Kantine zu, denn ich habe jetzt einen Bärenhunger. Offiziell ist um 8.17 Dienstende, wir waren aber schon ein wenig früher fertig.
Heute abend um 17.15 hab ich wieder Dienstbeginn, zuerst steht der N 3870 Weiden-Neukirchen auf dem Programm und dann der berüchtigte Ng 16 169 Neukirchen-Weiden, der fast immer Grenzlast hat. Dienstende ist planmäßig um 0.51 Uhr.
Fazit: Ich habe gerne Dienst auf der Dampflok und speziell der BR 64 getan. Nichtsdestoweniger war es aber durchaus strapaziös und besonders auf der schwierigen Nebenbahn nach Eslarn nicht ohne Tücken, wie im Bericht ja eingehend geschildert. Der normale DB-Benützer oder Eisenbahnfreund kann sich oft gar keine Vorstellung davon machen, was der Fahrdienst von den Personalen verlangt, die durch ihren Einsatz selbst bei schwierigsten Bedingungen fast immer für einen reibungslosen Betriebsablauf gesorgt haben. Nicht zuletzt waren diesbezüglich auch betriebstaugliche und gut zu bedienende Lokomotiven gefragt und die BR 64 darf mit Fug und Recht dazu gerechnet werden. So war man beim Bw Weiden keineswegs begeistert, als zum Sommerfahrplan 1973 die vielfach bewährte BR 64 den V100 weichen mußte (bis auf 1 Zugpaar). Der 64er-Bestand mußte sogar noch einmal aufgestockt werden, um die vielen durch V100-Ausfall verursachten Reserveleistungen abdecken zu können.
Übrigens wurde die Hauptakteurin dieses Berichts, die 64 415, die letzte 64er des

Bw Weiden und ich hatte das Glück, sie an ihrem letzten Betriebstag bei ihrer letzten Fahrt nochmals als Heizer bedienen zu dürfen. Heute ist die 415 in Holland bei einer Museumsbahn tätig: Möge ihr dort noch ein langes Leben beschieden sein.

224 *64 o31 und 211 3o7 (Bw Hof) mit Personenzug 17o4 nach Selb zwischen Moschendorf und Oberkotzau, 24.o3.69. Aufnahme: Ludwig Rotthowe*

Fabriknummern, Erstzuteilung und Verbleib

64 001	Bor	11957	1928	16. 4.28	Münster	DB		Ulm	+ 24. 2.67	
64 002	Bor	11958	1928	4.28	Münster	CSD	365.442		+	
64 003	Bor	11959	1928	4.28	Münster	CSD	365.451		?	
64 004	Bor	11960	1928	30. 4.28	Münster	DB		Aalen	+ 4. 3.66	
64 005	Bor	11961	1928	30. 4.28	Gronau	DR-Ost			+ 22.12.47	
64 006	Bor	11962	1928	3. 5.28	Gronau	DB	064 006-0	Weiden	+ 24. 8.72	[1]
64 007	Bor	11963	1928	5.28	Gronau	DR	64 1007-0	Jerich		[2]
64 008	Han	10501	1928	23. 4.28	Seesen	DB	064 008-6	Weiden	+ 12. 3.68	
64 009	Han	10502	1928	23. 4.28	Seesen	DB		Aalen	+ 20. 6.66	
64 010	Han	10503	1928	23. 4.28	Seesen	DB		Weiden	+ 27. 9.66	
64 011	Han	10504	1928	28	(Ksl)	CSD/Rf an CCCP			?	
64 012	Han	10505	1928	28	(Ksl)	CSD	365.411		?	
64 013	Han	10506	1928	31. 5.28	(Ksl)	DB		Weiden	+ 10. 3.65	
64 014	Han	10507	1928	28	(Ksl)	CSD	365.416		?	
64 015	Han	10508	1928	28	Nordhsn	CSD an DR	64 1015-3	Halber	+ 75	
64 016	Han	10509	1928	14. 6.28	Nordhsn	DB		Heilbr	+ 10. 3.65	
64 017	Han	10510	1928	16. 6.28	Nordhsn	DB	064 017-7	Heilbr	+ 3. 3.69	
64 018	Han	10511	1928	21. 6.28	Nordhsn	DB	064 018-5	Heilbr	+ 2. 6.71	
64 019	He	20731	1927	9. 2.28	LVA Gru	DB	064 019-3	Weiden	+ 28. 3.74	[3]
64 020	He	20732	1927	16. 2.28	Aschaff	DB		Aschaff	+ 10. 3.65	
64 021	He	20733	1927	9. 2.28	Aschaff	DB		Friedr	+ 10. 3.65	
64 022	He	20734	1927	9. 2.28	Aschaff	DB		Aalen	+ 27. 9.66	
64 023	He	20735	1927	9. 2.28	Aschaff	DB		Aschaff	+ 1. 9.65	
64 024	He	20736	1927	9. 2.28	Aschaff	DB	064 024-3	Aschaff	+ 19. 9.69	
64 025	He	20737	1927	10. 2.28	Aschaff	DB	064 025-0	Aschaff	+ 19. 9.69	
64 026	He	20738	1927	16. 2.28	Aschaff	DB		Gemünd	+ 10. 3.65	
64 027	AEG	3486	1928	1. 5.28	Flensb	DB		Plattl	+ 30.11.64	
64 028	AEG	3487	1928	27. 4.28	Flensb	DB		Friedr	+ 10. 3.65	
64 029	AEG	3488	1928	4. 5.28	Flensb	DB		Stolb	+ 18. 6.62	
64 030	AEG	3489	1928	14. 5.28	Flensb	DB		Aalen	+ 20. 6.66	
64 031	AEG	3490	1928	15. 5.28	Flensb	DB	064 031-8	Weiden	+ 2. 6.71	
64 032	AEG	3491	1928	31. 5.28	Flensb	DB		Klaib	+ 10. 3.65	
64 033	Kr	962	1928	28	(Old)	DR	64 1033-6	Neustr	+ 72	
64 034	Kr	963	1928	28	(Old)	DR	64 1034-4	Halber	+ 75	
64 035	Kr	964	1928	28	(Old)	DR	64 1035-1	Wbe	+ 73	
64 036	Kr	965	1928	11. 7.28	(Old)	DR		Neurupp	+ 69	
64 037	Kr	966	1928	29. 9.28	(Old)	DR		Schwer	+ 70	
64 038	Kr	967	1928	6.10.28	Landau	DB (SWDE)		Neust/W	+ 47	
64 039	Kr	968	1928	9.10.28	Landau	DB	064 039-1	Aschaff	+ 9.10.68	
64 040	Kr	969	1928	20.10.28	Landau	DB		Plattl	+ 4. 3.66	
64 041	He	20903	1927	26. 1.28	Neust/W	DB	064 041-7	Aalen	+ 12. 3.68	
64 042	He	20904	1927	26. 1.28	Neust/W	DB		Plattl	+ 20. 6.66	
64 043	He	20905	1927	26. 1.28	Neust/W	DB (SWDE)		Neust/W	+ 24. 2.46	
64 044	Uni	2803	1927	28	(Kbg)	PKP	Okl 2-..		+	
64 045	Uni	2804	1927	15. 3.28	(Kbg)	PKP	Okl 2-..		+	
64 046	Uni	2805	1927	25. 3.28	Insterb	DB		Aschaff	+ 1. 9.65	
64 047	Uni	2806	1927	28	(Kbg)	PKP	Okl 2-..		+	
64 048	Uni	2807	1927	28	(Kbg)	PKP	Okl 2-..		+	
64 049	Uni	2808	1928	27. 4.28	Kbg	DB	064 049-0	Hof	+ 19. 9.69	
64 050	Uni	2809	1928	28	(Kbg)	PKP	Okl 2-..		+	
64 051	Uni	2810	1928	28	(Kbg)	PKP	Okl 2-..		+	

64 052 Uni	2811 1928	28	(Kbg)	DR	64 1052-6	Salzw	+	74
64 053 Uni	2812 1928	16. 6.28	Insterb	DB		Tübing	+	10. 3.65
64 054 Uni	2813 1928	28	Insterb	PKP	Okl 2-..		+	
64 055 Uni	2814 1928	28	Insterb	DR	64 1055-9	Salzw	+	74
64 056 Uni	2815 1928	28	Stett G	CSD	365.443		+	62
64 057 Uni	2816 1928	28	Stolp	PKP	Okl 2-..		+	
64 058 Uni	2817 1928	28	Stolp	PKP	Okl 2-..		+	
64 059 Uni	2818 1928	28	Stolp	CSD	365.444		?	
64 060 Uni	2819 1928	28	Stett G	CSD	365.418		+	61
64 061 Uni	2820 1928	28	Naugard	PKP	Okl 2-6		+	
64 062 Uni	2821 1928	28	Naugard	PKP	Okl 2-..		+	
64 063 Uni	2822 1928	28		DB		Tübing	+	10. 3.65
64 064 Vul	3995 1928	28. 4.28	Stolp	PKP	Okl 2-..		+	
64 065 Vul	3996 1928	28	Stolp	PKP	Okl 2-..		+	
64 066 Vul	3997 1928	28	Naugard	PKP	Okl 2-..		+	
64 067 Vul	3998 1928	28	Stett G	PKP	Okl 2-..		+	
64 068 Vul	3999 1928	28	Stolp	PKP	Okl 2-..		+	
64 069 Vul	4000 1928	28	LandsbW	PKP	Okl 2-..		+	
64 070 Vul	4001 1928	28	LandsbW	PKP	Okl 2-..		+	
64 071 Vul	4002 1928	28	LandsbW	DR	64 1071-6	B-Sw	+	73
64 072 Vul	4003 1928	28	LandsbW	PKP	Okl 2-..		+	
64 073 Vul	4004 1928	28	Meser	CSD	365...		+	
64 074 Vul	4005 1928	28	Meser	DB	064 074-8	Heilbr	+	24. 6.70
64 075 Vul	4006 1928	28	Meser	PKP	Okl 2-..		+	
64 076 Vul	4007 1928	28	Meser	DR	64 1076-5	Salzw	+	75
64 077 Vul	4008 1928	27. 7.28	Meser	PKP	Okl 2-..		+	
64 078 Vul	4009 1928	28	LandsbW	PKP	Okl 2-..		+	
64 079 Wol	1235 1928	21. 6.28	WesermL	DB	064 079-7	Heilbr	+	23. 2.71
64 080 Wol	1236 1928	21. 6.28	WesermL	DB		Heilbr	+	5. 7.67
64 081 Wol	1237 1928	21. 6.28	WesermL	DB		Heilbr	+	27. 9.66
64 082 Wol	1238 1928	11. 8.28	WesermL	DB		Heilbr	+	5. 7.67
64 083 Wol	1239 1928	27. 8.28	WesermL	DB		Friedr	+	1. 9.65
64 084 Wol	1240 1928	27. 6.28	WesermL	DB		Ulm	+	10. 3.65
64 085 Wol	1241 1928	28	Stendal	CCCP			?	
64 086 Wol	1242 1928	2.10.28	WesermL	DB		Rottw	+	4. 3.66
64 087 Wol	1243 1928	5.10.28	WesermL	DB		Ulm	+	30.11.64
64 088 Wol	1244 1928	28	WesermL	CSD/Rf an CCCP			?	
64 089 Hum	1816 1927	2. 3.28	Bergh	DB		Aalen	+	1. 9.65
64 090 Hum	1817 1927	19. 3.28	Bergh	DB		Friedr	+	30.11.64
64 091 Hum	1818 1927	28. 3.28	Bergh	DB		Gemünd	+	1. 7.64
64 092 Hum	1819 1928	5. 4.28	Bergh	DB		Bayr	+	1. 7.64
64 093 Hum	1820 1928	19. 4.28	Bergh	DB		Aschaff	+	1. 9.65
64 094 Hum	1821 1928	28. 4.28	Bergh	DB	064 094-6	Tübing	+	8.11.72 [4])
64 095 Hum	1822 1928	16. 5.28	Bergh	DB		Gemünd	+	10. 3.65
64 096 Hum	1823 1928	28	Holzw	DB		Plattl	+	30.11.64
64 097 Hum	1824 1928	31. 5.28	Holzw	DB	064 097-9	Weiden	+	24. 7.73
64 098 Hum	1825 1928	13. 6.28	Holzw	DB		Weiden	+	24. 2.67
64 099 Hum	1826 1928	28	Holzw	CSD	365.421		+	
64 100 Hum	1827 1928	28. 6.28	Holzw	DB		Hmb.Har	+	3. 6.65
64 101 Ju	4056 1928	1. 6.28	Nür-H	DB		Nür-H	+	10. 3.65
64 102 Ju	4057 1928	20. 6.28	Nür-H	DB		Nür-H	+	20. 6.66
64 103 Ju	4058 1928	2. 7.28	Nür-H	DB		Aschaff	+	10. 3.65
64 104 Ju	4059 1928	17. 7.28	Nür-H	DB	064 104-3	Nür-H	+	4. 3.70
64 105 Ju	4060 1928	30. 7.28	Nür-H	DB	064 105-0	Tübing	+	21. 6.68

64 106	Ju	4061	1928	11. 8.28	Nür-H	DB	064 106-8	Aschaff	+ 12. 4.73
64 107	Ju	4062	1928	25. 8.28	Nür-H	DB		Treucht	+ 1. 9.65
64 108	Ju	4063	1928	4. 9.28	Nür-H	DB		Würzbg	+ 22. 3.65
64 109	Ju	4064	1928	19. 9.28	Nür-H	DB	064 109-2	Aschaff	+ 2. 6.71
64 110	Ju	4065	1928	27. 9.28	Nür-H	DB		Friedr	+ 30.11.64
64 111	Ju	4066	1928	17.10.28	Kreuzbg	DR	64 1111-0	Nordhsn	+ 71
64 112	Ju	4067	1928	7.11.28	(Opp)	CSD	365.419		+ 61
64 113	Sch	3160	1928	28	(Opp)	Rf an DB	064 113-4	Hof	+ 12. 3.68
64 114	Sch	3161	1928	28	(Opp)	CSD	365.453		+ 64
64 115	Sch	3162	1928	28	(Opp)	CSD	365.402		+ 16. 6.59
64 116	Sch	3163	1928	28	(Opp)	PKP	Okl 2-..		+
64 117	Sch	3164	1928	28	(Opp)	PKP	Okl 2-..		+
64 118	Sch	3165	1928	28	(Opp)	PKP	Okl 2-..		+
64 119	LHW	3086	1928	28	Bsl-H	DR	64 1119-4	Glauch	+ 71
64 120	LHW	3087	1928	28	Bsl-H	CSD	365.427		+
64 121	LHW	3088	1928	28	Bsl-H	CSD an DR	64 1121-9	Halber	+ 74
64 122	LHW	3089	1928	28	Bsl-H	CSD/Rf an CCCP			?
64 123	LHW	3090	1928	28	Bsl-H	DR		Hgw-L	+ 3. 7.69
64 124	LHW	3091	1928	28	(Bsl)	CSD	365.403 (?)		+ 64
64 125	LHW	3092	1928	28	(Bsl)	CCCP			+
64 126	LHW	3093	1928	28	(Bsl)	DR		Nordhsn	+ 8.70
64 127	LHW	3094	1928	28	(Bsl)	DCS	365.446		?
64 128	LHW	3095	1928	28	(Opp)	CSD/Rf am CCCP			?
64 129	LHW	3096	1928	28	(Opp)	CSD	365.429		+ 61
64 130	LHW	3097	1928	17.10.28	Bsl-H	DB		Heilbr	+ 5. 7.67
64 131	LHW	3098	1928	8. 1.29	Goslar	DB		H-Eidel	+ 3. 6.65
64 132	O&K	11421	1928	30. 6.28	Goslar	DB		Ulm	+ 10. 3.65
64 133	O&K	11422	1928		Goslar	DR-Ost			+ 47
64 134	O&K	11423	1928	23. 7.28	Goslar	DB		Ulm	+ 10. 3.65
64 135	O&K	11424	1928		Goslar	DB		Heilbr	+ 30.11.64
64 136	O&K	11425	1928	11. 8.28	Goslar	DB	064 136-5	Heilbr	+ 24. 7.73
64 137	O&K	11426	1928		Goslar	DR		Neurupp	+ 69
64 138	O&K	11427	1928		Brau-H	CSD/Rf an CCCP			+
64 139	O&K	11428	1928	27. 9.28	Brau-H	DB		Heilbr	+ 5. 7.67
64 140	O&K	11429	1928		Brau-H	CSD	365.4500 in 365.409		+ 6. 6.56
64 141	O&K	11430	1928	30.10.28	Jünk	DB	064 141-5	Nür-R	+ 12. 3.68
64 142	Kr	991	1928	21. 2.29	Jünk	DB		Plattl	+ 10. 3.65
64 143	Kr	992	1928	21. 2.29	Jünk	DB	064 143-1	Heilbr	+ 21. 6.68
64 144	Kr	993	1928	21. 3.29	Jünk	DB		Friedr	+ 1. 9.65
64 145	Kr	994	1928	11. 9.28	(Tri)	DB		Aalen	+ 24. 2.67
64 146	Kr	995	1928		Tri	DR	64 1146-6	Salzw	+ 75
64 147	Kr	996	1929	13. 4.29	Tri	DB		Nür-H	+ 5. 7.67
64 148	Kr	997	1929	13. 4.29	Tri	DB		Tübing	+ 24. 2.67
64 149	Kr	998	1929	1. 7.29	Tri	DB		Friedr	+ 1. 9.65
64 150	Kr	999	1929		Tri	DB		Bayr	+ 30.11.64
64 151	Kr	1000	1929	29. 7.29	Au	DB		Mühldf	+ 27. 9.66
64 152	Essl	4193	1928	17. 7.28	Au	DB		Friedr	+ 10. 3.65
64 153	Essl	4194	1928	2. 8.28	Au	DB	064 153-0	Weiden	+ 12. 3.68
64 154	Essl	4195	1928	5. 8.28	Au	DB (DR-West)→Sch/Rf		Passau	+ 12. 7.48
64 155	Essl	4196	1928	16. 8.28	Au	DB		Ulm	+ 5. 7.67
64 156	Essl	4197	1928	25. 8.28	Au	DB		Au	+ 5. 7.67
64 157	Essl	4198	1928	3. 9.28	Au	DB		Au	+ 1. 7.64
64 158	Essl	4199	1928	11. 9.28	Au	DB		Aalen	+ 1. 9.65

64 159	Essl	4200	1928	21. 9.28	Au	DB		Au	+	24. 2.67
64 160	O&K	11583	1928	2. 1.29	Au	DB		Heilbr	+	30.11.64
64 161	O&K	11584	1928	9. 1.29	Au	DB		Au	+	27. 9.66
64 162	Hum	1828	1928		L-HS	CSD	365.422		+	63
64 163	Hum	1829	1928		Werdau	CSD/Rf an CCCP			+	
64 164	Hum	1830	1928		Werdau	DR	64 1164-9	B-Pan	+	71
64 165	Hum	1831	1928		Reich	DR	64 1165-6	B-Pan	+	71
64 166	Ju	4086	1928	30.11.28	L-Bay	DR	64 1166-4	B-Sw	+	73
64 167	Ju	4087	1928	20.12.28	(Dre)	CSD	365.406		+	1. 3.60
64 168	Ju	4088	1928	4. 2.29	(Dre)	DR	64 1168-0	Jerich	+	71
64 169	Kr	1041	1929	13. 8.29	Chemn-H	DR	64 1169-8	B-Sw	+	74
64 170	Kr	1042	1929		L-HS	CCCP (?)			?	
64 171	Sch	3166	1929		L-HS	DR	64 1171-4	B-Pan	+	71
64 172	Sch	3167	1929		L-HS	CSD	365.448		+	62
64 173	Sch	3168	1929	22. 7.29	Zwickau	DR	64 1173-0	Salzw	+	73
64 174	Sch	3169	1929		L-HS	CSD	365.441		+	6. 1.62
64 175	Sch	3170	1929		L-HS	DR	64 1175-5	Nordhsn	+	72
64 176	Sch	3171	1929		L-HS	CSD an DR			+	51
64 177	Uni	2823	1928		L-HS	CSD	365....		?	
64 178	Uni	2824	1928		L-HS	KV (?)			?	
64 179	Uni	2825	1928		L-HS	DR	64 1179-7	B-Pan	+	20. 4.73
64 180	Uni	2826	1928		L-HS	DR	64 1180-5	Jerich	+	71
64 181	Uni	2827	1928		L-HS	CSD	365.430		+	28.11.56
64 182	Vul	4010	1928		L-HS	CSD an DR	64 1182-1	Halber	+	74
64 183	Vul	4011	1928		L-HS	DR	64 1183-9	Schwer	+	73
64 184	Vul	4012	1928		L-HS	DR		Jerich	+	70
64 185	Vul	4013	1928		L-HS	DR	64 1185-4	Jerich	+	75
64 186	Vul	4014	1928		L-HS	DR	64 1186-2	Jerich	+	75
64 187	Wol	1245	1928		L-HS	DR		Fko-P	+	10. 6.69
64 188	Wol	1246	1928	20.11.28	Zittau	DR	64 1188-8	B-Sw	+	73
64 189	Essl	4216	1928		(Dre)	DR	64 1189-6	Salzw	+	75
64 190	Essl	4217	1928		(Dre)	CSD	365.4509		+	64
							in 365.449			
64 191	Essl	4223	1928		(Dre)	CSD	365.4510		+	64
							in 365.4..			
64 192	Bor	12078	1928		Zittau	CSD	365.4511		+	64
							in 365.450			
64 193	Bor	12079	1928		Zittau	DR		Halber	+	70
64 194	Bor	12080	1928	14. 8.28	Zittau	DB	064 194-4	Weiden	+	19. 9.69
64 195	Bor	12081	1928		(Dre)	CSD	365.431		+	1. 4.65
64 196	Bor	12082	1928		(Dre)	CSD/Rf an CCCP			+	64
64 197	Bor	12083	1928		(Dre)	DR		Halber	+	70
64 198	Hum	1832	1928		(Mst)	CSD	365.432		+	1. 4.64
64 199	Hum	1833	1928		(Mst)	CSD an DR	64 1199-5	Wbe	+	73
64 200	Hum	1834	1928		(Mst)	DR	64 1200-1	Wbe	+	74
64 201	Hum	1835	1928		(Mst)	DR	64 1201-9	Salzw	+	74
64 202	Hum	1836	1928	23. 1.29	Aschaff	DB		Aalen	+	4. 3.66
64 203	Ju	4130	1929	12. 4.29	Aschaff	DB		Tübing	+	10. 3.65
64 204	Ju	4131	1929	4. 6.29	Au	DB		Au	+	30.11.64
64 205	Uni	2828	1928	14.11.28	Au	DB		Au	+	30.11.64
64 206	Uni	2829	1928	12.12.28	Au	DB	064 206-6	Weiden	+	24. 6.70
64 207	Uni	2830	1928		Güstrow				?	
64 208	Uni	2831	1928	5. 1.29	Schwer	DR	64 1208-4	Nordhsn	+	71
64 209	Uni	2832	1928		Güstrow	DR	64 1209-2	Strals	+	71

64 210	Vul	4015	1928	28	Schwer	DR	64 1210-0	Neustr	+ 70
64 211	Vul	4016	1928	28	Schwer	DR	64 1211-8	Magdeb	+ 73
64 212	Vul	4017	1928	5.10.28	Schwer	DR	64 1212-6	Salzw	+ 29. 8.75
64 213	Wol	1250	1928		Landau	DRG→KV			+ 44
64 214	Wol	1251	1928		Landau	DB		Tübing	+ 24. 2.67
64 215	Uni	2833	1928	15. 2.29	Landau	DB		Weiden	+ 19. 8.66
64 216	Uni	2834	1928	13. 3.29	Landau	DB		Passau	+ 10. 3.65
64 217	Uni	2835	1928	12. 3.29	Kaisers	DB		Au	+ 30.11.64
64 218	Uni	2836	1928	20. 3.29	Kaisers	DB		Au	+ 30.11.64
64 219	Uni	2837	1929	6. 4.29	Brau-H	DB		Heilbr	+ 5. 7.67
64 220	Uni	2838	1929		Brau-H	DB		Aalen	+ 4. 3.66
64 221	Uni	2839	1929		Brau-H	CSD	365.425		+ 64
64 222	Uni	2840	1929		Templin	CSD/Rf an CCCP			+
64 223	Uni	2841	1929	7. 6.29	Templin	DB		Tübing	+ 24. 2.67
64 224	Uni	2842	1929		Templin	PKP	Okl 2-..		+
64 225	Han	10618	1930	21. 5.30	LVA Gru	DR		Halber	+ 73
64 226	Han	10619	1930	2. 6.30	LVA Gru	DB		Klaib	+ 22.11.66
64 227	Han	10620	1930	20. 6.30	Plattl	DB	064 227-2	Plattl	+ 12. 3.68
64 228	Han	10621	1930	27. 6.30	Eger	DB		Weiden	+ 1. 9.65
64 229	Han	10622	1930	2. 7.30	Eger	DB		Ulm	+ 27. 9.66
64 230	Han	10623	1930	4. 8.30	Eger	DB		Plattl	+ 10. 3.65
64 231	Han	10624	1930	4. 2.31	Hof	DB	064 231-4	Heilbr	+ 22. 9.70
64 232	Han	10625	1930	13. 1.31	Hof	DB	064 232-2	Hof	+ 12. 3.68
64 233	Han	10704	1929	7. 6.29	Templin	DB		Tübing	+ 24. 2.67
64 234	Han	10705	1931	31. 8.31	Holzw	DB		Heilbr	+ 5. 7.67
64 235	O&K	12381	1932	2. 9.32	Reg	DB	064 235-5	Heilbr	+ 2. 6.71
64 236	O&K	12382	1932	5. 9.32	Reg	DB		Aalen	+ 5. 7.67
64 237	O&K	12383	1932	30. 9.32	Reg	DB		Ulm	+ 4. 3.66
64 238	O&K	12384	1932	7. 1.33	Reg	DB		Klaib	+ 19. 8.66
64 239	Ju	5086	1932	7.10.32	Reg	DB	064 239-7	Weiden	+ 12. 3.68
64 240	Ju	5087	1932	28.10.32	Nür-H	DB		Nür-H	+ 4. 3.66
64 241	Ju	5088	1932	2.12.32	Nür-H	DB	064 241-3	Weiden	+ 24. 8.72
64 242	Ju	5089	1932	21. 1.33	Nür-H	DB		Mü-O	+ 27. 9.66
64 243	He	22171	1933	5. 5.33	Nür-H	DB		Aschaff	+ 1. 7.64
64 244	He	22172	1933	13. 5.33	Nür-H	DB		Nür-H	+ 1. 9.65
64 245	He	22173	1933	33	Nür-H	DB		Coburg	+ 10. 3.65
64 246	He	22174	1933	19. 5.33	Nür-H	DB→Ilme-Bahn Nr.8 (16. 2.63)			+ 74
64 247	He	22175	1933	23. 5.33	Landau	DB	064 247-0	Aschaff	+ 12. 4.73
64 248	He	22176	1933	31. 5.33	Landau	DB	064 248-8	Weiden	+ 19. 9.69
64 249	He	22177	1933	31. 5.33	Landau	DB		Plattl	+ 19. 8.66
64 250	He	22178	1933	3. 6.33	Landau	DB	064 250-4	Tübing	+ 22. 9.70 [5]
64 251	He	22179	1933	33	Landau	DB		Au	+ 30.11.64
64 252	He	22180	1933	22. 6.33	Rosenh	DB		Mü-O	+ 10. 3.65
64 253	He	22181	1933	22. 6.33	Rosenh	DB		Aalen	+ 27. 9.66
64 254	He	22182	1933	28. 6.33	Rosenh	DB		Mü-O	+ 10. 3.65
64 255	He	22183	1933	4. 7.33	Freilas	DB		Mü-O	+ 10. 3.65
64 256	He	22184	1933	6. 7.33	Freilas	DR	64 1256-5	B-Pan	+ 71
64 257	He	22185	1933	33	Niederh	DR	64 1257-3	Jerich	+ 73
64 258	He	22186	1933	15. 7.33	Niederh	DB		Mü-O	+ 27. 9.66
64 259	He	22187	1933	22. 7.33	Niederh	DB		Ulm	+ 10. 3.65
64 260	He	22188	1933		Niederh	CSD/Rf an CCCP			+
64 261	He	22189	1933		Krzb/A	DR	64 1261-5	Neurupp	+ 70
64 262	He	22190	1933		Krzb/A	DR-Ost			+ vor 50
64 263	Kr	1279	1933		Schwer	DR	64 1263-1	Angerm	+ 72

64 264	Kr	1280	1933		Schwer	DR		Wittst	+	66
64 265	Kr	1281	1933		Mst	DR			+	52
64 266	Kr	1282	1933		Mst	DR	64 1266-4	Wbe	+	73
64 267	Kr	1283	1933		Mst	DR	64 1267-2	Neurupp	+	73
64 268	Kr	1284	1933	28. 9.33	Rendsb	DB		Tübing	+	24. 2.67
64 269	Kr	1285	1933	10.10.33	Rendsb	DB		Au	+	14.11.67
64 270	Kr	1286	1933	17.10.33	Rendsb	DB	064 270-2	Weiden	+	2. 1.73
64 271	Kr	1287	1933	24.10.33	Rendsb	DB	064 271-0	Heilbr	+	22. 9.70
64 272	Kr	1288	1933		Lauenb	PKP	Okl 2-20		+	
64 273	O&K	12410	1933		Strals	DR		Jüterb	+	68
64 274	O&K	12411	1933	23. 5.33	Strals	DR	64 1274-8	B-Sw	+	73
64 275	O&K	12412	1933		Strals	DR	64 1275-5	B-Sw	+	70
64 276	O&K	12413	1933	3. 6.33	Strals	DB		Tübing	+	1. 9.65
64 277	O&K	12414	1933						?	
64 278	Ju	5095	1933	15. 7.33	Glauch	DR	64 1278-9	B-Sw	+	72
64 279	Ju	5096	1933	15. 8.33	Glauch	CCCP			+	
64 280	Ju	5097	1933	15. 9.33	Glauch	DR		Schwer	+	16.11.70
64 281	Ju	5098	1933	24.10.33	Zwickau	CCCP			+	
64 282	Ju	5099	1933	12.12.33	Zwickau	DR	64 1282-9	Jerich	+	75
64 283	Kr	1292	1933	14.12.33	Nür-H	DB		Würzbg	+	27. 9.66
64 284	Kr	1293	1933	21.12.33	Nür-H	DB		Mü-O	+	27. 9.66
64 285	Kr	1294	1933		Nür-H	CSD	365....			
64 286	Kr	1295	1933	8. 1.34	Nür-H	DB	064 286-8	Nür-R	+	10. 7.69
64 287	Kr	1296	1933	16. 1.34	Geldern	DB	064 287-6	Nür-R	+	10. 7.69
64 288	Kr	1297	1933	27. 1.34	Geldern	DB		Plattl	+	15.11.63
64 289	Kr	1298	1933	1. 2.34	Gött-P	DB	064 289-2	Crailsh	+	22. 7.72 [6]
64 290	Kr	1299	1933	8. 2.34	Gött-P	DB		Friedr	+	1. 9.65
64 291	Kr	1300	1933		Bebra	DB		Weiden	+	1. 9.65
64 292	Kr	1301	1933		Bebra	DB		Plattl	+	15.11.63
64 293	Essl	4248	1934	31. 5.34	Bebra	DB	064 293-4	Weiden	+	8.11.72
64 294	Essl	4247	1934		Bebra	DB		Reg	+	10. 3.65
64 295	Essl	4249	1934	22. 6.34	Bebra	DB	064 295-9	Weiden	+	9. 6.74 [7]
64 296	Essl	4250	1934	16. 7.34	Bebra	DB		Friedr	+	1. 9.65
64 297	Essl	4251	1934	7. 9.34	Nür-H	DB	064 297-5	Aschaff	+	14. 6.69
64 298	Essl	4252	1934	2.10.34	Nür-H	DB		Nür-H	+	27. 9.66
64 299	Kr	1302	1933	1. 3.34	Hgw-L	DB	064 299-1	Weiden	+	19. 9.69
64 300	Kr	1303	1933	34	Hgw-L	CSD	365.407		+	
64 301	Kr	1304	1933	8. 3.34	Rendsb	DB		Weiden	+	10. 3.65
64 302	Kr	1305	1933		Neum	CSD	365.4..		+	
64 303	Kr	1306	1933	23. 3.34	Neum	DB		Tübing	+	24. 2.67
64 304	Kr	1307	1933	27. 3.34	Neum	DB		Friedr	+	4. 3.66
64 305	Kr	1308	1934	18. 5.34	Geldern	DB	064 305-6	Weiden	+	9. 6.74 [8]
64 306	Kr	1309	1934	24. 5.34	Geldern	DB	064 306-4	Aschaff	+	27. 3.68
64 307	Kr	1310	1934		Gött-P	DB		Rottw	+	10. 3.65
64 308	Kr	1311	1934		Gleiw	DR	64 1308-2	Salzw	+	75
64 309	Kr	1312	1934		Gleiw	KV?			?	
64 310	Kr	1313	1934		Gleiw	KV?			?	
64 311	Kr	1314	1934		Gleiw	ÖBB	64 311		+	28.11.57
64 312	Kr	1315	1934		(Dre)	CSD	365.408		+	1. 4.64
64 313	Kr	1316	1934		Pirna	DR	64 1313-2	Jerich	+	73
64 314	Kr	1317	1934		L-Bay	PKP	Okl-2-27		+	
64 315	Kr	1318	1934		L-Bay	DR	64 1315-7	Görlitz	+	72
64 316	Kr	1319	1934		L-Bay	DR	64 1316-5	Wittst	+	24. 9.70
64 317	Kr	1320	1934		L-Bay	DR	64 1317-3	B-Pan	+	75 [9]

64 318	Kr	1321	1934		L-Bay	DR	64 1318-1	Salzw	+ 75
64 319	Kr	1322	1934	3. 8.34	L-Bay	DR	64 1319-9	B-Sw	+ 75
64 320	Kr	1323	1934		L-Bay	DR			+ vor 60
64 321	Kr	1324	1934	21. 8.34	L-Bay	DR	64 1321-5	B-Sw	+ 74
64 322	Kr	1325	1934		L-Bay	DR	64 1322-3	Güsten	+ 73
64 323	Kr	1326	1934		L-Bay	DR	64 1323-1	B-Pan	+ 74
64 324	Ju	5510	1934	20. 6.34	Schweid	PKP	Okl 2-..		+
64 325	Ju	5511	1934	17. 7.34	Schweid	CSD	365.4..		+
64 326	Ju	5512	1934	21. 8.34	Schweid	CSD	365.404		+
64 327	Ju	5513	1934	9. 9.34	Bsl-H	CSD	365.4..		+
64 328	Ju	5514	1934	29. 9.34	Bsl-Fr	CSD	365.4..		+
64 329	O&K	12464	1934		Schweid				?
64 330	O&K	12465	1934		Schweid	DR	64 1330-6	B-Pan	+ 75
64 331	O&K	12466	1934		Bsl-H	DR		B-Pan	+ 68
64 332	O&K	12467	1934		Bsl-H	PKP	Okl 2-..		+
64 333	O&K	12468	1934		Bsl-H	DR KV			+ vor 52
64 334	KM	15486	1934	2. 6.34	Nür-H	DB		Würzbg	+ 30.11.64
64 335	KM	15487	1934	25. 6.34	Nür-H	DB	064 335-3	Aschaff	+ 1.10.69
64 336	KM	15488	1934	7. 7.34	Freilas	DB		Tübing	+ 10. 3.65
64 337	KM	15489	1934	18. 7.34	Ingolst	DB	064 337-9	Weiden	+ 8.11.72
64 338	KM	15490	1934	6. 8.34	Ingolst	DB		Mühldf	+ 29. 5.62
64 339	KM	15491	1934	29. 8.34	Ingolst	DB		Mü-O	+ 1. 7.64
64 340	KM	15492	1934	10. 9.34	Ingolst	DB		Mühldf	+ 27. 9.66
64 341	KM	15493	1934	3.10.34	Ingolst	DB		Mü-O	+ 30.11.64
64 342	KM	15494	1934	24.10.34	Ingolst	DB		Treuchtl	+ 1. 7.64
64 343	KM	15495	1934	1.11.34	Ingolst	DB		Mü-O	+ 1. 9.65
64 344	KM	15501	1934	9. 1.35	Rosenh	DB	064 344-5	Plattl	+ 2.10.68 [10]
64 345	KM	15502	1934	7. 1.35	Mühldf	DB		Friedr	+ 10. 3.65
64 346	KM	15503	1934	30. 1.35	Nördl	DB		Au	+ 24. 2.67
64 347	Essl	4253	1934		Nördl	CSD	365.405		+ 60
64 348	Essl	4254	1934	29. 1.35	Nördl	DB		Au	+ 22. 5.67
64 349	Essl	4255	1934	20. 2.35	Nördl	DB		Nördl	+ 1. 7.64
64 350	Ju	5564	1934	8.11.34	Seesen	DB		Ulm	+ 30.11.64
64 351	Ju	5565	1934	20.11.34	Stett-G	CSD	365.410		+ 1. 8.56
64 352	Ju	5566	1934	8.12.34	Stett-G	CSD	365.4..		+
64 353	Ju	5567	1934	4.12.34	Strals	DR	64 1353-8	B-Pan	+ 71
64 354	Ju	5568	1934	18.12.34	Pasew	DR	64 1354-6	Halber	+ 75
64 355	KM	15504	1934	8. 3.35	Neust/W	DB	064 355-1	Weiden	+ 8.11.72 [11]
64 356	KM	15505	1934	25. 3.35	Neust/W	DB	064 356-9	Weiden	+ 21. 6.68
64 357	KM	15520	1935	10. 7.35	Kaisers	DB		Mü-O	+ 27. 9.66
64 358	KM	15521	1935	31. 7.35	Kaisers	DB		Friedr	+ 10. 3.65
64 359	KM	15522	1935	29. 8.35	Kaisers	DB		Plattl	+ 5. 7.67
64 360	KM	15523	1935	26. 9.35	Kaisers	DB		Ulm	+ 10. 3.65
64 361	KM	15524	1935	9.10.35	Nür-H	DB		Nür-H	+ 1. 9.65
64 362	KM	15525	1935	4.11.35	Nür-H	DB		Nür-H	+ 30.11.64
64 363	KM	15526	1935	14.11.35	Ingolst	DB		Ulm	+ 1. 9.65
64 364	Ju	5586	1935	9. 7.35	(Reg)	DR	64 1364-5	Wbe	+ 72
64 365	Ju	5587	1935	25. 7.35		DB		Klaib	+ 1. 7.64
64 366	Ju	5588	1935	3. 9.35	Klaib	DB		Klaib	+ 1. 9.65
64 367	Ju	5589	1935	29. 9.35	Ffm-1	DB	064 367-6	Weiden	+ 2. 6.71
64 368	Ju	5590	1935		Gleiw	CSD	365.4..		+
64 369	Ju	5591	1935		Gleiw	PKP an DR	64 1369-4	Nordhsn	+ 73
64 370	Ju	5592	1935		Gleiw	CSD	365.4..	Ulm	+
64 371	Ju	5593	1935		Gleiw	DB		Klaib	+ 10. 3.65

64 372	Ju	5594	1935		Gleiw	DR		B-Pan	+ 68
64 373	KM	15532	1935	23. 3.36	Eger	DR	64 1373-6	B-Pan	+ 75
64 374	KM	15533	1936	9. 4.36	Eger	DR	64 1374-4	Salzw	+ 73
64 375	KM	15534	1936	19. 5.36	Klaib	CSD	365.4..		+
64 376	KM	15535	1936	26. 5.36	Klaib	CSD	365.4..		+
64 377	KM	15536	1936	16. 7.36	Mühldf	CSD	365.4..		+
64 378	KM	15537	1936	8. 8.36	Mühldf	DB (DR-W)→KV		Mühldf	+ 1.10.46
64 379	KM	15538	1936	17. 8.36	Zwickau	CSD	365.4..		+
64 380	KM	15539	1936	31. 8.36	Chemn-H	DR	64 1380-1	Jerich	+ 75
64 381	KM	15540	1936	24. 9.36	Chemn-H	CCCP			?
64 382	KM	15541	1936	16.10.36	Holzw	DB		Aalen	+ 10. 3.65
64 383	KM	15542	1936	3.11.36	Holzw	DB		Au	+ 5. 7.67
64 384	KM	15543	1936	18.12.36	Mühldf	DB		Rottw	+ 4. 3.66
64 385	KM	15575	1936	22.12.36	Mühldf	DB		Friedr	+ 4. 3.66
64 386	KM	15576	1936	7. 1.37	Au	DB	064 386-6	Aalen	+ 12. 3.68
64 387	KM	15577	1936	9. 3.37	Au	DB		Aalen	+ 10. 3.65
64 388	KM	15578	1936	23. 3.37	Au	DB		Aalen	+ 30.11.64
64 389	KM	15579	1937	9. 4.37	Radolfz	DB	064 389-0	Weiden	+ 24. 8.73
64 390	KM	15580	1937	5. 5.37	Radolfz	DB		Au	+ 5. 7.67
64 391	KM	15581	1937	20. 5.37	Radolfz	DB	064 391-6	Schwand	+ 11.12.68
64 392	Essl	4305	1936		Waldsh	DB		Aalen	+ 4. 3.66
64 393	Essl	4306	1936	30.10.36	Waldsh	DB	064 393-2	Weiden	+ 15. 4.74 [12]
64 394	Essl	4307	1936	13.11.36	Waldsh	DB		Klaib	+ 1. 9.65
64 395	Essl	4308	1936		Waldsh	DB		Aalen	+ 1. 9.65
64 396	Essl	4309	1936	21.12.36	Waldsh	DB		Bayr	+ 10. 3.65
64 397	O&K	12732	1935		Schwer	DR	64 1397-5	Wittst	+ 71
64 398	O&K	12733	1935		Schwer	DR	64 1398-3	Glauch	+ 71
64 399	O&K	12734	1935		Schwer	DR		Nordhsn	++ 8.70
64 400	O&K	12735	1935		Schwer	DR	64 1400-7	Wbe	+ 73
64 401	O&K	12736	1935		Schwer	DR	64 1401-5	Salzw	+ 75
64 402	Ju	6524	1936	27. 8.36	Limburg	DB		Klaib	+ 4. 3.66
64 403	Ju	6525	1936	11. 9.36	Chemn-H	DR	64 1403-1	Salzw	+ 73
64 404	Ju	6526	1936	16. 9.36	Chemn-H	DR	64 1404-9	Jerich	+ 71
64 405	Ju	6527	1936	3.10.36	Chemn-H	DR	64 1405-6	B-Sw	+ 74
64 406	Ju	6528	1936	16.10.36	Chemn-H	CSD an DR	64 1406-4	Nordhsn	+ 72
64 407	Ju	6529	1936	29.10.36	Chemn-H	CCCP			?
64 408	Ju	6560	1936	12.11.36	Chemn-H	CSD	365.438		+ 62
64 409	Ju	6561	1936	26.11.36	Chemn-H	DR	64 1409-8	Wittst	+ 72
64 410	Ju	7001	1936	23.12.36	L-Bay	DB		H-Eidel	+ 12.11.62
64 411	Ju	7002	1936	7. 1.37	L-Bay	DR	64 1411-4	Fko-P	+ 72
64 412	Ju	7003	1936	26. 1.37	L-Bay	DR	64 1412-2	B-Pan	+ 71
64 413	Ju	7004	1936	9. 2.37	L-Bay	DR	64 1413-0	Wbe	+ 73
64 414	Ju	7005	1936	28. 2.37	WesermL	DB	064 414-6	Weiden	+ 12. 3.68
64 415	Ju	7006	1936	23. 3.37	WesermL	DB	064 415-3	Weiden	+ 5.12.74 [13]
64 416	O&K	12811	1936		Brau-H	KV (?)			
64 417	O&K	12812	1936	24. 3.37	Radolfz	DB		Würzbg	+ 22. 3.65
64 418	O&K	12813	1937	15. 4.37	Radolfz	DB	064 418-7	Nür-R	+ 3.12.69
64 419	Essl	4312	1936	22. 3.37	Waldsh	DB	064 419-5	Crailsh	+ 5.12.74 [14]
64 420	Essl	4313	1937	6. 4.37	Radolfz	DB		Heilbr	+ 24. 2.67
64 421	Essl	4314	1937	27. 4.37	Radolfz	DB		Klaib	+ 1. 9.65
64 422	KM	15594	1937	10. 6.37	Bamberg	DB		Aschaff	+ 20. 6.66
64 423	KM	15595	1937	17. 6.37	Bamberg	DB		Aschaff	+ 27. 9.66
64 424	KM	15596	1937	5. 7.37	Würzbg	DB	064 424-5	Weiden	+ 20. 7.72
64 425	KM	15597	1937	16. 7.37	Würzbg	DB		Würzbg	+ 27. 9.66

64 426	KM	15598	1937	31. 7.37	Würzbg	DB		Würzbg	+ 10. 3.65	
64 427	KM	15599	1937	16. 8.37	Würzbg	DB		Bayr	+ 10. 3.65	
64 428	KM	15600	1937	26. 8.37	Würzbg	DB		Nördl	+ 11. 1.62	
64 429	KM	15612	1937	22.11.37		CSD	365.4..		+	
64 430	KM	15613	1937	26.11.37	Klaib	DR	64 1430-4	Halber	+ 72	
64 431	KM	15614	1937	10.12.37	Mü-O	DB		Mühldf	+ 1. 9.65	
64 432	KM	15615	1937	29.12.37	Mü-O	DB		Au	+ 14.11.67	
64 433	KM	15616	1937	29. 1.38	Mü-O	DB		Mühldf	+ 27. 9.66	
64 434	KM	15617	1937	11. 2.38	Mühldf	DB		Nür-H	+ 10. 3.65	
64 435	KM	15618	1937	23. 2.38	Au	DB		Au	+ 5. 7.67	
64 436	KM	15619	1937	10. 3.38	Au	DB		Au	+ 30.11.64	
64 437	KM	15620	1937	19. 3.38	Radolfz	DB		Würzbg	+ 22. 3.65	
64 438	Ju	7023	1937	11. 6.37	Limburg	DB	064 438-5	Heilbr	+ 20. 7.72	
64 439	Ju	7024	1937	22. 6.37	Limburg	DB		Plattl	+ 15.11.63	
64 440	Ju	7025	1937	16. 7.37	Limburg	DB		Tübing	+ 10. 3.65	
64 441	Ju	7026	1937	30. 7.37	Limburg	DB	064 441-9	Weiden	+ 2.10.68	
64 442	Ju	7027	1937	23. 8.37	Limburg	DB		Heilbr	+ 20. 6.66	
64 443	Ju	7028	1937	31. 8.37	Chemn-H	DR	64 1443-7	Schwer	+ 72	
64 444	Ju	7029	1937	29. 9.37	Chemn-H	DR	64 1444-5	Salzw	+ 75	
64 445	KM	15624	1938	30. 4.38	Kar-P (?)	DB	064 445-0	Aschaff	+ 15.12.69	
64 446	KM	15625	1938	11. 5.38	Kar-P	DB	064 446-8	Plattl	+ 20. 7.72	[15]
64 447	KM	15626	1938	28. 5.38	Limburg	DB		Friedr	+ 10. 3.65	
64 448	KM	15627	1938	11. 6.38	Limburg	DB	064 448-4	Weiden	+ 21.12.72	
64 449	KM	15628	1938	11. 6.38	Kar-P	DB	064 449-2	Weiden	+ 11.12.68	
64 450	KM	15629	1938	27. 6.38	Kar-P	DB	064 450-0	Plattl	+ 12. 3.68	
64 451	KM	15630	1938	9. 7.38	Kar-P	DB		Mü-O	+ 27. 9.66	
64 452	KM	15631	1938	16. 7.38	Kar-P	DB		Nördl	+ 30.11.64	
64 453	KM	15632	1938	6. 8.38	Kar-P	DB	064 453-4	Weiden	+ 20. 7.72	
64 454	Ju	7241	1937	20.11.37	Stett-G	DR	64 1454-4	Jerich	+ 75	
64 455	Ju	7242	1937	1.12.37	Zwickau	DR	64 1455-1	Salzw	+ 75	
64 456	Ju	7243	1937	14.12.37	Northm	DR		B-Sw	+ 70	
64 457	Ju	7244	1937	11. 2.38	Northm	DB	064 457-5	Crailsh	+ 2. 1.74	
64 458	Ju	7245	1937	5. 3.38	Northm	DB	064 458-3	Heilbr	+ 21. 6.68	
64 459	Ju	7246	1938	9. 4.38	Northm	DB	064 459-1	Heilbr	+ 12. 3.68	
64 460	Ju	8661	1939	8. 1.40	Seesen	DB		Rottw	+ 20. 6.66	
64 461	Ju	8662	1939	8. 1.40	Seesen	DB	064 461-7	Heilbr	+ 12. 3.68	
64 462	Ju	8663	1939	16. 1.40	Zittau	DR		B-Pan	+ 68	
64 463	Ju	8664	1939	19. 1.40	Zittau	CSD	365.452		+ 64	
64 464	Ju	8665	1939	27. 1.40	Zittau	DR		Neurupp	+ 70	
64 465	Ju	8666	1939	31. 1.40	Mst	DR	64 1465-5	Neurupp	+ 73	
64 466	Ju	8667	1939	6. 2.40		DR		Jerich	+ 69	
64 467	Ju	8668	1939	14. 2.40	Kaisers	DB		Friedr	+ 10. 3.65	
64 468	Ju	8669	1939	19. 2.40	Kaisers	DB		Schwand	+ 1. 9.65	
64 469	Ju	8670	1939	22. 2.40	St Wend	DB		Rosenh	+ 1. 7.64	
64 470	Ju	8671	1939	28. 2.40	St Wend	SAAR→KV		St Wend	++ 46	
64 471	Ju	8672	1939	7. 3.40	St Wend	DB		Mü-O	+ 22. 5.67	
64 472	Ju	8673	1939	11. 3.40	St Wend	DB		Weiden	+ 10. 3.65	
64 473	Ju	8674	1939	15. 3.40	Altenbg	DR		Nordhsn	+ 70	
64 474	Ju	8675	1939	27. 3.40	Altenbg	DR	64 1474-2	Neurupp	+ 22. 9.71	
64 475	Ju	8676	1940	8. 4.40	Altenbg	DR	64 1475-3	Jerich	+ 71	
64 476	Ju	8677	1940	12. 4.40	Altenbg	DR	64 1476-1	Glauch	+ 71	
64 477	O&K	13284	1939	5. 2.40	Altenbg	DR	64 1477-9	B-Pan	+ 71	
64 478	O&K	13285	1939	16. 2.40	Altenbg	DR	64 1478-7	Wittst	+ 71	
64 479	O&K	13286	1939		Altenbg	DR		Nordhsn	++ 69	

64 480	O&K	13287	1939		B-Gsd	DR		Hgw-L	+	6.11.70
64 481	O&K	13288	1939		B-Gsd					
6O 482	O&K	13289	1939		B-Gsd	DR	64 1482-5	B-Pan	+	71
64 483	O&K	13290	1939		B-Gsd	DR	64 1483-2	B-Sw	+	75
64 484	O&K	13291	1940		B-Gsd	KV			?	
64 485	O&K	13292	1940		Görlitz	DR	64 1485-8	Wbe	+	73
64 486	O&K	13293	1940			CSD an DR		Jerich	+	67
64 487	O&K	13294	1940			PKP	Okl 2-34		+	
64 488	O&K	13295	1940		Schneid	KV/PKP?			?	
64 489	O&K	13296	1940		Schneid	KV/PKP?			?	
64 490	O&K	13297	1940		Schneid	DR		Halber	+	70
64 491	O&K	13298	1940	15. 6.40	Pasew	DB	064 491-4	Crailsh	+	18. 9.74 [16]
64 492	O&K	13299	1940		Naugard	PKP	Okl 2-..		+	
(64 493)	Ok	13300	1940	40 direkt an EBOE geliefert, dort Nr. 11					+	57
64 494	Essl	4382	1940	18. 7.40	Bebra	DB		Plattl	+	10. 3.65
64 495	Essl	4383	1940	13. 8.40	Bebra	DB		Weiden	+	22.11.66
64 496	Essl	4384	1940	13. 8.40	Bebra	DB	064 496-3	Heilbr	+	18. 4.72
64 497	Essl	4385	1940	22. 8.40	Freib/B	DB	064 497-1	Weiden	+	20. 7.72
64 498	Essl	4386	1940	2. 9.40	Freib/B	DB		Plattl	+	19. 8.66
64 499	Essl	4387	1940	28.10.40	Freib/B	DB	064 499-7	Plattl	+	4. 3.70
64 500	Essl	4388	1940	9. 9.40	Mü-H	DB		Aalen	+	4. 3.66
64 501	Essl	4389	1940	16. 9.40	Mü-H	DR-W→KV		Mü-H	+	1. 7.46
64 502	Essl	4390	1940	23. 9.40	Mü-H	DB		Heilbr	+	4. 3.66
64 503	Essl	4391	1940	3.10.40	Würzbg	DB		Nür-H	+	22. 5.67
64 504	Essl	4392	1940	10.10.40	Würzbg	DB	064 504-4	Aschaff	+	10. 7.69
64 505	Essl	4393	1940	16.10.40	Passau	DB		Plattl	+	1. 9.65
64 506	Essl	4394	1940	4.11.40	Passau	DB		Plattl	+	1. 9.65
64 507	Essl	4395	1940	7.11.40	Au	DB		Nördl	+	27. 9.66
64 508	Essl	4396	1940	23.11.40	Nördl	DB		Nördl	+	30.11.64
64 509	Essl	4397	1940	1.12.40	Nördl	DB		Au	+	14.11.67
64 510	Essl	4398	1940	6.12.40	Nördl	DB		Nördl	+	27. 9.66
64 511	Ju	9261	1940	10.40	Nordhsn	DR 45→BStB 1-100^{II}→64 6576				
64 512	Ju	9262	1940	30.10.40	Nordhsn	DB		Plattl	+	29. 5.61
64 513	Ju	9263	1940	1.11.40	Nordhsn	DB	064 513-5	Heilbr	+	9. 9.71
64 514	Ju	9264	1940	4.11.40	Zittau	DR	64 1514-5	Nordhsn	+	72
64 515	Ju	9265	1940	19.11.40	Zittau	DR		Nordhsn	+	70
64 516	Ju	9266	1940	22.11.40	Schweid	PKP	Okl 2-..		+	
64 517	Ju	9267	1940	29.11.40	Schweid	PKP	Okl 2-..		+	
64 518	Ju	9268	1940	16.12.40	Weiden	DB	064 518-4	Tübing	+	21.12.72 [17]
64 519	Ju	9269	1940	23.12.40	Dilling	DB	064 519-2	Heilbr	+	24. 8.73
64 520	Ju	9270	1940	31.12.40	Dilling	DB	064 520-0	Tübing	+	2.10.68 [18]
64 6576	Ju	9261	1940	(1. 1.50)	DR→57→64 511→64 1511-1			Salzw	+	73

64 419 bei einem ihrer letzten Einsätze mit Sonderzug N20640 am 7.7.74 bei der Ausfahrt aus Crailsheim. *Aufnahme: Walter Schier*

1986 erhaltene Loks der BR 64:

1) 64 006: Denkmal Emstein/Pfalz
2) 64 007: DR, Traditionslok der DDR; **betriebsfähig**
3) 64 019: MEC Selb, abgestellt im Lokschuppen Selb, Bayern
4) 64 094: Einkaufszentrum „Breuningerland", Tamm bei Ludwigsburg
5) 64 250: Museumseisenbahn Chemin de Fer à Vapeur de 3 Vallées, Belgien
6) 64 289: Eisenbahnfreunde Zollernbahn (EFZ), Balingen; **betriebsfähig**
7) 64 295: Deutsches Dampflokmuseum, Neuenmarkt-Wirsberg
8) 64 305: Neue Valley Railway, Großbritannien; **betriebsfähig**, aber Lok entsprechend den englischen Normalien leicht umgebaut
9) 64 317: Denkmal Frankfurt/Oder, DDR.
10) 64 344: Denkmal Schiefweg-Waldkirchen, Bayer. Wald
11) 64 355: Denkmal Rötz-Hillstedt, am ehem. Bf, Bayer. Wald
12) 64 393: Denkmal Konz, Nähe Bf, Rheinland-Pfalz
13) 64 425: Velouwsche Stoomtram Matschapi (VSM), Apeldoorn, Holland; **betriebsfähig**
14) 64 419: Bayerisches Eisenbahnmuseum Nördlingen, wird **betriebsfähig**
15) 64 446: DB-Museumslok; rollfähig, aber nicht betriebsfähig
16) 64 491: Museumseisenbahn Paderborn, nicht betriebsfähig
17) 64 518: Eurovapor, Schweiz, **betriebsfähig**
18) 64 520: Denkmal Engen, Baden-Württemberg

STATIONIERUNGEN UND KESSELVERZEICHNISSE EINZELNER LOKOMOTIVEN

64 001

Borsig 11957/27

Anl: 12.04.28
Abn: 16.04.28

Standorte:

24.04.28-02.10.33	Münster
03.10.33-06.11.33	RAW Lingen L4
07.11.33-22.09.34	Gronau
23.09.34-28.10.42	Rheine Pbf
29.10.42-27.11.42	RAW Lingen L0
28.11.42-07.12.42	Rheine P
09.12.42-02.10.43	Schwerin
03.10.43-25.02.48	Heiligenhafen
26.02.48-10.07.49	Lübeck abg. "W"
14.07.49-21.10.49	PAW Henschel L4
22.10.49-21.08.53	Krefeld
22.08.53-30.08.53	Euskirchen
31.08.53-30.03.56	Wuppertal-Vohwinkel
01.04.56-08.05.56	Bestwig
09.05.56-31.12.60	Neu Ulm
01.01.61-18.11.66	Ulm

Z: 19.11.66
A: 24.02.67
abgestellt 1968-1970 AW Schwerte für Museumszwecke, dann im 07.70 zerlegt.

Kesselverzeichnis:

Borsig 11957/27 ab 16.04.28 neu mit Lok
Wolf AG 1240/28 ab 24.10.38 aus 64 084
Humboldt 1835/28 ab 17.03.43 aus 64 201
Schichau 3130/27 ab 12.12.55 aus 24 015

Verwendung des letzten Kessels:

22.06.28- .10.55	24 015
12.12.55- +	64 001

---

64 006 (064 006-0)

Borsig 11962/27

Anl: 30.04.28
Abn: 03.05.28

Standorte:

07.05.28-14.06.35	Gronau
15.06.35-29.09.35	Haltern
30.09.35-19.01.39	Gronau
20.01.39-11.04.39	Münster
12.04.39-04.06.39	Gronau
05.06.39-07.12.42	Haltern
08.12.42-08.07.43	Schwerin
05.09.43-24.06.46	Heiligenhafen
25.06.46-11.09.49	Lübeck
12.09.49-28.12.49	PAW Henschel L4
29.12.49-10.04.52	Geldern
11.04.52-19.09.52	Krefeld
20.09.52-12.04.53	Kleve
13.04.53-21.10.53	Krefeld
22.10.53-07.06.59	Euskirchen
08.06.59-20.02.61	Stolberg
21.02.61-30.09.63	Stuttgart Hbf
01.10.63-08.12.67	Aalen
09.12.67-30.06.69	Hof
01.07.69-05.03.72	Weiden

Z: 06.03.72
A: 24.08.72
Denkmal Elmstein

64 017

Hanomag 10510/28

Anl: 05.06.28
Abn: 16.06.28

Standorte:

20.06.28-10.11.40	Nordhausen
11.11.40-28.02.41	Frankenberg
01.03.41-31.07.43	Northeim
04.08.43-29.05.45	Nordhausen
30.05.45-08.07.46	abg.
09.07.46-21.08.46	RAW Darmstadt L4
22.08.46-21.06.49	Göttingen P
22.06.49-03.12.49	Kreiensen
04.12.49-02.06.50	Gronau
03.06.50-27.02.57	Braunschweig Hbf
28.02.57-10.01.59	Braunschweig Vbf
11.01.59-14.03.59	Celle
06.07.59-22.08.60	Uelzen
12.05.60-20.01.66	Ulm
21.01.66-07.03.68	Aalen
08.03.68-03.11.68	Heilbronn

Z: 04.11.68
A: 03.03.69

---

64 019 (064 019-3)

Henschel 20731/27

Anl: 30.01.28
Abn: 09.02.28

Standorte:

16.09.27-25.05.28	LVA Grunewald
26.05.28-07.02.29	Aschaffenburg
08.02.29-28.10.31	Würzburg
29.10.31-03.01.32	Nürnberg H
04.11.32-02.06.36	Bayreuth
03.06.36-05.04.65	Gemünden
06.04.65-12.09.65	AW Weiden L0
13.09.65-10.07.73	Aschaffenburg
11.07.73-10.09.73	Weiden

Z: 11.09.73
A: 28.03.74
Lok wird vom MEC Selb erhalten

Kesselverzeichnis:

1) Henschel 20731/27 ab 09.02.28 neu mit Lok
2) Hanomag 10704/30 ab 18.02.39 aus 64 283
3) Esslingen 4382/40 ab 13.09.50 aus 64 494
4) Schichau 3123/28 ab 10.01.59 aus 64 423

Verwendung des letzten Kessels:

15.05.28-08.04.42	24 008
21.12.42-28.09.59	64 423
10.11.59-heute	64 019

64 031 (064 031-4)

AEG 3490/28

Anl: 12.05.28
Abn: 15.05.28

Standorte:

22.05.28-17.01.40	Flensburg
18.01.40-04.03.46	Hamburg Berl.Bf.
05.03.46-07.05.46	Hmb. Altona
08.05.46-12.08.55	Lübeck
13.08.55-07.12.55	Altenhundem
08.12.55-17.12.55	Lübeck
18.12.55-31.01.56	Hamburg Hbf
02.02.56-08.11.56	Lübeck
09.11.56-23.07.61	Hmb.Eidelstedt
24.11.61-08.08.63	Stuttgart H
09.08.63-17.02.65	Friedrichshafen
16.05.65-21.11.67	Aalen
22.11.67-13.12.67	Aalen Z
14.12.67- 08.68	Hof Z
08.68-20.04.69	Hof
21.04.69-26.03.70	Nürnberg Rbf
27.03.70-13.12.70	Aschaffenburg
14.12.70-31.03.71	Weiden

Z: o1.04.71
A: 02.06.71

Kesselverzeichnis:

AEG 3490/27 ab 15.05.28 neu mit Lok
Union 2835/29 ab 24.11.61 aus 64 089

Verwendung des letzten Kessels:

12.03.29-19.01.48	64 217
01.06.48-13.08.51	64 218
18.10.51-18.07.61	64 089
24.11.61-	64 031

-----

64 039

Krupp 968/28

Anl:
Abn: 09.10.28

Standorte:

(Zweitschrift)

20.12.48-05.02.49	RAW Weiden L4
06.02.49-15.05.50	Nürnberg H
16.05.50-26.06.50	EAW Weiden L2
27.06.50-20.06.63	Bayreuth
21.06.63-25.07.63	AW Weiden L0
26.07.63-22.06.65	Gemünden
23.06.65-22.04.68	Aschaffenburg

Z: 23.04.68
A: 09.10.68

Kesselverzeichnis:

Krupp 968/28 ab 09.10.28 neu mt Lok
Hanomag 10589/ ab 27.02.42 aus 24 055
Kr.Maff.15614/37 ab 25.05.55 aus 64 390

Verwendung des letzten Kessels:

10.12.37-15.12.51	64 431
02.02.52-25.02.55	64 390
25.05.55- +	64 039

64 049 (064 049-0)

Union Königsberg 2808/28

Anl: 19.04.28
Abn: 27.04.28
Prf: 19.04.28 Königsberg-Löwenhagen u.z.

Standorte:

27.04.28-25.12.41	Königsberg/Pr.
26.12.41-27.07.44	Schwerin
28.07.44-02.05.45	Heiligenhafen
03.05.45-09.10.45	Hlghfn. abgest.
10.10.45-06.09.46	Heiligenhafen
07.09.46-17.09.46	Eisenbahnausbesserungszug 4, L 0
18.09.46-11.11.46	RAW Lübeck L 0
12.11.46-29.04.47	Heiligenhafen
30.04.47- 08.47	Lübeck
08.47-30.08.47	Lübeck abgest.
31.08.47-30.08.49	Lübeck
31.08.49-28.11.49	PAW Henschel L 4
29.11.49-31.05.55	Krefeld
01.06.55-01.06.57	Bergheim/Erft
02.06.57-27.05.61	Neuss
28.05.61-24.05.63	Stuttgart H
25.05.63-07.11.66	Tübingen
08.11.66-07.12.66	AW Offenburg L 0
08.12.66- 09.67	Tübingen "r"
09.67-12.01.68	Tübingen
13.01.68-13.11.68	Aalen
14.11.68-14.04.69	Hof

Z: 15.04.69
A: 19.09.69

Kesselverzeichnis:

Union 2808/28 ab 27.04.28 neu mit Lok
Wolf 1239/28 ab 27.04.43 aus 64 029
Borsig 11957/27 ab 01.11.56 aus 64 004

Verwendung des letzten Kessels:

16.04.28-30.09.38	64 001
29.11.38-08.09.56	64 004
01.11.56- +	64 049

------

64 089

Humboldt 1816/28

Anl: 28.02.28
Abn: 02.03.28

Standorte:

13.03.28-01.06.35	Bergheim/Erft
02.06.35-21.04.37	Düren
22.04.37-21.05.37	Kempen/Nrh.
22.05.37-21.07.37	Geldern
22.07.37-05.08.37	Krefeld
06.08.37-09.03.43	Geldern
10.03.43-29.04.44	Gemünden
30.04.44-23.12.44	Nürnberg Hbf
24.12.44-31.03.45	betriebsunfähig abgestellt
01.04.45-19.09.47	Nürnberg H "Z"
20.09.47-31.10.47	Nördlingen "Z" (abgest. in Plochingen)
01.11.47-22.02.48	Nördlingen "W"
23.02.48-14.10.48	PAW MAN Augsburg L3
15.10.48-22.10.48	Nördlingen
23.10.48-26.05.55	Augsburg
27.05.55-31.12.60	Neu Ulm
01.01.61-29.04.63	Ulm

30.04.63-11.05.65   Friedrichshafen
12.05.65-31.08.65   Aalen

Z: 01.07.65
A: 01.09.65 HVB
   09.09.65 BD Stg

Kesselverzeichnis:

Humboldt 1816/28 ab 02.03.28 neu mit Lok
Union 2828/28 ab 13.04.44 aus 64 107
Union 2835/35 ab 18.10.51 aus 64 218
Hensch. 20733/27 ab 18.08.61 aus 64 395

Verwendung des letzten Kessels:

09.02.28-28.01.48   64 021 (RAW Weiden)
25.06.48-19.11.51   64 242 (EAW Weiden)
26.02.52-17.05.61   64 395 (AW Weiden)
18.08.61- +   64 089

-----

64 092

Humboldt 1819/28

Anl: 04.04.28
Abn: 05.04.28 RAW Opladen
Prf: 05.04.28 Opladen-Hagen

Standorte:

18.04.28-05.06.35   Bergheim/Erft
06.06.35-05.07.35   RAW Mülheim-Speldorf
06.07.35-29.07.36   Euskirchen
30.07.36-17.09.39   Düren
18.09.39-28.02.43   Bergheim/Erft
01.03.43-06.05.44   Gemünden
07.05.44-22.02.45   Nürnberg H
23.02.45-30.09.45   Nürnberg H abgest.
30.09.45-03.11.45   RAW Nürnberg L3
04.11.45-08.11.47   Nürnberg H
09.11.47-16.12.63   Bayreuth

Z: 17.12.63
A: 01.07.64

Kesselverzeichnis:

Humboldt 1819/28 ab 05.04.28 neu mit Lok
Jung 4065/28 ab 31.07.43 aus 64 110
Esslingen 4390/40 ab 30.10.59 aus 64 502
Hanomag 10621/30 ab 17.07.64 aus 64 502

Verwendung des letzten Kessels:

27.06.30-05.08.38   64 228
27.09.38-10.07.48   64 230
11.10.48-11.05.54   64 252
19.07.54-19.08.59   64 239
06.10.59-17.07.64   64 502
17.07.64- +   64 092

-----

64 094 (064 094-6)

Humboldt 1821/28

Anl: 26.04.28
Abn: 28.04.28

Standorte:

04.05.28-05.09.35   Bergheim/Erft
02.10.35-17.09.39   Düren
18.09.39-04.03.43   Bergheim/Erft
05.03.43-29.04.44   Gemünden
30.04.44-08.09.44   Nürnberg H
09.09.44-10.10.44   Komotau
11.10.44-21.02.45   Nürnberg H
22.02.45-10.10.49   Nürnberg H "Z"
11.10.49-13.01.50   PAW Henschel L 4
14.01.50-18.05.55   Augsburg
19.55.55-31.12.60   Neu Ulm
01.01.61-17.11.66   Ulm
18.11.66-18.07.72   Tübingen

Z: 19.07.72
A: 08.11.72
Denkmal Fa.Breuningerland, Tamm

Kesselverzeichnis:

Humboldt 1821/28 ab 28.04.28 neu mit Lok
Humboldt 1819/28 ab 18.09.43 aus 64 092
Kr.Maff.15627/38 ab 27.01.59 aus 64 159

Verwendung des letzten Kessels:

11.06.38-06.11.48   64 448
16.02.49-07.07.52   64 450
08.10.52-22.10.58   64 159
27.01.59-heute   64 094

-----

64 100

Humboldt 1827/28

Anl: 26.06.28
Abn: 28.06.28 RAW Opladen
Prf: 28.06.28 Opladen-Hagen

Standorte:

29.06.28-13.07.28   Holzwickede
14.07.28-02.09.28   Schwerte
03.09.28-16.12.32   Holzwickede
17.12.32-29.05.33   Ottbergen
30.05.33-18.07.33   Niederhohne
   (=Eschwege West)
19.07.33-13.12.49   Ottbergen
14.12.49-24-01.52   Warburg
25.01.52-22.08.53   Letmathe
23.08.53-01.06.56   Wuppertal Vohwinkel
02.06.56-13.09.56   Siegen
14.09.56-17.10.56   Bestwig
18.10.56-15.11.56   Lübeck
16.11.56-07.07.58   Husum
08.07.58-18.03.65   Hmb:Eidelstedt

Z: 19.03.65 (X)
A: 03,06.65 HVB
+:   11.65 Buchholz

(x) als Z-Lok am 07.04.65 zum Bw Hmb.Harburg umbeheimatet; Lok in Buchholz abg.

Kesselverzeichnis:

Humboldt 1827/28 ab 28.06.28 neu mit Lok
Hensch. 22173/33 ab .38 aus 64 245
Linke-H. 3097/28 ab 31.07.44 aus 64 350

Verwendung des letzten Kessels:

17.10.28-05.11.36   64 130
27.11.37-14.02.44   64 350
31.07.44- +   64 100

64 104 (064 104-3)

Jung 4059/28

Anl: 13.07.28
Abn: 17.07.28

Standorte:

30.07.28-26.09.33 Nürnberg H
27.09.33-28.03.34 Bayreuth
29.03.34-27.06.67 Nürnberg H
28.06.67-09.04.69 Nürnberg R

Z: 10.04.69
A: 04.03.70

Kesselverzeichnis:

Jung 4059/28 ab 17.o7.28 neu mit Lok
Union 2829/28 ab 21.04.38 aus 64 206
Kr.Maff.15525/35 ab 08.04.47 aus 64 362
Kr.Maff.15494/34 ab 30.10.50 aus 64 237
Kr.Maff.15525/35 ab 04.05.54 aus 64 428
Kr.Maff.15489/34 ab 08.07.60 aus 64 337

Verwendung des letzten Kessels:

18.07.34- 64 337
08.07.60- + 64 104

-----

64 106 (064 106-8)

Jung 4061/28

Anl: 09.08.28
Abn: 11.08.28

Standorte:

18.08.28-09.11.44 Nürnberg H
10.11.44-05.12.44 Würzburg
06.12.44-28.04.46 Nürnberg H
29.04.46-19.10.46 PAW MAN Augsburg L3
20.10.46-02.10.63 Bayreuth
03.10.63-22.06.65 Gemünden
23.06.65- 73 Aschaffenburg

Z:
A: 12.04.73

Kesselverzeichnis:

Jung 4061/28 ab 11.08.28 neu mit Lok
Kr.Maff.15486/34 ab 28.03.50 aus 64 214
Schichau 3122/27 ab 22.08.62 aus 64 042

Verwendung des letzten Kessels:

25.04.28-04.12.40 24 007
14.02.41-15.12.49 64 251
26.04.50-24.11.61 64 042
22.08.62- + 64 106

64 108

Jung 4063/28

Anl: 31.08.28
Abn: 04.09.28

Standorte:

12.09.28-31.01.40 Nürnberg H
01.02.40-10.01.41 Nürnberg H; leihweise Bayreuth
11.02.41-18.01.42 Bayreuth
19.01.42-17.04.51 Würzburg
18.04.51-13.08.51 Würzburg "Z"
14.08.51- 65 Würzburg

Z:
A: 22.03.65 BD Nür

Kesselverzeichnis:

Jung 4063/28 ab 04.09.28 neu mit Lok
Linke H. 3077/28 ab 13.02.41 aus 24 035
Krupp 1293/33 ab 14.08.48 aus 64 156
Hensch. 22174/33 ab 14.07.54 aus 64 238

Verwendung des letzten Kessels:

19.05.33-13-06.39 64 246
12.08.39-04.09.41 24 033
25.10.41-09.06.54 64 238
14.07.54- + 64 108

-----

64 109 (064 109-2)

Jung 4064/28

Anl: 17.09.28
Abn: 19.09.28

Standorte:

29.09.28-31.08.43 Nürnberg H
01.09.43-19.05.45 Gemünden
20.05.45-05.07.63 Würzburg
06.07.63-03.10.63 Gemünden
04.10.63-26.05.66 Würzburg
27.05.66-27.05.67 Nürnberg H
28.05.67-02.11.69 Nürnberg R
03.11.69-20.12.70 Aschaffenburg

Z: 21.10.70
A: 02.06.71

Kesselverzeichnis:

Jung 4064/28 ab 19.09.28 neu mit Lok
O&K 11584/28 ab 28.01.38 aus 64 161
Humboldt 1816/28 ab 14.06.48 aus 64 427
Humboldt 1836/28 ab 28.07.51 aus 64 298
Kr.Maff.15494/34 ab 28.11.60 aus 64 040

Verwendung des letzten Kessels:

24.10.34-02.06.39 64 342
29.11.39-18.07.50 64 237
30.10.50-05.04.54 64 104
05.06.54-18.07.60 64 040
28.11.60- + 64 109

64 113 (064 113-4)

Schichau 3160/29

Anl:
Abn:

Standorte:

. .28- . .45	Rbd Oppeln
04.45	Rückführlok
04.45-03.12.65	Hof
04.12.65-13.10.67	Hof abgest. "R"

Z: 14.10.67
A: 12.03.68

Kesselverzeichnis:

Schichau 3160/29 ab . .28 neu mit Lok
Kr.Maff.15575/36 ab 29.12.59 aus 64 334

Verwendung des letzten Kessels:

22.12.36-28.01.42	64 385
01.12.42-12.11.59	64 334
29.12.59- +	64 113

-----

64 147

Krupp 996/28

Anl: 11.04.29
Abn: 13.04.29

Standorte:

16.04.29-11.07.43	Trier
12.07.43-16.05.52	St. Wendel
17.05.52-03.04.67	Nürnberg H

Z: 04.04.67
A: 05.07.67

Kesselverzeichnis:

Krupp 996/28 ab 13.04.29 neu mit Lok
Union 2833/28 ab 49 aus 64 215
Kr.Maff.15487/34 ab 53 aus 64 025
Jung 9263/40 ab 02.04.59 aus 64 143

Verwendung des letzten Kessels:

01.11.40-25.10.52	64 513
11.12.52-22.01.59	64 143
02.04.59- +	64 147

-----

64 153 (064 153-0)

Esslingen 4194/28

Anl: 31.07.28
Abn: 02.08.28

Standorte:

03.08.28-30.09.28	"hinterstellt"
30.09.28-16.05.35	Augsburg
17.05.35-17.12.40	Nördlingen
18.12.40-31.01.42	Schongau
01.02.42-21.10.43	Augsburg
22.10.43-08.06.44	Bregenz
09.06.44-10.05.62	Passau
02.07.62-11.03.68	Weiden (X)

Z:
A: 12.03.68

(X) Lok vom 06.66-09.66 und 03.67-09.67 als Betriebsreserve in Weiden abgest.

Kesselverzeichnis:

Essling. 4194/28 ab 02.08.28 neu mit Lok
Jung 4059/28 ab 19.09.38 aus 64 104
Jung 4063/28 ab 30.08.49 aus 64 255
Jung 8671/40 ab 18.05.53 aus 64 144
Kr.Maff.15501/35 ab 13.05.58 aus 64 344

Verwendung des letzten Kessels:

09.01.35- .03.58	64 344
13.05.58- +	64 153

-----

64 156

Esslingen 4197/28

Anl: 27.06.28
Abn: 25.08.28

Standorte:

01.09.28-07.03.32	Augsburg
08.03.32-05.12.36	Nördlingen
06,12,36-24.03.37	Augsburg
25.03.37-04.06.43	Nördlingen
05.06.43-19.08.46	Augsburg
20.08.46-30.09.46	Buchloe
01.10.46-28.02.65	Augsburg
01.03.65-06.04.65	AW Offenburg L0
07.04.65-05.04.67	Augsburg

Z: 06.04.67
A: 05.07.67

Kesselverzeichnis:

Essling. 4197/28 ab 25.08.28 neu mit Lok
Krupp 1293/33 ab 42 aus 64 284
Kr.Maff.15632/38 ab 48 aus 64 453
Kr.Maff.15487/34 ab 59 aus 64 147

Verwendung des letzten Kessels:

25.06.34-13.05.41	64 335
14.08.41-08.10.52	64 025
02.04.53-03.03.59	64 147
20.04.59- +	64 156

-----

64 158

Esslingen 4199/28

Anl: 08.09.28
Abn: 11.09.28
Prf: 11.09.28 Esslingen-Geislingen u.z.

Standorte:

12.09.28-08.03.32	Augsburg
09.03.32-30.03.33	Nördlingen
01.04.33-05.06.34	Rosenheim
06.06.34-10.07.34	RAW Ingolstadt L4
12.07.34-16.05.36	Rosenheim
17.05.36-24.12.36	Mühldorf
25.12.36-15.01.39	Rosenheim
16.01.39-12.01.40	Simbach
14.01.40-09.04.46	Hamburg Berl.Bf.
18.04.46-17.05.46	RAW Lingen L2
18.05.46-12.08.48	Lübeck
13.08.48- 02.49	Lübeck abgest.
26.02.49-29.04.49	RAW Glückstadt L3
30.04.49-20.12.56	Lübeck

21.12.56-10.01.57   Hmb.Wilhelmsburg
11.01.57-11.02.57   Hmb.Rothenburgsort
12.02.57-12.09.60   Hmb.Eidelstedt
13.09.60-06.03.63   Ulm
07.03.63-17.12.64   Friedrichshafen
18.12.64-03.06.65   Aalen

Z: 04.06.65
A: 01.09.65

Kesselverzeichnis: Stammkessel 4199/28

-----

64 206 (064 206-6)

Union 2829/28

Anl: 28.11.28
Abn: 12.12.28

Standorte:

17.12.28-23.02.29   "hinterstellt"
24.02.29-29.09.49   Augsburg
30.09.49-16.05.51   Kempten
17.05.51-07.10.52   Schongau
08.10.52-05.10.53   Neu Ulm
06.10.53-14.11.67   Augsburg
15.11.67-24.02.69   Weiden
25.02.69-06.07.69   Weiden Z abgest.
07.07.69-19.02.70   Weiden

Z: 20.02.70
A: 24.06.70

Kesselverzeichnis:

Union 2829/28 ab 12.12.28 neu mit Lok
Jung 5089/32 ab 11.04.38 aus 64 242
Jung 4064/28 ab 04.03.52 aus 64 107
Kr.Maff.15521/35 ab 26.03.57 aus 64 148

Verwendung des letzten Kessels:

10.02.34-04.11.43   64 303
18.01.44-   64 220
03.10.57- +   64 206

------

64 215

Union 2833/29

Anl: 31.01.29
Abn: 15.02.29

Standorte:

27.02.29-08.04.34   Landau/Pfalz
09.04.38-31.10.47   Neustadt/Wstr.
01.11.47-20.12.47   Landau L2
21.12.47-07.02.49   Neustadt/Wstr.
08.02.49-31.03.49   EAW Trier L3
01.04.49-08.08.51   Bingerbrück
09.08.51-11.03.65   Passau
12.03.65-22.04.66   Kirchenlaibach

Z: 23.04.66
A: 19.08.66

Kesselverzeichnis:

Union 2833/28 ab 15.02.29 neu mit Lok
Kr.Maff.15504/34 ab 30.03.49 aus 64 355
Jung 5587/35 ab 24.04.56 aus 64 141

Verwendung des letzten Kessels:

25.07.35-09.10.42   64 365
11.03.43-   64 218
31.08.48-11.08.55   64 141
24.04.56- +   64 215

64 218

Union 2836/29

Anl: 11.03.29
Abn: 20.03.29

Standorte:

01.05.29-24.04.31   Kaiserslautern
24.04.31-11.04.38   Landau
12.04.38-10.05.51   Neustadt/Wstr.
13.08.51-22.09.51   EAW Weiden L3
23.09.51-25.02.53   Schongau
25.02.53-17.05.53   Nördlingen
18.05.53-15.12.63   Augsburg

Z: 16.12.63
A: 30.11.64

Kesselverzeichnis:

Union 2836/29 ab 20.03.29 neu mit Lok
Jung 5587/35 ab 11.03.43 aus 64 365
Union 2835/29 ab 01.06.48 aus 64 217
Humboldt 1816/27 ab 22.09.51 aus 64 109

Verwendung des letzten Kessels:

02.03.28-   64 089
-   64 427
14.06.48- .05.51   64 109
22.09.51- +   64 218

-----

64 225

Hanomag 10618/30

Anl: 19.05.30
Abn: 21.05.30

Standorte:

22.05.30-02.12.30   LVA Grunewald
03.12.30-14.01.31   Regensburg abgest.
15.01.31-08.06.31   Hof
09.06.31-03.10.31   Landshut
04.10.31-17.11.32   Regensburg
18.11.32-10.03.34   Landshut
11.03.34-03.09.35   Templin
13.10.35-13.12.44   Stettin Gbf
15.12.44-06.01.45   RAW Schneidemühl L0
07.01.45- 03.45   Stettin Gbf
03.45- 50   Bln.Gesundbrunnen
50- 04.57   Bln.Schöneweide
04.57- 03.64   Wittstock/Dosse
03.64- 10.69   Bln.Schöneweide
10.69- 01.70   Halberstadt

Z: . .70
A: . .73

Kesselverzeichnis:

Hanomag 10618/30 ab 21.05.30 neu mit Lok
Union 2842/29 ab 23.05.38 aus 64 224
O&K 12413/33 ab 29.08.44 aus 64 062
danach unbekannt

Verwendung des Kessels O&K 12413/33:

03.06.33-22-06.38   64 276 (RAW Stargard)
06.02.39-12.05.44   64 062 (RAW Stargard)
29.08.44- ?   64 225 (RAW Schneidemühl)
weiterer Verbleib unbekannt

64 233

Union 2841/29

Anl: 31.05.29
Abn: 07.06.29 RAW Königsberg

Standorte:

07.06.29- .03.34	Templin
.03.34-30.06.36	Landshut
07.06.29-06.06.29	Templin
01.07.36-30.11.37	Stettin Hbf
01.12.37-08.05.44	Stettin Gbf
09.05.44-05.06.44	RAW Schneidemühl
06.06.44-14.11.45	?
15.11.45-11.02.46	RAW Glückstadt L3
12.02.46-15.08.49	Rendsburg
17.08.49-20.12.49	Scherfede
20.12.49-07.01.52	Warburg
08.01.52-10.12.52	Wuppertal-Steinbeck
11.12.52-04.12.55	Schwerte
05.12.55-17.10.56	Düsseldorf Abstellbf.
18.10.56-23.01.57	Wuppertal-Vohwinkel
24.01.57-30.06.59	Düsseldorf Abstellbf.
01.07.59-08.12.66	Tübingen

Z: 09.12.66
A: 24.02.67

Kesselverzeichnis:

Union 2841/29 ab 07.06.29 neu mit Lok
Union 2822/28 ab 25.06.37 aus 64 063
Jung 7241/37 ab 05.06.44 aus 64 454

Verwendung des letzten Kessels:

18.11.37- .09.43	64 454
05.06.44- +	64 223

-----

64 238

O&K 12384/32

Anl: 30.12.32
Abn: 07.01.33

Standorte:

10.01.33-23.11.33	Regensburg
24.11.33-18.04.34	Weiden
19.04.34-11.01.38	Hof
12.02.38-07.10.38	Regensburg
08.10.38-10.12.38	Komotau
11.12.38-09.07.52	Regensburg
10.07.52-20.09.62	Hof
21.09.62-03.06.64	Weiden
29.09.64-27.10.64	AW Weiden L 0
28.10.64-12.05.66	Kirchenlaibach

Z: 13.05.66
A: 19.08.66

Kesselverzeichnis:

O&K 12384/32 ab 07.01.33 neu mit Lok
Hensch 22174/33 ab 25.10.41 aus 24 033
Kr.Maff.15596/37 ab 09.07.54 aus 64 349
Kr.Maff.15542/36 ab 05.09.58 aus 64 383

Verwendung des letzten Kessels:

03.11.36-12.06.58	64 383
05.09.58- +	64 238

64 239

Jung 5086/32

Anl: 06.10.32
Abn: 07.10.32

Standorte:

13.10.32-09.07.52	Regensburg
10.07.52-07.11.62	Hof
08.11.62-13.07.65	Regensburg
14.07.65-31.07.66	Kirchenlaibach
01.08.66-02.11.67	Weiden

Z: 03.11.67
A: 12.03.68

Kesselverzeichnis:

Jung 5086/32 ab 07.10.32 neu mit Lok
Hanomag 10621/30 ab 19.07.54 aus 64 252
Jung 4061/28 ab 16.09.59 aus 64 021

Verwendung des letzten Kessels:

09.08.28-30.01.50	64 106
31.01.50-06.08.59	64 021
16.09.59- +	64 239

-----

64 241 (064 241-3)

Jung 5088/32

Anl: 01.12.32
Abn: 02.12.32 RAW Speldorf

Standorte:

07.12.32-14.04.44	Nürnberg H
15.04.44-04.02.45	Aschaffenburg
04.02.45-16.01.69	Nürnberg H
28.05.69-02.04.70	Nürnberg R
03.04.70-13.12.70	Aschaffenburg
14.12.70-13.04.72	Weiden

Z: 14.04.72
A: 24.08.72

Kesselverzeichnis:

Jung 5088/32 ab 02.12.32 neu mit Lok
Essling. 4200/28 ab 28.05.41 aus 64 159
Humboldt 1821/28 ab 27.06.50 aus 64 021
Jung 7026/37 ab 18.11.59 aus 64 362

Verwendung des letzten Kessels:

30.07.37-19.03.46	64 441
31.07.46-16.07.53	64 366
17.09.53-06.10.59	64 362
18.11.59- +	64 241

-----

64 247 (064 247-0)

Henschel 22175/33

Anl: 06.04.33
Abn: 23.05.33

Standorte:

31.05.33-06.07.41	Landau
07.07.41-31.12.41	Neustadt/Wstr
01.01.42-13.02.45	Landau
14.02.45-17.09.47	Neustadt/Wstr.

18.09.47-13.10.47 Darmstadt "Z"
14.10.47-06.08.48 Nürnberg H "W"
06.08.48-28.09.48 RAW Weiden L4
29.09.48-20.06.69 Nürnberg H
21.06.69-10.01.73 Aschaffenburg

Z: 11.01.73
A: 12.04.73

Kesselverzeichnis:

Hensch 22175/33 ab 23.05.33 neu mit Lok
Hensch 22177/33 ab 23.05.41 aus 64 249
Jung 7025/37 ab 02.04.52 aus 64 440
Hensch 22061/31 ab 20.01.56 aus 64 229
Hensch 22181/33 ab 15.03.60 aus 64 389

Verwendung des letzten Kessels:

22.06.33-06.02.51 64 253
31.03.51-11.11.51 64 361
18.o1.54-13.01.60 64 389
15.03.60- + 64 247

------

64 269

Krupp 1285/33

Anl: 09.10.33
Abn: 10.10.33 RAW Speldorf
Prf: Speldorf-Düsseldorf-
BO=Langendreer

Standorte:

12.10.33-12.03.46 Rendsburg
13.03.46-12.06.46 Heide
03.08.46-15.12.50 Lübeck
16.12.50-24.01.51 EAW Glückstadt L3
25.01.51-16.05.52 Rendsburg
17.05.52-28.08.53 Kiel
31.08.53-01.04.56 Wuppertal-Vohwinkel
02.04.56-08.05.56 Bestwig
09.05.56-17.08.57 Augsburg
18.08.57-04.09.57 Kempten
05.09.57- 67 Augsburg

Z:
A: 14.11.67

Kesselverzeichnis:

Lok hatte stets ihren Originalkessel eingebaut.

-----

64 270 (064 270-2)

Krupp 1286/33

Anl: 16.10.33
Abn: 17.10.33 RAW Speldorf

Standorte:

19.10.33-31.08.49 Rendsburg
03.09.49-24.02.50 PAW Henschel L4
25.02.50-27.03.51 Siegen
28.03.51-21.02.54 Schwerte
22.02.54-02.10.54 Letmathe
03.10.54-28.05.57 Schwerte
15.08.57-21.11.72 Weiden

Z: 22.11.72
A: 02.01.73

Kesselverzeichnis:

Krupp 1286/33 ab 17.10.33 neu mit Lok
Essling. 4247/34 ab 19.05.61 aus 64 442

Verwendung des letzten Kessels:

29.05.34-20.08.51 64 294
13.11.51-24.02.61 64 442
19.05.61- + 64 270

-----

64 289 (064 289-2)

Krupp 1298/34

Anl: 31.01.34
Abn: 01.02.34

Standorte:

03.02.34-21.02.34 Göttingen P
22.02.34-21.01.40 Seesen
22.01.40-01.03.40 Kreiensen
02.03.40-17.02.49 Seesen
03.06.49-11.03.51 Bremerhaven Lehe
12.04.51-08.04.54 Seesen
09.05.54-02.10.54 Letmathe
03.10.54-04.12.55 Schwerte
05.12.55-25.05.56 Düsseldorf Abstbf.
26.05.56-01.06.56 Wuppertal Vohwinkel
02.06.56-26.08.56 Siegen
27.08.56-01.05.57 Düsseldorf Abstbf.
17.05.57-30.06.59 Düsseldorf Hbf
01.07.59-08.10.59 Tübingen
09.10.59-26.09.66 Rottweil
27.09.66- 12.70 Tübingen
12.70- 01.71 Tübingen, lw. Aalen
01.71-08.03.71 Tübingen
09.03.71-02.06.73 Heilbronn
03.06.73-20.12.73 Crailsheim

Z: 21.12.73
A: 22.07.74 Verkauf an EK, DBG Hildesheim
seit 15.03.75 bei EF Zollernbahn, betriebsfähig

Kesselverzeichnis:

Krupp 1298/34 ab 01.02.34 neu mit Lok
Jung 5589/35 ab 25.02.60 aus 64 367

Verwendung des letzten Kessels:

04.10.35- .11.59 64 367
25.02.60-heute 64 289

----

64 293 (064 293-4)

Esslingen 4248/34

Anl: 29.05.34
Abn: 31.05.34

Standorte:

01.06.34-21.06.34 LVA Grunewald
22.06.34-04.08.34 Bebra
05.08.34-17.09.34 LVA Grunewald
18.09.34-30.11.36 Bebra
01.12.36-11.06.44 Frankfurt/M 1
12.06.44-05.08.44 RAW Darmstadt
06.08.44-16.03.48 Frankfurt/M 3
18.08.48-11.10.48 RAW Weiden L4
12.10.48-09.01.51 München Ost
10.01.51-21.02.51 Thalkirchen
22.02.51-22.05.54 München Ost
23.05.54-21.09.60 München Hbf

22.09.60-13.11.68 Tübingen
14.11.68-20.02.69 Weiden
21.02.69-01.11.69 Weiden "Z"
03.11.69-13.06.72 Weiden

Z: 14.06.72
A: 08.11.72

Kesselverzeichnis:

Essling. 4248/34 ab 31.05.34 neu mit Lok
Krupp 1301/33 ab 26.07.42 aus 64 292
Linke H. 3077/27 ab 11.10.48 aus 64 108
Hensch. 20738/27 ab 28.06.51 aus 64 026
Essling. 4314/37 ab 29.04.55 aus 64 421

Verwendung des letzen Kessels:

30.10.36-09.02.51 64 393
04.04.54-25.04.60 64 394
14.06.60- + 64 293
------

64 295 (064 295-9)

Esslingen 4249/34

Anl: 20.06.34
Abn: 22.06.34

Standorte:

26.06.34-14.08.40 Bebra
15.08.40-16.03.48 Frankfurt/M 3
17.03.48-22.04.69 Weiden
23.04.69-02.11.69 Weiden "Z"
03.11.69-18.02.74 Weiden

Z: 19.02.74
A: 09.06.74

Kesselverzeichnis:

Essling. 4249/34 ab 22.06.34 neu mit Lok
Jung 5089/32 ab 09.04.52 aus 64 206
Jung 8668/40 ab 16.05.60 aus 64 424

Verwendung des letzten Kessels:

14.02.40-27.10.50 64 467
10.03.60-16.05.60 64 424
16.05.60- + 64 295
-----

64 306 (064 306-4)

Krupp 1309/34

Anl: 23.05.34
Abn: 24.05.34 RAW Speldorf

Standorte:

25.05.34-07.03.43 Geldern
08.03.43-22.10.47 Würzburg
23.10.47-13.12.47 RAW Weiden L3
14.12.47-26.03.68 Aschaffenburg

Z: 27.03.68
A: 27.03.68 (Verfg.21A M15 Nür Fau v.22.3.)

Kesselverzeichnis:

Krupp 1309/34 ab 24.05.34 neu mit Lok
Kr.Maff.15541/36 ab 09.12.57 aus 64 450

Verwendung des letzten Kessels:

16.10.36-20.03.49 64 382
28.05.49-13.05.52 64 098
06.08.52-31.08.57 64 450
09.12.57- + 64 306

64 335 (064 335-3)

Krauss-Maffei 15487/34

Anl: 07.06.34
Abn: 25.06.34 RAW Weiden

Standorte:

28.06.34-03.05.42 Nürnberg H
04.05.42-06.04.46 Gemünden
07.04.46-05.05.69 Aschaffenburg

Z: 06.05.69
A: 01.10.69

Kesselverzeichnis:

Kr.Maff.15487/34 ab 25.06.34 neu mit Lok
Jung 5088/32 ab 13.06.41 aus 64 241
Humboldt 1817/28 ab 22.02.49 aus 64 509
Hensch. 20738/27 ab 18.05.55 aus 64 293

Verwendung des letzten Kessels:

16.02.28-01.03.51 64 026 (EAW Weiden)
28.06.51-23.02.55 64 293
-----

64 337 (064 337-9)

Krauss-Maffei 15489/34

Anl: 09.07.34
Abn: 18.07.34

Standorte:

24.07.34-01.05.40 Ingolstadt
02.05.40-24.04.46 Freilassing
25.04.46-07.05.46 RAW Weiden L3
08.05.46-18.06.46 Weiden
19.06.46-31.07.66 Kirchenlaibach
01.08.66-06.06.72 Weiden

Z: 07.06.72
A: 08.11.72

Kesselverzeichnis:

Kr.Maff.15489/34 ab 18.07.34 neu mit Lok
Hensch. 22061/32 ab 19.02.60 aus 64 247

Verwendung des letzten Kessels:

06.01.32-26.05.40 24 068
01.07.40-30.03.51 64 010
11.07.51-09.08.55 64 229
20.01.56-19.02.60 64 247
25.04.60- + 64 337
-----

64 338

Krauss-Maffei 15490/34

Anl: 24.07.34
Abn: 06.08.34 RAW Ingolstadt

Standorte:

08.08.34-05.01.42 Ingolstadt
06.01.42-30.04.47 Simbach
02.05.47-02.07.47 RAW Weiden L3
03.07.47-14.05.50 München Ost
16.05.50-05.10.50 Murnau (Passionssp.)
06.10.50-17.05.51 Thalkirchen
19.05.51-15.06.51 EAW Weiden L2
16.06.51-13.07.60 München Hbf
14.07.60-28.05.62 Mühldorf

Z: 29.05.62
A: 29.05.62
+: Layritz Feldkirchen 12.01.66

64 352

Jung 5566/34

Anl: 05.12.34
Abn: 08.12.34 RAW Stargard

Standorte:

12.12.34-08.11.44 Stettin Gbf
10.12.44-03.01.45 RAW Schneidemühl L2
04.01.45- 03.45 Stettin Gbf
03.45- ((Breslau)) (RF-Lok)
45 an CSD
weiterer Verbleib unbekannt

Kesselverzeichnis:

Jung 5566/34 ab 08.12.34 neu mit Lok
Vulcan 4008/28 ab 03.06.43 aus 64 056
weitere Kessel unbekannt

Verwendung des Kessels Vulcan 4008/28:

27.07.28-30.04.36 64 077 (RAW Stargard)
01.08.36-24.04.43 64 056 (RAW Schneidemühl)
03.06.43- ? 64 352
weiterer Verbleib unbekannt

-----

64 355 (064 355-1)

Krauss-Maffei 15504/34

Anl: 19.02.35
Abn: 08.03.35

Standorte:

09.03.35-19.04.45 Neustadt/Wstr.
20.04.45-28.09.45 Ludwigshafen
20.09.45-14.10.45 Neustadt/Wstr.
15.10.45-27.04.49 Alzey
28.04.49-06.08.51 Bingerbrück
07.08.51-30.06.69 Plattling
01.07.69-21.07.72 Weiden

Z: 22.07.72
A: 08.11.72
seit 1973 Denkmal Rötz-Hillstedt

Kesselverzeichnis:

Kr.Maff.15504/34 ab 08.03.35 neu mit Lok
Union 2836/28 ab 21.04.43 aus 64 356
Kr.Maff.15504/34 ab 27.09.47 aus 64 356
O&K 11430/28 ab 29.01.49 aus 64 141
Hensch. 22184/33 ab 21.11.50 aus 64 254
Union 2821/28 ab 14.02.60 aus 64 340

Verwendung des letzten Kessels:

.03.28- 64 062
- ?
- ?
14.02.60- + 64 355

-----

64 356

Krauss-Maffei 15505/34

Anl: 20.03.35
Abn: 25.03.35

Standorte:

26.03.35-26.10.46 Neustadt/Wstr.
27.10.46-18.05.49 Alzey
19.05.49-26.08.49 EAW Trier L2
27.08.49-20.08.51 Bingerbrück
21.08.51-20.07.61 Plattling
21.07.61- 68 Weiden

Z: . .68
A: 21.06.68

Kesselverzeichnis:

Kr.Maff.15505/34 ab 25.03.35 neu mit Lok
Krupp 1803/36 ab 30.08.47 aus 64 144
Hensch. 22176/33 ab 30.10.50 aus 64 250
Krupp 1297/33 ab 21.09.59 aus 64 503

Verwendung des letzten Kessels:

30.11.33-06.11.53 64 288
21.09.59- + 64 356

-----

64 367 (064 367-6)

Jung 5589/35

Anl: 26.09.35
Abn: 29.09.35

Standorte:

04.10.35-30.11.36 Frankfurt/M 1
01.12.36-24.08.40 Bebra
01.09.40-23.05.47 Frankfurt/M 1
24.05.47-11.06.47 Frankfurt/M 3
11.06.47-26.09.70 Aschaffenburg
27.09.70-23.02.71 Weiden

Z: 24.02.71
A: 02.06.71

Kesselverzeichnis:

Jung 5589/35 ab 29.09.35 neu mit Lok
Kr.Maff.15578/36 ab 21.01.60 aus 64 388

Verwendung des letzten Kessels:

23.03.37-24.11.59 64 388
21.01.60- + 64 367

-----

64 383

Krauss-Maffei 15542/36

Anl: 22.10.36
Abn: 03.11.36 RAW Ingolstadt

Standorte:

04.11.36-15.05.43 Holzwickede
16.05.43-26.08.44 Alzey
27.08.44- 10.47 Rbd Mainz abg. Z
10.47- 10.49 Rbd München abg. Z
11.10.49-13.01.50 PAW Henschel L4
14.01.50-01.10.64 Kempten
02.10.64-22.03.67 Augsburg

Z: 23.03.67
A: 05.07.67

Kesselverzeichnis:

Kr.Maff.15542/36 ab 03.11.36 neu mit Lok
Essling. 4395/40 ab 10.07.58 aus 64 425

Verwendung des letzten Kessels:

12.11.40-19.01.53 64 507
13.03.53-20.03.58 64 425
10.07.58- + 64 383

64 386

Krauss-Maffei 15576/36

Anl:
Abn: 07.01.37

Standorte:

08.01.37-28.09.49 Augsburg
29.09.49-24.01.62 Kempten
25.01.62-23.05.62 Lindau
24.05.62-17.09.62 Kempten
18.09.62-04.07.65 Friedrichshafen
05.07.65-02.08.67 Aalen

Z: 03.08.67
A: 28.03.68

Kesselverzeichnis:

Kr.Maff.15576/37 ab 07.01.37 neu mit Lok
Kr.Maff.15523/35 ab .51 aus 64 360
Hanomag 10619/30 ab 03.09.59 aus 64 453

Verwendung des letzten Kessels:

02.06.30-13.06.38 64 226
03.08.38-09.04.54 64 245
24.06.54-08.07.59 64 453
03.09.59- + 64 386

-----

64 387

Krauss-Maffei 15577/36

Anl:
Abn: 09.03.37

Standorte:

10.03.37-10.05.49 Augsburg
11.05.49-21.08.62 Kempten
22.08.62-03.07.63 Aalen

Z: 04.07.63
A: 10.03.65 HVB

Kesselverzeichnis:

Kr.Maff.15575/36 ab 09.03.37 neu mit Lok
Linke H. 3076/27 ab .45 aus 24 034
Kr.Maff.15598/37 ab .48 aus 64 426
Kr.Maff.15597/37 ab 11.09.57 aus 64 243

Verwendung des letzten Kessels:

16.07.37-30.04.40 64 425
12.07.40-21.11.49 64 422
20.03.50-24.06.57 64 243
11.09.57- + 64 387

-----

64 389

Krauss-Maffei 15579/37

Anl: 17.03.37
Abn: 09.04.37

Standorte:

10.04.37-06.10.46 Radolfzell
07.10.46-28.04.61 Landau
29.04.61-25.05.63 Stuttgart
26.05.63-19.04.69 Tübingen
20.04.69-11.09.69 Nürnberg R
12.09.69-13.12.70 Aschaffenburg
14.12.70-02.04.73 Weiden

Z: 03.04.73 (Rahmenbruch)
A: 24.08.73

Kesselverzeichnis:

Kr.Maff.15579/36 ab 09.04.37 neu mit Lok
Hensch. 22181/33 ab 18.01.54 aus 64 361
Hanomag 10510/28 ab 05.02.60 aus 64 457

Verwendung des letzten Kessels:

16.08.28-21.05.39 64 017
18.08.39-14.02.45 64 043
28.11.45-02.09.52 64 248
09.12.52-31.12.59 64 457 (Ausbau AW Weiden,
(Einbau AW Göttingen)
07.02.60- + 64 389

-----

64 394

Esslingen 4307/36

Anl: 11.11.36
Abn: 13.11.36 RAW Esslingen

Standorte:

16.11.36-08.05.41 Waldshut
09.05.41-07.06.41 RAW Kaiserslautern
08.06.41-03.03.43 Karlsruhe Pbf
04.03.43-23.08.48 Regensburg
24.08.48-01.10.48 RAW Weiden L2
01.10.48- 50 Regensburg
50-21.02.51 EAW Weiden "Z"
22.02.51-04.04.51 EAW Weiden L3
05.04.51-13.06.56 Hof
14.06.56- 65 Kirchenlaibach

Z: . .65
A: 01.09.65

Kesselverzeichnis:

Essling. 4307/36 ab 13.11.36 neu mit Lok
Essling. 4306/36 ab 04.04.51 aus 64 393
Krupp 967/28 ab 23.05.60 aus 64 242

Verwendung des letzten Kessels:

06.10.28- . 45 64 038
04.04.46-08.10.51 64 442
22.12.51-17.03.60 64 242
23.05.60- + 64 394

-----

64 415 (064 415-3)

Jung 7006/37

Anl: 20.03.37
Abn: 23.03.37

Standorte:

24.03.37-05.12.45 Wesermünde Lehe
06.12.45-27.01.48 Nienburg
21.07.48-29.07.48 Braunschweig
30.07.48-16.09.48 Börßum
17.09.48-10.01.50 Braunschweig
11.01.50-28.01.50 Börßum
29.01.50-13.05.54 Braunschweig
04.06.54-28.08.55 Altenhundem
29.08.55-19.06.56 Mönchengladbach
20.10.56-29.05.59 Euskirchen

25.06.59-07.11.61   Mönchengladbach
01.03.62-05.10.65   Friedrichshafen
06.10.65-13.03.68   Aalen
14.03.68-19.08.68   Augsburg
20.08.68-13.11.68   Tübingen
14.11.68-30.09.74   Weiden

Z: 01.10.74
A: 05.12.74 HVB (letzte 64 Bw Weiden)
20.12.74 BD Nür
Verkauf an VSM Apeldoorn, Holland;
Lok betriebsfähig erhalten

Kesselverzeichnis:

Jung 7006/37 ab 20.03.37 neu mit Lok
Essling. 4252/34 ab 01.03.62 aus 64 151

Verwendung des letzten Kessels:

02.10.34-18.02.44   64 298
24.05.44-09.02.57   64 161
31.05.57-02.11.61   64 151
01.03.62-   64 415

-----

64 417

Orenstein&Koppel 12812/37

Anl: 19.03.37
Abn: 24.03.37

Standorte:

25.03.37-15.11.45   Radolfzell
16.11.45-03.11.46   Freiburg
04.11.46-16.09.47   RAW Weiden L4
18.09.47-17.04.64   Würzburg

Z: 18.04.64
A: 22.03.65 HVB

Kesselverzeichnis:

O&K 12812/37 ab 24.03.37 neu mit Lok
Kr.Maff.15630/38 ab 09.10.51 aus 64 382
Krupp 968/28 ab 06.05.54 aus 64 503

Verwendung des letzten Kessels:

09.10.28-07.02.42   64 039 (RAW Darmstadt)
31.03.42-18.09.48   64 291 (RAW Weiden)
21.12.48-26.06.50   64 509 (RAW Weiden)
05.10.50-13.11.53   64 503 (RAW Weiden)
06.05.54- +   64 417

-----

64 419 (064 419-5)

Esslingen 4312/37

Anl: 18.03.37
Abn: 22.03.37 RAW Esslingen

Standorte:

22.03.37-06.08.40   Waldshut
07.08.40-27.03.40   RAW Kaiserslautern L3
28,03.40-20.05.41   Waldshut
21.05.41-15.06.44   Karlsruhe Pbf
16.06.44-06.07.44   abgestellt "W"
07.07.44-04.08.44   RAW Kaiserslautern L0
05.08.44-02.04.47   Freiburg/Brsg.
03.04.47-07.08.47   EAW Offenburg "W"
08.08.47-27.10.47   EAW Offenburg L3
28.10.47-26.05.61   Landau
27.05.61-21.03.63   Bayreuth
22.03.63-13.01.65   Friedrichshafen
27.04.65-04.03.67   Ulm
05.03.67-02.06.73   Heilbronn (X)
03.06.73-08.07.74   Crailsheim (X)

(X) Lok im Winter 72/73 und 73/74
leihweise Bw Ulm als Heizlok

Z: 09.07.74 (letzte 64 Bw Crailsheim)
A: 05.12.74
Lok im Bayerischen Eisenbahnmuseum
Nördlingen erhalten, wird betriebsfähig aufgearbeitet.

Kesselverzeichnis:

Essling. 4312/37 ab 22.03.37 neu mit Lok
Jung 7024/37 ab 15.05.54 aus 64 439
Jung 4131/29 ab 04.11.60 aus 64 393

Verwendung des letzten Kessels:

04.06.29-24.01.51   64 204
22.03.51-20.05.60   64 393
04.11.60-heute   64 419

-----

64 424 (064 424-5)

Krauss-Maffei 15596/37

Anl: 18.06.37
Abn: 05.07.37

Standorte:

06.07.37-07.03.41   Würzburg
08.03.41-26.07.41   Gemünden
27.07.41-31.03.45   Würzburg
01.04.45-30.06.46   Hof abgest.
(Schad-RF-Lok)
01.07.46-24.09.63   Hof
25.09.63-06.12.67   Plattling
07.12.67-26.04.72   Weiden

Z: 27.04.72
A: 24.08.72

Kesselverzeichnis:

Kr.Maff.15596/37 ab 05.07.37 neu mit Lok
O&K 12383/32 ab 26.02.40 aus 64 237
Union 2821/28 ab 18.12.46 aus 64 074
Jung 8668/39 ab 23.01.51 aus 64 467
Hensch. 22184/33 ab 05.04.60 aus 64 355

Verwendung des letzten Kessels:

06.07.33-15.01.42   64 256
23.02.42-24.07.50   64 254
21.11.50-20.01.60   64 355
05.04.60- +   64 424

------

64 426

Krauss-Maffei 15598/37

Anl: 21.07.37
Abn: 31.07.37 RAW Ingolstadt

Standorte:

01.08.37-14.07.63   Würzburg
15.07.63-16.09.63   AW Weiden L0
17.09.63- 09.64   Würzburg

Z: .09.64
A: 22.03.65

Kesselverzeichnis:

Kr.Maff. 15598/37 ab 31.07.37 neu mit Lok
Esslingen 4194/28 ab 08.10.48 aus 64 233
Krupp 969/28 ab 30.06.54 aus 64 040

Verwendung des letzten Kessels:

17.10.28-07.05.54   64 040
30.06.54- +   64 426

64 433

Krauss-Maffei 15616/37

Anl: 19.01.38
Abn: 29.01.38

Standorte:

30.01.38-26.06.47	München Ost
27.06.47-11.09.47	PAW MAN Augsburg L4
12.09.47-27.07.49	Simbach
17.06.50-25.06.59	Rosenheim
26.06.59-22.05.66	Mühldorf

Z: 23.05.66
A: 27.09.66

Kesselverzeichnis:

Kr.Maff.15616/37 ab 29.01.38 neu mit Lok
Krupp 1292/33 ab 29.01.57 aus 64 020

Verwendung des letzten Kessels:

14.12.33-11.05.46	64 283
11.09.46-07.03.49	64 095
23.05.49-27.09.56	64 020
29.01.57- +	64 433

-----

64 436

Krauss-Maffei 15619/37

Anl: 22.02.38
Abn: 10.03.38 RAW Ingolstadt
Prf: 09.03.37 Ingolstadt-Petershsn.

Standorte:

11.03.38-01.11.45	Augsburg
02.11.45-03.11.48	Nördlingen
04.11.48-31.03.51	Oberstdorf
01.04.51-02.05.62	Kempten
04.05.62-16.10.62	Augsburg

Z: 17.10.62
A: 30.11.64

Kesselverzeichnis:

Kr.Maff.15619/37 ab 10.03.38 neu mit Lok
Kr.Maff.15617/37 ab 18.10.54 aus 64 434

Verwendung des letzten Kessels:

11.02.38-13.08.54	64 434
18.10.54- +	64 436

-----

64 437

Krauss-Maffei 15620/37

Anl: 28.02.38
Abn: 19.03.38 RAW Ingolstadt

Standorte:

20.03.38-03.11.46	Radolfzell
04.11.46-17.07.64	Würzburg

Z: 18.07.64
A: 22.03.65

Kesselverzeichnis:

Kr.Maff.15620/37 ab 19.03.38 neu mit Lok
Essling. 4308/36 ab 20.08.55 aus 64 244

Verwendung des letzten Kessels:

. .36-22.01.52	64 395
08.05.52-27.06.55	64 244
20.08.55- +	64 437

-----

64 445 (064 445-0)

Krauss-Maffei 15624/38

Anl:
Abn: 30.04.38

Standorte:

01.05.38-	Karlsruhe P (?)
04.08.44-29.10.44	RAW Kaiserslautern L3
30.10.44-03.11.46	Freiburg
04.11.46-14.12.46	Würzburg
15.12.46-24.10.47	Aschaffenburg
25.10.47-05.04.48	Aschaffenburg "W"
05.04.48-31.05.48	RAW Weiden L4
01.06.48-05.09.49	Aschaffenburg
06.09.49-20.01.50	Aschaffenburg "W"
20.01.50-08.03.50	EAW Weiden L2
09.03.50-06.10.54	Aschaffenburg
07.10.54-03.11.54	AW Weiden L4
04.11.54-23.11.64	Coburg
24.11.64-20.05.65	Gemünden
11.05.65-22.06.65	AW Offenburg L2
23.06.65-27.05.69	Aschaffenburg

Z: 28.05.69
A: 15.12.69 BD
+: Karthaus 6.70

Kesselverzeichnis:

Kr.Maff.15624/38 ab 30.04.38 neu mit Lok
Kr.Maff.15629/38 ab 03.01.54 aus 64 451
Kr.Maff.15563/36 ab 13.08.58 aus 64 418
(Ersatzkessel)

Verwendung des letzten Kessels:

22.12.36-11.01.38	64 342 (Ersatz für Kessel-Nr.15594/34)
30.07.38-21.11.49	64 227
08.03.50-18.07.53	64 500
23.01.54- .58	64 418
13.08.58- +	64 445

-----

64 454

Jung 7241/37

Anl: 18.11.37
Abn: 20.11.37 RAW Göttingen

Standorte:

20.11.37-05.09.43	Stettin Gbf
06.09.43-05.10.43	RAW Schneidemühl L4
06.10.43- 01.45	Stettin Gbf
01.45- 61	Brandenburg
61- 05.62	Rostock
05.62- 63	Dessau
63- 09.74	Jerichow

Z: .09.74
A: .75 als 64 1454-4

Kesselverzeichnis:

Jung 7241/37 ab 20.11.34 neu mit Lok
Vulcan 3995/27 ab 05.10.43 aus 64 064
weitere Kessel unbekannt

Verwendung des Kessels Jung 3995/27:

28.04.28-11.05.43 64 064
05.10.43- ? 64 454
weiterer Verbleib bei der DR/DDR

-----

64 457 (064 457-5)

Jung 7244/38

Anl: 09.02.38
Abn: 11.02.38

Standorte:

11.02.38-26.10.48	Northeim
27.10.48-02.05.50	Soltau
03.10.50-30.10.50	PAW Henschel L4
31.10.50-02.09.55	Braunschweig Hbf
03.09.55-09.01.57	Braunschweig Vbf
10.01.57-07.12.58	Goslar
08.12.58-03.06.73	Heilbronn
04.06.73-10.12.73	Crailsheim

Z: 11.12.73
A: 02.01.74

Kesselverzeichnis:

Jung 7244/38 ab 11.02.38 neu mit Lok
Hanomag 10510/28 ab 09.12.53 aus 64 248
Schichau 3160/29 ab 28.01.60 aus 64 113

Verwendung des letzten Kessels:

.11.28- .11.59	64 113
28.01.60-02.01.74	64 457
19.04.74-heute	24 009 (AW Trier)

-----

64 495

Esslingen 4383/40

Anl: 25.07.40
Abn: 13.08.40
Prf: 10.08.40 Stuttgart-Horb u.z.

Standorte:

14.08.40-18.10.44	Bebra
19.10.44- 09.45	Bebra "Z"
10.09.45-14.02.46	RAW Darmstadt L3
15.02.46-23.05.47	Bebra
24.05.47-21.05.48	Marburg
22.05.48-15.02.53	Weiden
16.02.53-07.03.53	EAW Weiden L2
08.03.53-13.06.60	Schwandorf
14.06.60-10.05.62	Plattling
11.05.62-11.09.66	Weiden

Z: 12.09.66
A: 22.11.66 HVB
02.12.66 BD Reg

Kesselverzeichnis:

Essling. 4383/40 ab 13.08.40 neu mit Lok
Linke-H. 3077/27 ab 20.07.51 aus 64 293
Hanomag 10622/30 ab 05.03.55 aus 64 107
Kr.Maff.15577/36 ab 08.06.59 aus 64 074

Verwendung des letzten Kessels:

09.03.37-29.08.45	64 387
10.08.46-12.03.59	64 074
08.06.59- +	64 495

-----

64 509

Esslingen 4397/40

Anl: 27.11.40
Abn: 01.12.40

Standorte:

02.12.40-21.05.66	Nördlingen
22.05.66-11.05.67	Augsburg

Z: 12.05.67 (Unfall mit V320 001)
A: 14.11.67

Kesselverzeichnis:

Essling. 4397/40 ab 01.12.40 neu mit Lok
Humboldt 1817/28 ab 10.04.47 aus 64 091
Krupp 968/28 ab 21.12.48 aus 64 291
Essling. 4200/28 ab 22.08.50 aus 64 241
Jung 4065/28 ab 30.11.59 aus 64 092

Verwendung des letzten Kessels:

27.09.28-12.05.43	64 110
31.07.43-06.10.59	64 092
30.11.59- +	64 509

-----

64 519 (064 519-2)

Jung 9269/40

Anl: 20.12.40
Abn: 23.12.40

Standorte:

24.12.40-06.11.46	Dillingen
07.11.46-23.02.50	Kaiserslautern
14.04.50-14.05.50	Rosenheim
15.05.50-28.09.50	Murnau (Passionssp.)
29.09.50-21.05.54	Rosenheim
22.05.54-09.03.61	Mühldorf
24.04.61-07.03.71	Tübingen
08.03.71-02.06.73	Heilbronn

Z: 03.06.73 (X)
A: 24.08.73

(X) als Z-Lok noch nach Crailsheim umbeheimatet.

Kesselverzeichnis:

Jung 9269/40 ab 23.12.40 neu mit Lok
Essling. 4388/40 ab 12.04.50 aus 64 500
Jung 9270/40 ab 28.04.58 aus 64 357
Schichau 3129/27 ab 26.06.67 aus 64 435

Verwendung des letzten Kessels:

. .28-	24 014
-05.11.60	64 219
14.03.61-20.04.67	64 435
26.06.67- +	64 519

64 520 (064 520-0)

Jung 9270/40

Anl: 28.12.40
Abn: 31.12.40 RAW Göttingen

Standorte:

04.01.41-03.07.44	Dillingen/Saar
04.07.44-24.08.44	RAW Kaiserslautern L3
25.08.44-30.03.49	Kaiserslautern
31.03.49-04.05.49	Landau/Pfalz L2 (!)
07.05.49-04.03.50	Kaiserslautern
06.03.50-25.04.50	EAW Weiden L4
26.04.50-01.06.56	Rosenheim
02.06.56-31.08.56	Ingolstadt
01.09.56-11.01.57	München Ost
12.01.57-14.07.60	Mühldorf
15.07.60- 09.68	Tübingen

Z: .09.68
A: 02.10.68

Kesselverzeichnis:

Jung 9270/40	ab 31.12.40	neu mit Lok
Borsig 11957/27	ab 24.08.44	aus (1.K. 64 001)
Wolf AG 1240/28	ab 25.04.50	aus 64 001
Humboldt 1835/28	ab .55	aus 64 001

Verwendung des letzten Kessels:

. .28- . .43	64 201
17.03.43- . .55	64 001
.55- +	64 520

ERHALTUNGSKOSTEN der Dampflokomotiven in den AW, Bw und PAW in DM für eine Leistung von einer Mio Bruttotonnenkilometer
Jahr: 1954

Lfd Nr		1949	1950	1951	1952	1953	1954
55	in den A W	1 560	1 416	1 540	1 588	1 481	1 409
56	in den B w	807	725	769	908	904	818
57	in den P A W	567	121	96	34	1	2
58	zusammen	2 934	2 262	2 405	2 530	2 386	2 229
59	in % (1950 = 100 %)	130	100	106	112	105	99

LAUFLEISTUNGEN und ERHALTUNGSKOSTEN (AW+Bw) zwischen zwei L4-Untersuchungen
Jahr: 1954

1	2	3	4	5	6	7	8	9	10	11	12	13
		Für 1 Lok im Erhaltungsabschnitt von L4 bis L4				Erhaltungskosten einschließl Sonderarbeiten			Durchschnittliche Erhaltungskosten für 1 000 Lokkm in % von Spalte 6			
Lfd Nr	Baureihe	Laufleistung in 1 000 Lokkm	Laufzeit in Betriebstagen Tage	Laufzeit in Jahren Jahre	Erhaltungskosten einschl Sonderarbeiten DM	je 1 000 Lokkm (Sp 6: Sp 3) DM	je Betriebstag (Sp 6: Sp 4) DM	je Jahr (Sp 6 : Sp 5) DM	Bedarfsausbesserungen L 0 %	Betriebsausbesserungen L 1 %	Zwischenausbess. + Zwischen- u Hauptuntersuchungen L2+L3+L4 %	Sonderarbeiten %
60	01	840	1 573	5,99	416 535	496	265	69 538	9,1	32,2	57,7	1,0
61	03	847	1 617	6,49	415 083	490	257	63 957	5,3	31,6	61,7	1,4
62	18^{4}	514	1 769	8,16	324 310	631	183	39 744	12,4	34,1	52,1	1,4
63	18^{5}	478	1 328	5,31	322 116	674	243	60 662	7,0	31,3	60,1	1,6
64	38^{10}	492	1 643	6,25	243 192	494	148	38 911	6,3	31,2	61,1	1,4
65	39^{0}	512	1 494	5,95	382 143	746	256	64 226	10,3	27,5	61,3	0,9
66	41	554	1 631	6,36	300 076	542	184	47 182	5,7	30,4	62,4	1,5
67	44	396	1 496	6,36	340 144	859	227	53 314	5,7	35,7	52,4	6,2
68	50	325	1 435	6,33	229 010	705	160	36 179	5,4	30,9	58,3	5,4
69	55^{25}	218	1 526	6,25	181 328	832	119	29 012	3,5	29,0	65,4	2,1
70	56^{2}	262	1 522	6,47	207 312	791	136	32 042	5,9	27,9	63,5	2,7
71	56^{20}	260	1 456	6,48	192 330	740	132	29 681	4,9	26,8	67,0	1,3
72	57^{10}	255	1 611	7,12	196 005	769	122	27 529	7,2	28,2	62,5	2,1
73	64	376	1 697	6,17	199 241	530	117	32 292	6,1	36,2	52,8	4,9
74	70	267	1 520	5,92	112 091	420	74	18 934	3,3	37,2	59,0	0,5
75	74^{4}	261	1 588	6,47	200 507	768	77	30 990	6,4	25,4	66,1	2,1
76	75^{0}	370	1 779	7,40	176 259	476	99	23 819	7,3	34,5	57,8	0,4
77	75^{4}	359	1 698	6,00	169 880	473	100	28 313	3,0	38,7	56,1	0,2
78	75^{10}	374	1 904	7,51	188 607	504	99	25 114	7,3	36,5	54,2	2,0
79	78^{0}	419	1 618	6,23	250 890	599	155	40 271	7,7	30,2	60,6	1,5
80	86	297	1 529	5,98	211 949	714	139	35 443	5,6	28,4	61,5	4,5
81	89^{7}	195	1 655	6,91	128 442	659	78	18 588	4,3	39,3	54,6	1,8
82	91^{3}	182	1 423	6,46	126 366	694	89	19 501	2,6	27,5	69,3	0,6
83	92^{2}	204	1 732	6,55	147 465	723	85	22 514	2,1	37,5	60,4	0,0
84	92^{5}	172	1 390	7,24	108 232	629	78	14 949	8,0	26,2	65,2	0,6
85	92^{20}	202	1 809	6,88	178 871	855	99	25 999	5,3	38,7	50,7	5,3
86	93^{5}	296	1 589	6,75	221 770	749	140	32 855	7,2	28,7	60,1	4,0
87	94^{1}	217	1 712	6,85	167 619	773	98	24 470	2,8	33,9	63,0	0,3
88	94^{5}	215	1 635	6,77	186 245	866	114	27 510	4,7	29,6	63,6	2,1
89	98^{10}	158	1 246	4,99	119 800	758	96	24 008	3,8	29,3	66,8	0,1
90	98^{11}	225	1 580	6,07	136 320	606	86	22 458	1,0	32,0	66,3	0,7

Für die nicht aufgeführten Baureihen liegen keine vollständigen Angaben vor.

ERHALTUNGSKOSTEN der Dampflokomotiven in den AW, Bw und PAW in DM für eine Leistung von einer Mio Bruttotonnenkilometer
Jahr: 1956

2	nach V 22 u V 26	1951	1952	1953	1954	1955	1956
1	in den A W	1 5[illegible]0	1 588	1 481	1 409	1 473	1 440
2	in den B w	[illegible]	908	904	818	789	775
3	in den P A W	96	34	1	2	0,0	3
4	zusammen	2 405	2 530	2 386	2 229	2 262	2 218

LAUFLEISTUNGEN und ERHALTUNGSKOSTEN (AW+Bw) der Dampflok zwischen zwei L4-Unt.
Jahr: 1956

3	2	3	4	5	6	7	8	9	10	11	12	13
		Für 1 Lok im Erhaltungsabschnitt von L4 bis L4			Erhaltungskosten einschl Sonderarb		Durchschnittliche Erhaltungskosten in % von Spalte 5					
lfd Nr	Baureihe	Laufleistung in 1 000 Lokkm	Laufzeit in Jahren Jahre	Erhaltungskosten einschl. Sonderarbeiten DM	je 1 000 Lokkm (Sp 5: Sp 3) DM	je Jahr (Sp 5: Sp 4) DM	Bedarfsausbesserungen L 0 %	Betriebsausbesserungen L 1 %	Zwischenausbesserungen L 2 %	Zwischenuntersuchungen L 3 %	Hauptuntersuchungen L 4 %	Sonderarbeiten %
1	01	930	6,33	507 600	546	80 190	7,7	35,5	21,6	13,6	19,6	2,0
2	03	826	6,35	418 098	506	65 842	4,0	35,4	20,7	13,2	24,3	2,4
3	18^{5}	633	6,92	405 432	640	58 588	10,3	34,9	19,7	12,0	19,8	3,3
4	38^{10}	512	6,78	264 806	517	39 057	5,8	33,3	17,6	17,4	23,8	2,1
5	39^{0}	683	6,98	424 624	622	60 834	7,9	31,7	21,5	17,1	20,7	1,1
6	41	659	6,75	342 653	520	50 763	3,3	33,5	18,5	16,7	24,2	3,8
7	44	459	7,24	396 531	864	54 769	6,2	32,6	[illegible]	16,2	21,1	4,9
8	50	418	7,50	284 788	681	37 972	5,1	32,8	19,5	16,7	20,9	5,0
9	55^{25}	258	7,27	217 854	844	29 966	4,6	31,9	16,7	19,6	26,5	0,7
10	56^{2}	282	7,05	233 574	828	33 131	4,2	33,2	18,1	18,0	25,6	0,9
11	56^{20}	275	7,68	210 041	764	31 443	3,1	30,1	19,3	20,4	26,4	0,7
12	57^{10}	282	8,06	247 620	878	30 722	7,8	31,0	14,8	20,5	24,8	1,1
13	64	372	7,17	233 600	628	32 580	5,9	32,8	18,8	19,9	20,8	1,8
14	74^{4}	298	7,60	201 145	675	26 466	5,0	32,1	21,3	18,4	21,8	1,4
15	75^{0}	386	7,35	201 838	523	27 461	4,8	36,7	16,3	17,6	23,9	0,7
16	75^{4}	359	7,31	208 684	581	28 548	4,0	37,0	15,7	18,9	24,3	0,1
17	78^{0}	460	6,70	281 739	612	42 051	7,5	32,5	20,1	16,8	21,6	1,5
18	86	363	7,78	258 051	711	33 169	5,8	31,6	19,8	19,0	21,4	2,4
19	91^{3}	205	7,37	143 150	698	19 423	2,3	29,2	20,8	22,8	24,9	-
20	92^{2-3}	209	7,90	174 535	835	22 093	2,8	34,1	15,0	23,8	24,1	0,2
21	92^{5}	218	7,42	163 864	752	22 084	1,6	33,4	19,0	22,0	23,9	0,1
22	93^{5}	321	6,99	231 210	720	33 077	7,0	33,3	18,1	18,3	21,4	1,9
23	94^{5}	236	7,07	204 334	866	28 902	4,2	33,8	17,3	20,3	22,8	1,5
24	98^{8-11}	230	7,65	146 759	638	19 184	2,7	40,6	16,0	18,2	21,9	0,6

*) einschließlich Ausfallzeit der letzten L4
Für die nicht aufgeführten Baureihen liegen keine vollständigen Angaben vor.

Kosten der SONDERARBEITEN für eine zu erhaltende Dampflok in DM (Jahr: 1956)

4	Baureihe	1951	1952	1953	1954	1955	1956
1	01	2 031	1 388	1 452	681	1 968	2 032
2	01^{10}	942	1 060	3 288	10 704	1 613	1 479
3	03	1 224	921	866	1 223	2 763	1 226
4	03^{10}	267	633	1 100	637	514	574
5	05	-	463	188	593	11	440
6	18^{4}	1 428	1 189	1 227	294	55	5
7	18^{5}	3 309	2 380	1 086	4 133	5 382	39
8	18^{6}	--	--	36 508	92 929	98 284	1 954
9	23	-	-	11	185	68	142
10	24	1 798	2 793	657	423	1 241	1 013
11	38^{10}	1 508	952	533	392	874	771
12	39^{0}	327	641	512	744	1 145	629
13	41	1 831	999	493	703	1 405	2 283
14	44	3 453	2 808	1 411	1 513	3 618	1 944
15	45	394	90	1 542	886	144	-
16	50	1 489	2 679	1 837	1 184	1 231	1 359
17	52	457	1 658	1 799	2 127	839	153
18	54^{15}	506	311	31	41	25	46
19	55^{25}	649	874	785	394	562	128
20	56^{2}	1 079	1 149	1 068	489	432	171
21	56^{20}	1 036	1 126	664	228	154	207
22	57^{10}	1 209	853	633	364	313	102
23	64	387	2 173	1 348	959	665	327
24	65	-	-	2 579	4 682	1 528	1 175
25	66	--	--	--	—	-	8 404
26	70^{0}	324	160	82	69	3	21
27	74^{4}	811	1 063	380	460	172	323
28	75^{0}	263	181	180	96	179	172
29	75^{1}	166	286	106	10	-	19
30	75^{4}	287	1 059	803	18	-	54
31	78^{0}	1 341	514	790	686	1 472	701
32	80	641	539	388	86	447	46
33	81	239	282	1 631	423	247	338
34	82	16	120	349	2 942	4 574	2 053
35	85	407	1 551	526	1 439	108	-
36	86	806	2 341	1 381	871	519	245
37	89^{6}	88	113	45	52	0,0	7
38	89^{7}	90	117	336	482	206	10
39	91^{3}	344	293	170	10	38	-
40	92^{2}	344	251	933	11	133	131
41	92^{5}	696	329	93	22	37	102
42	92^{20}	170	53	8	200	95	-
43	93^{5}	863	2 263	1 169	953	128	375
44	94^{1}	226	365	195	23	129	91
45	94^{5}	531	772	701	532	130	330
46	95^{0}	585	788	488	19	-	9
47	98^{8}	446	353	90	74	374	109
48	98^{16}	*)	32	303	500	0,0	194
49	99 (0,75 m)	470	112	245	-	169	76

Deutsche Reichsbahn-Gesellschaft

Betriebsbuch

für die Dampflokomotive

Betriebsnummer 64001

Bauartreihe 64

Fabriknummer 11957

gebaut von A. Borsig, G.m.b.H. Berlin-Tegel

in Berlin-Tegel im Jahre 1927

Tag der Anlieferung 12.4.28 Tag der Endabnahme

Beschaffungskosten der Lokomotive mit Ausrüstung (ohne Tender) 104400 RM

Vertrag 03.049 / 63.6.008

Beschaffungsstelle Reichsbahn-Zentralamt

Urheberfirma Deutsche Lokomotivbau-Vereinigung.

90301 Betriebsbuch Titelblatt einseitiger Druck von 1 Form [illegible] Verrechnungsnummer [illegible] Preis [illegible] Rbd Mainz

64 352

Standorte und Leistungen der Lokomotive

1 Bahnbetriebswerk	2	3 Eisenbahnausbesserungswerk oder Privatwerk	4	5 Leistung in km*) seit der letzten bahnamtlichen Untersuchung des Fahrgestelles	6 Leistung in km*) seit der Anlieferung
[illegible] Stettin (Gb)	von 12.12.34. bis 12.12.34	R.A.W. Stargard	von 24.10.35 Bedarfs-Ausbesserung bis 15.11.35	Anlieferung	
Stettin-Gb	von 16.11.~~33~~35 bis 2.10.36.	"	von 3.10.36 Zwischenausbesserung bis 29.10.36	~~206 107~~	~~206 107~~
Stettin-Gb	von 30.10.36. bis 12.12.37	"	von 13.12.37 Zwischenuntersuchung bis 18.1.38	206 107	206 107
"	von 19.1.38 bis 16.7.39	"	von 17.7.39 Hauptausbess. bis 4.8.39	108 000	314 107
"	von 5.8.39 bis 5.2.40	"	von 7.2.40 Zwischenuntersuchung bis 15.3.40	33 549 (141 549)	347 656
"	von 16.3.40 bis 1.8.41	"	von 2.8.41 Zwischenausbess. bis 21.8.41	94 882	442 538
"	von 22.8.41 bis 6.9.42	"	von 7.9.42 L2 bis 29.9.42	69026	511 564
"	von 30.9.42 bis 10.5.43	Raw Schneidemühl	von 12.5.43 L4 bis 3.6.43	44 295	555 859
"	von 4.6.43 bis 8.11.44	Raw Schneidemühl	von 10.12.44 L2 bis 3.1.44		

*) Die Leistung in Spalte 5 und 6 ist bei jeder Zuführung zum Eisenbahnausbesserungswerk einzutragen. Bei Abgabe der Lokomotive an ein anderes Bahnbetriebswerk ist die Leistung seit dem letzten Ausgang mit Bleistift zu vermerken

Deutsche Bundesbahn

Änderung der Bauart des Lokomotivfahrgestelles - ~~des Kessels - des Tenders~~*)

Lok-Betriebs-Nr*) ~~Kessel-Fabrik-Nr*)~~ ~~Tender-Fabrik-Nr*)~~ **64 001**

Hersteller A. Borsig G.m.b.H.
in Berlin - Tegel

1 Lfd. Nr.	2 Art der Änderung	3 veranlassende Verfügung	4 Änderung wurde ausgeführt am	5 in Werkstätte (Erledigung ist unterschriftl. zu bestätigen)
1	Nr. 165 Wendezugbetriebanlage eingebaut.	21.213 Fld/K 19 vom 7.1.54	2.10.54	AW Göttingen [signature]
2	Hub d. Druckausgleichkolbenschieber um 30 mm gekürzt	Vfg. BZA Md. 2303 Fklk. 12/4 v. 7.12.54	27.5. [stamp illegible]	
3	Umstellung auf Dünnspurschalter [illegible]	Sammel-Anl. Nr. 104		–
4	Verstärkung des Wasserkastenträgers	Sammel-Anl. Nr. 116a		AW Lingen (Ems)
5	Neue Kreuzköpfe für Treibstangen	Sammel-Anl. Nr. 176	12.12.55	[signature]
6	Pyrometerneuanlage	Sammel-Anl. Nr. 124		
7	SA Nr. 221 Anbau einer Luftpumpe mit Zollikon-Steuerung	3801 Fbb/d [illegible] v. 3.5.57		Weiden (Opf.), den 13.10.1957 Bundesbahn-Ausbesserungswerk Weiden (Opf.) Betriebstechnische Abteilung [signature]
	SA 195 Speisestutzen am Einströmrohr	Fld 5.129 SK 111 v. Ang. 57		Weiden (Opf.), den 27.11.1959 Bundesbahn-Ausbesserungswerk Weiden (Opf.) Betriebstechnische Abteilung Po
	SA 196 Speisewasserentlüftungseinrichtung	2304 FKldrk/Kn v. Dez. 55		[signature]

*) Nichtzutreffendes streichen.

Hauptvorschrift

Reichsbahn-Ausbesserungswerk Schneidemühl, den 16.9.44

An

RMA

Stettin

Einschreiben!

Betr.: **Rückmeldung der Lok** 64-225 **Ausgeführt wurde die Schadgruppe** L 4

Anliegend übersenden wir das Betriebsbuch, den Betriebsbogen*) und den Erhaltungsplan.

Wir haben für die Schadgruppe L 4 20850 RM aufgewendet. (8135 Std.)

**) Die Erhaltungskosten im RAW betragen für den Erhaltungsabschnitt Teil*) .... insgesamt .... RM. Im Erhaltungsabschnitt Teil*) .... hat die Lokomotive .... km geleistet. Auf 1000 km betragen die Erhaltungskosten im RAW .... RM, im Bw .... RM. Der Reichsdurchschnitt beträgt nach der letzten Mitteilung der Werkstättenstatistik in den RAW .... RM, in den Bw .... RM.

Während der Ausbesserung haben wir folgende für den Betriebsmaschinendienst wichtigen Beobachtungen gemacht:

./.

Für die weitere Verwendung der Lokomotive bemerken wir:

./.

Reichsbahn-Ausbesserungswerk
Lokomotiv-Abteilung.

*) Nichtzutreffendes zu streichen.
**) Die Angaben dieses Absatzes sind nur nach einer L 3 oder L 4 zu machen.

946 06 Rückmeldung der Lokomotiven A4 h 6a. Münster X.39. 40000 Stl.

Hauptvorschrift

Reichsbahn-Ausbesserungswerk **Schneidemühl**, den 1. 12. 1944

An

RMA

Stettin

Reichsbahn-Maschinenamt
Stettin
4. DEZ. 1944

Einschreiben!

Betr.: **Rückmeldung der Lok** 64.225 **Ausgeführt wurde die Schadgruppe** L 0

Anliegend übersenden wir das Betriebsbuch, den Betriebsbogen*) und den Erhaltungsplan.

Wir haben für die Schadgruppe L 0 1155,- RM aufgewendet.(482 Std.)

**) Die Erhaltungskosten im RAW betragen für den Erhaltungsabschnitt Teil*) .... insgesamt .... RM. Im Erhaltungsabschnitt Teil*) .... hat die Lokomotive .... km geleistet. Auf 1000 km betragen die Erhaltungskosten im RAW .... RM, im Bw .... RM. Der Reichsdurchschnitt beträgt nach der letzten Mitteilung der Werkstättenstatistik in den RAW .... RM, in den Bw .... RM.

Während der Ausbesserung haben wir folgende für den Betriebsmaschinendienst wichtigen Beobachtungen gemacht:

./.

Für die weitere Verwendung der Lokomotive bemerken wir:

./.

Reichsbahn-Ausbesserungswerk
Lokomotiv-Abteilung.

*) Nichtzutreffendes zu streichen.
**) Die Angaben dieses Absatzes sind nur nach einer L 3 oder L 4 zu machen.

946 06 Rückmeldung der Lokomotiven A4 h 6a. Münster X.39. 40000 Stl.

Deutsche Reichsbahn
DV 946
Teilheft 2

RAW Schneidemühl	**Meßliste** für das Bearbeiten der Kolbenringe Eine Durchschrift ist dem Betriebsbuch beizufügen	Lok Nr 64-225 Auftr Nr ....

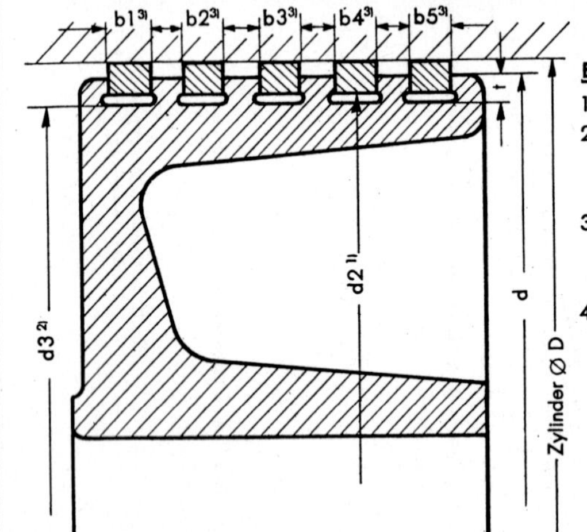

Erläuterungen für RAW:

1) d2 = d3 + 2 mm.
2) d3 = d − 2t. Die Maßwerte für d und t sind aus den Zeichnungen Fld 20.01 zu entnehmen.
3) Passung für b1 bis b5 = d10 in H8, für schnellfahrende und hochbeanspruchte Lokomotiven = e8 in H8.
4) Der Ausführende trägt in diese Spalte seinen Namen (Handzeichen) und das Datum ein.

1		2	3	4	5	6	7	8	9
Dampfzylinder		D	d2	d3	b1	b2	b3	b4	b5
außen	links	505,5		471,5	15,5		15,5		15,5
	rechts	506,8		475	15,5		15,5		15,5
innen	links								
	rechts								
Mitte									

Erläuterungen für die Bw:

5) Bei der ersten Bestellung von Ersatzkolbenringen wird vom Bw eine Meßliste ausgefertigt. Die Maßangaben werden aus der dem Betriebsbuch beigefügten Meßliste übernommen. Angemessene Zeit vor der fälligen Kolbenuntersuchung wird die vom Bw aufgestellte Meßliste mit einem Verlangzettel dem Erhaltungswerk zum Fertigen der Kolbenringe übersandt.

Die gelieferten Kolbenringe werden bei der Kolbenuntersuchung eingebaut. Hierbei werden vom Bw die Jstmaße D, b1 bis b5 mit geeigneten Meßgeräten gemessen und das Maß der engsten Meßstelle in eine leere Meßliste eingetragen.

Jn die Spalten 3 und 4 werden die Maße aus der dem Betriebsbuch beigefügten Meßliste übernommen.

Für die zweite Bestellung von Ersatzkolbenringen wird die so ausgefertigte Meßliste dem Verlangzettel beigefügt.

Die Meßgeräte zum Messen der Maße D, b1 bis b5 müssen in bestimmten Zeitabständen in der Meßstelle eines RAW nachgeprüft werden.

Aufgemessen:
am - | in der

Rahmenmeßstand	Kolbengruppe	drehen	Breite b1 bis b5 schleifen	prüfen	Durchschrift dem Betriebsbuch beigefügt	weglegen
4)	4)			4)	Schilke 11/9. [illegible] 4)	

94692 Meßliste für Kolbenringe A 4 D 6a K Münster IX 42 30000 F/0592

Abschrift !

Bahnbetriebswerk Landshut(Bay)   Landshut, den12.3.1934

Durch R A A Regensburg
R B D Regensburg
R B D (G D W) München
R B D Stettin
an Bw Templin

Gemäß Verfg. der RBD Regensburg 21 Bla Fkl vom 1.März 1934 wurde die Lok Pt35.15 № 64 225 = 10.3.1934 für dauernd an das Bw Templin abgegeben. Abgabe vom Bw Landshut(Bay) mit Lz 10183 (La ab 0[57]).Lok wird bis mit 10.3.34 beim Bw Landshut(Bay)geführt. Gesamtkilometerleistung seit letzter Untersuchung

Z.U.(L_3) 6.7.1933 - 69 449 km.

Letzter Waschtag = 27. 2. 1934.

Beilagen: 1 Betriebsbuch, 1 Prämienberechnungsblatt, 1 Lagergießkarte, 1 Fristnachweis, 1 Aufstellung über Kohlenverbrauch, 1 Leistungs=streifen, 1 Untersuchungsterminblatt, 5 sonstige neuere Beilagen, 8 abgelegte Beilagen.

gez. H e r r m a n n

Einschreiben !

Bemerkung: Austausch gegen Lok 64 233 des Bw Templin zur Durchführung der Versuche mit Kesselschutzbelag (Lok 64 233) bei Bw Landshut gemäß Verfg.der HV 34 Bla v.2.8.33.

---

65 W 11 Fuld

Jn Abdruck

an R A W Jngolstadt

zur Kenntnisnahme und Berichtigung im Lokverzeichnis.

München,den 17. März 1934
Deutsche Reichsbahn-Gesellschaft
Reichsbahndirektion München

gez. Pfeufer.

A b s h r i f t .

Deutsche Reichsbahn-Gesellschaft   Regensburg, den 19.Mai 1931
Reichsbahndirektion Regensburg
23/Feln

An

die Bw des Bezirkes je- besonders -

Betreff: Lokomotiven der Baureihe 64.

An den Lokomotiven der Baureihe 64 Betr. Nr 64 227, 228, 229 u. 231 wurden Undichtheiten an den Wasserkästen und zwar an den runden seitlichen Öffnungen über den Schwingen festgestellt. Sie wurden, da dieLok nicht aus dem Betrieb gezogen werden konnten, vomBw La einst=weilen beseitigt durch Anbringen von 2 Eisenringen mit untergelegter Jt-Dichtung, die von 5 Schrauben zusam - mengepresst wurden.

Für die Beseitigung der Schäden ist die Lieferfirma (Hanomag) haftpflichtig. Auf unsere Mitteilung vom 27.4.31 23/Feln hat sich die Firma mit Schreiben L 1 v. 9.5.31 bereit erklärt, die Kosten der Ausbesserung zu tragen u. gebeten, die Mängel gelegentlich des Aufenthalts der Lok in einem RAW beseitigen zu lassen.

Die in Frage kommenden Bw haben beim Anbieten der genannten Lok an ein RAW in der Ausbesserungsmeldung auf den Schaden und die Haftpflicht der Firma hinzuweisen. Ein Abdruck dieser Verfg. ist in das Grundbuch einzulegen.

Sollten solche Undichtheiten auch an den anderen im Bezirk vorhandenen 64⁰ Lok auftreten, so ist uns dies sogleich mitzuteilen. Jm übrigen ist der Schaden behelfsmäßig in gleicher Weise wie oben beschrieben zu beheben und sinngemäß wie bei den genannten Lok zu verfahren.

Bei Neuzuteilung von 64⁰ Lok haben die Bw die vorstehende Verfügung zu beachten.

gez.Kaler

Am rechten Wasserkasten der Lok 64 225 ist am 27.5.31 dieser Schaden festgestellt und vorläufig beseitigt worden. An RBD gemeldet am 27.5.31. Gr.

Abschrift

Bahnbetriebswerk Mü.-Hbf.
C 2

München, den 18. September 1945

Es wurde geschrieben:

An
die Reichsbahndirektion in München
durch R.M.A. M ü n c h e n 1

Eingangsvermerke:

Betreff: Ausmusterungsantrag.

Wir beantragen die Ausmusterung

der Lokomotive	64-501	Lieferjahr 1940	Lieferer: Maschfabr.Esslingen
des Kessels	4389	Lieferjahr 1940	Lieferer: Maschfabr.Esslingen
des Tenders	./.	Lieferjahr ./.	Lieferer: ./.

Begründung: Durch einen Bombenvolltreffer im Mai 1945 wurden an der Lokomotive folgende Schäden verursacht:

Stehkessel- und Feuerbuchswandung sind aufgerissen und völlig deformiert; Lokomotivrahmen ist an drei Stellen gebrochen und total verbogen; Treib- und 1 Kuppelradsatz, ein Stangensatz, Ausgleichhebel, Bremsgestänge, ein Wasserkasten, Führerhaus und Kohlenkasten sind zerstört.

Verwendungsmöglichkeit:
a.) Zum Verkauf ist die Lokomotive nicht, der Kessel nicht geeignet.
b.) Der Kessel kann als Ersatzkessel nicht weiterverwendet werden.

Vermerk:
Der Kostenvoranschlag wäre vom RAW zu erstellen, da uns hierzu die nötigen Unterlagen fehlen. Die Wirtschaftlichkeitsberechnung dagegen erübrigt sich auf Grund der ungewöhnlich großen Lokomotivschäden.

Anlagen: 1 Betriebsbuch
1 Betriebsbogen

W. v. nach Eingang der Entscheidung.

Deutsche Bundesbahn
Bundesbahndirektion München
21A M 14 Fau

München, den 30. Mai 1967
1650

An Bw München Hbf, München Ost, Mühldorf
nachr: MA München 1, München 3, Rosenheim

Betreff
Ausmusterung von Dampflokomotiven

Anlagen: 1 Meldekarte für Bw München Hbf
2 Meldekarten für Bw München Ost
1 Meldekarte für Bw Mühldorf

Die HVB hat mit Verfg vom 22.5.1967 - 21.213 Fau 796 u.a. folgende Dampflokomotiven ausgemustert:

78 285	Bw München Hbf
64 471	Bw München Ost
94 1550	Bw München Ost
50 1313	Bw Mühldorf

Die Lokomotiven sind vom Bestand abzusetzen und wie üblich zu kennzeichnen.
Wegen der Zerlegung und Verschrottung der ausgemusterten Dampflokomotiven ergeht noch besondere Weisung.
Wir ersuchen uns die anliegenden "Meldekarten über ausgemusterte Triebfahrzeuge, Tender und Kessel" ausgefüllt bis zum ~~15~~ 8.6.1967 zuzusenden.
Auf richtige Angabe des Feuerbüchswerkstoffes ist besonders zu achten.

gez Schmidt

Beglaubigt:
Mayer
TBI

Vermerk C 2:

1.) Meldekarte am 06.6.67 an BD Mü (M14) abgesandt.

2.) z. A. "Fau"

DEUTSCHE REICHSBAHN:

64 o35 (Bw Wittstock) im Heimat-Bw. *Aufnahme: Sammlung Braun*

64 455 (Bw Salzwedel) zeigt einige Veränderungen bei der DR; bemerkenswert sind der Leichtradsatz, teilweise geschweißte Kohlen- und Wasserkästen sowie das Pulsometer zum Wasserfassen aus Brunnen oder Bächen. Aufn: Achiv BEM

64 282 im März 1968 in Oranienburg. *Aufnahme: Kieper, Slg. Löttger*

64 184 (Bw Kamenz) mit einer sehenswerten Wagengarnitur Anfang der 60er Jahre
Aufnahme: Sammlung B. Rampp

64 455 im Bw Genthin, Mai 1968 *Aufnahme: Knipping, Slg.Skrzypnik*

64 189 mit Personenzug im Mai 1973 in Apenburg *Aufn.: Sammlung B. Rampp*

Eine der letzten Planleistungen der BR 64 bei der DR: 64 212 mit reizvollen Personenwägelchen in Badel, 9.5.75.

Auch der Güterverkehr war Sache der BR 64: 64 212 am 29.3.75 nahe Bühne=Güssefeld. *Beide Aufnahmen: Sammlung Alteneder*

64 o52 (Bw Salzwedel, ebenfalls mit Pulsometer ausgerüstet, am 15.9.73 im Heimat-Bw auf der Drehscheibe. Aufnahme: Sammlung Skrzypnik

Das Ende der meisten 64er war der Schrottplatz: 64 165 (Bw Pankow) wartet im Rangierbahnhof Schöneweide auf die Zerlegung. Aufnahme: Andreas Braun

Zur Abnahme bei Borsig: 64 005. Im Hintergrund der berühmte Borsig-Turm.
Aufnahme: Werkfoto Borsig

64 o99 wurde an das Bw Holzwickede geliefert. Stolz blicken die Personale von ihrer nagelneuen Lok.
Aufnahme: VM Nürnberg

64 273 (Bw Stralsund), schon mit Karl-Schulz-Schiebern ausgerüstet, kurz nach Anlieferung.
Aufnahme: C.Bellingrodt

64 211 aus dem Hause Vulcan im Heimat-Bw Schwerin um 1930.
Aufnahme: VM Nürnberg

64 234 gehörte anfangs zum Bw Holzwickede. Aufnahme: C.Bellingrodt

Noch auf der alten Drehscheibe des Bw Nürnberg Hbf. stand 64 1o6 dem Fotografen Modell. Aufnahme: Rbd/VM Nürnberg

Rar sind Aufnahmen der BR 64 aus dem Osten:

64 327 (Bw Breslau Hbf.) auf der Strecke nach Schweidnitz um 1935.
Aufnahme: Sammlung S.Lüdecke

64 333 (Bw Breslau Hbf) auf dem Weg nach Bad Charlottenbrunn in Breitenhain.
Aufnahme: Sammlung Bufe

Eine unbekannte 64er aus Schweidnitz oder Breslau bei Hansdorf.
Aufnahme: Sammlung Bufe

64 195 gehörte zum Bw Bodenbach, als sie in der Sächsischen Schweiz beim Lilienstein am 21.6.35 von C.Bellingrodt aufgenommen wurde.

64 oo9 am 17.7.51 mit P1474 bei Ausfahrt aus Warburg auf dem Weg nach Marburg.

64 296 (Bw Bebra) mit P2264) in Ziegenhain auf der Strecke Eschwege-Malsfeld-Treysa.
Beide Aufnahmen: C. Bellingrodt

Zum Bw Seesen gehörte 64 o12, die ein unbekannter Fotograf in Seesen ablichte
Aufnahme: Sammlung Braun

Am 25.6.33 war 64 223 vom Bw Templin auf der Strecke nach Fürstenberg bei Lychen unterwegs.
Aufnahme: Sammlung Braun

Zwei Motive, die Altmeister Ernst Schörner um 1935 bei Kreuzstrasse auf die Platte bannte: Oben 64 252 auf dem Weg nach Rosenheim, unten ist gerade 64 344 aus Rosenheim in Kreuzstrasse eingefahren.

64 294 (Bw Bebra) mit P2265 am 4.7.37 auf der Strecke Treysa-Bad Hersfeld bei Niederaula.

Zum Bw Bergheim/Erft gehörte 64 o88, als sie um 1933 bei Passieren des Erft-Kanals im Zuge der Strecke Elsdorf Ost-Bergheim aufgenommen wurde.

Beide Aufnahmen: C.Bellingrodt

Rar sind auch Aufnahmen aus Schleswig-Holstein: 64 o49 (Bw **Lü***beck) im Jahre 1949 im Bahnhof Großenbrode-Fähre.*

64 134 (Bw Heiligenhafen) mit Personenzug ausfahrend aus Lütjenbrode,29.6.53.
Beide Aufnahmen: DB,Sammlung Neumann

64 131 (Bw Lübeck) mit P1160 ausfahrend aus Neustadt/Holst. um 1956. Im Hinte grund warten 50 2584 und 86 474.

272

Auch auf dem Hindeburgdamm waren 64er im Einsatz: 64 410 (Bw Husum) mit Autozug und dänischem Reisezugwagen am 16.7.52.

Beide Aufnahmen: DB, Sammlung Neumann

Nachkriegseinsätze vom Bw Krefeld:
64 o29 mit P2o17 in Kaldenkirchen und 64 194 mit P2o11 im Bahnhof Lobberich der Strecke Kaldenkirchen-Kempen.

Beide Aufnahmen: C. Bellingrodt

Zwei Aufnahmen von Einsatzstrecken des Bw Wuppertal-Vohwinkel: Oben 64 100 mi einem hübschen Personenzug und Bi-28-Steuerwagen am Ende in Sonnborn (21.6.55 unten 64 001 am 17.6.55 bei der Vorbeifahrt am Elberfelder Stadion, wo gerade heftig um den Ball gekämpft wurde. Beide Loks waren mit Wendezugeinrichtung ausgerüstet.

Beide Aufnahmen: C. Bellingrodt

1958 waren auf der Strecke Rosenheim-Holzkirchen noch reizvolle Zuggarnituren unterwegs: 64 442 (Bw Rosenheim) am Einfahrtsvorsignal von Bad Aibling.
Aufnahme: K. Pfeiffer

64 151 mit P4229 in Taufkirchen=Unterhaching auf dem Weg nach Deisenhofen am 6.7.64.
Aufnahme: E. Böhnlein

64 336 und eine weitere 64er (Bw München Hbf) bei Einfahrt mit Personenzug in München Hbf um 1953. *Aufnahme: K. Pfeiffer*

64 432 (Bw München Hbf) mit Personenzug einfahrend in Beuerberg, um 1955. *Aufnahme: S. Bufe*

Um 1951 entstand die Aufnahme von 64 431 (Bw Thalkirchen) im Holzkirchner Bf. in München. *Aufnahme: Sammlung Alteneder*

64 433 hingegen gehörte zum Bw München Ost, als sie in Neubiberg auf dem Weg zum Ostbahnhof aufgenommen wurde. *Foto: Ernst Schörner*

Zwei Aufnahmen von der 64 453 (Bw München Hbf) im Bahnhof Bichl: Oben im April 1952 (Foto Sammlung Löw), unten im Winter 1958/59 (Sammlung S. Lüdecke)

Fotoseite gegenüber: 64 433 (Bw Mühldorf) vor dem Lokschuppen in Traunstein, Aufnahme: K. Pfeiffer

64 433

Nochmals die 64 433 beim Wasserfassen in Traunstein. Foto: K. Pfeiffer

64 229 (Bw Passau) auf dem Weg nach Mühldorf 1954. Foto: G.Turnwald,Slg.Skrz

Eine besondere Seltenheit ist die Aufnahme der Plattlinger 64 424 auf der Kursbuchstrecke 426d Aufhausen-Kröhstorf im September 1965. Inzwischen sind hier die Gleise längst abgebaut. Aufnahme: S. Bufe

Einen Blick ins Bw Plattling vermittelt die Aufnahme von W.Alteneder mit 64 355, 86 169 und 2 38ern (12.4.68).

Im Juli 1963 besuchte Gottfried Turnwald die Strecke Regensburg-Falkenstein. Oben sehen wir 64 1o5 bei der Einfahrt, unten 64 391 bei Ausfahrt aus Falkenstein. Auch hier liegen inzwischen keine Gleise mehr.

Aufnahmen: Sammlung Skzypnik

Zweimal die 64 247 im Bw Nürnberg Hbf.: Oben zusammen mit der BZA-Lok 18 323 am 22.10.67 (Aufnahme: U. MOntfort), unten mit der 38 19o6 und 64 147 am 27.7.62, wo auch der Rundschuppen noch komplett ist (Foto: O. Blaschke).

64 1o5 (Bw Nürnberg Hbf) auf dem Weg nach Unternbibert-Rügland bei Wintersdor am 1.5.52. Aufnahme: P.Ramsenthaler

Jahrzehntelang gehörte die Hilfszugbereitschaft zum Dienst der Nürnberger 64e 64 1o4 am 14.1.67 im Bw Hbf. Aufnahme: U. Monfort

64 1o4 bei Weinzierlein im Jahre 1951 *Aufnahme: P.Ramsenthaler*

Nochmals die 64 1o4, die hier im Bahnhof Unternbibert=Rügland mit allen Achsen entgleist war (8.10.66). *Aufnahme: U.Monfort*

Auch auf der Strecke nach Cadolzburg waren wie hier 64 241 im Jahre 1950 64er unterwegs, aufgenommen bei Weiherhof von P. Ramsenthaler.

Auf der Strecke Schnaittach-Simmelsdorf legt sich eine unbekannte 64er am Ostersonntag 1951 in die Kurve. Aufnahme: P.Ramsenthaler

Bei der Einfahrt in Fürth nahm C.Bellingrodt die Nürnberger 64 241 mit P2241 aus Cadolzburg kommend auf.

Am 15.7.66 hatte die 64 5o3 Dienst vor P2896 auf der Strecke Burgthann-Allersberg, aufgenommen von U. Montfort bei Seligenporten.

Nochmals zwei Aufnahmen nahe dem Bw Nürnberg Hbf: 64 1O9 mit P23o6 aus Markt bach kommend am25.5.67.

64 3o5 dagegen ist mit P2333 auf dem Weg nach Markt Erlbach, 4.7.66.
Beide Aufnahmen: U. Montfort

1951 fotografierte Peter Ramsenthaler bei Dietenhofen die 64 501 auf dem Weg nach Rügland vor einer sehenswerten Zuggarnitur. Das untere Foto zeigt die gleiche Lok bei Fürth-Süd.

64 497 (Bw Ast. Kirchenlaibach) mit Personenzug bei Fichtelberg, 2.5.70.
Aufnahme: Walter Schier

Zum Bw Kirchenlaibach gehörte auch die 64 394, die um 1955 Modell für eine DB-Werbeaufnahme stand.
Foto: Sammlung G. Neumann

Zum Bw Coburg gehörte 64 422, die im Juli 1964 von S.Bufe in Coburg aufgenommen wurde.

Unbekannt ist die 64er, die hier bei Oeslau einen Personenzug nach Neustadt zieht.
Aufnahme: S. Bufe

Zwei Aufnahmen von der Strecke Coburg-Rodach: Oben 64 367 mit P3336 am 5.4.69 bei Coburg=Neuses, unten die gleiche Lok am gleichen Tag mit "GmP" 3339 bei Beiersdorf.

Beide Aufnahmen: Dr. R. Löttgers

Einen Blick in das Bw Gemünden mit einer 64er beim Wasserfassen vermittelt die Aufnahme von S. Bufe (Juli 1967).

Mit einem Güterzug wartet 64 o26 im Bahnhof Lengfurt-Trennfeld an der Strecke Gemünden-Lohr-Wertheim auf Zugkreuzung. Aufnahme: DB, Sammlung Neumann

Nochmals die 64 o26, nun aber im Bahnhof Gemünden, dem man noch die Einwirkun des letzten Krieges ansieht. *Aufnahme: Sammlung Alteneder*

Im Juli 1967 nahm S. Bufe die 64 o18 (Bw Heilbronn) in Wertheim vor Personenz nach Lauda auf. In Wertheim trafen sich 64er aus Gemünden, Aschaffenburg und Heilbronn.

Zwei stimmungsvolle Aufnahmen des Fotografen Ludwig Rotthowe: Oben verläßt gerade 64 247 mit P3310 den noch durch bayerische Signale verzierten Bahnhof Miltenberg (1.4.72), unten warten 64 247 und 019 am29.3.72 in Miltenberg auf Ausfahrt.

Mit N3846 überquert hier die Heilbronner 64 438 am 8.5.71 die Jagstbrücke bei Züttlingen.

Am 31.12.71 hatte 64 457 (Bw Heilbronn) den N2709 bei Weikersheim zu befördern.

Beide Aufnahmen: W. Schier

Rendezvous im Bw Lauda am 3.5.69: 64 491 und 23 o63.   Foto: Dr. R.Löttgers

Nochmals 64 457 (Bw Heilbronn) mit N2722 am 31,12.71 auf dem Viadukt bei Weikersheim.   Aufnahme: Walter Schier

64 415 gehörte zum Bestand des Bw Aalen, als sie am 2o.11.66 auf der Strecke Schorndorf-Aalen abgelichtet wurde.

Die untere Aufnahme zeigt die 64 030 (Bw Aalen) am 6.6.65 bei Unterkochen.

Beide Aufnahmen: Harald Navé

64 271 (Bw Aalen am 21.4.68 passiert gerade den Telefonposten 54 bei Schwäb. Gmünd.

Am 9.6.66 war 64 oo6 mit einem Personenzug auf dem Laufenmühle-Viadukt unterwegs.
Beide Aufnahmen: Otto Blaschke

Zweimal 64 006 (Bw Aalen) bei Lorch aufgenommen (oben: 27.5.67, unten: 15.1o.
von Otto Blaschke.

Die zwei Aalener Sonderlinge: Während 64 o79 die Lampen auf der neuen Arbeitsbühne trägt, wurden diese bei der 64 o17 in Neubaulokmanier unter den Umlauf gehängt.

Beide Aufnahmen: B. Wollny

Fast 40 Jahre waren Bubiköpfe in Nördlingen heimisch: Gerade ist 64 346 mit d GmP aus Wemding in Nördlingen eingefahren und wird abgekuppelt.
Aufnahme: H. Stegmüller

1959 stand auch noch die württembergische Bahnsteighalle: 64 348 mit Pz nach Wemding.
Aufnahme: Slg. Schier

Eine Nördlinger 64 am6.8.37 auf der Wörnitzbrücke bei Oettingen.
Aufnahme: Rbd Augsburg

Auch auf der Strecke nach Donauwörth waren die Nördlinger 64er zuhause.
Aufgenommen bei Harburg *Foto: Sammlung S. Lüdecke*

64 348 entgleiste zu Anfang der 60er Jahre im Bahnhof Wemding.

Am Bahnübergang kurz hinter Nördlingen entgleiste die Wemdinger Schienenbusgarnitur. Eine Nördlinger 64 leistete Hilfsdienste.

Aufnahmen: Schönherr, Slg. W.Schier

Am 23.9.66 war Schluß mit dem Plandampfbetrieb in Nördlingen. 64 348 führte den letzten Dampfzug (GmP) Wemding-Nördlingen. *Fotos: H. Stegmüller*

Das Bw Augsburg hatte jahrelang 64er im Bestand: 64 453 und 269 im Schuppen, Oktober 1964 Aufnahme: Stöckle,Slg.Lüdecke

In der Bw-Außenstelle Krumbach gelang R.Birzer die Aufnahme mit 64 o74 (1o.4.

Am 18.8.62 war 64 156 mit P2549 am Bergwerk Peißenberg unterwegs.

Die gleiche Lok führte im März 1963 den Personenzug 2545 Weilheim-Schongau.

Beide Aufnahmen: R. Birzer

Zwei Aufnahmen von der Strecke Günzburg-Krumbach: Oben 64 363 und 094 am 15.8
 im Bahnhof Krumbach, unten 64 363 am gleichen Tag mit P8344 auf dem Rückweg n
Günzburg. Beide Aufnahmen: R. Birzer

64 390 (Bw Augsburg) mit P2544 verläßt Peißenberg, Juni 1963.

64 269 (Bw Augsburg) räuchert den Bahnhof Weilheim bei ihrer Ausfahrt nach Schongau mächtig ein. 31.8.63.

Beide Aufnahmen: R. Birzer

Durch den Schnee kämpft sich 64 386 (Bw Kempten) um 1942
Aufnahme: Rbd Augsburg

Am 7.5.60 waren zwei Kemptener 64, wobei die 64 392 führte, mit dem Personenzug Kempten-Oberstdorf unterwegs. *Aufnahme: R. Birzer*

64 001 im Heimat-Bw Ulm, dahinter 03 282, Mai 1966.
Aufnahme: Schwalb, Slg. Skrzypnik

Während die 75 o42 mit P1331 aus Aulendorf in Ulm Hbf. einfährt, wartet schon in Gestalt der 64 259 die Ablösung. 9.8.62
Aufnahme: U. Montfort

Museumslok 64 419 mit P1351 von Ulm nach Laupheim und Herrlingen am 23.6.65 im Haltpunkt Ulm=Donautal.

 64 235 (Bw Friedrichshafen) und 75 1118 (Bw Aulendorf) beförderten gemeinsam d P1805 Radolfzell-Sigmaringen, aufgenommen am12.5.65 in Meßkirch.

Beide Aufnahmen: U. Monfort

Damals fuhr man noch mit der Eisenbahn zum Einkaufen: 64 519 im August 1966 in Weilheim bei Tübingen einfahrend.

Fest in der Hand der 64er war die Strecke Tübingen-Horb in den 60er Jahren. 18.5.67 bei Kniebingen.

Beide Fotos: H. Stemmler

1964 waren auf der Strecke Metzingen-Urach noch Donnerbüchsen im Einsatz: 64 223 (Bw Tübingen) in Metzingen Bf.

Im Februar 1972 war u.a. noch die 64 518 beim Bw Tübingen im Einsatz, hier mit der aus zwei Zugteilen gebildeten Garnitur des N4931 in Rottenburg/N.

Beide Aufnahmen: H. Stemmler

64er waren auch Stammloks der Strecke Tübingen Herrenberg. Oben 64 513 ausfahrend aus Tübingen, unten 64 214 im Bf. Herrenberg, 23.4.64.

Beide Aufnahmen: Otto Blaschke

Zweimal Lautlinger Viadukt mit der BR 64 im November 1967. Die untere Lok ist die 64 o49.

Beide Aufnahmen: Otto Blaschke

Kurze Zeit kamen Tübinger 64er leihweise beim Bw Aulendorf als V100-Ersatz zum Einsatz: Oben bei Bad Waldsee, unten auf der Steigung Roßberg-Bad Wurzach mit 350 Tonnen Grenzlast. (16.6.71)

Beide Aufnahmen: C. Asmus

Hochburg der BR 64 war das Bw Weiden:
64 393 mit P1752 Bayreuth-Weiden bei Kemnath, 1.4.69.

64 337 mit P1795 Kirchenlaibach-Weiden im Bahnhof Stockau.

Beide Aufnahmen: Dr. R. Löttgers

Die Nebenbahn nach Eslarn bot zahlreiche Fotomotive, hier mit 64 o97 im Mai 1973
Aufnahme: B. Wollny

64 453 im Frühjahr 1969 im Endbahnhof Eslarn. Aufnahme: W. Alteneder

 Letzte Planleistung der BR 64: Ng 16185 nach Eslarn, oben am 6.1o.72 (Foto: C.J. Schulze), unten nahe Waldau am 1.6.73 (Aufnahme: W. Alteneder).

64 389 mit P3817 bei Störnstein, 29.12.72. Aufnahme: W. Alteneder

Für 64 206 bedeutete dieser Auffahrunfall das Ende: abgestellt im Bw Weiden im März 1969. Aufnahme: W. Alteneder

322 *Die berühmte Doppelausfahrt in Weiden, 13.20 Uhr. Am 13.2.73 waren daran noch 01 211 und 64 389 beteiligt (Foto: Alteneder), während am 12.4.73 bereits als 01-Ersatz die 50 2180 aushelfen mußte (Aufnahme: F.Hofmeister). Nach Bayreuth fuhr an diesem Tag die 64 415.*

Von Bayreuth kommen wartet 64 355 mit P4491 am Einfahrtsignal von Kirchenlaibach auf freie Fahrt, 29.5.71. Aufnahme: L. Rotthowe

Bei Albersrieth sehen wir nochmals den Ng16185 mit D2i-Packwagen und 64 393. Aufnahme: W. Alteneder 1.6.73

Die letzten Einsaätze der Crailsheimer 64, die an das Bw Rottweil verliehen w
Oben bei Elektrifizierungsarbeiten am Horber Tunnel, 8.4.74 (Foto: Hofmeister
unten beim Schneeverladen am 27.2.73 in Freudenstadt (Aufnahme: W.Schier).

Fallweise sprangen die 64er auch für die 78 192 oder 246 auf der Strecke nach Villingen ein. Im April 74 war 64 491 bei Schwenningen letztmals zu beobachten
Aufnahme: B. Wollny

In Crailsheim standen dagegen meist die 64 419 und 457 nutzlos herum; 21.8.73
Aufnahme: A. Braun

SONDERFAHRTEN: *Am 1o.1.69 fand eine interessante Sonderfahrt am Vogelsberg in Hessen statt. 64 504 und 297 befuhren dabei die Strecke Stockheim-Lauterbach, hier von Dieter Kempf bei Einfahrt in Ortenberg aufgenommen.*

Am 1o.3.68 hatte 64 250 einen Sonderzug bei Laufenmühle zu befördern.
Aufnahme: Otto Blaschke

Am 15.1o.71 kamen zum Jubiläum des MEC Nördlingen O3 131 und 64 o94 nach Nördlingen. *Aufnahme: W. Schier*

Einen Tag später fuhr 64 o94 Sonderzüge nach Wemding. Foto: F. Hofmeister

Auf den ersten Blick eine Sonderfahrt der 64 446 am 2o.11.76 bei Siethwende; doch die untere Aufnahme bringt es an den Tag: Alles fauler Zauber...
Beide Aufnahmen: Gerd Neumann

Bislang einzige Betriebslok in der BRD unter der BR 64 war die 64 289 der Eisenbahnfreunde Zollernbahn. Oben beim großen Abschiedsfest der BD Stuttgart bei Hausen im Tal,(Foto: D. Kempf), unten mit Sonderzug Seebrugg-Titisee-Rottweil. (Aufnahme: A. Braun)

64 289, 86 346 und Schublok 24 009 befördern gemeinsam einen Sonderzug am 16.10.77.

Auch nach Österreich kam die 64 289 schon im Museumseinsatz: 1.5.76 bei Dornbirn in Vorarlberg.

Beide Aufnahmen: C.J.Schulze

DENKMALSLOKS/MUSEUMSLOKS:

Sie wurde jahrelang im AW Schwerte für Museumszwecke, wie auch andere Loks, die im Hintergrund zu sehen sind, aufgehoben, schließlich aber aus völlig unverständlichen Gründen verschrottet. *Aufnahme: B. Rampp*

Denkmal in Elmstein: 64 oo6. *Aufnahme: R.R.Roßberg*

"Anziehungspunkt" für einen Großmarkt in Tamm: 64 094   Foto: Th. Paule

Die bereits vorgestellte 64 289 der EFZ ist betriebsfähig erhalten; hier in Sigmaringen.   Aufnahme: A. Braun

1975 stand die 64 295 geraume Zeit in München-Ost, bevor sie zum Deutschen Dampflokmuseum in Neuenmarkt überführt wurde. Foto: A. Braun

64 344 landete als Denkmal in Waldkirchen im Bayerischen Wald.
Aufnahme: E. Böhnlein

Unweit von Waldkirchen steht in Rötz-Hillstedt die 64 355.
Aufnahme: P.Ramsenthaler

In Konz bei Trier wurde die 64 393 aufgestellt; mittlerweile gleicht die Lok einem Schrotthaufen.
Aufnahme: Th. Paule

Gut bestellt ist es auch um die 64 415 und 419. Während die 415 gerade in Holland hauptuntersucht wird, steht dies auch der im Bayerischen Eisenbahnmuseum in Nörd- beheimateten 419 in Kürze bevor. *Aufnahmen: Rossberg/Rother*

64 446 zählt zum Bestand des Verkehrsmuseums Nürnberg und wird rollfähig vorgehalten. Hier war sie anläßlich der IVA in Hamburg-Bergedorf ausgestellt.
Aufnahme: A. Braun

64 520, einzige erhaltene Lok aus der letzten Serie, harrt ihrem weiteren Schicksal auf dem Denkmalssockel in Engen. *Aufnahme: R.R. Rossberg*

LITERATUR

Brandt, Walther	Vom feurigen Elias und der sanften Elise Düsseldorf, 1968
Brandt, Walther	Die Brandenburgische Städtebahn, in Nahverkehrspraxis Dortmund, 1959
Herrmann, E.	Das Eisenbahnausbesserungswerk Offenburg Freiburg, 1984
Holzborn, K. D.	Die Baureihe 64, Heilbronn 1976
Bude, Roland	O&K-Dampflokomotiven-Lieferverzeichnis 1892 - 1945 Buschhoven, 1978
Schulze, C. J.	Die Isartalbahn, München 1978
Weisbrod u. a.	Dampflokomotiven deutscher Eisenbahnen, Band 3, Baureihe 60 - 96, Düsseldorf/Berlin 1978
Fuchs	Bisherige Erfahrungen mit den Einheitslokomotiven, in: Glasers Annalen, Sonderdruck zum 1.7.27, Berlin
Gottwaldt, A. B.	50 Jahre Einheitslokomotiven, Stuttgart 1975
Gottwaldt, A. B.	Geschichte der deutschen Einheitslokomotiven, Stuttgart 1978
Wenzel, Hansj.	Die Baureihe 24, Freiburg 1979
Baum, Siegfried	Schwäbische Eisenbahn, Eppstein/Taunus 1969
Bek/Kvarda	Atlas Lokomotiv 1., Nadas-Praha 1970
Bufe, Siegfried	Eisenbahnen in West- und Ostpreußen, Egglham 1986
Quill/Ebel	Privatbahnen in der DDR, seit 1949 im Reichsbahn- Eigentum, Stuttgart 1982
Joachim, Ernst	Elektrische Lokomotiven, Düsseldorf 1973
Rossberg, Ralf R.	Die Lokalbahn Murnau-Oberammergau, Stuttgart 1970
ECM	60 Jahre Rosenheim-Frasdorf, München 1974
ECM/BEM	75 Jahre Monheim-Fünfstetten, München 1981
Böhm, Karl	125 Jahre Eisenbahn München-Landshut-Donau, Neufahrn/Ndb. 1984
Schier, Walter	Das Bw Nördlingen, in: 50 Jahre ESV Nördlingen, Nördlingen 1984
DRG	Beschreibung der 1'C'1-Tenderlokomotive Reihe 64, Berlin 1927
div.	Niederschriften der Beratungen des Fachausschusses Lokomotiven, 1921 - 1928, 1934
div.	Niederschrift der 7. Sitzung des Fachausschusses Lokomotiven 17. - 19.7.51 (DB)
Zeitler/Hufschläger	Die Eisenbahn in Schwaben, Stuttgart 1980
Zintl, Robert	Bayerische Nebenbahnen, Stuttgart 1977
Düring, Theodor	Die deutschen Schnellzugdampflokomotiven der Einheitsbauart, Stuttgart 1979
div.	Unter Dampf – Geschichte der Maschinenfabrik Esslingen Stg.-Untertürkheim 1984

sowie verschiedene Ausgaben der Zeitschriften eisenbahn-magazin (moderne eisenbahn), LokReport, Lokrundschau, eisenbahnkurier, die Dampfbahn und Lokmagazin.